中国社会科学院学部委员专题文集
ZHONGGUOSHEHUIKEXUEYUAN XUEBUWEIYUAN ZHUANTI WENJI

中国生态经济学创建发展30年

王松霈 ◎ 著

中国社会科学出版社

图书在版编目(CIP)数据

中国生态经济学创建发展30年/王松霈著.—北京：中国社会科学出版社，2014.10

（中国社会科学院学部委员专题文集）

ISBN 978-7-5161-5031-3

Ⅰ.①中… Ⅱ.①王… Ⅲ.①生态经济学—文集 Ⅳ.①F062.2-53

中国版本图书馆CIP数据核字（2014）第247493号

出 版 人	赵剑英
责任编辑	王　曦
责任校对	孙洪波
责任印制	戴　宽

出　　版	中国社会科学出版社
社　　址	北京鼓楼西大街甲158号（邮编100720）
网　　址	http://www.csspw.cn
	中文域名：中国社科网　010-64070619
发 行 部	010-84083685
门 市 部	010-84029450
经　　销	新华书店及其他书店
印刷装订	环球印刷（北京）有限公司
版　　次	2014年10月第1版
印　　次	2014年10月第1次印刷
开　　本	710×1000　1/16
印　　张	32.5
插　　页	2
字　　数	519千字
定　　价	99.00元

凡购买中国社会科学出版社图书，如有质量问题请与本社联系调换
电话：010-64009791

版权所有　侵权必究

《中国社会科学院学部委员专题文集》
编辑委员会

主任 王伟光

委员 （按姓氏笔画排序）

    王伟光 刘庆柱 江蓝生 李 扬

    李培林 张蕴岭 陈佳贵 卓新平

    郝时远 赵剑英 晋保平 程恩富

    蔡 昉

统筹 郝时远

助理 曹宏举 薛增朝

编务 田 文 黄 英

前　言

　　哲学社会科学是人们认识世界、改造世界的重要工具，是推动历史发展和社会进步的重要力量。哲学社会科学的研究能力和成果是综合国力的重要组成部分。在全面建设小康社会、开创中国特色社会主义事业新局面、实现中华民族伟大复兴的历史进程中，哲学社会科学具有不可替代的作用。繁荣发展哲学社会科学事关党和国家事业发展的全局，对建设和形成有中国特色、中国风格、中国气派的哲学社会科学事业，具有重大的现实意义和深远的历史意义。

　　中国社会科学院在贯彻落实党中央《关于进一步繁荣发展哲学社会科学的意见》的进程中，根据党中央关于把中国社会科学院建设成为马克思主义的坚强阵地、中国哲学社会科学最高殿堂、党中央和国务院重要的思想库和智囊团的职能定位，努力推进学术研究制度、科研管理体制的改革和创新，2006年建立的中国社会科学院学部即是践行"三个定位"、改革创新的产物。

　　中国社会科学院学部是一项学术制度，是在中国社会科学院党组领导下依据《中国社会科学院学部章程》运行的高端学术组织，常设领导机构为学部主席团，设立文哲、历史、经济、国际研究、社会政法、马克思主义研究学部。学部委员是中国社会科学院的最高学术称号，为终生荣誉。2010年中国社会科学院学部主席团主持进行了学部委员增选、荣誉学部委员增补，现有学部委员57名（含已故）、荣誉学部委员133名（含已故），均为中国社会科学院学养深厚、贡献突出、成就卓著的学者。编辑出版《中国社会科学院学部委员专题文集》，即是从一个侧面展示这些学者治学之道的重要举措。

　　《中国社会科学院学部委员专题文集》（下称《专题文集》），是中国社会科学院学部主席团主持编辑的学术论著汇集，作者均为中国社会科学院学部委员、荣誉学部委员，内容集中反映学部委员、荣誉学部委员在相关学科、专业方向中的专题性研究成果。《专题文集》体现了著作者在科学研究实践中长期关注的某一专业方向或研究主题，历时动态地展现了著作者在这一专题中不断深化的研究路径和学术心得，从中不难体味治学道路之铢积寸累、循序渐进、与时俱进、未有穷期的孜孜以求，感知学问有道之修养理论、注重实证、坚持真理、服务社会的学者责任。

2011年，中国社会科学院启动了哲学社会科学创新工程，中国社会科学院学部作为实施创新工程的重要学术平台，需要在聚集高端人才、发挥精英才智、推出优质成果、引领学术风尚等方面起到强化创新意识、激发创新动力、推进创新实践的作用。因此，中国社会科学院学部主席团编辑出版这套《专题文集》，不仅在于展示"过去"，更重要的是面对现实和展望未来。

这套《专题文集》列为中国社会科学院创新工程学术出版资助项目，体现了中国社会科学院对学部工作的高度重视和对这套《专题文集》给予的学术评价。在这套《专题文集》付梓之际，我们感谢各位学部委员、荣誉学部委员对《专题文集》征集给予的支持，感谢学部工作局及相关同志为此所做的组织协调工作，特别要感谢中国社会科学出版社为这套《专题文集》的面世做出的努力。

《中国社会科学院学部委员专题文集》编辑委员会
2012年8月

目　　录

自序 …………………………………………………………………… (1)

一　生态经济学学科创建

许涤新先生倡导建立中国生态经济学的贡献 ………………………… (3)
亲身经历创建发展中国生态经济学 30 年 ……………………………… (9)

二　几篇有特点的生态经济学文章

农业生产的特点与农业联产计酬生产责任制 ………………………… (33)
西双版纳的自然资源利用与生态平衡 ………………………………… (44)
用生态经济的观点指导发展海洋渔业 ………………………………… (53)
热带亚热带少数民族地区生态经济协调发展研究 …………………… (58)
跨进 21 世纪的城市生态经济管理 …………………………………… (70)
生态经济观点要进入经济建设和改革 ………………………………… (84)

三　建立生态经济学理论

生态经济学的产生 ……………………………………………………… (91)
生态与经济协调理论 …………………………………………………… (108)
生态经济学的基本理论范畴 …………………………………………… (128)

论经济的生态化 ·· （149）
《自然资源利用与生态经济系统》前言 ······················ （160）
充分认识集约型经济的生态经济内涵 ························· （167）
论农业资源利用的有效性 ······································· （171）
掠夺型农业向协调型农业的必然转变 ························· （178）
从人与自然的关系上深化经济改革 ···························· （186）

四 用生态经济学理论指导实践

合理利用资源是中国的基本国策 ······························· （199）
我国的环境保护转型 ··· （212）
"里约+20"全球峰会：探索生态与经济协调的具体道路 ···· （223）
在经济与生态协调基础上进行西部大开发 ···················· （227）
用生态经济学理论指导生态省建设 ···························· （240）
论山区土地资源的可持续利用 ·································· （254）
黄土高原的生态经济综合治理 ·································· （264）
在发展经济中治理我国湖泊的富营养化 ······················· （276）
沿海地区农村生态经济管理 ····································· （287）
资源利用生态化与生态工业基本模式的建立 ················· （299）
用生态经济学理论指导我国生态农业建设 ···················· （308）
多种途径推动社会主义新农村建设
　　——五指山地区开发黎药遗产调查 ······················· （315）
长江是一个生态经济系统 ······································· （326）
保护森林是治理大江水患之本 ·································· （328）
用生态经济学的理论指导西部林草植被建设 ················· （333）
积极利用资源推动我国森林公园的大发展 ···················· （341）
论畜草生态经济平衡 ··· （348）
辽宁省大洼县西安农场养殖场生态经济建设 ················· （361）
用生态经济学理念指导发展低碳区域和产业 ················· （363）

论人居环境生态化 …………………………………………（372）
建立现代适度消费模式 ………………………………………（388）

五　生态经济学研究的扩展

环境与健康——探索健康管理实践和理论的一个新领域 ………（397）
建立发展环境健康管理学 ……………………………………（403）
遵循生态经济规律，发挥共同但有区别责任原则的作用 ………（413）
自然美是建设美丽中国的基础 ………………………………（421）

六　建设生态文明

用生态经济学理论推动生态文明建设 ………………………（427）
深化经济改革　建设生态文明 ………………………………（436）
深化改革建设生态文明 ………………………………………（447）
全球共建生态文明 ……………………………………………（450）

七　生态经济学深入民众走向世界

生态经济学浅谈 ………………………………………………（459）
生态农业——中国持续农业发展的道路 ……………………（463）
海洋生态和渔业 ………………………………………………（468）
实行持续发展的生态经济协调战略 …………………………（472）
放眼世界，促进全球的经济与生态协调发展 ………………（477）
中国的生态经济学研究与经济的持久发展 …………………（483）
中国山区生物多样性与摆脱贫困 ……………………………（490）
用生态经济学理论推动"里约"指导思想的实现 ……………（497）

自　序

中国生态经济学是一门由生态学和经济学交叉结合形成的新兴边缘科学，是于1980年，由已故著名经济学家、原中国社会科学院副院长兼经济研究所所长许涤新先生倡导建立的。它的产生体现了人类社会的发展进入生态时代的要求。生态时代是在工业时代的基础上出现的，它的任务是解决工业时代固有的生态与经济矛盾，实现"生态与经济协调"，并且在此基础上促进经济社会的可持续发展。生态经济学以"生态与经济协调"理论作为核心理论，它的任务与生态时代的核心要求相一致，并且它的学科理论也与科学发展观的基本理论内在相通。由此也就决定了生态经济学在当代产生的基本任务：理论上，为"可持续发展"指导思想的建立提供理论基础；指导实践上，能够切实贯彻科学发展观，具体指导可持续发展在我国的实现，从而具有重大的理论意义和实践意义。

中国生态经济学由于它所承担的时代任务，在20世纪80年代初一出现，就受到党和国家的高度重视。1984年在北京召开全国生态经济科学讨论会暨中国生态经济学会成立大会，当时的国务院副总理万里到会做报告。他的报告初稿是由我和另外两个同志起草，我统稿并提供基础资料的。但是他的报告在提法和高度上，却远远超过我们起草的水平，其中突出增加和指明了三点：（1）生态经济问题是我国社会主义建设的战略性问题，是关系社会主义现代化建设的大事；（2）建立中国生态经济学会，连同近期我国环境保护等机构的建立，是我国在这方面"觉醒"的表现；（3）我国今后发展经济，不但要综合经济平衡，同时也要生态平衡，要用两个平衡的思想指导我国的经济工作。中国生态经济学的出现，同时也受到实践工作者、自然科学界和社会其他方面的普遍重视。

我一生从事经济学研究。1951年清华大学经济学系毕业。毕业分配时陈岱孙先生的亲笔批语是"宜于教学"，于是我便开始在清华大学经济系做教学研究。院系调整到中央财经学院、中国人民大学。之后，参加筹建中国农业科学院农业经济研究所的工作，任研究所业务秘书、研究室主任、所长的研究助手。"文化大革命"后在中国社会科学院经济研究所、农村发展研究所做研究。至今经历了我国社会主义农村经济学建立发展63年和生态经济学新学科自创始到现在34年——两个学科发展的全过程。

1980年我从研究农村经济学转入主要研究生态经济学，同时研究农村经济学，是一个从不自觉到自觉的过程。1980年8月9日许涤新先生在青海省西宁市召开的全国畜牧业经济学术讨论会上提出"要研究生态经济问题，建立中国的生态经济学"。后来我提出，就把这一天作为我国生态经济学开始的日子。9月他回到北京，就要求中国社会科学院经济研究所和《经济研究》编辑部召开第一次生态经济座谈会，并指定由《经济研究》编辑部负责组织。当时编辑部的四个负责人都不懂生态，推来推去，要我具体负责。我到处打听，请来生态学界的著名专家马世骏、侯学煜、阳含熙先生（均为中国科学院院士），与许涤新先生等著名经济学家坐在一起，开始了两大科学合作，共同创建中国的生态经济学。

会后，许老要我继续负责编写出版我国第一本生态经济论文集《论生态平衡》，并在《经济研究》上每月组织一期文章，连续一年，以此推动生态经济学的研究等工作，我都努力完成了。随后许老又提出要我负责这一学科的研究和组织推动工作，当时我产生了犹豫。那时我已经52岁了。我国农业经济学的前辈老专家们不多，我们这些人当时也算是知名人了。"50多岁另换一个专业开始研究"？当时是许老指出当前发展生态经济学新学科的重要性和工作的迫切需要，我就把负责创建发展中国生态经济学新学科和研究生态经济学这一工作任务承担了起来。之后，我在工作中逐步深刻认识到中国生态经济学建立的时代意义和在我国经济实现可持续发展中的重要性，就全身心地投入，一直持续下来，包括退休后，直到现在已经34年的研究和组织推动工作新历程。

我在中国社会科学院、研究所和许老的直接领导下，自觉进行这方面的研究和组织推动工作，是按照我建议的推进新学科开拓创建"五步走"的设想进行的：（1）建立我国的生态经济学基本理论；（2）建设具体指导实践的生态经济管理理论；（3）用生态经济学理论指导我国经济发展实践；（4）促进提高全民生态经济意识；（5）推动中国生态经济学走向世界。同时由于建立中国生态经济学是一项从无到有的开拓性工作，我也有幸亲身组织和经历了我国生态经济学发展史上的21个"我国第一次"。主要包括：

在组织推动方面：负责组织我国第一次生态经济问题座谈会；执笔撰写第一篇动员全国研究生态经济问题的报道文章；负责组织第一批研究生态经济学的文章在《经济研究》上发表，并应急撰写第一篇；负责组织编写出版我国第一本生态经济学论文集；负责组织第一次全国生态经济科学讨论会，明确了生态经济学的研究对象；负责组织召开"全国生态经济科学讨论会暨中国生态经济学会成立大会"，第一次组织全国生态经济学研究队伍；负责与云南省生态经济学会联合，第一次办起了全国性的《生态经济》学术刊物等。

在研究创建学科理论方面：主持中国社会科学院重点课题，撰写出版我国第一本集中集体智慧的《生态经济学》专著，从无到有建立起我国生态经济学新学科的初步理论体系；主持国家社会科学基金"八五"重点课题，主编出版《走向21世纪的生态经济管理》专著，第一次开拓生态经济管理学新领域；主持中国社会科学院老年科研基金重点课题，独著《生态经济学》，第一次概括20年来用生态经济学理论指导实践的经验，上升到理论，用于指导新的实践等。

在推动生态经济学深入民众走向世界方面：例如负责组织在昆明市举办我国第一次大型生态经济学启蒙性讲座；负责在中央人民广播电台举办第一次"经济与生态协调发展"系列广播讲座；第一次代表中国生态经济学会与国际生态经济学会建立正式学术联系，并担任其组织工作；应邀担任我国第一个民办生态经济研究院院长，推动我国生态经济学进入企业家参与、国家和社会共同推动发展的新阶段等。

本文集选编的文章，就是我从事创建发展中国生态经济学进行以上工作34年来研究发表的部分文章。选编的文章也按照上述工作的几个方面和顺序排列。从中大体可以看出我34年来进行这方面推动和研究工作的足迹，同时也大体上能够反映出中国生态经济学学科34年来创建发展所经历的具体过程。

本文集的文章按照理论研究和实际问题研究并重、侧重指导实践的特点选编。这也反映出我 34 年来进行生态经济学研究所遵循的"理论和实践并重，以指导实践为主"的研究方向和道路。生态经济学是一门理论性和实践性都很强的科学。进行理论研究，我主要从解决现实问题出发，着力于理论创新，由此建立起具有中国特色的生态经济学理论体系。进行实际问题研究，我用生态经济学的理论指导，着力于提出研究成果的现实针对性和实践可行性。我一生做研究愿意深入到实践和群众中去，取得第一手资料。前后已经到过全国 34 个省、自治区和直辖市（包括中国香港地区、中国澳门地区、中国台湾地区）的农村和城市调查研究。也到过世界六大洲的 20 多个国家进行学术考察和交流。今年还第九次到我国第一个生态省海南省，深入热带雨林和黎族村寨进行调查研究。这样做也符合中国社会科学院作为党中央、国务院的思想库和智囊团，"以深入研究重大现实问题为主攻方向，并积极推进理论创新"的要求。

这本文集共选编了 54 篇文章，分为七个部分。所选文章不是最精，主要考虑代表性；有些文章篇前有作者的几句按语，说明文章提出的历史背景和在学科发展中所起的作用。选文侧重短篇，有些文章有删节或作了小的修改。下面对七个部分的文章，特别是其中几篇有特点的文章，作一点简单的介绍和说明：

第一部分：生态经济学学科创建。

包括 2 篇文章，阐述许涤新先生倡导建立中国生态经济学作出的重大贡献和我亲身经历中国生态经济学创建发展 30 年走过的历程。

第二部分：几篇有特点的生态经济学文章。

1.《农业生产的特点与农业联产计酬生产责任制》。我国农村改革初期，我研究农村经济，提出"农业生产的特点决定必须实行联产计酬"的学术新观点和系统理论论证，为我国农村普遍实行"包产到户"家庭联产承包责任制提供了重要理论依据。2008 年党的十七届三中全会"决定"中，这个成果又一次被中央明确地肯定。我当时还没有生态经济学的认识。其间也有专家提出疑问："为什么经济的发展由自然规律决定？"其实现在看来，正是由于发展经济要受自然规律和经济规律双重客观规律的制约。这篇论文也正是生态经济学研究的一个成果。只是我当时对客观生态经济规律的这一决定作用还没有认识。

2.《西双版纳的自然资源利用与生态平衡》，是我从事生态经济学研究，在主要学术刊物上正式发表的第一篇文章。当时我负责在《经济研究》上组织发表第一批研究生态经济学的文章，每月一期，连续一年。由于第一篇约稿文章未如期交稿，于是编辑部要我应急撰写发表此文。

3.《用生态经济的观点指导发展海洋渔业》，是我针对当时发展经济中迫切需要解决的实际问题，运用生态经济学理论，深入实际调查研究，取得第一手资料提出的研究成果。论文提交当时召开的全国生态经济科学讨论会暨中国生态经济学会成立大会。《人民日报》选择在专栏首篇位置发表。《经济学周报》就此问题组织专题研讨，农业部和国家海洋局等有关方面到会。文章提出的一些新观点和对策建议在之后的经济发展实践中都被采纳应用。

4.《热带亚热带少数民族地区生态经济协调发展研究》，是我1989年承担国家民族事务委员会委托课题提出的研究成果，其中提出的利用自然资源要建立"在利用中保护，在保护中利用"的指导思想新观点，被江泽民等领导人在指导工作的重要讲话中采用，在实际工作中也已经被广泛使用。

5.《跨进21世纪的城市生态经济管理》，是我在1997年全国城市生态经济管理研讨会上提出的论文和主旨报告。论文提出了新观点，发表后中国香港和内地26家刊物文献全文转载。获首届中国社会科学院老年优秀科研成果奖3等奖；社会评奖获特等奖两次，及一等奖和优秀科研学术成果奖。

6.《生态经济观点要进入经济建设和改革》。最早提出"生态经济要进入改革"的新观点。1987年已经引起新华社"内参"的注意，并向作者约稿。其负责人批示："王松霈同志的文章提出的问题很重要，望能作为专家之言反映一下"。之后在此基础上，我又具体提出了我国今后30年应该从人与自然的关系上继续深化经济改革的新观点、新思路，受到广泛重视，在理论和实践上都产生了比较大的影响。

第三部分：建立生态经济学理论。

包括提出生态经济学的产生、生态与经济协调理论是生态经济学的核心理论、生态经济学的三个基本理论范畴等研究生态经济学基本理论的文章。也包括推动生态经济学建立、发展和应用，以及针对指导现实重大问题探讨生态经济客观规律性的一些文章，共9篇。

第四部分：用生态经济学理论指导实践。

包括建立我国的基本国策、环境保护转型、西部大开发、江河流域治理；生态省、市、社会主义新农村、少数民族地区、山区、黄土高原、湖泊、沿海地区等生态区域建设；生态工业、生态农业、林业、畜牧业、森林公园、低碳产业等生态产业建设；以及人居环境和现代适度消费模式建设等21篇文章。

第五部分：生态经济学研究的扩展。

指明生态经济学理论指导实践的作用从指导经济领域向指导非经济领域扩展的趋势。这里选编了4篇：包括扩展指导健康领域，推动建立环境健康管理学的文章；扩展指导法学领域问题的文章；以及扩展指导美学领域问题的文章。

第六部分：建设生态文明。

选编了用生态经济学理论推动生态文明建设、通过深化经济改革建设生态文明和全球共建生态文明等方面的4篇文章。

第七部分：生态经济学深入民众走向世界。

选编了我负责组织和主讲，在有关报刊和中央人民广播电台等处，向广大民众普及生态经济学知识，促进提高全民生态经济意识的文章；和向国外进行学术交流，推动中国生态经济学走向世界的文章，共8篇。

中国生态经济学是指导我国当代经济发展的科学，同时也是指导我国经济改革的科学。中国生态经济学自1980年建立，至今已走过34年的发展历程。它的建立发展与我国改革开放的进程同步，我的生态经济学推动和研究工作也和我国改革开放的这一进程同步。现在我国的生态经济学已经创建和迅速发展起来了。它的学科理论从无到有已经建立，"生态与经济协调"指导思想已经被各级领导接受，"生态经济"的概念也已经深入人心，并且正在发挥着指导我国经济社会可持续发展的重要作用。同时，它的建立和发展也受到国外的高度重视。2003年在印度加尔各答召开的国际生态经济学研讨会上，国际生态经济学会第五任主席 Joan Martinez-

Alier 就曾经当面问过我:"许涤新和肯尼斯·鲍尔丁是否见过面?"(二人是中国和西方的生态经济学倡导者)

中国生态经济学创建发展 34 年来取得的成就是许涤新先生倡导取得的成就,也是全国生态经济学理论工作者和实际工作者共同努力取得的成就。我在这一过程中也做了一些应该做的工作。包括退休后,在继续推动学科创建发展和进行研究上,都尽了自己的力量。生态经济学界的老领导和老专家对我的工作也给予肯定,说"你在生态经济学上是起了作用的"(王耕今),和"你为中国生态经济学会的工作呕心沥血"(沈坩卿),我感到安慰。1988 年,我 60 岁,已到退休年龄。许涤新先生重病住进医院,他临终前最放心不下的就是生态经济学。当时我在他的病榻前,他说生态经济学是一门很重要的学科,并且叮嘱我:"以后你会遇到很多困难的,但是一定要坚持做下去。"许老逝世后,他的夫人方卓芬同志又传达许老要我继续坚持做下去的遗愿,并且说:"许老没有看错人。"正是生态经济学这一反映生态时代要求的新兴学科的重要性和许老的遗愿与叮嘱给了我力量,推动我退休后继续生态经济学的推动和研究(包括许老逝世后,我担任的中国生态经济学会副理事长兼秘书长的工作经过"两上两下"的困难条件下),至今又坚持进行了 24 年。从组织推动生态经济学的工作看,三分之二是我在退休后做的;我负责组织和亲身经历的我国生态经济学 21 个"中国第一次"中,有 8 个"第一次"也是在我退休后的继续工作中出现的。

再从我提出的研究成果看,1980—2013 年 6 月底研究生态经济学的 34 年间,出版专著(含合著)53 部,占 62 年研究经济学出版专著总数的 87%,7 部获奖,都是这一时期的成果;发表论文 344 篇,占 62 年论文总数的 88%;参加撰写大型辞书 14 部(其中,《中国大百科全书》第一、二版等 4 部任生态经济学学科主编),也都是在这一期间。这些成果中,退休后 24 年提出的专著(含合著)33 部、论文 180 篇、参加大型辞书撰写 7 部(包括《中国大百科全书》第二版继续担任生态经济学学科主编)。总体看来,我一生至今 62 年提出的研究成果,80% 以上是改革开放后从事生态经济学研究提出的,50% 是退休后继续从事生态经济学研究提出的。

我是一个普通的社会科学研究工作者，一生默默做研究。遇到困难自己克服，没有条件自己就点点滴滴地创造。从事经济学研究至今的63年已经过去了，晚年从事生态经济学研究的34年也已经过去了。只要回想起"我尽力了"，就觉得心里踏实。对于退休后继续做研究，我深切地感受到一点：作为一个社会科学研究工作者没有"退休"，只是进入研究工作的一个新阶段；生理上的老年，其实应该是研究工作的"壮年"；退休后面临的不应该是萧瑟的"寒冬"，而正应该是出成果的"金秋"。因此我也决心为生态经济学新学科的发展继续奋斗下去，鞠躬尽瘁，直到终生。

我一生做研究为人低调，不喜张扬。也不请名人作序、写书评。我是中国生态经济学研究的一个老兵，已经85岁了。是这一学科从创建发展到现在34年全过程的亲身经历者，也是最熟悉情况的人。今天借这本文集的出版，自己作个序，把我所经历的中国生态经济学建立发展的一些情况提供出来，作一个阶段性的工作汇报，并告慰许老，同时也给后人留下一些可作参考的实际资料。也算我为中国生态经济学的继续发展作出的一点贡献。

王松霈　于北京
2013年6月30日

一

生态经济学学科创建

许涤新先生倡导建立中国生态经济学的贡献

许涤新先生是我国著名经济学家，晚年积极倡导并建立了我国的生态经济学。到今年，许老倡导建立生态经济学已经整整 30 年了。现在我国的生态经济学已经发展起来，在社会主义经济建设中发挥了重要作用，在世界上也产生了很大的影响。在此缅怀许老创建我国生态经济学上所作出的重大贡献，对鼓舞我们继承许老的遗志，推动这一学科进一步发展，并使之在我国社会主义现代化建设中发挥更大作用具有重要的现实意义。

中国生态经济学的先知者

生态经济学是人类社会发展进入生态时代的产物，许涤新先生是中国最早认识到生态必须与经济相结合，并提出建立中国生态经济学，指导我国经济社会发展实践的先知者。

1978 年，党的十一届三中全会召开后，党和国家的工作重点转移到经济建设上来。许老敏锐地看到我国长期以来存在的经济发展与生态环境不协调，从而阻碍经济持续发展的问题。他明确指出："我们搞现代化生产有片面性。"早在 1980 年，他就发表文章指出：许多地方"不从当地的自然特点出发，孤立地'单打一'种植粮食，严重破坏生态平衡"；"在山腰上开荒，刨光了草根，砍尽了树木，造成童山濯濯，形成水土严重流失和土地严重沙化"；以及围海围湖造田，片面发展林业、畜牧业，大中城市严重的"三废"排放污染环境等问题。由此明确地提出："搞好社会主义生产和社会主义建设，必须遵循自然规律和经济规律。"

许涤新先生是我国著名的马克思主义经济学家，长期研究生产关系方面的问题。他能够在我国最早提出研究生态与经济的关系，并倡导建立我国的生态经济学，有很强的预见性。特别是在20世纪70年代末80年代初，联合国和人们普遍都还只是着眼于保护环境，没有把保护环境与发展经济结合起来进行考察。当时联合国的"环境与发展会议"还没有召开，"可持续发展指导思想"还没有提出；体现"可持续发展"概念的报告《我们共同的未来》还没有问世，并且提出这一报告的联合国"世界环境与发展委员会"也还没有组建。在此情况下，许涤新先生能够清楚地看到经济规律和生态规律的紧密相关，以及生态与经济必须协调，体现出一位高水平经济学家难得的先知，因此就更难能可贵。

正因如此，生态经济学一经提出，就受到党和国家的高度重视。当时的国务院副总理万里，在1984年召开的"全国生态经济科学讨论会暨中国生态经济学会成立大会"的报告中，就把生态经济问题提为"我国社会主义建设中的一个战略问题"，建立中国生态经济学会"是在这方面觉醒的表现"，并强调今后"要用经济平衡和生态平衡两个平衡指导我国经济的发展"。

中国生态经济学的力行者

许涤新先生不但是中国生态经济学的先知者，同时也是力行者。1980年，许老在青海省西宁市召开的全国畜牧业经济理论讨论会上，提出"要研究生态经济问题，建立我国的生态经济学"的倡议，并且身体力行。

许老晚年的工作十分繁忙。他曾经说过："我有些招架不住。"但是在他生命的最后几年中，即使在他最忙不过来的时候，也总是在惦念一件事，就是生态经济学。他亲自筹划，亲自安排，并亲自主持召开各种生态经济学的重要会议；他亲自参加生态经济学的讲座，并亲身讲授。同时为了推动生态经济学的发展，他也时时处处都在争取，几乎不放过任何一个机会。包括参加全国人大常委会或在闲谈中，也总会把话题转向生态经济学的方面来。

许老提出建立中国的生态经济学，一直也对这方面的工作抓得很紧很紧。1980年8月他提出倡导，9月就指定中国社会科学院经济研究所和《经济研究》编辑部，联合召开第一次生态经济座谈会开始推动。会后就要求从11月起，在《经济研究》上组织发表研究生态经济学的文章，每月一篇，连续一年。12月在许老的要求下，就组织编写出版了我国第一本生态经济学论文集《论生态平衡》。

20世纪80年代，在许老的亲自领导和主持下，在南昌市、北京市和上海市召开了三次全国性的生态经济学术研讨会。1984年在北京市召开的"全国生态经济科学讨论会暨中国生态经济学会成立大会"上，许老邀请到了当时的副总理万里到会做报告，国家计委、林业部、农业部、城乡建设环境保护部的主要负责同志和我国著名自然科学家、经济学家钱学森、陈岱孙、于光远、刘国光等出席大会，产生了巨大影响。并第一次组织起全国生态经济学研究队伍。

随后，在许老的推动和支持下，我们又与云南省生态经济学会共同办起了全国性的学术刊物《生态经济》，举办了我国第一次大型生态经济学讲座；并提出了我国第一个生态经济学研究大纲，组建起我国以中青年为主的生态经济学基本理论研究骨干队伍，出版了由许老主编的我国第一本集中集体智慧的《生态经济学》专著。同时也在中国社会科学院建立起我国第一个生态经济学研究机构——生态经济研究室。

1988年1月，许老病重住进了医院，但他仍为生态经济学的建立和发展不停地思考和工作着。直到他生命的最后一刻，时刻牵挂，最不放心的还是生态经济学。当时我在许老的医院病榻前。他对我说："到现在我们做了两件大事：一是学会成立大会的召开，产生了很大影响；二是《生态经济学》专著的出版，从此学科就站住了脚。"对于生态经济学的继续发展，他又叮嘱说："以后你会遇到很多困难的，但一定要坚持做下去，把我国的生态经济学发展起来。"这是他对我们所有生态经济学研究工作者的嘱托。直到生命的最后时刻，他还放不下生态经济学。逝世前还对夫人方卓芬同志说："生态经济学要大力提倡。"

中国生态经济学的奠基者

许涤新先生在我国生态经济学的一些重大理论问题上都提出了自己的学术观点，从而为我国生态经济学理论体系的建立奠定了基础。

对于建立什么样的生态经济学，许老认为，我国社会主义生态经济学应该是马克思主义的生态经济学，是理论密切结合实际的生态经济学，是依靠全体人民的生态经济学。他的《生态经济学探索》专著第一章就以"马克思与生态经济学"为题，突出强调了马克思为生态经济学提供理论基础。在该书的"绪论"中也明确地提出："马克思主义的生态经济学是把支持、推动社会主义现代化建设作为任务的。"并具体阐述了生态经济学研究在物质生产领域和精神文化领域中的任务，而且也描绘了"通过生态经济学的理论和实践"，推动"我们的社会主义祖国，能够出现并保持青山碧野、工农繁荣、水空洁净、心旷神怡"的美好前景。与此同时，许老在多个场合，以及在他召开的最后一个会议（研究生态经济学的会议）上，也都反复地提出要加强生态经济学宣传，并强调"生态经济的今后10年是宣传阶段"。把发挥生态经济学的作用建立在提高全体人民生态经济意识的基础上。

对于生态经济学学科本身的理论建设和基本理论问题，许老在他的专著和文章中也都作了明确的论述，包括生态经济学的学科性质、人与自然界的关系、经济规律和自然规律、生态平衡与经济平衡、生态效益和经济效益，以及生态经济学的研究对象、任务和它的基础科学，乃至对一些部门和专业生态经济学，如人口、林业、农业、畜牧业、工业和海洋等生态经济学的有关理论问题，也都进行了比较多的论述。

这里需要特别提出的是，许老在生态经济学的核心理论——"生态与经济协调"理论上的重要奠基作用。"生态与经济协调"是生态经济学建立和存在的基础，也是生态经济学本身的已有之义。许老在生态经济学研究上贯穿着一条主线和中心思想，就是"生态与经济协调"的思想。在生态经济学的学科性质和基础学科构成上，许老提出："生态经济学是生态学和经济学密切结合的科学。"在用生态经济学理论指导实践上，他说："搞好社会主义生产和社会主义经济建设，必须遵循自然规律和经济规律。"在生态与经济的关系上，许老在阐述错误地发展经济必然破坏生态的同时，也突出强调了生态破坏对经济的严重影响。他认为，"生态平衡规律如果遭到破坏，许多经济规律便没法不受影响"，"在生态平衡与经济平衡之间，主导的一面，一般说，应该是前者。因为生态平衡如果受到破坏，这种破坏的损失就要落在经济的身上"。许老明确指出了"生态与经济协调"理论的存在和重要意义,从而为生态经济学的建立和发展奠定了稳固的基础。

中国生态经济学的播种者

许涤新先生是中国生态经济学新兴学科的倡导者和缔造者,同时也是推动我国生态经济学继续大发展的播种者。今天纪念许老倡导建立生态经济学 30 年,我们可喜地看到,他生前亲自播下的生态经济学新学科的"种子",已经在中华大地上生根、发芽、开花,并结出丰硕的果实。

现在可以告慰许老的是,我国的生态经济学这门新兴学科已经迅速发展起来,"生态经济"的概念已经深入人心。1993 年,中央人民广播电台举办"经济与生态协调发展"系列广播讲座,历时 4 个月,几千万人收听,对提高全民生态经济意识起到了很大的推动作用。同时,许老倡导中国生态经济学的重大影响,不但表现在国内,而且也表现在国外。例如他的专著《生态经济学探索》被译成俄文出版,在译著的开头就提道:"苏联的读者从中看到很多类似的问题。也恰好是这一点使人们深刻地认识到,他的呼吁是正确的和富有远见的。"① 又如,国际生态经济学会的第三任主席约翰·普卢普斯在一次国际研讨会上,也曾经当面表示他们对中国生态经济学和学会工作的钦佩:"与国际生态经济学会比较,中国的学会建立早,《生态经济》刊物早,会员人数比国际学会在世界各国的会员总数还要多。"

许老临终前谆谆叮嘱我们:"要克服一切困难,把生态经济学发展起来。"其中"要继续发展下去"的含义不言而喻。今天,他提出创建的生态经济学是后继有人的。这个后继是一个群体的力量,而不是某一两个"精英"的力量。30 年来,我们在许老身边或是在他的领导下,当时是中青年,现在是中老年的生态经济研究工作者,不争名不逐利,一心遵循许老的叮嘱努力工作。现在,一批年轻的生态经济学研究力量也正在成长,有的已经作出了成绩,正在发挥着更大的潜力。

---

① 许涤新:《生态经济学探索》,乌沙科夫、菲多鲁克译,莫斯科:进步出版社 1990 年版,第 2 页。

许老的过早逝世是我国生态经济学的重大损失,这一学科的继续发展也是艰难的,但是他开拓奋进的精神永远激励着后人继续前进。我们将继承许老的遗志,继续努力,推动生态经济学的更快发展,为我国社会主义现代化建设作出更大的贡献。

(本文为纪念许涤新先生提出创建中国生态经济学30周年撰写,原载《中国社会科学报》2010年12月30日,《生态经济通讯》2010年第9期)

亲身经历创建发展中国生态经济学 30 年

中国的生态经济学是中国社会科学院首倡，已故著名经济学家许涤新先生于 1980 年提出建立的，至今已整整 30 年。生态经济学是一门新兴的、自然科学和社会科学相结合的边缘交叉学科。它的建立适应人类社会的发展进入生态时代的要求。30 年来我国生态经济学从无到有建立了自己的理论，提出的各种战略指导思想和对策建议，为我国现代化建设和改革作出了重要贡献。现在"生态与经济协调"的指导思想已经被各级领导普遍接受，"生态经济"的概念已经深入人心，正在发挥着它日益扩大的指导实践的作用，在世界上也产生了重大影响。许涤新先生是中国生态经济学的倡导者，对学科的建立和发展起了重大的推动作用。在具体工作上，先是程福祜同志，之后是我，两个在他身边的人作为"助手"。随后我又被指定负责生态经济学的研究和组织推动工作，是我国生态经济学从开拓创建到现在发展全过程的亲身经历者，也是最熟悉情况的人。作为一个老兵，就个人亲身的经历，把我国生态经济学的发展情况和过程提供出来，对弘扬中国社会科学院和许涤新先生在这方面所起的重要作用，对自己的工作作一个阶段性汇报，以及给后人留下一点参考资料，都是有益的。

我国生态经济学产生的时代背景

我国的生态经济学建立于 1980 年。许涤新先生当年 8 月在青海省西宁市召开的全国畜牧业经济理论讨论会上提出："要研究生态经济问题，逐步建立我国的生态经济学。"我提出，就把这一天作为我国生态经济学开始的日子。我国的生态经济学在当代产生不是偶然的。它的出现体现了我国经济社会发展进入新时代的客观要求。

一 生态经济学的产生是新时代的要求

1. 生态经济学的产生体现了生态时代的新要求

人类社会的发展由生产力的发展推动。原始社会后，社会生产力从"铁犁牛耕"到"蒸汽机的发明"，又到我提出叫作"绿色技术"的出现，依次推动了三个革命：农业革命、工业革命、生态革命。人类社会的发展，从人与自然的关系上看，相应也经历了从农业社会到工业社会，又到现在生态社会的三个时代。工业社会中生态与经济的基本矛盾越来越尖锐，并且遗留下来。世界和我国的自然资源破坏，环境污染，严重阻碍了经济的持续发展。我的观点：生态环境问题实质是经济问题。人在发展经济中的错误经济指导思想和错误经济行为违反了生态平衡自然规律的要求，阻碍和破坏了生产力。生产关系必须适合生产力要求的客观规律就推动人类社会的发展走向新的生态社会，从而进入新的生态时代。生态时代的目标是实现生态与经济协调基础上的可持续发展。我国生态经济学的任务也是促进实现生态与经济协调，推动实现可持续发展。由此我国的生态经济学新学科就应运而生。

2. 生态经济学的出现体现了科学本身发展的新趋势

科学发展的历史是从单一综合走上分支专门化，又走向新的综合的过程。古代的"哲学"几乎包括了人类对自然和社会的一切认识。随着社会的发展和实践的需要，才逐步分化形成了各种学科，并且分成自然科学和社会科学两大门类。经济学原来是和伦理学、政治学等长期融合在一起，后来才逐渐分离出来成为一门独立的学科；之后越分越细，又出现了政治经济学、工业经济学、农业经济学、城市经济学等。生态学也是从生物学中分离出来独立存在的。之后又出现了植物生态学、动物生态学、微生物生态学等。后来科学的发展在分支越来越细的基础上，又出现了新的结合。例如自然科学中的生物学与化学结合成为生物化学，社会科学中的人口学与社会学结合成为人口社会学。同时这种学科之间新的结合，也出现在自然科学和社会科学之间。现在生态学与经济学结合形成生态经济学新兴综合学科就是一个典型的例子。

3. 生态经济学的形成与世界发展的新潮流同步

（1）它与世界 30 年来的环境与发展运动同步

20 世纪 60 年代末，世界范围内的人口、粮食、资源、能源和环境五大生态经济问题已经明显地显现。首先引发了以"罗马俱乐部"为代表的"悲观派"观点和以美国的赫尔曼·卡恩和朱利安·西蒙等人为代表的"乐观派"观点，关于人类社会未来发展前途的大讨论，为世界环境与发展运动的形成做了思想和舆论准备。在此基础上，联合国于 1972 年在瑞典首都斯德哥尔摩召开了"人类环境会议"，把保护生态环境的意识落实到保护生态环境的实际行动。20 年后，联合国于 1992 年又在巴西的里约热内卢召开了"环境与发展会议"，明确把环境与发展密切结合起来，并提出"可持续发展"的指导思想，引导世界经济走向生态与经济协调发展的道路。我国的生态经济学是与这一运动的过程同步产生的。

（2）它与世界"经济生态化"趋势的出现同步

当代随着生态与经济的矛盾日益尖锐化，在世界范围内也出现了一个日益明显的"经济生态化"发展趋势。其表现遍及人类经济发展和生活的各个方面。例如城市建设越来越强调自然，产业和产品的发展越来越强调"绿色产业"和"绿色产品"：汽车制造业努力发展"绿色汽车"；建筑业大力发展"生态建筑"、"绿色建材"；以及农业中的"生态农业"、商业中的"绿色市场"和"绿色包装"。在人的生活上，吃"绿色食品"、穿"生态服装"、住"生态住宅"和出行控制发展小轿车，提倡使用自行车等都已经逐渐成为人们的时尚。此外如出生植树、死亡骨灰撒海，甚至上"绿色大学"、踢"绿色足球"，以至建设"绿色警察"、"绿色军队"等，也都已经进入人们的经济和社会生活。这些都出现在当代从生态与经济不协调走向协调的时期，我国生态经济学的产生与这一趋势的出现也是同步的。

（3）它与世界生态经济学理论的形成同步

生态经济学是世界性的科学，它的产生是解决世界生态与经济矛盾的共同需要。各国生态经济学的产生略有先后。美国 20 世纪 60 年代后期，经济学家肯尼斯·鲍尔丁首先使用了"生态经济学"的概念，标志着生态经济学的产生。我国的生态经济学于 1980 年提出，比美国生态经济学的开始晚了十多年。一方面是由于我国的经济发展水平低于美国，同时我国生态经济学的提出，由于"文化大革命"的干扰，明显也是被推迟了十年。以上三个"同步"的存在，也说明我国生态经济学与世界生态经济学一样，都是在新的生态时代条件下出现的。

二 生态经济学的出现受到广泛重视

1. 受到党和国家的高度重视

我亲身经历的一件事是，1984年的"全国生态经济科学讨论会暨中国生态经济学会成立大会"。当时的国务院副总理万里答应到会做报告。但正值他要去当时的苏联参加勃列日涅夫的葬礼，许多报告都推掉了，但是这一报告仍然保留。回来后在他的大会报告中人们注意到，首先，他"代表党中央和国务院"向大会的召开和学会的成立表示热烈祝贺。其次，他的报告初稿是由我、何萜维、程福祜三人起草，由我统稿提供资料的。但他的报告在提法和高度上，却远远超过我们起草的水平，其中他突出增加和指明了三点：①生态经济问题是我国社会主义建设的战略性问题，是关系社会主义现代化建设的大事；②建立中国生态经济学会，连同近期我国环境保护等机构的建立，是我国在这方面"觉醒"的表现；③我国今后发展经济，不但要综合经济平衡，同时也要生态平衡，要用两个平衡的思想指导我国的经济工作。

2. 受到实际工作的重视

一个让我没有想到的事是，1986年在扬州市由中国环境科学学会、中国农业环保协会、中国生态学会和中国生态经济学会等几个学会联合召开的"全国农村发展与环境问题学术讨论会"。会后参加讨论会的盐城市环保局局长蔡士魁邀请我去考察。他是环保局的局长，也是地区环境学会等的负责人。在这些学科和学会中，他认为"生态经济学和生态经济学会最有发展前途"（各个学科当然都是重要的。我理解他是从直接指导经济发展实践的角度说的）。当时由于江苏省的生态经济学会成立不起来，他就主动牵头联系苏北6个地区，组建了中国生态经济学会苏北分会，开展了不少研究，推动了实际工作。再一件事是，当时《人民日报》负责生态环境方面的主任记者谢联辉告诉我，1987年我负责组织，全国专家参加撰写的《生态经济学》专著出版后，他买了两本，其中一本送给了当时的林业部副部长董智勇，被林业部接受。林业部是我国第一个把生态经济学思想作为指导思想的国家部委。

3. 受到自然科学界的重视

例如20世纪90年代，中国科学院的叶笃正先生（全国人大代表，院士，后来也是国家最高科学技术奖获得者）就曾向国家提出两大科学院合作进行重大生态经济问题研究的提案。中国科学院也主动组织人员到中国社会科学院来共商加强合作的问题。近年来，中国科学院和清华大学的有关研究所、系也都有兴趣参加和主办中国生态经济学会的专业委员会。一些自然科学研究人员也认为，从事生态经济的研究课题申请自然科学基金比较容易，与国际交往的领域也更宽广等。中国社会科学院由于各种原因不具备条件。一些重大生态经济学的社会科学研究项目，在中国科学院已经开展起来。

4. 受到社会各方面的普遍重视

现在越来越多的高等院校已经建立了生态经济学专业，更多的地方开设了生态经济学课程，我撰写出版的《生态经济学》专著已经列入研究生的必读书目。同时我在中国社会科学院《院报》上发表的一篇介绍生态经济学作用的短文《重视社会科学与自然科学结合进行研究》也已经被列入中学教育的重点文章。此外，又一个出乎我意料的是，生态经济学的建立也使企业家们看到了它的市场价值和潜在的商机。例如2003年上半年，河南、北京和江苏的三位企业家，就曾不约而同地先后找到我，并且已经建立起来一个生态经济公司和一个民办生态经济研究院，要我担任首席专家和院长等。

我国生态经济学的开拓创建

许涤新先生1980年8月提出研究生态经济问题和建立我国的生态经济学。紧接着，9月在北京，就要求中国社会科学院经济研究所和《经济研究》编辑部联合召开第一次生态经济问题座谈会开始推动。当时《经济研究》编辑部的几个负责人推来推去，最后决定要我负责组织。从此，经领导指定，就开始了我长期负责组织推动生态经济学的建立发展和持续至今31年的生态经济学研究工作。

一 推进学科建立和发展的"五步设想"

1980 年开始建立生态经济学,对我来说是一个全新的事情。是许老给了我鼓励。我逐渐形成了一个推进学科建立和发展的"五步设想",即:

(1) 建立我国的生态经济学基本理论。
(2) 建设具体指导实践的生态经济管理理论。
(3) 用生态经济学理论指导我国经济发展实践。
(4) 促进提高全民生态经济意识。
(5) 中国的生态经济学走向世界。

三十年来,我国的生态经济学开拓创建和发展基本上就是按照这一思路展开的。

二 组织和经历生态经济学发展的 21 个"我国第一次"

生态经济学是人类社会的发展进入生态社会才出现的新学科。因此在我国 30 年的生态经济学发展中(多数又是在它的初期),就出现了我国生态经济学发展史上的至今 21 个"我国第一次"。这些工作和这些"我国第一次"的出现,不少都是许老在世和在他的直接指示和领导下产生的。同时有幸的是,所有这些也都是在我亲身组织和经历的具体工作过程中出现的。它们的依次出现大体遵循了我国推进生态经济学学科建立和发展的"五步设想",并具体反映了我国生态经济学开拓创建和发展的具体进程。它们是:

(1) 1980 年 9 月由我负责组织我国第一次生态经济问题座谈会。请来马世骏、侯学煜、阳含熙(均为中国科学院院士)等生态学家和许涤新等经济学家坐在一起。这标志着社会科学和自然科学两大科学合作,共同创建中国生态经济学的开始。

(2) 执笔撰写第一篇动员全国研究生态经济问题的座谈会报道文章。在《经济研究》1980 年第 11 期上发表。

(3) 会后我负责立即组织第一批研究生态经济学的文章,在《经济研究》上发表。每月一期,连续一年。

(4) 由于约稿即期刊登的文章未如期交稿。由我应急撰写第一篇文章

《西双版纳的自然资源利用与生态平衡》，在《经济研究》1980 年第 12 期上刊出。

（5）1981 年，我负责组织，编写出版我国第一本生态经济学论文集《论生态平衡》。

（6）1982 年 11 月，我主要负责组织，在江西省南昌市召开全国第一次生态经济讨论会。明确了生态经济学的研究对象是"生态经济系统"，标志着我国生态经济学作为一门独立学科的确立。

（7）1984 年 2 月，我主要负责组织召开"全国生态经济科学讨论会暨中国生态经济学会成立大会"，万里副总理做报告，国家相关部委的主要领导和我国著名自然科学家、经济学家钱学森、陈岱孙、于光远、刘国光等出席大会，产生了巨大影响，并第一次组织起全国生态经济学研究队伍。

（8）1984 年，我从当时的学术思想萌芽中概括，第一次提出包括两个部分、18 个问题的《当前我国生态经济学的主要学术观点》系统研究报告。为我国展开生态经济学理论研究和建设学科理论体系提供了基础。

（9）1985 年，我负责组织，在云南省生态经济学会已经办起刊物的基础上，由中国生态经济学会参加共同主办，第一次办起了全国性的《生态经济》学术刊物。

（10）1985 年 11 月，我主要负责组织研究，提出我国第一个生态经济学研究大纲。

（11）1985 年末，我负责第一次组建我国以中青年为主的生态经济学基本理论研究骨干队伍。

（12）1986 年，我主持中国社会科学院重点课题，撰写出版我国第一本集中集体智慧的《生态经济学》专著，从无到有建立起我国生态经济学新学科的初步理论体系。获一等奖，被国家教委定为全国高等院校教材。

（13）1992 年，我主持国家社会科学基金"八五"重点课题，主编出版《走向 21 世纪的生态经济管理》专著。第一次开拓生态经济管理学新领域，获中国社会科学院优秀科研成果奖三等奖。

（14）2000 年，我主持中国社会科学院老年科研基金重点课题，独著《生态经济学》，第一次概括 20 年来用生态经济学理论指导实践的经验，上升到理论，用于指导新的实践。获第十三届中国图书奖。

（15）1987年，我主要负责组织，在昆明市举办我国第一次大型生态经济学讲座，并参加主讲。

（16）1993年，我应邀在中央人民广播电台负责举办第一次"经济与生态协调发展"系列广播讲座，并担任主讲。

（17）1995年，我代表中国生态经济学会第一次与国际生态经济学会建立正式学术联系，推动中国生态经济学走向世界。

（18）1998年，我第一次代表中国生态经济学会的研究会，担任国际生态经济学会的工作，任所属"塌陷生态经济研究中心"主任。

（19）2006年，应《生态经济学与统计学》（英文）的邀请，参加其第一次组建的国际编辑部，并任副主编和专刊主编。

（20）2003年1月，应邀担任我国第一个生态经济公司，河南永业生态经济公司首席专家。标志着我国生态经济学第一次正式进入社会主义市场。

（21）2003年5月，应邀担任我国第一个民办生态经济研究院，ECO–CHINA生态经济研究院院长。标志着我国生态经济学的发展，进入企业家参与、国家和社会共同推动前进的新阶段。

从无到有建立我国生态经济学理论

建立生态经济学理论是创建生态经济学的重要工作。中国生态经济学会成立后，在许老的直接领导下，由我具体负责，立即开始了研究和建立我国生态经济学理论的工作。具体过程是先做了三方面的准备，在此基础上逐步推进我国生态经济学理论建设的三个发展阶段。

一　建立生态经济学理论的三个准备

1. 学术研究基础的准备

1984年的中国生态经济学会成立大会开过以后，我就根据大会上提出的生态经济实际问题和具有生态经济学理论萌芽的思想观点，进行生态经济学理论的第一次系统提高概括，提出了一篇《当前我国生态经济学的主要学术观点》（2.8万字）。包括两个部分、18个学科基本理论范畴和基本理论问题。其中第一部分是"生态经济学学科建设",包括生态经济学产生的客观必然性、研究生态经济学的重要意义、生态经济学的研究对象、生态经济学研究的目的、任务和方法、生态经济学的理论基础、生态经济学的性质、生态经济学的特点、生态经济学与经济生态学、生态经济学与其他学科的关系,建立具有我国特色的生态经济学十个专题;第二部分是"生态经济学的部分理论问题",包括生态与经济要结合、认识生态与经济之间的关系、加强人对自然生态的调控、生态经济与生产力、生态价值观、生态经济效益在经济建设中的实现、用生态经济的观点指导我国经济建设、用生态平衡的观点重新认识各种经济学八个专题。文章在《中国生态经济问题研究》一书和《经济研究参考资料》中发表①,广西、山东等地的生态经济学研究组织主动印发进行交流。为我国开展生态经济学理论研究和学科理论建设提供了初步基础。

2. 研究大纲的准备

1985 年我主要负责,刘思华教授做了大量工作。在广西桂林市召开了我国第一次生态经济学研究大纲讨论会。先是由各专家分别提出 8 份大纲初稿,之后在此基础上集思广益,又产生了我国第一份集中集体智慧、具有我国特色的生态经济学研究大纲,为进一步研究和撰写生态经济学专著提供了基础。

3. 研究骨干队伍的准备

1985 年在生态经济学研究大纲讨论会结束时,就着手组建起以中青年为主的生态经济学基本理论研究骨干队伍。之后长期坚持下来的主要有王松霈(组长),刘思华、时正新(二人为副组长),傅政德、王全新、马传栋、王干梅、姜学民。在培养和组建这一研究骨干队伍的过程中,我国著名的《经济研究》学术期刊起了有力的作用。例如年轻的时正新同志较早提出两篇研究生态经济学的文章,在《经济研究》上发表,被提升为甘肃省农业经济研究所所长,由助理研究员直接晋升为研究员;王干梅同志较早提出一篇生态经济学研究的文章,被《经济研究》采用,并被《人

---

① 王松霈:《当前我国生态经济学的主要学术观点》,载(1)《中国生态经济问题研究》,浙江人民出版社 1985 年版,第 257—298 页;(2)《经济研究参考资料》1985 年第 36 期。

民日报》转载，提升为贵州省经济研究所所长；马传栋同志的文章被《经济研究》采用了，之后其也被提升为山东省社会科学院经济研究所所长等。这也就是原国家环境保护总局局长解振华，1996年在为作者主编出版的专著《走向21世纪的生态经济管理》作序中提出的："中国生态经济学会有一支生态经济理论研究队伍，15年来一直坚持不懈地进行这方面的研究。"这些中青年专家长期也都是中国生态经济学会理论与发展研究会的负责人，有的至今仍活跃在我国生态经济学研究的论坛上，不断作出新的成就。

二 我国生态经济学理论建设的三个阶段

建立生态经济学理论，是我国生态经济学研究，首先是中国社会科学院生态经济学研究的基本任务。同时它从无到有的建立又是一个艰难探索的过程。作者在许老的直接领导下负责这方面的工作，是从担任学会副理事长兼秘书长和所属理论与发展研究会会长的角度组织，通过中国生态经济学会发挥全国专家的力量，总结群众的实践和研究经验进行的。从我自己的研究、工作和结果看，主要是主持三个重点课题，组织和撰写出版三本专著，三个获奖和体现我国生态经济学理论建立和发展的三个阶段：

1. 从无到有建立我国生态经济学基本理论阶段

1986年，我主持中国社会科学院"七五"重点课题《生态经济学》。组织中国生态经济学会的理论研究骨干专家们研究撰写，1987年出版了我国第一本集中集体智慧的《生态经济学》专著，请许涤新先生任主编。从无到有建立起我国生态经济学的初步理论体系，代表了当时我国这方面的最高水平。获1986—1987年华东地区优秀政治理论图书一等奖，国家教委定为全国高等院校教材。1990年重印发行。

2. 建设具体指导实践的生态经济管理理论阶段

1992年，我主持"八五"国家社会科学基金重点课题《我国现代化进程中生态经济管理问题研究》，继续组织学会研究骨干专家们研究撰写。1997年出版了《走向21世纪的生态经济管理》专著，我任主编，刘思华任副主编。是我国第一部探索生态经济管理学新领域和运用生态经济学理论指导经济管理实践的系统著作。《人民日报》、《光明日报》、《北京日报》、《中国社会科学院通讯》主动推荐介绍，有很大影响，并获中国社会科学院优秀科研成果奖三等奖。

3. 提高生态经济学理论，服务于指导经济发展实践阶段

1999 年，我主持中国社会科学院老年科研基金重点课题《生态经济学》，独著《生态经济学》。第一次用生态经济学理论系统总结 20 年来我国运用生态经济学理论指导实践的经验，提升生态经济学理论，用于指导当前的实践。成果受到理论研究者，特别是实际工作者的欢迎。第一次印刷 6000 册，很快脱销。获第十三届中国图书奖。同行专家对专著作了如下的介评：专著提出"建立三个新的思维"（生态与经济双重存在的思维——基础思维、生态与经济协调的思维——核心思维、经济社会可持续发展的思维——目标思维）；提出"生态与经济协调理论"是生态经济学的核心理论；提出"生态经济系统"、"生态经济平衡"、"生态经济效益"是生态经济学的三个基本理论范畴；并提出四条分层次指导实践的生态经济学基本原理，即生态与经济双重存在原理，生态与经济整体统一原理，生态与经济良性循环原理，经济、生态、社会三个效益统一原理。并认为专著是我国"生态经济学有代表性的著作"。

新时代生态经济学的重要定位

我国生态经济学理论的建立是生态时代指导实践的需要。由此也就决定了它在新时代理论和实践中的重要地位和作用。我国 30 年来运用生态经济学理论指导实践的经验已经证明了它的重要定位：理论上，它为可持续发展指导思想的建立提供理论基础；实践中，它是贯彻科学发展观具体指导实现可持续发展的科学。

一　生态经济学为可持续发展指导思想的建立提供理论基础

这是生态经济学在当代产生和存在的最根本理论定位。考察生态经济学与可持续发展指导思想建立的关系，要看到以下两点：

1. 生态经济学与可持续发展指导思想相伴形成

20 世纪 60 年代末以来，生态环境破坏严重制约经济社会发展的问题凸显。联合国为解决这一问题，于 1972 年在瑞典的斯德哥尔摩召开了

"人类环境会议"。当时的着眼点只是保护生态环境。虽然会后20年,各国在保护环境上都做了大量工作,但是世界范围的生态破坏并没有停止,人类生存的环境还在继续恶化。这就说明环境与发展(核心就是"生态与经济")两者不可分割。脱离了发展经济,单纯为保护环境而保护环境是保护不住生态环境的。据此1992年联合国又在巴西的里约热内卢召开了"环境与发展会议"。这次会议的一个主要进步,就是把环境与发展(也就是把生态与经济)紧密结合起来,并且提出了"可持续发展"的重要指导思想来指导人们发展经济的行动。生态经济学理论也正是在这一过程中出现的。这里可以清楚地看到,可持续发展指导思想建立的过程,同时也就是生态经济学理论形成的过程。两者的相伴形成,说明了生态经济学与可持续发展指导思想建立之间具有理论指导实践的内在关联。

2. 生态经济学为可持续发展指导思想的建立提供理论基础

生态经济学有自己的理论体系。它为可持续发展指导思想的建立提供理论基础的重要作用,是通过它的核心理论——"生态与经济协调"理论来实现的。"生态与经济协调"理论作为生态经济学的核心理论表现在两个方面:首先,它明确体现了生态时代的"生态与经济协调"基本特征。具体来看,它的建立体现了生态时代实现"生态与经济协调"的方向;它的运行以生态社会中"生态与经济不协调"和实现"协调"的矛盾运动为动力,它的发展以"生态与经济协调"基础上实现生态社会的"可持续发展"为目的。

其次,它的存在决定了整个生态经济学理论体系的建立和学科基本理论特色的形成。例如,生态经济学作为一门新兴边缘交叉学科,总体就是由生态学和经济学交叉协调形成的。生态经济学的三个基本理论范畴:(1)生态经济学的研究对象"生态经济系统";(2)反映生态经济学基本动力的"生态经济平衡";(3)体现生态经济学发展目的的"生态经济效益",都是在"生态与经济协调"理论的基础上建立起来的。同时生态经济学的一些基本原理:例如生态与经济双重存在的原理,生态与经济整体统一的原理,生态与经济良性循环的原理和经济、生态、社会三个效益统一的原理等,也无一不是以生态与经济的结合来构建,并以生态与经济协调作为其基本理论特色而出现的。

生态经济学（通过它的"生态与经济协调"核心理论）为可持续发展指导思想的建立提供理论基础，其核心作用机制则表现在以下两点：

（1）"生态与经济协调"是实现"可持续发展"的基础和前提。因为只有在生态与经济实现协调的情况下，经济的发展才能够继续进行。即生态与经济协调了，经济的发展才可能持续；没有协调，就没有持续。

（2）可持续发展的实现要建立在生态与经济协调的基础上。对此需要看到，"生态与经济协调"包括纵向协调和横向协调，"可持续发展"的具体内涵也有狭义和广义之分。狭义的可持续发展通常是着眼于纵向的生态与经济协调。而广义的可持续发展（即本来全面含义的可持续发展）则必须同时包括纵向的生态经济协调和横向的生态经济协调，而其中横向生态经济协调又总是作为纵向生态经济协调的基础而存在的。

二 生态经济学是贯彻科学发展观指导实现可持续发展的科学

这是生态经济学在我国产生和存在的最根本的实践定位。它的这一重要作用的存在，根本点是生态经济学的理论与科学发展观的基本理论内在相通，并为科学发展观的形成提供思想基础。

科学发展观是马克思主义发展理论在当代的最高概括。它形成于现代，来源于实践，是集中全党、全国人民智慧的结晶。科学发展观提出要实现"以人为本，全面协调、可持续发展"。生态经济学也是适应生态时代的要求，解决生态与经济的矛盾，促进实现全面协调和可持续发展的新学科。三十年来从我的研究看，与科学发展观的要求完全一致，提出的学术观点也与科学发展观的基本理论内涵直接相对应。具体表现在：

1. 对应"科学发展观的第一要义是发展"，我提出了以下学术观点：

（1）"生态经济系统"是人们经济活动的实际载体。人的一切经济活动都是在一定的"生态经济系统"中进行的。它由"经济系统"和"生态系统"结合形成，其中"经济系统"的活动是主导。这就决定了促进发展是生态经济学的主要任务。（2）生态环境问题的实质是经济问题。生态环境破坏大都是人为的。即由人们发展经济破坏了自然界的生态平衡而产生，同时也要依靠人们正确发展经济来解决。其实质是如何发展经济的问题。（3）建立"积极生态平衡"理论范畴。现实发展经济，破坏生态平衡是不可避免的。因此在生态经济学理论上，要区别"积极生态平衡"和"消极生态平衡"。有利于发展经济的是前者，不利于的是后者。据此，对现实经济发展中"破坏自然生态平衡"的现象要具体分析来决定取舍。避免"为保护而保护生态环境"的另一个错误倾向束缚住人们发展经济的手脚。

2. 对应"科学发展观的核心是以人为本"，我提出了以下学术观点：

（1）人在生态经济系统中居主导地位。人在"生态经济系统"中的地位具有双重性。人是自然"生态系统"和"生态经济系统"的组成要素。但在"生态系统"中，作为"自然的人"，其地位与其他动物没有区别。而在"生态经济系统"中，作为"社会的人"，就是整个系统的主导，是人的发展经济的意识主导着"生态经济系统"的运行方向。（2）人对生态经济系统的作用具有双向性。人是"生态经济系统"的主导，但他对"生态经济系统"的主导作用并不都是正确的。当人的发展经济的指导思想和行为符合经济规律，同时也符合自然生态规律的要求时，就能主导经济的发展走向正确的方向。反之，违反了客观自然生态规律的要求，就会破坏自然生态环境，给经济发展造成损失。（3）发展经济的目的是为了人，正确发展经济也要依靠人。生态经济学的目的是通过发展经济使人获得福祉，但这也要通过人的正确经济行为来实现。因此既要遵循"为了人"的正确方向，又要坚持"依靠人"的社会责任。

3. 对应"科学发展观的基本要求是可持续发展"，我提出了以下学术观点：

（1）人类社会的发展进入新的生态时代。这是从农业社会走向工业社会，又走向生态社会的必然。（2）解决"生态与经济的矛盾"是当代的基本任务。它是工业社会的遗留。解决这一矛盾是当代经济社会发展的当务之急。（3）生态社会指引可持续发展的方向。生态社会的基本特征是"生态与经济协调"。它走向经济社会的"可持续发展"是必然的。

4. 对应"科学发展观实现的基本途径是全面协调"，我提出以下学术观点：

（1）"统筹人与自然和谐发展"是全面协调的基础。"五个统筹"反映五个重大关系，最终又可以归结为"人与自然的关系"和"人与人的关系"。由于"人与自然的关系"是最基本的关系，也就决定了"统筹人与自然和谐发展"是实现全面协调的基础。（2）"生态与经济协调"是"可持续发展"的基础和前提。生态与经济协调了，经济的发展才能够继续，"可持续发展"实际上也就是纵向"生态与经济协调"的具体体现。（3）生态经济学是为可持续发展指导思想的建立提供理论基础的科学。生态经济学的核心理论是"生态与经济协调"理论，"可持续发展"也正是建立在"生态与经济协调"的基础上。由此，生态经济学为可持续发展指导思想的建立提供理论基础是明显的，生态经济学可以贯彻科学发展观，具体指导我国实现可持续发展也是明显的。

发挥生态经济学指导实践的作用

生态经济学是理论性和应用性都很强的学科。生态经济学理论的建立意义是重大的。但是建立理论的目的归根结底还在于应用。30年来基于中国社会科学院作为党中央国务院思想库、智囊团的任务定位，我国生态经济学新学科的研究，首先从战略指导思想和应用对策上都提出了很多有价值的建议。我自己的更大精力也是放在用生态经济学理论指导实际的研究上。所作的研究和影响主要有以下两大方面：

一 为国家现代化建设和改革提出指导思想和对策建议

主要有：

1. 建立"经济是主导，生态是基础"的发展国民经济战略方针

经济与生态的关系是生态经济学理论中的一个根本关系，也是我国经济发展实践中首先必须正确处理的一个根本问题。我的观点是，在我国经济发展实践中，发展经济与保护生态两者都是十分重要的，但两者的地位和作用又不等同。"发展是硬道理"。我国的经济实力需要增强，人民的生活需要提高。由此把"发展经济"放在首先和"主导"地位是肯定的。但同时，经济的发展又必须以自然生态系统的正常存在和顺畅运行为依托。由此把"保护生态"放在重要的"基础"地位也是肯定的。在实际工作中，正确处理两者关系，要反对两种错误倾向：一是长期以来存在的"只顾发展经济，不顾保护生态"的错误倾向；二是在人们都认识到必须

保护生态环境的基础上又产生的"为保护生态环境而保护生态环境,阻碍发展经济"的错误倾向。

2. 树立"在利用中保护,在保护中利用"的资源利用指导思想

利用和保护的关系是生态经济学理论和我国经济发展实践中,又一个必须正确处理的重要关系和问题。对此我的观点是,人们发展经济归根结底是利用自然资源。但是过去长期以来,人们利用自然资源的做法都是不正确的。由于不能正确处理资源利用和保护的关系,就造成了对自然生态系统的破坏,从而使经济不能可持续发展。用生态经济学理论总结过去人们利用自然资源的经验,可以看到,以下两类看法和做法都是错误的:

一类是把利用和保护对立起来的看法和做法。其中又有两种情况:一种是"只利用不保护",另一种是"只保护不利用"。这些看法和做法显然都是错误的。另一类是把利用和保护割裂开来。其中一种看法和做法是"先破坏,后治理",另一种看法和做法是"边破坏,边治理",显然这些也都是不对的。因为在实际经济发展中,生态环境的破坏容易,治理难。有的治理需要花费巨大的代价,有的则是根本不可能的。

用生态经济学的理论为指导,正确处理两者关系,应当把利用和保护内在地结合起来。要建立"在利用中保护,在保护中利用"的指导思想,把对资源的保护融合在对它的利用之中,使之在利用的同时就得到了保护,从而使人们对生态环境的保护防患于未然。我在 1989 年承担国家民族事务委员会的委托课题中,就提出了这一观点[①]。这一提法已经在有关中央文件和江泽民等领导人在指导工作的重要讲话中被采用,在经济发展实践中也已被广泛使用。

3. 提出从人与自然的关系上继续深化经济改革的方向

今后,例如今后 30 年,我国继续深化经济改革的走向,也是一个重大的理论和实际问题。对此我提出的研究观点是:过去 30 年,我国进行经济改革,促进国民经济迅速发展,取得的成就是巨大的。改革的核心是

---

① 见王松霈等《热带亚热带少数民族地区生态经济协调发展问题研究报告》,国家民族事务委员会委托课题,第 74 页。后编入赵延年主编《中国少数民族和民族地区九十年代发展战略探讨》,中国社会科学出版社 1993 年版,第 493 页。

针对过去长期以来，在经济发展中忽视客观经济规律的作用，从而不能取得应有经济效益的问题进行的。它的基本内容是改革不适合社会生产力发展要求的生产关系和上层建筑，促进解放社会生产力，推动我国经济的迅速发展。

当前我国社会的发展已经进入新的生态时代，对经济改革也提出了新的要求。这就是一方面，要继续遵循客观经济规律的要求，从人与人的关系上，继续改革一切不适合社会生产力要求的生产关系和上层建筑，进一步解放被束缚的社会生产力，促进经济的继续迅速发展。另一方面，也要遵循客观生态平衡自然规律的要求，从人与自然的关系上，改革一切不适合自然生产力要求的生产关系和上层建筑，解放被长期束缚的自然生产力，促进经济的可持续发展。即把我国经济的进一步迅速发展，放在既符合客观经济规律的要求，同时也符合客观生态平衡自然规律的要求，从而能够最大限度地挖掘经济系统和生态系统两方面巨大潜力的基础上。这是我国在新的历史时期，运用邓小平改革理论的新拓展，同时也符合科学发展观指引的方向。发表这一观点的文章曾获一个特等奖和 4 个一等奖，有 12 处文献主动转载。并且也已经作为前瞻性研究的对策建议，提交给国家发展与改革委员会作为进一步研究我国发展与改革工作的参考。

二 为部门地区和企业发展经济提供理论服务指导

中国社会科学院发挥生态经济学新学科思想库智囊团的作用，不但表现在为国家宏观经济建设和改革实践的服务上，同时也表现在为中观（各部门和地区）及微观（企业）经济发展和改革实践的服务上。

从我自己的研究过程看，运用生态经济学理论广泛为各部门和众多领域服务是一个从不自觉到自觉认识的过程。我长期研究农村经济问题，农业又与自然生态的关系最直接。因此进行生态经济学研究是从农业和农村生态经济研究开始的，最初也是与国家农业部的合作比较多，之后也与国家环保局合作。但是我逐渐地发现，越来越多的部门，后来又有许多地区和企业，都有兴趣并邀请我参加用生态经济学理论指导可持续发展实践的工作。

其中国家各部门，包括国家林业局、国家海洋局、国家民族事务委员会、民政部、科技部、建设部、人事部、卫生部等有关单位。例如国家林业局在1998年长江大水后和提出西部大开发后，两次邀我共同撰写文章和出版专著，研究生态治江、西部大开发林草植被建设等指导实际工作。国家海洋局提出，世界近20年的海洋管理，特别是地中海管理，都是失败的。因此邀请我一起研究撰写出版了《海岸带和海洋生态经济管理》专著，推动把我国的海洋管理转移到生态经济管理的轨道上。此外，国家民族事务委员会的委托课题，邀我研究热带亚热带少数民族地区生态经济协调发展，成果列入"中国少数民族和民族地区九十年代发展战略"；国家民政部有关单位邀我研究"殡葬生态化"；国家建设部邀我研究推动"建设绿色人居环境"等。以后出乎我意料的是，国家人事部和卫生部研究建立"健康管理师"新职业，培养千万健康管理师人才队伍的问题也需要用生态经济学的理论指导。2005年，我就应两个部有关方面的联合邀请，参加了这方面院士、专家的论证会。会后又邀请我开设"环境与健康"新课程，参加对这一人才队伍的培养等。

地区和企业：例如江苏建设生态省；一些城市，包括海南省的通什市、湖南省永州市、黑龙江省伊春市、北京市延庆县、山西省河曲县、江苏省建湖县、河南省博爱县，以及有关企业建设生态市、生态县、生态乡（镇）、生态企业等"生态区域"和"生态企业"的工作；以及各地发展生态农业、生态林业、生态畜牧业、生态渔业、生态工业、生态旅游业等"生态产业"的咨询、考察、规划、设计、讲座、培训和组织实施等工作。也都有比较好的效果。所有以上这些都可以归结为一个认识："生态与经济协调"和可持续发展是当代各个地区、产业和企业发展的必然要求，它们无一例外地要走上这一共同的方向，因此它们也都需要用生态经济学的理论来指导实现生态与经济的协调和经济社会的可持续发展。

生态经济学深入民众走向世界

生态时代实现可持续发展的事业是亿万人民共同的事业，也是全世界的共同事业。这就要求我国的生态经济学研究要深入人民群众，动员起13亿人民大众的力量；并走向世界，使中国的生态经济学在世界可持续发展事业中作出更大的贡献。因此在我国生态经济学30年来的发展中，这两个方面的工作都被明确地作为本学科的重要任务列入中国生态经济学发展"五步走"的规划,并认真推动促进它们的更好实现。

一 促进提高全民生态经济意识

许涤新先生倡导建立中国生态经济学有一句名言:"生态经济学要宣传十年。"我们谨记许老的这句名言,在工作中一直坚持到现在已经30年。并且在实践中体会到两点:一是推动提高全民生态经济意识,首先要提高各级领导的生态经济意识;二是同时也要重视提高全民的生态经济意识,并且这也是社会各界和人民大众本身的需要。近年来结合我自己的亲身工作经历,除日常在各地、各单位较多地研讨交流宣传外,也先后应邀在中央人民广播电台、中央电视台(中央一台、中央二台、中央十台)和江苏省卫视台等处多次进行生态经济专家访谈和专家咨询等工作。其中大型的,由我亲自负责组织的突出工作有两项:

一项是1987年,我负责中国生态经济学会与云南省生态经济学会合作,在云南省昆明市组织进行了首次全国生态经济问题大型讲座。请许老等老专家和云南省的领导到会主讲,我也参加主讲。28个省、自治区和直辖市的各行各业、各层次的一千多人参加听讲,从省人民代表大会副主任到工人农民。对初期把生态经济学思想大规模地普及全国,起了启蒙性的推动作用。

另一项是1993年,应中央人民广播电台理论部的负责同志邀请,由我负责组织"经济与生态协调发展"系列广播讲座,共23讲。请刘国光同志带头,有关专家参加讲授,我讲了9讲。历时4个月,据估测有几千万人收听。播出后,并出版了《生态时代的呼唤——经济与生态协调发展》生态经济学普及读物,发行10000册。对提高全民生态经济意识也起了很大推动作用。从已知的情况看,各地反应积极。例如河南省济源市的领导在全市12个部局负责人参加的会议上组织全市收听;铁道部、商业部的同志打电话来,对讲座高度评价,并索要资料;山西、江苏、四川、广东、云南等省区的干部、科研人员、高等院校和党校教员、公安人员、学生、农民等来信,对讲座和小册子表示"很感兴趣"、"对教学很有帮助"、"为我国农村今后的发展指明了方向"、"想把好书推荐给同学们",

等等。并且瑞典科学院的专家也给我来函赞扬和表示关注。

二 中国生态经济学走向世界

中国生态经济学的建立反映了生态时代的需要,它一经提出就受到世界学术界的高度重视。1980年许涤新先生倡导建立中国的生态经济学,1985年他出版了《生态经济学探索》专著。1990年在苏联就被主动翻译成俄文出版。该译著在开头就提道:"苏联的读者从中看到很多类似的问题。也恰好是这一点使人们深刻地认识到,他的呼吁是正确的和富有远见的。"[①]

中国生态经济学会建立后,中国生态经济学与国外的交流逐步开展。从我自己亲身经历的工作看,代表中国生态经济学会与国际生态经济学会建立整体的正式联系,是在20世纪90年代初。中国生态经济学与国外的生态经济学都产生于同一个生态时代。但是中国生态经济学开始建立时,对国外的情况还不了解。然而与国外的思路和内容却有很多共同之处。对此国际生态经济学会第五任主席Joan Martinez – Alier在2003年印度加尔各答国际生态经济学研讨会上曾经当面问过我:"中国和美国的生态经济学倡导者许涤新和肯尼斯·鲍尔丁是否见过面?"

在具体的学术交往上,由于我从事推进中国与国外的生态经济学交流是在退休后,只能自己通过电子邮件联系和寻找些赞助参加一些学术会议。但是积累下来,先后也到过澳大利亚、菲律宾、印度、加拿大、美国、巴西、肯尼亚以及欧洲各国等六大洲二十多个国家进行直接考察和学术交流,并建立联系,与国际生态经济学会从开始到现在的前后七任主席也都熟悉。并且还先后应邀承担国际生态经济学界的一些工作,例如担任国际生态经济学会学术刊物《生态经济学》(英文)的特约审稿人,国际生态经济学会所属"塌陷生态经济研究中心"的主任,以及参加另一国际学术刊物《生态经济学与统计学》(英文)首建的国际编辑部(由印度、瑞典、中国、意大利、美国、智利、德国、英国8国的专家组成),并担

---

① 许涤新:《生态经济学探索》,乌沙科夫、菲多鲁克译,莫斯科:进步出版社1990年版,第2页。

任副主编和专刊主编。

从对外交流的过程看，国外很重视中国的生态经济学，也钦佩中国的生态经济学，并且积极地要求与中国加强生态经济学的交流合作。例如国际生态经济学会第二任主席 Richard Norgaard 2000 年就曾主动寄来机票，全额资助邀我参加在澳大利亚召开的国际生态经济学研讨会；第三任主席 John Proops 曾当面向我表达他们对中国生态经济学和学会工作的钦佩："与国际生态经济学会比较，中国的学会建立早，'生态经济'刊物早，会员人数比国际生态经济学会在世界各国的会员总数还要多"；第四任主席 Charles Perrings 2004 年在加拿大蒙特利尔国际生态经济学会研讨会上邀我参加座谈，国际学会对我提供的介绍中国生态经济学会的资料很有兴趣，认为"very impressive"，会间又派来中国留美的生态经济学博士研究生向我详细了解情况。她回研究所汇报后，又普遍引起对中国生态经济学发展情况的惊讶；之后，第五任主席 Joan Martingnez – Alier 2005 年又专门派西班牙《先锋报》记者拉斐先生来访问我，继续深入了解中国生态经济学的建立和发展情况；第六任主席 Peter May 2008 年又邀请我参加了在非洲肯尼亚的内罗毕召开的国际生态经济学会研讨会等。而且自从我代表中国生态经济学会与国际生态经济学会第一任主席 Robert Costaza 联系，商讨中国学会加入国际生态经济学会作为其地区学会的问题开始，国际生态经济学会的历届主席，从第二任到至今的第七任，无一例外地不断提出希望中国学会加入成为其地区学会的问题。所有这些都使国际学术界比较多地了解了中国生态经济学，从而扩大了中国社会科学院和中国这方面在国外的影响。

（原载《中国哲学社会科学发展历程回忆》，中国社会科学出版社 2014 年版）

二

几篇有特点的生态经济学文章

农业生产的特点与农业联产计酬生产责任制

党的十一届三中全会以来，全国各地农村因地制宜地实行了各种形式的农业生产责任制，取得了十分显著的增产效果。有的地方一年巨变，有的两年翻番。贫穷落后地区很快改变了过去生产靠贷款、吃粮靠返销、生活靠救济的困难局面。经济比较发展的地区，农业生产和农民生活也都有进一步的提高。广大社员的生产积极性高涨，整个农村的面貌正在迅速改观。农业生产责任制正在我国农村显示出巨大的威力。

考察一下三年来农业生产责任制的发展过程，我们可以明显地看到一个带有规律性的现象，就是：农业生产责任制由不联产计酬的生产责任制向联产计酬的生产责任制发展。许多地方，先是实行小段包工，定额管理的不联产计酬责任制形式，之后逐步发展到实行联产计酬的责任制形式，包括"联产计酬责任到组"、"统一经营，联产到劳"、"包产到户"、"包干到户"和"专业承包，联产计酬责任制"等。三年来的发展过程中，联产计酬责任制发展很快，它在生产责任制中所占的比重迅速扩大。从1979年开始，至1980年底，实行联产计酬责任制的农村基本核算单位就已经占到全国农村基本核算单位总数的51.8%，1981年春季增至64.2%，超过了生产队的半数；至1981年10月进而增长至81.3%，近一段时间来还在继续增加。而实行不联产计酬的农村基本核算单位则逐渐减少。1980年1月实行定额包工，不联产计酬的农村基本核算单位的比重为55.7%，1980年底降为39%，1981年春季降为27.2%，1981年10月则降为16.5%，之后继续下降。目前，联产计酬责任制形式已经成为我国农村中的生产责任制的主要形式。从运用范围来看，这一形式也逐步由粮食种植业发展到各种种植业、养殖业，以及林、牧、渔业等各种经营项目，越来越具有多部门的适应性。

回顾一下我国自农业合作化以来，农业生产责任制产生和发展的总过程，我们可以看到，农业生产责任制就是从不联产计酬发展到联产计酬的，与近年来农业生产责任制的恢复和发展具有同样的规律性。20世纪50年代中期，随着我国农业集体经济的建立，逐步产生了农业生产责任制。它的出现，最早是采用不联系产量计算劳动报酬的形式，之后再发展到联产计酬的生产责任制形式。其具体做法则是由定额计工、包工到组、按工计酬，逐步发展到包产到组，按产计酬。

我国农业生产责任制发展的实践向我们提出了一系列问题：为什么联产计酬责任制在农业中有这样快的发展？为什么农业生产责任制要由不联产计酬发展到联产计酬？农业联产计酬责任制为什么能够发挥这样大的增产效果？等等。正确回答和深刻认识这些问题，将有助于提高我们贯彻执行党的农村经济政策的自觉性，从而更好地发挥它促进农业生产的作用。

一 生产的特点决定责任制的特点

马克思主义政治经济学认为，生产决定管理，一定的生产管理形式是由一定的生产特点所决定的。认识生产对管理的决定作用，首先应该看到，它既表现在生产力对生产责任制的决定作用上，也表现在生产关系对生产责任制的决定作用上：

第一，生产力的水平决定生产责任制的存在和发展。

生产力的状况决定责任制的状况，这是生产决定管理的根本方面。马克思主义政治经济学告诉我们，生产关系必须适合生产力的性质。农业生产责任制就是生产力发展到一定阶段的产物。考察一下生产责任制的产生过程，我们可以看到，它的出现与分工协作密切相关。马克思曾经指出：凡是直接生产过程具有社会结合过程的形态，而不是表现为独立生产者的孤立劳动的地方，都必然会产生监督劳动和指挥劳动。马克思的这一论述，指出了生产责任制产生的经济基础，这个基础就是分工协作劳动，而不是独立生产者的孤立的劳动。随着社会生产力的发展，商品经济在逐步发展，社会分工也在发展。在这种条件下，每个劳动者都有一定的劳动岗位，对整个生产各负有一定的责任，并在生产劳动中形成一定的经济关系，他们需要有统一的指挥和监督。生产责任制就是把生产劳动中劳动者之间的这种经济关系制度化，把它用来作为集体生产，共同劳动单位的一种管理措施。这种措施能保证整个生产有条不紊地进行。

在自给自足的自然经济条件下，生产劳动由一家一户孤立、分散地进行。他们进行生产的目的不是为了交换，而是为了满足一家一户自给自足的需要。在这种生产方式之下，生产力的水平很低，生产工具很落后，没有什么分工，甚至也没有多少协作。即使有些乡邻、亲友之间的零星协作，但不占主要地位。因此，不需要也不可能产生生产责任制。

同时，也不是一切共同的、规模较大的劳动都要求有生产责任制。在原始狩猎经济时期，生产活动是集体进行的，但是这种集体劳动只具有简单协作的性质，而没有明确的分工，因此，也不能明确责任，不存在生产责任制。与此类同，在古代也有过大规模的集体劳动，例如，修建长城、开凿大运河、修造金字塔等。这种大规模的协作是以直接的统治关系和从属关系为基础的，不是自由劳动者的集体劳动，没有明确的分工，因而也不存在我们今天所说的生产责任制。

工场手工业时代有了生产的内部分工，协作关系也变得复杂起来。资本主义生产则是建立在生产力迅速发展基础上的社会化的大生产，大机器工业在更大的范围内和更高的程度上要求劳动的协作分工，因而产生和发展了各种适合资本特性的生产责任制形式。

我国社会主义农业集体经济，虽然目前的生产力水平还不高，但是从本质上来说，也是社会化的大生产。它以实行分工协作的劳动为特点，要求比较严密、有效地组织生产劳动，因此也存在着建立和健全生产责任制的客观要求。

农业生产责任制不但随着生产力的发展而产生，也随着生产力的发展而发展。以"专业承包，联产计酬责任制"与一般的联产计酬责任制相比，前者建立在生产力发展的较高水平上，对作业组或劳动者实行农、林、牧、副、渔等各项生产的专业承包，已经具有很明显的专业化分工的特点；后者则建立在相对较低的生产力发展水平上，作业组或劳动者一般是综合承包多种作物和生产项目，在不同程度上仍然具有"小而全"的特点，因此，前者较之后者具有较高的劳动生产率和更大的经济效果。它的实行代表了责任制的发展方向。

第二，生产关系的性质决定生产责任制的社会本质。

在生产力起决定作用的同时，生产关系的状况决定责任制的状况，也是生产决定管理的一个十分重要的方面。马克思主义政治经济学也告诉我们，生产资料所有制形式是生产关系的基础。一定的生产资料所有制形式，决定着人们在生产中一定的地位和相互关系。生产责任制是生产关系的范畴，它的性质受一定的生产资料所有制形式制约。因此，在不同的社会制度下，生产责任制具有不同的社会本质。这一不同，表现在生产责任制的目的和性质等各个方面。

首先，不同社会制度下，实行生产责任制的目的是不同的。资本主义生产的目的是为了获取最大的资本主义利润，马克思指出，生产剩余价值或赚钱，是这个生产方式的绝对规律。资本主义实行生产责任制是为了向工人（包括农业工人）榨取更多的剩余价值。列宁就曾经指出资本主义实行生产责任制的本质。他说：资本家所关心的是怎样为掠夺而管理，怎样借管理来掠夺。而在社会主义制度下，生产的目的是为了满足全体人民日益增长的物质和文化生活的需要。实行生产责任制受社会主义基本经济规律的制约。党的十一届三中全会以来，我国广大农村推行各种形式的农业生产责任制，其目的就是在于使农民摆脱"左"倾错误的长期影响，使他们在迅速发展生产的基础上治穷致富；就是为了加强农业这个基础，迅速发展我国的国民经济，为提高全国人民物质和文化生活水平提供更雄厚的物质力量。

其次，不同社会制度下，生产责任制的性质也不同。马克思在分析资本主义的生产和管理时曾经指出，资本主义的生产过程具有二重性：一方面是制造产品的社会劳动过程，另一方面是资本的价值增值过程。与此相适应，资本主义的管理也有二重性，即资本家的管理不仅是一种由社会劳动过程的性质产生并属于社会劳动过程的特殊职能，它同时也是剥削社会劳动过程的职能。资本家在生产过程中采用各种形式的生产责任制，给工人（和农业工人）规定各种生产责任，首先就是行使资本主义管理的后一种职能，用以对工人加强剥削和压榨。列宁分析了资本主义管理的泰罗制,他指出,资本家利用最丰富的科学成就,按科学来分析人在劳动中的机械动作,制定出工人的生产责任制度,用最巧妙的残酷手段对工人进行剥削。社会主义制度的建立,消灭了剥削。实行生产责任制,其性质正如恩格斯早在1847年就曾经设想的那样,根本剥夺相互竞争的个人(指资本家——引者注)对工业和一切生产部门的管理权,一切生产部门都由整个社会来管理。也就是说,为了公共的利益按照总的计划和社会全体成员的参加来经营。我国的农业生产责任制正是这样性质的管理制度。它是为了广大农民和全国人民的公共利益,在国家总的计划指导下,由农民群众来直接管理。农民是农业集体经济的主人,实行农业生产责任制是广大农民自己的要求,因此,农业生产责任制在我国农村中迅速恢复和广泛推行,并取得了巨大的经济效果。

对于必须区分两种社会制度下生产责任制的本质,马克思早就指出,不能把资本主义生产方式下从共同的劳动过程的性质产生的管理职能,同从这一过程的资本主义性质因而从对抗性质产生的管理职能混为一谈。他明确指出:资本家之所以是资本家,并不是因为他是工业的领导人;相反,他之所以成为工业的司令官,因为他是资本家。我国的农业生产责任制是社会主义的生产责任制,它的性质由我国的社会主义经济制度所决定,与资本主义的生产责任制有根本的区别。

二 农业生产的特点要求实行联产责任制

农业生产责任制的特点不但取决于农业生产力的发展水平和农业生产关系的性质,而且也取决于农业生产过程的特点。这是因为,生产决定管理不但要包括生产力和生产关系的决定方面,而且也要包括生产过程特点的决定方面。一个国家的生产不是抽象的生产,而总是一定社会制度、一定生产力水平和一定生产过程特点下的生产,因此我们研究农业生产责任制,就不仅要看到社会制度和生产力水平,而且也要看到生产过程的具体特点。认识这一点是很重要的。只有这样,我们才能理解为什么农业生产责任制不同于工业生产责任制,才能在对生产与管理之间的关系有全面理解的基础上,认识我国农业生产责任制发展的特殊规律性,从而自觉地采取适宜的生产责任制形式。

关于农业生产的特点，马克思主义经典作家有过许多论述，学术界也作过多方面的研究。从决定农业生产责任制特点的角度来看，至少可以举出以下几个方面：

从总的方面看，农业生产与工业生产不同，它的对象是有生命的动植物有机体，动物和植物都有其自身发育生长的规律。农业的再生产过程，是同自然的再生产过程交织在一起的，这是农业生产的基本特点。从此又可以派生出许多其他的特点，例如：

（1）农业生产有季节性。农业生产的这一特点来源于农作物的自然生长特点，其季节性状况因作物和地区而异。例如北京地区小麦种植的季节要求是"白露早寒露迟，秋分种麦正当时"。各地收割小麦季节十分紧张，"龙口夺粮，麦熟一晌"。农业生产季节性的这一特点要求农业劳动和措施要有及时性，以保证农活的质量。

（2）农业生产受自然条件的制约。农业生产是生物因素和环境因素的统一。它是大面积露天分散作业，受自然条件的影响很大。同样的生产措施，同样的劳动，在不同的自然条件下，往往不能得到同样的效果。有的情况下，不顾条件，实行某种生产措施，甚至会成为无效劳动。农业生产的这一特点，要求农业劳动和采取的技术措施，不但要看数量，而且要看质量和效果，即看劳动和措施的有效性。

（3）农业生产对象的生长连续性。农业生产是具有生长连续性的生产。作物从种到收，牲畜从出生到长成都是一个连续不断的过程。它们的生长过程不能中断，整个生长过程也不能分解成几个部分独立地进行。农业生产不同于工业生产，它不存在阶段产品的概念，没有零件，也没有半成品，只有生产全过程的完成，才能得到最终产品。与此相应，农业生产的一切劳动，其结果也都要表现在最终产品上。农业生产的对象具有生长连续性的这一特点，要求我们对农业要十分重视最终产品。整个农业生产过程中的一切劳动和生产措施是否有效，所起作用的大小，都要与最终产品相联系来衡量。

（4）农业的劳动时间与生产时间不一致。马克思在谈到农业生产时说：生产时间和劳动时间的差别，在农业上特别显著。在农业中，一方面，生物的生长是有连续性的，农业生产对象的生长时间贯穿了整个农业生产过程。另一方面，劳动者的农业劳动又是时断时续的。最明显的例子就是冬小麦在整个越冬期间一直在生长，但是人们却基本不投入什么劳动。在实行粗放耕作和粗放经营的地方，农业的劳动时间与生产时间不一致的情况就更为明显。农业的劳动时间与生产时间不一致，是农业与工业生产不同的又一个特点。在工业中，除少数领域以外，人的劳动过程和产品的形成过程基本上是一致的。农业生产则不然，人的劳动过程只与生产的一部分过程相结合，劳动过程并不等于产品的形成过程。农业生产的这一特点，就要求劳动者在进行生产时，不但要关心自己那个阶段的劳动，而且要关心农业生产的全过程，例如要根据上一阶段的劳动和措施情况采取适宜的劳动措施，也要考虑到这一阶段的措施和劳动投入后，对最终的产品成果会有什么作用和影响。

农业生产的上述特点，对农业生产责任制提出了以下三个方面的要求：

（1）农业生产责任制应该是能够考核劳动和措施质量的责任制。上述农业生产季节性的特点，要求农业劳动者关心他们所做农业劳动和采取措施的及时性；农业生产受自然条件制约这个特点，要求农业劳动者关心他们所做农业劳动和采取措施的有效性，都提出了对农业劳动的质量的要求。我们实行农业生产责任制，不但应该考核劳动者的劳动数量，而且应该考核劳动的质量，农业生产责任制应该是能够考核农活质量的生产责任制。

（2）农业生产责任制应该是能够促使劳动者关心最终劳动成果的责任制。上述农业生产对象具有生长连续性的特点告诉我们，农业生产过程中各阶段所付出的劳动，只有当它们能够形成最终产品时才是有效的。在农业生产中，往往存在着这样的情况，有些措施和劳动，一般说是有效的劳动（如打药治虫），但是与最终成果联系起来考察，有些措施常常就成了无效措施，甚至成了有害的措施（如过多地打药）。实行农业生产责任制要求把社员的劳动和最终的产量成果联系起来，鼓励有效劳动，避免无效劳动，争取使劳动者所付出的劳动都能够取得更多的最终产品。

（3）农业生产责任制应该是能够促使劳动者对农业生产过程全面负责的生产责任制。上述农业生产的劳动时间和生产时间不一致的特点又向我们提出，劳动者的劳动过程只是农作物整个生长过程的一部分，劳动者不但要关心自己负责的那个部分劳动的数量和质量，而且要关心农业生产的全过程，关心自己这部分劳动与其他部分劳动之间的有效配合。

从这些要求来看，实行联产计酬责任制比不联产计酬责任制（如"小段包工，定额管理"）有更多的优点：

首先，就考核劳动的质量来看，实行小段包工，定额管理，在劳动定额中原来既规定了完成劳动作业的数量要求，也规定了完成作业的质量要求。但是在实际工作中，对农活作业的质量却很难监督检查。这是由于：第一，农业生产的作业繁多，定额也繁多。加上各种作业都在不同条件下进行，例如根据土质地势、耕作难易和居住远近等情况，又有各种差别定额，这就造成定额十分烦琐。一项一项检查起质量来，不但要花费很多时间，而且在目前农村管理水平的条件下，有的也很难掌握。第二，农业生产又是大面积分散的露天作业，实际遇到的自然条件多种多样。在许多情况下，劳动的数量和质量既要根据定额，又要根据实际情况灵活掌握，这也就很难评定得准确。由于这些情况的存在，在农业生产的实践中，往往就形成了只管数量不管质量。实行联产计酬责任制的理论根据是，一切合乎质量和不合乎质量的农活，最后都表现在最终产品的产量和质量上。最终农产品把一切合乎质量的农业劳动都包括在内，把一切不合乎质量的劳动都排除在外，而且也计入了某些"有害"劳动所造成质量抵消的影响。在农业生产中，按照最终产品考核劳动者的生产责任，也避免了记工和评工手续上的烦琐。

其次，就促进关心整个生产过程和最终劳动成果来看，实行"小段包工，定额管理"，社员的责任是某项农活或某一段的农活，而不是整个生产过程；考核的是阶段劳动而不是最终产品成果。某些一般说来是有用的，但是对取得最终农产品产量实际上又是无效的劳动也得到了承认，并据以付给了劳动报酬。这就容易使社员只关心某一工序、某一阶段，而不关心整个生产过程；只关心劳动了多少，取得工分多少，而不关心最终劳动成果（产量）多少。这也就是在不联系产量计酬情况下常常出现"只顾工分，不顾千斤"现象的经济根源。实行联产责任制，其特点是社员承担了最后产量的责任，他们要对整个生产过程和最终农产品的产量负责，因而就避免了单纯追求工分，不顾产量的问题。

三 联产计酬符合农业生产特点的要求

农业生产责任制是农业劳动组织管理的一项具体措施。它在农业生产的实践中，常常与一定的劳动报酬形式相结合。这是因为，管理和分配同为农业生产关系的重要组成部分，而两者在加强农业企业劳动管理，调动劳动者生产积极性的统一目的下又是紧密联系不可分割的。这首先表现在，没有合理的劳动组织，没有生产责任制，就没有劳动者的生产积极性。斯大林在指导苏联的企业管理工作时曾经批评过生产中无人负责的现象，指出：在无人负责的情况下是谈不到什么真正提高劳动生产率的，而如果劳动组织得合理，如果规定每个人对一定的工作负责……就能大大提高劳动生产率，改进工作质量，根除无人负责现象。

其次，表现在，劳动者生产积极性的发挥要建立在贯彻物质利益原则的基础上。对此，马克思早就指出：人们奋斗所争取的一切，都同他们的利益有关。毛泽东同志也曾经指出：一切空话都是无用的，必须给人民以看得见的物质福利。实行农业联产计酬责任制，把联产责任制和联产计酬制结合起来，在对劳动者规定生产责任和贯彻物质利益原则的基础上，将调动起农业劳动者的生产积极性，促进农业生产的发展。

实行农业联产责任制是农业生产特点的要求。同样，实行联产计酬制也是农业生产特点的要求。我国农业集体经济是社会主义公有制经济，要求实行按劳分配。但是农业实行按劳分配有自己的特点，这主要表现在按照什么样的"劳"和怎样计酬的问题上。马克思在《资本论》中，对劳动的各种形态曾作过比较详尽的分析。有的同志根据马克思的这一分析和人的劳动在生产中的实际支付情况，归纳为三种形态，即劳动的潜在形态、劳动的流动形态和劳动的物化形态。结合农业生产的实践来看：

第一，劳动的潜在形态。在农业生产中反映劳动者的劳动能力，包括体力和智力。正如马克思所说的：我们把劳动力或劳动能力，理解为人的身体即活的人体中存在的、每当人生产某种使用价值时就运用的体力和智力的总和。这种劳动形态代表劳动者在生产中支付劳动的可能性。我国农业合作化初期比较普遍使用，至今有的地方仍然沿用的按劳动"底分记工"("底分死记"),就是以这种劳动形态为基础制定的劳动计酬办法。这种劳动形态反映了一种可能的劳动支付量,与社员在生产中的实际支付量并不相同。按劳分配首先应该是按实际支付的劳动量分配。这一办法不能切实符合按劳分配的要求,它只是农业按劳分配的一种初级形式,不能切实调动劳动者的生产积极性。

第二,劳动的流动形态。在农业生产中反映劳动者在农业生产(即农产品形成)过程中实际支付的劳动量。马克思说:劳动力的使用就是劳动本身。劳动首先是人和自然之间的过程,是人以自身的活动来引起、调整和控制人和自然之间的物质变换的过程。人在使用自身的器官进行以上活动,也就是进行生产时,使自身的自然中沉睡着的潜力发挥出来。马克思这里所指的"使自身的自然中沉睡着的潜力发挥出来",就是人在生产过程中支付劳动。我国农村在"底分死记"基础上后来演变使用的"底分活评"的劳动计酬办法就是在以劳动的潜在形态作基础的情况下,考虑到劳动的流动形态的一种计酬办法。以后又进一步演变为按劳动定额计酬。这种办法基本上符合按劳分配原则,比前一种办法进了一大步。但是这种办法实质上还只是一种个人的个别劳动标准,而不是一个集体经济内的社会必要劳动标准。当我们把这种计酬的标准与生产责任制相联系时,就可以看到,它还存在一个缺点,就是无效劳动也计酬,实行这种办法不能控制和减少无效劳动,鼓励有效劳动,因此还不能够更有效地发挥社员的生产积极性,促进发展农业生产。

第三,劳动的物化形态。这种形态是指在农业生产过程中,流动形态的劳动凝结在农产品中从而形成最终产品。对此,马克思又指出:在劳动过程中,劳动不断由动的形式转为存在形式,由运动形式转为物质形式。一小时终了时,纺纱运动就表现为一定量的棉纱,于是一定量的劳动,即一个劳动小时,物化在棉花中。物化劳动形态是潜在形态劳动在现实农业生产中的实际发挥,是流动形态劳动中的有效部分在农业最终产品中的凝结。这种劳动形态反映了一个集体经济单位内劳动的社会必要标准,它是农业联产计酬责任制存在的经济依据。实行这种办法,把劳动的三种形态紧密地联结起来,避免了单纯根据以上两种形态计算劳动报酬的缺点,也符合按劳分配的要求。因此有利于调动劳动者的生产积极性,促进农业生产的发展。

回顾我国农业集体经济的发展,在劳动报酬上,由初期的实行"底分死记"到实行"底分活评",再到实行"定额记工",又到实行"联产计酬",反映了人们对农业劳动报酬与农业生产特点之间关系的认识深化过程。农业生产的前述诸特点,要求在农业劳动管理上要着眼生产全过程的有效劳动,要重视最终产品。而农业联产计酬制的特征正是以劳动的物化形态为依据,植根于生产全过程的有效劳动,并且实行联系最终产量计算报酬,这些都正好符合农业生产过程上述特点的要求。

(本文是我国农村改革初期,我研究农村经济的一个研究成果。提出的"农业生产的特点决定必须实行联产计酬"的学术新观点和系统理论论证,为我国农村普遍实行"包产到户"家庭联产承包责任制提供了重要理论依据。成果在 2008 年党的十七届三中全会《决定》中,又一次被中央明确地肯定。我当时还没有生态经济学的认识。有的专家也提出疑问:"为什么经济的发展由自然规律决定?"现在看来,发展经济正是要受自然规律和经济规律双重客观规律的制约。这篇论文也正是生态经济学研究的一个成果,有删节。原载《青海社会科学》1982 年第 6 期)

西双版纳的自然资源利用与生态平衡

西双版纳位于云南省南部，是我国著名的一块热带宝地。西双版纳是山区，山地面积占全自治州面积的 90%，有丰富多样的自然资源，素有"植物王国"和"动物王国"之称。它又处于热带地区，温度较高、雨量充沛、多雾湿润、静风少寒，属于热带雨林气候，适宜橡胶等热带作物生长，具有很大的自然和经济潜力。新中国成立三十年来，西双版纳的农业经济有了很大的发展，但是热带作物资源的利用还远未做到充分合理，生态失去平衡，自然资源也遭到了十分严重的破坏。当前研究如何充分利用这块宝地，把它的自然资源优势和巨大潜力充分发挥出来，取得最大的经济效益，为我国社会主义现代化建设作出尽可能多的贡献，是发展我国热带山区经济所必须认真探讨的重要课题。

一 发展山区商品经济，扬长避短

充分利用西双版纳山区的自然资源，首先要有一个发展山区经济的正确方针。我国各地的自然、经济条件千差万别，发展农业生产必须贯彻因地制宜的原则。发展西双版纳山区经济，要扬长避短，发挥山区林业资源丰富的长处，特别要发挥它适宜种植热带经济作物和热带林木的长处，实行以林为主，林牧农相结合。

西双版纳实行以林为主的方针有自然和经济上的依据。这一地区多年来生长着多种繁茂的热带林木，构成了独特的热带森林生态系统；它不断被采伐，又不断再生，为经济建设和人民生活提供了大量的橡胶、茶叶、紫胶、各种木本油料、香料、药材和热带水果等丰富的热带林产品；同时适应生态平衡的要求，西双版纳多年来，根据自然条件的特点，也形成了山、坝地区的经济分工：平坝地区傣族以种植粮食为主，山区哈尼、基诺、布朗、佤、瑶等兄弟民族搞多种经营，种植热带经济作物，与坝区进行商品交换，取得粮食等生活必需品，形成了大体合理的生产和商品经济结构。马克思说：经济的再生产过程，不管它的特殊的社会性质如何，在这个部门（农业）内，总是同一个自然的再生产过程交织在一起。农业生产既受经济规律的制约，又受自然规律的制约。符合生态平衡要求的经济结构才是合理的。过去，西双版纳长期实行这一经济结构，山区为平坝地区提供大宗的茶叶、紫胶等林业产品，坝区约10万人口，耕种着45万亩稻田，粮食自给有余，俗称为"滇南粮仓"，与山区互通有无，粮食也不紧张。不过这种山坝之间的地区分工还是极为初步的。真正发挥西双版纳的生产优势，应该充分认识山坝地区各自的自然、经济特点，把它们的自然资源都充分开发利用起来，把西双版纳地区的商品经济大力发展起来。

然而，三十年来的情况却不是这样。西双版纳山区林业生产的优势不但没有得到发挥，反而遭到了严重的破坏。随着人口的迅速增长（包括人口的自然增长和机械增长），粮食需要的加大，在山区也一律实行了"以粮为纲"，到处扩大种植粮食作物，要求粮食自给。这种做法所强调的不是发展商品经济而是自给自足的自然经济；突出的不是林业热带作物的优势，而是生产粮食作物的劣势，在经济结构上完全改变了西双版纳历史上按照自然规律和经济规律所形成的"坝区以粮为主，山区以经济林木为主"，相互依存的经济结构体系。西双版纳是兄弟民族地区，目前的生产力水平还很低下，许多地方还是实行刀耕火种，单位面积产量很低。要求粮食自给，就必然迫使他们走原始扩大耕地面积的道路，从而形成大面积的毁林开荒。森林遭受了巨大的破坏，据有关部门调查估算，其中毁林开荒要占三分之二，至今这种破坏森林资源的趋势还是有增无减。

森林是一个十分重要的生态系统。任何一个生态系统在受到内部或外部干扰下，都有一个适应机制，使干扰不致破坏系统的稳定性，维护生物的正常生长发育和繁殖。但是这种适应功能有一定的限度。超过了这个限度，就会破坏这个系统的正常运转功能，甚至导致系统的崩溃。西双版纳地处热带，气候适宜，林木砍伐后有比较旺盛的自然更新能力。但是许多地方由于毁林开荒严重，已经超过了这种能力。其结果是，一方面，山区的林特产品大大减少了。例如景洪县"文化大革命"之前，是原思茅地区盛产紫胶的三个重点县之一，年产量为15万—20万斤，与全国产紫胶居第一位的墨江县产量相近。这些年来，由于单一抓粮食，毁林种粮，紫胶产量显著下降，年产已不到10万斤。另一方面，大量的毁林开荒也破坏了农业生产的水、土、气候等条件，使粮食生产也不能得到迅速发展。

粮食不足是我国当前的一个重大问题，也是西双版纳地区的一个重大问题，必须认真对待。在西双版纳这块热带经济作物宝地，是继续片面地执行"以粮为纲"，实行单一粮食作物的生产结构，继续毁林开荒，破坏生态平衡，还是发扬西双版纳的山区资源优势，大力发展热带经济林木，保持生态平衡。这两种做法的优劣，从道理上讲是十分明显的，后者是我们应走的正确道路。但是实际上，这一问题并没有解决。至今，对于发展西双版纳山区经济，很多同志还是主张要在保证粮食自给的条件下，发展林牧业多种经营。但是实践已经证明，由于片面执行"以粮为纲"，要求山区粮食自给，才破坏了生态平衡和森林资源，不能发挥西双版纳的经济优势。马克思说：土地被分割的过程越发展，小块土地连同它那极可怜的农具就越成为零碎经营的农民的唯一资本，向土地投资的可能就越少，贫农就越感到缺乏利用农学成就所必需的土地、金钱和学识，土地的耕作就越退步。小农生产力低下，只能利用自然，不能大规模地改造自然。受这种小生产思想的影响，对于刀耕火种、毁天然林、开小片荒的掠夺式经营就会不自觉地感到司空见惯，而不能站在现代化大农业的立场上看到它是十分荒谬的。小农经济又是自给自足的自然经济，在自然经济思想的影响下，对于"以粮为纲"，要求山区粮食自给，也就安之若素。社会主义是计划经济，同时也是商品经济。专业化、社会化、商品化的大生产是我国农业经济的发展方向，也是西双版纳山区经济发展的方向。要发挥西双版纳的经济优势，就要自觉地克服小农经济思想的影响，把山区热带经济林木的宝贵资源充分利用起来，大力开展山区与坝区，以及西双版纳与外地区的商品交换，在专业化、社会化、商品经济发展的基础上把西双版纳农业经济搞活。

粮食问题是西双版纳当前经济发展中的一个现实问题，必须给予切实的重视。但是解决的办法不应是否定商品经济去发展自然经济，不应是破坏生态平衡，放弃山区热带经济林木的优势而去发展粮食生产的劣势。要树立生态平衡和发展商品经济的指导思想。西双版纳的粮食问题也是可以解决的。

首先，它有生产方面的潜力。目前许多地方还是刀耕火种，生产水平很低。据有关单位调查，刀耕火种，毁林种粮，当年亩产270斤，第二年130斤，第三年100斤或多一点，第四年仅为10斤，一般种三年就要丢荒，形成了"游耕"的做法，这是造成森林和生态平衡大量破坏的根源。改变这一做法，要大力发展农业生产力。要把山区的耕地固定下来，提高粮食作物的单位面积产量，走集约化经营的道路，变广种薄收为少种高产多收。西双版纳气温适宜，增产潜力很大。农田也是一个生态系统，只要大力推广各种增产技术措施，提高科学种田水平，就能够给农作物的生长创造更好的生态环境条件，使粮食单产成倍、成几倍地提高。

其次，它也有消费方面的潜力。目前西双版纳地区按人平均口粮达到700斤，本不算低。但兄弟民族不种菜，不做豆腐，常年不吃油，又要做酒，粮食的消费量很高。农业生产力水平低带来了食物构成的单一，随着生产力的发展，食物构成也要发生变化，这将会减缓对粮食的需要。

同时，我们有优越的社会主义制度，实行计划经济。为了调整西双版纳的生态平衡，发展它的热带作物生产优势，作为过渡，也完全有必要和可能在全国范围内统筹兼顾，解决西双版纳的粮食问题。最近国务院已经决定，为了发挥海南岛的热带作物优势，从明年起，由中央和广东省每年调进4.5亿斤粮食，一定五年不变，使海南岛能够腾出手来，大力发展橡胶、椰子、咖啡、可可、胡椒、南药、香料等经济价值高的热带作物和珍贵林木，这一做法也应该同样适用于西双版纳地区。

二　把握开发利用的适合度，有计划按比例地种植橡胶

充分利用西双版纳的自然资源，不但有开发利用的方向问题，也有一个开发利用的程度问题。

开发利用西双版纳的热带自然资源，首先应该发展橡胶生产。但是一段时期以来，理论界和实际生产部门对发展橡胶生产的规模和速度却存在着尖锐的争论：是多种植一些橡胶为国家提供四个现代化建设急缺的物资，还是多保护一些我国稀有的热带森林资源。

本来保护和利用是不矛盾的。保护的目的是为了利用，前者是后者的基础，后者是前者的目的。但利用也要加强保护，只有在保护好自然资源的基础上，也才能够做到长远地更好地利用。在实际上，两者又是有矛盾的。如果结合不好，优势就会变成劣势。确定两者的合理结合，客观上存在着一个开发利用的适宜度问题。根据西双版纳地区长期种植橡胶的实践看，决定这个适宜度的一个根本问题就是维持热带森林的生态平衡。

农业生产就其自然本质来看，是生物因素与环境因素的统一。森林在一定的气温条件下，吸收土壤中的水分和养分，进行能量的转化，保证自身的生长发育；同时它的产品和枝叶残骸又直接、间接地通过微生物的分解作用变成养分归还于土壤之中，再为森林吸收。森林与环境（包括水、土、气、热等）之间经常进行着这种物质变换，它们之间存在着一定的生态平衡关系。维持生态平衡，林木就生长繁茂；破坏了生态平衡，林木的生长就受到阻碍，甚至不能生存。

但是农业生产同时也是经济的再生产。人类要发展各种生产，来满足经济建设和人民生活的需要。人们必须适应自然，但是也可以改造自然。他们可以破坏旧的生产条件，从而破坏一个旧的生态平衡；同时也可以创造新的生产条件，从而带来一个新的生态平衡。事实证明，开垦植胶，以橡胶林的生长为中心的生态平衡系统是存在的。我国多年以来在西双版纳开垦植胶已经取得了很大的成绩，目前已经植胶 50 万亩，为我国的经济和国防提供了一定数量的天然橡胶，作出了很大的贡献。许多橡胶林开垦合理，布局适宜，维持了森林生态系统的平衡，橡胶生产和再生产也呈现出蓬勃繁荣的景象。

然而单一生态系统是不能够无限扩展的。在群落结构中，一定数目的个体与环境形成一定的稳定关系。个体超限度的增长将会影响这一关系的稳定，甚至会导致系统的崩溃。

在大自然的相互联系中，任何一个生态系统的存在都要依存于一定的条件。橡胶的生长需要一定的温度和湿度。而西双版纳大量的热带雨林、丰富的水分、热量的存在是橡胶生长的重要条件之一。

西双版纳的橡胶园，有一部分是用开垦热带森林换来的。在这些地方，橡胶的垦殖过程同时也就是原有热带森林的破坏过程。橡胶是我国经济建设和国防的紧缺物资，在西双版纳进行垦殖是必要的。但是垦殖需要慎重，要保持在一个合理的限度，以不破坏热带雨林的气候条件为前提，否则就要破坏橡胶生长自身所需的环境条件，而使发展橡胶事业成为不可能。过去在西双版纳垦殖橡胶的过程中，由于我们对森林系统生态平衡的自然规律和经济规律认识不足，在工作中也存在不少缺点错误，例如垦得多、植得少；对云南山区的"立体气候"特点认识不足，部位高低选得不当，高垦了不能种胶；或片面追求高产品种，品系搭配不合理，遭受低温寒害，植株冻死，林地荒废等。这些对西双版纳的热带森林也起了某些破坏作用。

当前西双版纳热带森林的严重破坏，首先是由于大量的毁林开荒。制止这种破坏是我们的共同责任。但就橡胶垦殖方面来看，开垦的土地已达100多万亩，其中相当部分还没有利用或者没有很好地利用起来，实际上在热带森林资源的破坏上也起了一定程度的加剧作用。西双版纳的热带雨林，形成久远，一旦遭到破坏就失之而不能复得。它又地处热带雨林的北缘，湿热系数的比值已在将近临界点上，生态环境条件十分脆弱，这就更需要我们加以保护。多年来这一地区的热带雨林不断遭到严重破坏，目前这一地区已经明显地呈现出气温增高、雨量下降、雾日减少的发展趋势，有湿热带变成干热带的危险。如果真的出现这种结局，原有的森林生态系统平衡就要被破坏，西双版纳就不能再种植橡胶，这块宝地的价值就将大大降低。开发利用西双版纳的自然资源优势，贯彻因地制宜的原则，我们必须发展橡胶生产。同样，贯彻因地制宜的原则，从目前西双版纳热带森林生态平衡已经遭到严重破坏的情况出发，我们又必须坚持以保护为主的方针。毁林开荒必须坚决制止；同时橡胶的开垦种植当前也不能过多过急。当务之急是要把已经遭到严重破坏，濒临毁灭危险的热带雨林资源保存下来，并使之恢复提高。先把已经开垦尚未充分利用的宜胶地经营好，争取提高橡胶的单位面积产量；在此基础上再进一步扩大橡胶的开垦种植。这样做才能长期保持热带经济作物的生态平衡，长期地更大地发挥西双版纳的自然资源优势。

与此相联系的是，西双版纳在开垦发展橡胶生产上，长期存在着是国营独家种植，还是在国营为主的情况下，也允许人民公社参加部分经营的问题。这个问题不解决，同样影响生态平衡和开发利用的经济效果。

国营农业经济和集体所有制农业经济是我国社会主义农业经济不可分割的两个组成部分，它们的根本利益是完全一致的。然而它们又各有不同特点：第一，国营农场是先进生产力的代表。它拥有先进的植胶技术和加工设备，有比较雄厚的资金和比较高的管理水平，可以进行比较现代化的大规模种植。人民公社的资金、技术和管理水平都比较低，只能搞小片经营。第二，国营农场在资金和设备上有优势，而人民公社则拥有较多的土地山林资源和劳动力。过去强调国营农场独家种植，主要采用移民建场，大片开垦的做法，小片宜胶荒地不能充分利用，也大大增加了国家供应商品粮的负担，在一定程度上增加了热带森林的破坏强度，不利于保持生态平衡。在我国社会主义制度下，可以实行统一规划，有领导地把国营经济和集体经济两种力量联合起来，使它们在生产力各要素的结合上，和在开发规模的大小分工上，各取所长，各避其短；在协调经济利益的基础上，把国营和集体经济两个积极性都调动起来。这样将有利于少毁林多产胶，保持生态平衡，从而也有利于橡胶生产的更大发展。

三．全面长远利用，保护热带林业资源

西双版纳30年来的生产建设实践证明，开发利用这一地区的自然资源还必须正确处理全面利用资源和单项片面利用之间的关系问题。

30年来，西双版纳的开发建设取得了很大的成绩，但是热带森林资源也遭到了巨大的破坏。新中国成立以来，森林面积已经减少了800万亩，砍伐的速度超过了森林的再生能力，荒山草地和灌木丛林的面积扩大，森林覆盖率已经由解放初期的69.4%下降到目前的30%，而且破坏的速度呈现出日益加快的趋势。

西双版纳森林的迅速破坏带来了生态平衡上的一系列严重后果。首先，它造成了严重的水土流失。目前许多地方已经是山上无树，流水不清，土壤有机质也大大减少。据有关单位观察，热带雨林下土壤的有机质达到3%—6%，而破坏后的灌丛草地只有2%—3%。同时"山上砍光"必然带来"山下遭殃"。由于水土流失，造成了水库淤积。勐海县的曼满水库，原设计蓄水能力为1700万立方米，实际只蓄积了约900万立方米；原设计100年淤积不超过闸门，实际上只有5年就已超过；多雨季节，形

成山洪，给山下人民的生产和生活带来极大的危害。其次，它也造成了水源枯涸。不少地方灌溉缺水，有的早稻枯死，有的已经成了等雨灌溉的"雷响田"；一些水电站也因为水源不足，不能发电，造成工厂停工。据有关部门估测，7亩火烧山的地下水分含量不如1亩森林地。保不住林就保不住水，就不能保证灌溉和水力发电。最后，它也带来了气候的变化。新中国成立初期，西双版纳森林茂密，雨量充沛。当时基本没有水利工程，45万亩水稻田靠森林"绿色水库"涵养水源，在相当程度上靠下雨弥补了栽秧的水分不足。森林大量破坏后，雨量已经减少，旱季加长，干旱风暴和病虫等自然灾害加重。目前，西双版纳森林破坏的趋势并未停止。生态系统已经形成了严重的恶性循环。全国人民都关注我国南疆这块宝地，"拯救西双版纳"已经成了全国上下的共同呼声。

从当前西双版纳森林已经遭到严重破坏的实际情况出发，我们必须把保护放在第一位，在保护的基础上再逐步开发利用。加强保护的意义不但在于保存各种林业产品本身，也在于保存我国种植天然橡胶的条件；不但在于为农业和其他生产提供适宜的生态环境，也在于保存物种和热带雨林的自然景观。西双版纳没有受到第四纪冰川的直接影响，地处几个植物区系的交会地带，保存了大量的珍贵物种，是世界罕有的一个生物遗传基因库，具有巨大的经济价值和科学研究价值。西双版纳的热带雨林中原来栖息着许多稀有动物，如亚洲象、印度野牛、绿孔雀、长臂猿、犀鸟、金鸠等，随着热带森林的破坏，这些动物已急剧减少，有的被赶出了国境，有的甚至已经濒临绝灭。这些都是大自然遗留给人类的无价之宝，失之就不能再得。当前世界各国也都提出了保护热带森林的要求。

加强保护西双版纳森林资源，从当前的实际情况出发应该认真考虑以下三个方面的问题：

第一，树立全面利用和长远利用的观点，把利用建立在生态平衡的基础上。由于生物与各环境要素之间存在着一定的协调平衡关系，它们相互依存，构成自然生态平衡。不合理的、单项因素的片面利用会引起整个生态系统的破坏，因此开发利用要有全面观点。同时，生态平衡又是不间断的物质和能量的循环过程。维持这一循环的正常运转，自然和经济的再生产才能继续，因此开发利用也必须有长远的观点。片面强调"以粮为纲"

和乱砍滥伐，造成了大量的毁林开荒，破坏了生态要素之间的平衡协调关系；不考虑目前的具体条件，过度垦殖会影响热带雨林生态系统物质和能量的再循环过程，都会造成资源的破坏。

第二，建立新的生态平衡，保护原有的生态平衡。西双版纳能源缺乏，生产生活的燃料主要依靠木柴，也造成了大量毁林。我们要在现实的经济生活中，而不是在实验室中保护生态平衡。因此必须在能够解决现实需要的前提下，才能保护生态平衡，否则只能是一句空话。西双版纳的傣族人民，在解决能源问题上创造了很好的经验。他们在村旁隙地大量种植了产量高、火力旺的铁刀木作烧柴，从而保护了热带森林资源和生态平衡不被破坏。他们的做法给了我们重要的启示。

第三，经济政策要考虑生态平衡的要求。云南兄弟民族边疆地区放宽农村经济政策，扩大自留地、实行包产到户，都是十分必要的。但在不加强管理的情况下，有的农户一家就毁林开荒达四五十亩。经济政策的制定和执行要建立在自然规律和经济规律的基础上。放宽经济政策与保护生态平衡的要求是一致的。它们从人与人和人与自然两个方面的关系出发，目的都是为了更充分合理地利用自然资源。贯彻执行经济政策也要考虑到保护生态平衡的需要。放任自流不利于保护生态平衡，也不利于政策的正确落实，最终将不利于充分合理地开发利用西双版纳的自然资源。

西双版纳具有巨大的自然资源优势。但这是一种潜在的优势，为我们进行开发利用提供了巨大的可能性。要把这种可能变为现实，就要求我们从多方面做好工作，要采取坚决的措施，搞好生态平衡。在此基础上，我们才能把西双版纳的自然资源优势真正变为生产优势，把自然资源的可能效果变为经济上的现实效果，为建设做出更大的贡献。

（本文是我国开始组织发表推动生态经济学建立发展第一批文章中的第一篇。这一工作系作者负责，在《经济研究》刊物上进行，每月一篇，连续一年。原载《经济研究》1980年第12期）

用生态经济的观点指导发展海洋渔业

新中国成立以来,我国的海洋渔业有了很大的发展,但它又是在曲折的道路上前进的。捕捞能力迅速增长,但由于酷渔滥捕,导致资源破坏,反而造成渔业生产下降。这就要求我们用生态经济的观点,对海洋渔业重新加以认识。

海洋渔业的本质是生态渔业

人类的生活来源开始于采集渔猎,我国沿海人民捕鱼世代相传。但是历史证明,人们对于海洋渔业的本质至今并没有真正认识,这是我国海洋渔业资源遭受破坏,海洋渔业不能迅速稳定发展的重要原因。

浙江舟山渔场是我国的主要渔场,自然条件得天独厚。新中国成立以来,生产工具不断革新,渔民的捕捞工具,由20世纪50年代初期为数不多的木帆船,发展到5926艘机动渔船,以生产工具为代表的渔业生产力是逐年增长的。但是渔业产量,经过50年代至70年代的迅速上升和不断发展之后,近年来却呈现出迅速下降的趋势。该地区渔业重点县普陀县的渔业产量,1952年为68万担,50年代、60年代、70年代依次为122万担、197万担和311万担,1980年为332万担,而1981—1983年则依次降为317万担、282万担和243万担(预计)。舟山地区的这一情况在我国海洋渔业生产中具有代表性,有的海区问题更严重。

存在这一问题,从根本上来说,是由于对海洋渔业生产的特点缺乏认识,因而导致了错误的开发利用途径,造成了海洋渔业资源的破坏。长期以来,我国进行海洋渔业生产是基于以下两点认识:(一)海洋渔业就是海洋捕捞。按照生产部门的分类,把海洋渔业等同于一般的采掘工业。(二)渔业资源是取之不尽,用之不竭的。"有水就有鱼、增船就增产",

就是这种认识的反映。在这种指导思想下发展海洋渔业生产，就必然一味增加捕捞工具，到了一定程度，超过了渔业资源的承受能力，就造成了资源衰退，渔业产量下降。

发展海洋渔业生产必须考虑渔业自然资源的状况。海洋渔业利用的自然资源与一般采掘工业利用的自然资源有很大的不同。

1. 海洋渔业资源是有限的。这是它与采掘工业的共同点。据此，我们对两种资源都要注意节约、有效地利用。

2. 海洋渔业的生产对象是有生命的动（植）物有机体，资源具有可再生性，这是它与采掘工业的不同点。渔业的经济再生产与自然再生产相交织，既受经济规律制约，也受自然规律制约。只有保持了鱼类本身自然再生产的生态平衡，才能保持渔业经济再生产的长期平衡，使海洋渔业生产取得更大的经济效果。海洋渔业资源的这一特点，决定了海洋渔业是生态渔业的本质。认识了海洋渔业的这一本质，我们进行海洋渔业生产，必须明确树立以下几个观念：

（1）建立渔业生态平衡的观念。海洋鱼类和其他生物一样，都在一定的生态系统中存在。保持各自所处生态系统的平衡，它们的自然再生产才能顺利进行，人们对它们的经济利用才有客观存在的基础。

（2）明确海洋捕捞的对象是产卵后成鱼的观念。鱼类的繁育生长有阶段性，因此渔业对它的经济利用也有阶段性。在海洋渔业上，保持最大生态效益和取得最大经济效益的结合点就是要捕捞产卵后的成鱼，而不是幼鱼或产卵前的成鱼。那种只要鱼产品，不管幼鱼、产卵鱼都一齐捕杀的做法是竭泽而渔，自己破坏渔业资源。

（3）树立根据鱼类的生态习性特点加以利用的观念。各种鱼类都有自己的生长、洄游规律，因此，海洋捕捞渔业也有明显的季节性和地域性。我国渔民了解了一些大宗经济鱼类的生态习性，从而规定了这些鱼类的禁渔区和禁渔期，也掌握了它们的汛期，加以集中利用。这些认识是符合生态经济规律的，任意违反就会使渔业生产遭受损失。

协调捕捞工具和海洋水产资源的关系

我国海洋渔业主要依靠捕捞，发展捕捞工具对发展海洋渔业有重要的意义。但是海洋捕捞工具的发展又不是孤立的。生产力包括多种要素，生产工具只是其中的一个因素，它为海洋渔业的发展提供技术基础。海洋渔业资源作为渔业生产的劳动对象，是生产力的另一个重要因素，它为海洋渔业的发展提供物质前提。两种要素共同协调发展，才能使整个渔业生产力水平得到提高。舟山地区自新中国成立以来，集体渔业的捕捞工具由木帆船走向机帆化、动力化，又走向大型化，工具的更新大大提高了捕捞能力，充分利用了渔业资源，四大经济鱼类（大黄鱼、小黄鱼、带鱼、墨鱼）的产量迅速提高，六十年代的平均产量比1951年提高了6.5倍。但是捕捞工具的继续增加和它的不合理使用，却使舟山地区捕捞工具和渔业资源之间的关系出现了不协调，主要表现在：（一）在资源的利用范围上，主要集中捕捞四大经济鱼类，未相应地扩大利用其他鱼类，从而增加了这些鱼类的负担。（二）在资源的利用时间上不分季节，不论汛期和平时，盲目扩大捕捞，捕杀了大量幼鱼，使渔业资源不能充分利用。（三）在资源利用的地区上，进入禁渔区，把正在索饵的未长成鱼和即将产卵的亲鱼也一起捕捞上来，使鱼类不能繁殖扩大。（四）在捕捞工具投放的集中程度上，近年来由于黄海，渤海的渔业资源遭受破坏，沿海六省一市的许多渔船都集中在舟山地区；国际上，多争捕舟山海中的经济鱼类。大量拥有现代技术的捕捞工具集中压在舟山渔场，就给这一地区的渔业资源带来了毁灭性的灾难。这些做法的共同结果是急剧增加了捕捞强度，使海洋渔业的捕捞量超过了鱼类的生长量，不能维持其生态平衡，因而损害了渔业资源。

舟山地区的渔业生产实践使我们得到了以下几点教益：

（1）认识生态系统承载能力有限性的特点，增加捕捞工具和利用原来的渔业资源，要在各该生态系统承载能力允许的范围之内。

（2）认识海洋渔业生态系统具有运动性的特点，在使用工具进行捕捞时，要选择鱼类生长的最佳利用阶段和最佳利用的时间与地点。过去一个时期，无视这个特点，在渔业上曾经盲目提出过："变淡季为旺季"的口号，不分鱼类的生长阶段，把幼鱼、小鱼都打了上来。还盲目地提出"哪里有鱼哪里捕"的口号，在错误的时间、地点去"主动出击"，捕捞了大量的产卵亲鱼，这些都是错误地使用了捕捞工具，带来了破坏渔业资源的严重后果。

（3）认识海洋渔业生态系统多样性和存在广泛性的特点，努力增加新的鱼种并大力开发利用外海渔业资源。"四大经济鱼类"是人们喜爱的，但是它们在近海的存在又是有限的。我国的人口在增加，经济建设在发展，人民的生活也在不断提高。在此情况下，我们应该扩大眼界，一方面要看到，广阔的海洋中有多种多样的生态系统，要发现利用新的渔业资源；另一方面也要看到，海洋渔业的多种生态系统也是到处存在的，不但存在于近岸、近海，也广泛地存在于外海，其中既有原已利用的经济鱼类生态系统在外海的延伸，又有新鱼种生态系统的开始开发利用。上面我们分析了捕捞工具的发展必须要和渔业资源的状况配合协调，但绝不能由此得出不要渔业机械化或限制渔业机械化发展的结论。发展海洋渔业生产，使用现代化的生产手段和科学技术永远是十分重要的。现在的问题不是机械化太多了，而是不能把机械化的发展仅限于捕捞和对近海少数鱼种的增船、增网上。就捕捞来说，还应该"打出去"，走向外海，面向新的渔业生态系统，开发尚未利用的渔业资源。

在认识生态平衡的基础上改进海洋渔业管理

发展海洋渔业不但要重视渔业生产力要素之间的配合，也要重视加强管理，促进发展渔业生产力的作用。搞好这方面的工作，也要以对海洋渔业生态平衡的正确认识为基础。

海洋渔业生产是商品性生产，舟山地区是我国的主要商品鱼基地。实行正确的收购政策对保证国家建设和人民生活对鱼产品的需要，对调动沿海广大渔民的生产积极性，促进发展海洋渔业生产有重要的作用。但是我国长期以来海洋鱼产品派购中的有些做法是值得研究改进的。

从舟山地区的情况看，存在以下两方面的问题：一是一段时间的派购任务基数偏高。该地区近几年的派购任务指标是以1976—1978年三年经济鱼类的平均产量水平为基数，实行"四六开"，一定五年。但是20世纪70年代，如当地群众所说，是"风华正茂"的年代，产量较高；1978年又有外海捕获大量马面鱼等因素，是历史上第二个产量高峰年，因此按60%定下后也是一个较高的派购任务。近年来，渔业资源已经遭到破坏，渔业产量直线下降，完成向国家的交售任务后，渔民的议价自销部分已经所剩无几，不能调动渔民的生产积极性。二是硬性规定交售的商品鱼种，仍以四大经济鱼类为主，加上鲳鱼、鳓鱼、马鲛鱼、鳗鱼等，而不能以其他鱼种替代。因而渔民的捕捞对象还是主要集中于已经遭受破坏的四大经济鱼类，而不能减少其压力。这也是近年来我国渔业资源的破坏不能有效地制止，恶性循环反而有所加重的一个原因。

出现这种情况，其思想认识上的根源在于主观和客观相脱离。近年来我国近海的渔业资源和产量都已经有了很大的变动，捕捞的鱼种和过去比较也有了很大的不同，但是鱼产品的征购规定却没有相应地加以改变。舟山地区的派购数量目前已经调低，这样做有利于恢复渔业资源和调动渔民的生产积极性。该地区自 1971 年开始，已经逐步试验成功捕捞利用鲐鲹鱼，群众也喜欢，应该利用这一新的生态系统，把鲐鲹鱼列为收购鱼种，使原来遭受破坏的四大经济鱼类生态系统得以恢复。采取这样的收购政策将会带来更大的经济利益。

用生态经济的观点，研究改进海洋渔业管理，获取更高经济效益的途径是多方面的。上述在收购政策上的表现只是其中的一个方面。综合上述，我们可以看到，我国发展海洋渔业当前还存在着不少问题需要解决，也存在着很大的潜力有待我们去挖掘。

（本文是作者针对当时发展经济中迫切需要解决的实际问题，运用生态经济学理论，深入实际调查研究，取得第一手资料提出的研究成果。论文提交当时召开的"全国生态经济科学讨论会暨中国生态经济学会成立大会"。被《人民日报》选择在专栏首篇位置发表，《经济学周报》组织专题研讨，农业部和海洋局等有关方面到会。文章提出的一些新观点和对策建议在之后的经济发展实践中都被采纳应用。原载《人民日报》1984 年 4 月 9 日）

热带亚热带少数民族地区
生态经济协调发展研究

一 改变热带亚热带少数民族地区落后面貌的根本在于迅速发展经济

热带亚热带少数民族地区在全国少数民族地区中,是自然、经济条件较好、经济发展相对较快的地区。新中国成立 40 年来,社会、经济和文化等方面的发展已取得了很多成绩。但是它的发展同全国来比,仍然还是处在相当落后的水平上。从调查的情况看,具体表现在以下各个方面:

(一) 思想观念落后

我国热带亚热带地区的少数民族,和其他地区一样,受长期历史的影响,具有很多落后传统思想观念的遗留,加上这些少数民族大多居住在山区,交通阻隔、信息闭塞,新的思想观念很难进入。许多地方少数民族农民的生产观念薄弱,面对着身边丰富的热带亚热带自然资源,却安于贫困。许多农民也缺乏商品生产和积累、扩大再生产的观念。他们至今过着自给半自给的生活。

(二) 教育文化落后

热带亚热带少数民族地区,由于生产力的发展层次低,经济和地理条件限制,发展教育和文化的条件很困难。以四川省宁南县的情况为例,该县是彝族为主的少数民族县,在大小凉山地区并不算十分落后,但农民的文化素质十分低下。全县 12 周岁以上的文盲率高达 49.97%,其中跑马乡,彝族人口占 94.1%,文盲率为 60%。就是县城也有 13% 的人口是文盲。文盲半文盲数字中,6—11 岁的达 13236 人,占文盲半文盲总数的 22%,占 6—11 岁人口总数的 50.91%。说明一半的适龄儿童未入学和中途退学,加入了文盲半文盲的行列。其他县市也都是类似情况。由于教育水平太低,使少数民族地区的一些生产致富措施无法采用。

(三) 科学技术落后

这次调查的八县市和一个自治州的情况说明,这些少数民族地区科技落后的一个突出表现是科技人才的力量十分缺乏。本来科技人员就少,而且大量外流。如四川省宁南县,自 1980—1985 年投考大专学校离县的学生 140 人,分回本县的 71 人,仅有一半。具有一定专业和科技知识的干部,也是调出多、调入少。由于缺乏人才,这些少数民族地区的生产水平也很低。许多地方"收成看天气,产量靠地力"。海南省的通什市农村,每个乡镇只有一个技术员,有些地方农药不会用,简易碾米机不会修,不会使用优良品种,也不会培育壮秧。由于科学技术十分落后,这些地区的封建迷信盛行。这都制约了当地社会经济的发展。

(四) 经济发展落后

这些地区经济的发展,许多还处在自给自足的自然经济和半自然经济状态,商品经济没有多少发展。在此情况下,所调查州县市的粮食生产无一例外,都是自给性生产,近年发展起来的开发性热带亚热带经济作物生产正在扩大其商品量,但也才刚刚开始。黔东南自治州是全国重点林区之一,资源丰富,木材生产一直在全州经济发展中居主要地位,在"六五"期间的商品率也仅为 17%。

从调查的八个少数民族县市和一个自治州的情况看,除个别县有些特殊情况外,所调查各州县市的农业人口占总人口的比重都在 60%—70% 以上,除通什市外,农业总产值占工农总产值的比重在 55% 以上,最高的占76%,工业总产值的比重只占 24%—45%。同时这些少数民族地区的农业生产也很落后,广大农村刀耕火种、"砍山,种山兰"("山兰"是当地黎族习惯的一个低产糯稻品种) 等原始耕作生产方式还比较普遍,既无多少产量,又破坏自然资源和生态环境。所调查的各州县市,经济发展水平一般都比较低,少数民族农民的收入也比较低。通什市农村有 40% 人口的饮水有问题,30% 人口的照明问题还未解决。所调查的八个县市和一个自治州,在少数民族农民的脱贫上都还有很多的工作要做。

热带亚热带少数民族地区,由于上述各方面的落后,在目前社会经济的发展中存在着多种矛盾。就调查地区的情况看，比较明显地表现在以下10个方面：

1. 落后的思想观念与社会经济发展之间的矛盾。
2. 科学技术文化教育低下与发展经济迫切要求之间的矛盾。
3. 得天独厚的自然资源与开发利用的矛盾。
4. 自然资源开发利用与保护的矛盾。
5. 自给半自给性生产方式与商品经济发展的矛盾。
6. 少数民族中某些心态、传统习惯与现代化意识的矛盾。
7. 巩固边防与发展经济的矛盾。
8. 少数民族地区管理体制与经济发展的矛盾。
9. 民族之间的矛盾。
10. 国营经济与地区民族经济之间的矛盾。

就这些地区的社会经济总体发展来看，上述各方面的落后，根本在于经济发展的落后，在上述多种矛盾中，主要的矛盾是生产力水平低下与加速社会经济总体发展之间的矛盾。生产的发展是提高生活的基础，少数民族地区经济实力的逐步增强是这些地区文化教育和科学技术发展的前提和保证。因此，改变热带亚热带少数民族地区社会经济落后面貌的关键在于迅速发展这些地区的经济。

二 用生态经济学的理论指导热带亚热带少数民族地区经济的发展

目前全世界范围内随着人口的不断增长和生产力的迅速提高，经济发展与自然生态之间出现了多方面的不协调，已经形成了各种各样的生态经济问题，严重阻碍了社会经济的发展。由于大量破坏森林、草地等自然资源所造成的"黑风暴"和土壤侵蚀等自然灾害，已经给人类社会的发展带来严重的危害，有些问题已经形成了很大的规模，给世界和各国经济的发展都造成了重大的损失，并给人类的生存和发展带来严重的威胁。现在要求在社会经济发展中实现生态与经济的协调已经是一个世界性的潮流。充分合理利用有限的自然资源，使之在经济发展中发挥最大的经济效益已经成为经济发达国家和发展中国家的共同目标。实践提出的必须实现生态与经济协调的客观要求，为生态经济学这一新兴边缘学科的产生准备了条件。

生态经济学的理论认为，在社会经济发展中，生态与经济的协调发展是必要的，也是可能的。我国少数民族地区的经济已经落后于全国的发展，今天的目标已经不应是消极地慢步追随，而应是积极地缩小差距或迎头赶上。而热带亚热带少数民族自治地区的经济发展如采取单纯的经济观点，就永远赶不上我国的发达地带；如果采取生态经济协调发展的对策，从长远看就可能达到赶上与超过发达地带的目标。在此情况下，选择恰当的经济理论作为指导，争取更充分有效地开发利用自然资源，获取最大的生态经济效益，就显得更为重要。

生态经济系统是生态系统和经济系统的有机统一体。生态系统由各种生物因素和环境因素组成（各种植物、动物和矿物，包括热带亚热带各种独特、丰富的自然资源，都是其重要组成部分），按照客观自然规律，不停地进行着物质循环和能量转换运动，维持着自然界的生态平衡，使各种生物资源被人们取用后还可以再生，从而源源不断地向人们提供多种多样的植物和动物等各种产品。经济系统的运动则必须在生态系统运行的基础上进行，并以之为基础。两者结合得好，各种自然资源的开发利用就比较充分，自然界的生态平衡就能得到保持，各种植物和动物资源取用后还可以再生。结合得不好，丰富的自然资源就会闲置或遭受破坏，甚至使长期的继续发展成为不可能。

用生态经济学理论指导发展热带亚热带少数民族地区经济，要进一步认识这一地区经济发展的关键在于充分合理利用自然资源。人们进行生产活动的实质是人与自然的物质交换，而这一物质交换的活动是在特定的生态经济系统中进行的。据此，我们应该明确看到以下几点：

1. 自然资源的数量和内容决定了生态经济系统在发展经济上的优势和劣势。因此发展热带亚热带少数民族地区经济首先要对本系统和其中的各种自然资源状况有总体的明确了解。

2. 要明确多种自然资源在系统中的地位和分布，为突出开发利用重点资源指出方向。

3. 要具体了解各种自然资源的组成结构，为全面开发利用各种自然资源提供依据。

4. 要认识自然资源在系统中的运动和平衡关系,为资源的均衡利用和长期永续利用提供指导。

5. 要重视提高经营者和劳动者的科学文化素质和生产经营的积极性,为开发利用生态经济系统,充分合理利用自然资源,从经济上提供启动力。

6. 要认识生态经济系统是一个统一的有机系统整体,生态系统和经济系统两种运动相互制约。为此,必须重视理顺各种经济关系,从自然与经济协调上,推动最大限度地、充分合理地利用各种自然资源。

研究发展热带亚热带少数民族地区经济,就是要以这些方面的正确认识为基础,提出正确的发展方针、部门结构,以及自然资源利用与保护协调的战略设想和政策、措施建议,促进这一地区经济持续、稳定、协调、迅速地发展。

三 热带亚热带少数民族地区经济发展的方针

发展热带亚热带少数民族地区经济,首先要制定正确的发展方针,这一方针的正确制定,要具体明确以下一些指导思想:

(一) 发展热带亚热带少数民族地区经济的实质是开发利用热带亚热带生态经济系统

整个热带亚热带地区就是一个巨大的生态经济系统。开发利用这一地区,发展经济,实质上就是开发利用这一巨大的生态经济系统。与此同时,其中的各个少数民族地区也都作为具有自己特色的生态经济系统而存在,发展这些地区的经济,实质上也就是开发利用这些各具特色的生态经济系统。

(二) 发展热带亚热带少数民族地区经济的优势在于充分利用这一地区丰富的自然资源

发展热带亚热带少数民族地区经济,必须充分发挥自己的优势,避免自己的劣势,并以此为核心建立自己的战略方针。

热带亚热带少数民族地区作为独特的热带亚热带生态经济系统,具有丰富独特的热带亚热带自然资源。这是它的优势所在。从全国少数民族地区来看,这是独特的优势,难得的优势和不可替代的优势。这就要求,热带亚热带少数民族地区迅速发展商品经济，特别是在目前开始起步的情况下，应当着重依靠内部自然资源丰富的突出有利条件。在起步、发展和积累的基础上逐步提高自己的思想观念、生产管理水平和经济实力，以争取更好的外部竞争条件。我们认为，在当前这一地区发展经济的具体条件下，突出依靠自己的自然资源优势，即依靠丰富的热带亚热带自然资源起步，依靠这些优势自然资源致富，并依靠这些优势自然资源赶上先进地区的思路是正确的。

（三）制定热带亚热带少数民族地区发展经济的正确方针，在内容的安排上要贯彻以下战略指导原则：即整体的发展战略、协同的发展战略和持续的发展战略

1. 整体的发展战略。热带亚热带少数民族地区发展经济既要突出开发利用优势资源，也要重视根据条件尽量全面利用其他各种资源，促进整体经济的发展。这是因为生态经济系统本身就是综合的，多种资源同时并存是它的一个重要特点。发展热带亚热带少数民族地区经济，突出开发利用重点自然资源与根据条件全面开发利用自然资源并不矛盾。因为这里所说的全面利用是在突出开发利用重点之下的全面利用，而不是不分重点地全面开花。因此也不会平均分散使用力量，而只会充分利用多种自然资源，在发展经济上相辅相成。

2. 协同的发展战略。生态经济系统是有序的，因此其中各种自然资源的利用也要体现结构有序的特点。发展热带亚热带少数民族地区经济，协同关系的表现有众多方面。就正确制定发展的经济方针来说，必须正确处理的一个重要的协同关系是部门和产业及其内部结构的关系。这主要包括以下三个方面：

（1）发展粮食生产与发展经济作物、林业特产生产的关系。热带亚热带经济作物和林业特产是本地区的优势，应该大力发展，但粮食是民食之本，又是整个农业和其他各行各业发展的基础，因此应该优先安排解决，尽量争取实现自给。

（2）普通优势资源利用与独特优势资源利用的关系。如上所述，应在努力开发利用热带亚热带普通优势资源的同时，因地制宜大力开发利用本地区特有的优势自然资源。

（3）发展农业与发展工业的关系。工业是国民经济的主导部门，少数民族地区经济的大发展，经济实力的增强，以及现代化的实现，最终还要靠大力发展工业来完成。因此热带亚热带少数民族地区，在大力发展农业的同时，从现在起就应该重视发展工业，根据自己的资源条件，积极发展可以发展的工业生产，并为将来的进一步大发展创造条件。

3. 持续的发展战略。热带亚热带少数民族地区经济不但要实现迅速发展，而且要实现持久稳定发展。这是因为生态经济系统以自然生态系统的运行为基础，在生态系统经常保持平衡的条件下，才能保证经济系统长远稳定的经济效益，否则就会造成经济发展的破坏。特别是在目前热带亚热带少数民族地区的人口增加，人们的经济需求提高，生态环境已经遭受严重破坏、十分脆弱的情况下，这一点就显得更为重要。

在以上一些生态与经济协调的思想指导下，提出目前热带亚热带少数民族地区经济发展的方针如下：充分发挥热带亚热带少数民族地区的资源优势，提高粮食自给率，大力发展热带亚热带经济作物和林业，发展其他优势资源产业，积极因地制宜地发展工业，实现生态与经济的全面协调发展，促进少数民族地区经济的繁荣和人民生活水平的不断提高。这个方针的核心是充分发挥热带亚热带少数民族地区的资源优势。

四　热带亚热带少数民族地区经济发展与生态保护的协调

热带亚热带少数民族地区发展经济的本质是开发利用生态经济系统，充分合理地利用丰富的热带亚热带自然资源。这里需要看到，生态经济系统的运动是无限的，而具体的生态经济系统及其包含的自然资源又是有限的。

在社会经济领域中，生态环境的破坏和经济与生态的不协调，主要是随着经济的发展，对自然生态系统的压力日益加大引起的。从这个意义上说，生态与经济的不协调是社会经济发展的必然产物。热带亚热带少数民族地区人口逐渐增长，生活需要日益增加，商品经济也逐步扩大。由于对人和自然之间的关系没有自觉的正确认识，因此也带来了对自然资源的各种破坏。从调查的几个少数民族县市的情况看，主要有以下三方面的原因：

1. 农民群众解决生活上的需要。热带亚热带少数民族大多住在山区，由于生活不过关，就"靠山吃山"，向山要粮、要猎物、要畜产品。许多地方耕作方式又很落后，如海南岛的黎族苗族地区至今仍沿用"刀耕火种"、烧山取肥、烧山行猎和烧山放牧等方式，因此造成的生态破坏十分严重。

贵州黔东南苗族侗族自治州的情况也是一个明显的例子：该自治州具有良好的森林资源，但为了解决农民群众的生活需要，砍伐森林的状况很严重，造成了自然资源和生态环境的大量破坏。这个自治州的教训指明，随着人口和生活消费品的不断增加，人们日益扩大了向自然界的索取，在不认识和采取措施协调人与自然之间关系的情况下，破坏了生态环境，回头来又给人类自己的发展造成灾难，结果就使得发展经济和自己生活水平的进一步提高发生了困难。

2. 发展商品生产。热带亚热带少数民族地区有些地方利用甘蔗的资源优势发展商品生产，随着市场需求的日益增加，甘蔗的种植面积迅速扩大。在少数民族地区采取刀耕火种、砍山烧山种蔗的情况下，也造成了大量林木和植被的破坏。这一少数民族地区的生态环境破坏已迅速扩展到其他许多方面，并且规模日益扩大。例如海南省黎族地区，地处热带，保存着许多珍贵的野生动物，具有极高的经济价值和科学价值。但随着对外开放和商品经济的发展，在缺乏管理的情况下，一些宾馆为了赚钱，更是不惜大量宰杀，做成山珍菜肴以招徕顾客。海南一些少数民族县市捕杀破坏珍稀野生动物资源，以致出现了这样的事情：一个美国动物专家前来考察海南珍稀野生动物的生活环境和生长情况，在通什市一家豪华餐馆进餐时，看到的竟是一份全以珍稀野生动物为食材的菜谱。因此，美国专家向我们提出了严重的抗议。这些地区起步发展商品经济的实践，说明了热带亚热带少数民族地区实行计划指导，实现经济发展与生态保护协调的重要性。

3. 片面发展经济的方针。20世纪50年代末片面强调"以钢为纲"大炼钢铁，砍掉了大量林木，包括对原始森林的大量破坏。之后，又长期片面强调"以粮为纲"，大量毁林毁草开荒，在很大程度上破坏了自然资源和生态环境。海南岛本来是天然林丰富的地区。由于上述各种原因的存在，目前天然林资源已经比1956年减少了60%，即由过去的1000多万亩减少到了400多万亩，生态环境的质量已大大降低。

由于经济发展中的各种原因，调查地区的生态破坏表现在许多方面：首先是森林的破坏。除上述情况外，例如宁南县，森林已经长期遭受破坏。目前，从调查的黑水河与金沙江河谷地区看，已经满是荒山秃岭，水土流失非常严重，滑坡、泥石流随处可见。目前当地干热河谷地区的森林覆被率仅为2.5%—4%，已是一片荒凉。

其次是矿产资源的破坏。例如昌江县1986年底发现金矿，少数民族农民知道金价很高后，一拥而上乱挖滥采。破坏植被，污染了环境，破坏了矿藏，造成了人员死亡，影响很坏。现在该县的金矿开采按有关规定已基本停止。

最后是其他资源的破坏。如烧山取土取肥等，造成了生态经济的很大损失。

上述热带亚热带少数民族地区的各种生态破坏，给这一地区的经济发展带来了不利的影响：首先是这一地区赖以发展经济的丰富热带亚热带自然资源本身受到了直接的破坏。

其次，由于某些资源，特别是森林资源的被破坏，使农业和其他生产失去了自然屏障，水、旱及其他自然灾害频繁发生，从而使这些生产的发展受到严重影响。这次调查中，贵州省黔东南和黔西南两个自治州的对比情况，很能说明这一问题：

黔东南自治州的森林多，虽有破坏，但森林覆被率相对较高（27.7%），因此水源比较充沛。其水田占耕地的71.1%，水土流失的面积也比较小（10.2%），是贵州全省水土流失最轻的地区，其农业生产也相对比较稳定。而黔西南自治州，由于森林破坏很严重，森林覆被率低，只为11.8%，因此水源不足。其水田只占耕地的35.8%，有64.2%都是旱地，水土流失面积的比重为15.8%，也大于黔东南。因此其农业生产也低而不稳。

最后，我国热带亚热带少数民族地区森林等生态破坏，还给全国以至更大地区的大生态环境带来严重的影响。这一地区正处在我国北回归线及其附近，也是我国森林生长最繁茂的地区。科学已经证明，热带森林的保护、调节和生产三大功能都是温带和寒带的森林不可比拟的。因此，我国热带亚热带少数民族地区森林特别是热带雨林的遭受破坏，必然给我国以至更大范围的生态环境带来重大的影响。以我国回归带及附近地区的变化情况为例：这一地区由于无休止地毁林毁草开荒，水土流失日益加剧。这些地方许多又处在长江、珠江等大江大河的上游，其危害就远远超出了这些地区的范围。同时森林的大量砍伐，其影响不仅仅是数量的减少和覆被率的降低，而且还在于其质量的严重下降，从而出现生态逆向演替的大大加快。例如西双版纳的勐海县的热带森林、海南岛少数民族地区的原始森林，已经变成一些稀疏的杂、幼林和草山，无法再发挥过去热带雨林等原始森林的生态调节等作用，其影响就更为深远。目前，这些地区大量毁林带来的气候变化和自然灾害增加已经十分明显。

自然界生态平衡的破坏在极大程度上是人类经济的发展所引起的。因此，人们也可以自觉地调控自己的经济行为来加以改变。人是生态经济系统的主宰，其调控对象就是生态经济系统。人们认识生态经济系统，并懂得自觉地调控生态经济系统，促使经济与生态协调发展，是人对自然认识上的一个飞跃。它使得人从大自然的奴隶大大跨进一步，真正成为大自然的主人。

热带亚热带少数民族地区在发展经济中自觉调控生态经济系统，充分合理地利用自然资源，首先要对保护生态平衡有一个全面正确的认识：

1. 要实现积极的生态平衡，而不是消极的生态平衡。即要在发展少数民族地区经济中保持生态平衡。

2. 要实现动态的生态平衡。由于生态系统永远是运动的，要在经济发展的过程中，在更高的发展层次上努力使自然界的生态平衡得到保持。

3. 要建立人工生态平衡。生态平衡自然规律是不以人的意志为转移的，但是人们能够自觉地运用自然规律和经济规律建立各种人工生态经济系统，为更充分合理地利用热带亚热带丰富的自然资源，发展少数民族地区经济开辟广阔的路径。

根据这些认识，正确处理热带亚热带少数民族地区自然资源利用与保护的关系，应当明确以下几个问题：

1. 保护自然资源，就是保护这一少数民族地区经济发展的基础，就是保护生产力。保护好这些宝贵的自然资源，就保护了热带亚热带少数民族地区经济的迅速发展。反之，就将损害其经济的发展。这次调查的一些少数民族县市对此已经有了比较明确的认识。照这样去做，必将取得生态与经济协调发展的良好结果。

2. 对自然资源，要在利用中保护，在保护中利用。保护自然资源的目的就在于开发利用，脱离了利用，就失去了保护的意义。但是也只有进行保护，才能充分合理地利用这些自然资源；反之，没有保护也就没有真正有效的利用。开发利用热带亚热带少数民族地区的自然资源，发展经济，应当看到利用与保护的辩证统一。

3. 对自然资源要全面利用，促进经济综合发展。生态经济系统本身是一个多因素的综合体，热带亚热带少数民族地区又有丰富的多种自然资源。热带亚热带少数民族地区发展经济存在的一个带普遍性的问题是，如何在长期大量毁林种粮，造成自然资源和生态环境破坏的基础上，逐步做到退耕还林，实现多种自然资源的全面利用和广义农业的综合发展。对此应当看到，产生这一问题的核心是粮食问题。因此必须安排好基本解决粮食问题的途径，这一问题才能真正从根本上得到解决，否则就只能是一句空话。为此，根据一些地区的经验，应该把各地适于种粮的土地固定作为基本农田，加强治水改土，推行各种适宜技术，实行科学种田，最大限度地提高单位面积产量，以保证粮食的基本需要。在此同时，要大力发展林业和其他多种生产，增加农民收入，使之有力量通过市场购买部分不足的粮食，从而实现这一地区经济的全面发展，及其与生态环境保护的协调。就一定意义上说，这将是全面搞好、搞活这一少数民族地区经济的一项根本措施。鉴于目前这一少数民族地区经济发展和农民的收入还很低，因此国家应在这方面制定相应的经济政策给予较大的照顾和扶持。

4. 要重视自然资源开发利用的适合度。由于任何生态经济系统都是有限的，在生态经济学上存在着生态经济适合度的概念。在热带亚热带少数民族地区发展经济的实践中也清楚地表明，在具体生态经济系统承载能力允许的范围内，开发利用自然资源越多，其经济效益就越高；反之，超过了这一限度，不但不能得到预期的经济效益，反而会给经济的发展带来危害。例如云南省西双版纳傣族自治州，大面积橡胶园的存在要以一定的温度和湿度为条件，当地大量的热带雨林和丰富的水分、热量的存在是橡胶生长的重要保证。而西双版纳的橡胶园有一部分就是用开垦热带雨林的办法换来的，这就要求人们在继续大量发展橡胶生产时要慎重对待。长期以来，这一地区的大量热带雨林已经遭到毁灭性的砍伐，当地已经明显出现气温升高、雨量下降、雾日减少的发展趋势。如果对各种砍伐，包括种植橡胶不加以规划，任其自流地继续发展下去，湿热带就有变成干热带的危险，橡胶的生长也就会失去条件，从而使得它本身的发展成为不可能。这种类似的情况在热带亚热带少数民族地区开发利用自然资源发展经济中都应该及时引起注意，并努力加以避免。

（本文是作者 1989 年承担国家民族事务委员会委托课题提出的研究成果，有删节。原载《中国少数民族和民族地区九十年代发展战略探讨》，中国社会科学出版社 1993 年版）

跨进 21 世纪的城市生态经济管理

人类社会经济，特别是近代经济的迅速发展，已经取得了巨大的成就。但是在近代经济发展过程中，也存在着不少问题，其中突出的一个表现是经济与生态发展的不协调。这就提出了在整个世界经济中，实行生态经济管理，促进经济与生态协调，从而实现社会经济可持续发展的重要性。当代城市的发展也存在着严重的经济与生态发展不协调。联合国环境规划署最新公布的一个材料认为，地球上有十大生态环境祸患正在威胁着人类。一是土壤遭到破坏，二是温室效应的威胁，三是生物多样性在减少，四是森林面积日益缩减，五是淡水资源受到威胁，六是化学污染日趋严重，七是"混乱的城市化"，八是海洋生态危机加剧，九是空气污染严重，十是极地臭氧层空洞。其中城市的生态与经济不协调问题已经列入，因此在即将到来的 21 世纪经济发展中，加强城市生态经济管理已经势在必行。它的综合集中目标，就是以城市生态经济学理论为指导，建设生态经济市。

一 实行城市生态经济管理是新时代的要求

人类社会的发展，从人与自然的关系来看，已经进入了一个新的时代，即生态的时代。它的基本特点是实现生态与经济的协调发展和社会经济的可持续发展。人类社会的发展是由生产力的发展推动的。回顾一下人类社会发展的历史，可以看到，随着社会生产力的不断提高，人类社会的发展至今已经经历了三个相互联系的发展阶段。

第一个阶段，人类社会的初期，即农业社会阶段。由于生产力的发展，表现在当时人们已经懂得并实行了动物饲养和植物种植，即出现了原始的农业；而且也发明和使用了一些简单的农业生产工具，由此推动了农业革命。在此基础上建立了农业社会，从而产生了长时期灿烂的农业文明。这是人类社会发展中的一次飞跃。

第二个阶段，即工业社会阶段。人类社会的生产力继续发展，18世纪瓦特发明了蒸汽机，使社会生产力有了突破性的前进。以此为标志，推动了工业革命，在此基础上又建立了工业社会，从而又形成了现代灿烂的工业文明。这是人类社会发展中的又一次飞跃。这一时期，社会生产力迅速发展，特别是资本主义社会生产力的大发展，推动了科学技术的飞快进步，为人类社会创造了高度的物质文明和精神文明，使社会经济的发展达到了一个空前的高度。但是这一时期（直至目前），由于人们对社会经济的生态经济本质没有认识，在做法上，只顾发展经济而不顾对自然生态系统的影响，把越来越大的经济压力放在有限的生态系统上，其结果超出了自然生态系统所能够承载的阈限，破坏了生态系统的正常运行，就出现了越来越严重的生态经济问题，给人类社会的发展造成了巨大的损失。

第三阶段，即生态化社会阶段。当前人们正面临着这一转变时期。工业社会发展的巨大成就和伴随它而来的各种生态经济问题，特别是全世界范围内以资源急剧消耗和环境严重污染为标志的生态经济危机越来越严重，引起了人们对社会经济发展问题的重新思考。人们终于认识到，社会经济实际上是一个自然和经济（包括社会）的统一体，社会经济的发展必然要同时关联到经济和生态两个基本方面。人们发展经济，注意了与自然生态的协调，社会经济的发展就协调迅速，就能够长期持续；不注意与自然生态的协调，违反了生态平衡自然规律的要求，其发展就波动甚至停滞，就不能长期持续。人们这一认识的建立，推动了"绿色技术"的发展，使社会生产力的水平达到了一个新的高度。在新的生产力推动下，人类社会发展中的一场新的革命——生态革命正在孕育形成。它正在推动着人类社会从工业社会逐渐转入21世纪的生态化社会，人类社会一个更高度的生态文明建设高潮也即将到来。

新时代社会经济的发展，要求人们进行新的经济管理。人们发展经济，从其具体运作来说，都是在进行经济管理。但是长期以来，人们进行经济管理，只是管理人们经济活动的本身。主要着眼于各种经济要素，包括物化劳动和活劳动的投入和产出，追求取得最大的经济效益。其实质是遵循客观经济规律的要求，来管理经济活动，这是完全必要的。但是人们管理经济，面对的管理对象，实质上并不是一个单纯的经济系统，而是由自然生态系统和经济系统两个子系统共同有机组成的生态经济系统，它的运行不但受经济规律的制约，而且同时要受生态平衡自然规律的制约。人们管理和发展经济，长期以来只考虑和承认客观经济规律的作用，而忽视和否定了同时客观存在的生态平衡自然规律的作用，在不断发展经济的同时，就破坏了其所依据的自然生态系统的正常运行。而作为发展经济自然基础的生态系统正常运行功能的破坏，反过来又破坏经济的发展。这也就是出现越来越严重的生态经济危机和灾难的根源。新的生态时代，以生态与经济的协调发展和社会经济可持续发展为特征。在此要求下，就产生了当代一门新兴的边缘交叉科学——生态经济学。在此基础上，以生态经济学的基本原理，指导实际经济发展的生态经济管理学也应运而生。在实践中，对城市经济发展进行指导的城市生态经济管理，也就必然提上了城市经济发展的重要议事日程。

当今人类社会向生态时代的跨越中，一些发达国家的经济管理已经纳入了"绿色管理"的轨道。所谓"绿色管理"，本质上就是生态经济管理。其具体要求就是要在实际经济发展中、在指导思想上，既尊重经济规律的作用，又尊重生态平衡自然规律的作用；采取各种技术和经济措施，既要能够挖掘经济系统的潜力，又不破坏生态系统的正常运行；追求经济发展的目标，既要获得最大的经济效益，又要保持较好的生态效益。由于经济活动是人类有目的的活动，它依靠人们发挥主观能动性来进行，因此生态经济管理的着眼点首先是管理人的本身。考察一下现实社会实践中出现的大量生态经济问题，可以看到，除少数是由于自然力本身，如地震、火山、海啸、滑坡以及一些泥石流等造成的以外，绝大多数都是由于人的错误经济思想指导下的错误经济行为造成的。因此实行生态经济管理或"绿色管理"，就要用生态经济学的理论为指导，来端正自己的经济思想和经济行为。为此，就要用生态经济学的理论来武装人们的头脑。对此，就必须掌握和运用生态经济学的三个最重要的基本理论范畴：一是生态经济系统。它由生态系统和经济系统交叉结合形成，是一切经济活动的实际载体。二是生态经济平衡。它由生态平衡和经济平衡互相结合形成，是推动经济发展的动力。三是生态经济效益。它由生态效益和经济效益结合形成，是经济发展的目的。以此为指导，来实现经济发展与生态环境的协调，从而保证社会经济的可持续发展。

从生态经济管理的实行来看，近年来，在西方一些国家，已经形成了一个"绿色管理"运动，生态经济管理的思想已经越来越被更多的国家和人们所接受。就这些国家实行生态经济管理总的情况看，它主要有以下两个特点：

一是实行生态经济管理既存在于宏观，也存在于微观。宏观生态经济管理，例如国家实行有利于生态经济协调的税收制度、国民经济核算体系，以及促进国际社会的生态合作等。微观生态经济管理，主要是指现代企业的生态经济管理，包括把生态环境保护纳入企业的决策管理；采用新技术、新工艺，减少有害废弃物的排放；对废旧产品进行回收利用；变普通产品为"绿色产品"；积极参与社区的环境整治，加强生态经济宣传，树立绿色企业的良好形象等。

二是生态经济管理贯穿了从生产到分配，到流通，又到消费的经济再生产全过程。在生产方面，例如积极开发清洁的新能源代替化石能源，以减轻对现有自然和环境污染的压力。实行高技术"绿化"（其含义是指发挥现代科学技术的潜力，走对环境无害化的道路），这已经成为一种必然的趋势。具体如现在美、日、德、英等国都在竞相发展汽车"绿化"行业，加紧研究电动汽车和燃氢汽车，以替代现在的燃油汽车。德国奔驰公司已制出10辆燃氢汽车，并已试行了6万公里；在分配和流通方面，自20世纪80年代末，在欧洲已孕育出了"绿色市场"。其含义是专门销售在生产中不破坏生态、不污染环境的产品，从流通方面促进生态与经济的协调；在消费方面，在世界范围内也已兴起了一股生产和消费"绿色食品"的热潮，从保护环境和人们身体健康方面，推动了生态与经济的协调发展。很明显，当前在全世界范围内，实行生态经济管理已经成为一种发展趋势，正在推动世界和我国的社会经济向着生态与经济协调发展和可持续发展的方向前进。

二 建立城市管理的新思维

当前新时代的到来，标志着世界生产力的水平已经达到了一个新的高度，社会经济的发展也将达到一个新的高度。与此相适应，人们对社会经济发展的生态经济本质的认识和驾驭经济社会持续、协调发展的能力也应当达到一个新的高度。实行城市生态经济管理，实质是城市经济管理的一次带根本性的重大改革。它要改变传统城市经济管理的许多做法。但是这一改革与一般的经济改革不同，其核心的一点是，不但要求改变不适应当前社会生产力发展的生产关系和上层建筑，而且要求改变不适应当前自然生产力发展的生产关系和上层建筑，即不但要从人与人之间的关系方面进行城市经济管理的改革，而且要从人与自然之间的关系上进行城市经济管理的改革。这对于过去长期以来的传统城市经济管理而言，将是一个思想和认识上的革命。为了搞好这个改革，首先就要求人们在思想认识，以至在思维方法上，都应该有一个根本的转变。具体来说，需要建立符合当前新时代发展经济要求的以下三个新的思维：

（一）生态与经济双重存在的思维

上面已经谈到，生态经济学的理论告诉我们，人们的一切经济活动都是在一定的生态经济系统中进行的，生态经济系统是人们一切经济活动的实际载体。由于生态经济系统是由生态系统和经济系统有机结合形成的统一复合系统，因此它的运行必然同时要受经济规律和生态平衡自然规律的制约。长期社会经济发展的正反两个方面的实践已经使人们深刻地认识到，客观经济规律的作用是不能违反的，违反了就要受到客观规律的惩罚；同样，客观生态平衡自然规律的作用也是不能违反的，违反了也要受到客观规律的惩罚。建立适应新时代要求的生态与经济双重存在的思维，其基本内涵就是要求人们在发展经济，进行生态经济管理时，一定要有生态与经济，即生态系统与经济系统同时客观存在的明确观念。发展城市经济，既要看到所取得的经济效益和客观经济规律的推动作用；又要同时看到所损失的生态效益和生态平衡自然规律的制约作用。要对之进行生态与经济两个方面效益的权衡，从而把城市经济的发展放在取得最大生态经济效益的基础上。

（二）生态与经济协调发展的思维

生态经济学的理论告诉我们，在发展城市经济的客观实践中，生态与经济两者，不但是同时存在的，而且也是相互联系，并且是互相协调的。

新的生态时代，生态与经济协调是城市经济发展的基本特征。其理论基础是统一的生态经济系统中，生态与经济两个子系统之间的必然协调性。对此，要看到以下三点：第一，生态与经济的协调是新时代经济发展的必然要求。因为人类社会经济的发展到了现代，各种生态经济矛盾不断涌现和加强，新的时代要求正确处理发展经济中生态与经济的关系，使之实现协调发展。第二，生态与经济的协调是全面的协调。即城市经济的发展，既要求实现宏观生态经济的协调，又要求实现微观生态经济的协调；既要求实现其所辖城区的生态经济协调，同时也要求实现其所辖郊区和农村的生态经济协调，等等。第三，生态与经济的协调是现代经济基础上的协调。它与现代生产力的发展水平相联系，而不是指过去在生产力水平不高情况下所呈现的生态与经济低水平的不矛盾状态。

（三）社会经济可持续发展的思维

人类社会的发展应该是一个持续发展的过程。其中，作为整个社会经济发展重要推动力的城市经济的发展，也应该是一个持续不断的过程。但是长期以来，社会经济发展中已经出现了生态与经济的严重不协调。其主要原因就是人们在发展城市经济中，由于不能正确处理发展经济与保护生态的关系，因此盲目以强大的生产力，包括各种先进科学技术等投入生产，使越来越大的经济力压在有限的生态系统上，破坏了生态系统的正常运行，就使城市经济不能实现可持续发展。世界发达国家的实践已经显示，社会经济的严重不能持续发展问题就是首先在城市经济的发展中尖锐出现的。例如20世纪50—60年代震惊整个世界的"八大公害"生态经济事件，就出现在城市和工业的发展领域中。之后，城市经济中各种严重影响可持续发展的问题一直存在着，有的问题也越来越尖锐。从而就提出了建立社会经济可持续发展思维，实行城市生态经济管理的必要性和迫切性。对于可持续发展的概念，在联合国世界环境与发展委员会于1987年提出的重要研究报告《我们共同的未来》中，提出了一个权威的定义，就是："可持续发展是既能满足当代人的需要，又不对后代人满足其需要的能力构成危害的发展。"至1992年，在巴西的里约热内卢召开的联合国"环境与发展大会"上，在其所产生的纲领性文件《21世纪议程》中，被作为世界各国共同的发展方向。会后，我国率先响应，制定了《中国21

世纪议程》白皮书，之后，又通过全国人大会议，把可持续发展也作为我国的社会经济发展方向正式确定了下来。可以看到，建立可持续发展的思维，推动城市生态经济管理，是进入生态时代的需要，是实现城市经济持续有效发展的需要，也是实现城市发展中代际利益公平的需要。这一思维的建立，对实现城市的可持续发展有十分重要的意义。

三　城市生态经济管理的综合目标是建设生态经济市

城市生态经济管理是全面的管理。它的运行包括了城市经济运动从生产到生活，以及再生产循环中从生产到分配，到流通，到消费的全过程，因此是多因素、全方位的管理。同时要看到，城市是一个由多方面因素互相联系，形成的有机统一整体，因此，进行城市生态经济管理，首先就要着眼于整个城市，进行城市的综合生态经济管理，其中一个首要的工作就是以生态经济学的理论为指导，建设生态经济市。这是城市生态经济管理的基本任务。

（一）建设生态经济市的重要意义

当前我国正在进行着经济改革。建设生态经济市的过程，实际上是一个城市经济继续深入改革的过程。它的发展对整个国民经济的可持续发展有十分重要的意义。对此，应当看到以下三个方面：

1. 生态经济市建设推动整个国民经济可持续前进

我国的整个国民经济，从地域上说，是由城市经济和农村经济两大部分组成的，其中城市经济是国民经济的中心，是推动整个社会经济前进的核心力量。城市在社会经济发展中的这一突出重要地位，是由于它在整个国民经济发展中的作用所决定的。城市是先进生产力的代表。一方面，就其历史形成来看，城市是社会生产力发展的产物。人类社会早期，随着生产力的发展，出现了三次社会大分工：首先是农业和畜牧业的分离，使人们定居下来；其次是手工业和农业的分离，出现了工业的萌芽；最后开始了商品生产，并形成了初期的城镇。城市的产生就是生产力向城镇集中的结果。另一方面，就当前的存在来看，随着世界迅速的城市化进程，现代城市已经积聚了巨大的社会生产力，包括具有当代水平的先进科学技术、具有高等教育水平和素养的各类人才、大量的资本和资金、先进的交通和信息、通信设施，以及各种便捷、高质量的社会服务等；而且它可以有力地集中发挥广大农村所不能或不易发挥的各种聚集效应，如市场效应、规模效应、专业化效应和高等级服务效应等。适应生态时代的要求建设生态经济市，在生态与经济协调的新的基础上，将会更好地发挥城市所拥有的这些先进生产力和它作为国民经济中心的作用，并且能够避免产生某些破坏生态平衡的副作用，就必然能够有力地推动整个国民经济迅速健康发展。

2. 生态经济市建设促进对外开放，与国际经济接轨

我国实行对外开放的经济政策，与国际的联系和交往正在日益扩大，而且越来越扩大；各种经济活动的接触也日益频繁，包括进出口贸易、吸引国外投资在我国投资办厂、旅游和居住等。城市是对外开放的窗口和推动对外联系与合作的主要力量，因此它的经济发展状况和城市的环境面貌如何，对我国实行对外开放政策所取得的实际效果影响极大。当前，特别是进入新的生态时代，各国，特别是发达国家，都越来越重视对生态环境的保护。它们对内，严格保护本国的环境；对外，则规定了严格的交往条件，以避免给本国的生态环境造成污染。例如对进口产品的环境保护标准越来越高，对在国外投资和办厂的环境条件要求越来越苛刻等。而且，现代的国际投资和建厂生产等，还要考察引进国的生态资源保护水平和利用效率。这首先就要对直接进行交往的城市，从生态与经济的协调上提出了严格的要求。同样，国外旅游者和居住者对所去国家的景区和景观条件，居住条件等，从生态与经济的协调方面，提出了较高的要求。而这些要求，与我国建设生态经济市的目标是完全一致的。我国的各个城市如果自觉地认识这一必然发展方向，努力进行生态经济市建设，提高自己的生态与经济协调发展和可持续发展水平，将更好地把对外开放、搞活经济的责任担当起来。

3. 生态经济市建设带动农村可持续发展

城市对农村的带动作用是由于国民经济发展中，"工业是国民经济的主导，农业是国民经济的基础"这一客观经济规律的要求所决定的。发展国民经济，加强农业这个基础具有极为重要的作用，这是毫无疑义的。但加强农业的基础作用必须依靠发挥工业的主导作用来进行。在此过程中，

城市作为工业先进生产力的代表，对促进农业和农村经济发展的积极作用是十分明显的。首先它表现在城市工业对农业的支援上，城市和工业可以用所拥有的各种先进科学技术，以及人才和资金等直接支援农业现代化的发展。其次它也表现在工业和城市对农村工业化和城市化发展的促进上。我国农村地域辽阔、人口众多的国情决定了我国农村工业化和城市化必须走大力发展乡镇企业和建设小城镇的道路。这些都必须依靠城市向广大农村进行生产力的扩散和积极的引导和支持来进行。而这些作用是否能够很好地实现，都与城市本身的发展方向是否正确有直接的关系。建设生态经济市，可以使城市经济在实现生态与经济协调的基础上具有更大的经济实力，并避免资源浪费和环境污染。在此基础上，无疑就能带动农村经济沿着可持续的方向更快地前进。

(二) 认识生态经济市的几个基本特点

这是正确认识生态经济市建设，坚持其正确发展方向的前提。对此应当看到它的以下三个主要特点：

1. 它的现代性。在我国目前条件下建设生态经济市，首先应当看到，它是一个现代化的范畴。我国目前就大多数城市而言，其发展的程度还很低。但是我国当前社会经济的发展，是在与国际社会竞争下的发展，城市建设是在进入21世纪条件下的生态经济市建设。因此它的建设目标就应该是看齐于当前国际城市发展的一般先进水平，而不是传统或落后的水平。建设生态经济市，从当前我们所处的时代要求和世界各国已有的经验来看，对原有城市现代化建设目标的认识，一方面是应该继承，另一方面又应该发展和深化。传统的城市现代化目标，主要是指经济发展的高度，其主要标志是社会生产力的水平。一般来说（包括工业现代化和农业现代化），都是指物质装备现代化、生产科学技术现代化和管理现代化。这些目标我们在建设生态经济市的过程中，无疑都应当继承和采用，并努力争取有步骤地达到世界国家的一般先进水平。但同时也要看到，只达到这一水平还是不够的。进入21世纪，新的生态时代要求把现代社会生产力的高度发展建立在生态与经济协调发展的基础上，这本身就是现代化的高水平。据此，当前我国的生态经济市建设，就应该放在这个现代化的目标上。

2. 它的发展性。生态时代对社会经济的发展提出了保护生态环境的要求，这样在我国生态经济市建设的实践中，就必然提出一个如何正确处理经济发展和生态环境保护的关系问题。对此，进行生态经济市建设，在认识上要避免两种错误倾向：一种倾向是，只顾发展经济而不顾生态平衡的倾向。其对发展经济的危害，人们已经有了一定的认识，今后仍然需要继续防止。另一种倾向是，近年来在强调保护生态平衡中出现的单纯保护生态平衡，限制经济发展的倾向，对此，人们还没有更多的研究。生态经济学的理论认为，在现代经济发展的实践中，由于科学技术的高度发展，人的影响已经遍及自然的各个角落，所遇到的生态平衡实际上都已经是生态经济平衡。就此意义，对人们发展经济来看，生态平衡应当区分为积极的生态平衡和消极的生态平衡，有利于人们发展经济的是前者，不利于的是后者。建设生态经济市，首先必须发展经济。在许多必要情况下，打破某些原有的生态平衡是必然的。只要人们打破旧的生态平衡，同时所建立起来的新的生态平衡，既能发展经济，又能保持生态系统的顺畅运转，这个生态平衡就是积极的生态平衡，一般就应当被人们接受，而不应被自然保护主义的思想束缚住人们建设生态经济市的手脚。

3. 它的协调性。建设生态经济市是生态时代城市发展的一个新事物，新的时代赋予了它新的生态与经济协调的特征。正确指导生态经济市建设，同时要看到这一特征中共同作用着的生态和经济两个方面，并要促进它们的相互协调。上面谈到，建设生态经济市必须重视它的发展性。这是因为，发展是硬道理，建设生态经济市必须把发展经济放在首位。但与此同时，建设生态经济市又必须重视它的协调性。这是因为，生态与经济协调是生态时代赋予它的基本特征，是顺利持久发展城市经济的保证。对此，建设生态经济市也必须坚决促其实现。据此，建设生态经济市应当在发展现代化城市经济的基础上，把它的发展性和协调性密切结合起来。只有这样，才能使生态经济市的建设真正符合生态时代对它的要求。

（三）建设生态经济市首先要研究的几个主要问题

当前在我国的城市经济发展实践中，对建设生态经济市已经有了各种程度的尝试（尽管有的还没有与建设生态经济市的概念直接联系起来）。

例如有的城市为实现生态与经济的协调发展，已经着手进行了城市资源家底调查；有的开始对影响城市可持续发展的关键问题进行了研究；有的城市经过数年的努力，加强了环境保护，例如张家港、大连、深圳、厦门、威海、珠海六个城市，经国家环保局检查评审，已经首批授予国家环境保护模范城市的称号。虽然它的基本要求是侧重于环境保护，与生态经济市全面协调发展经济的要求还不完全一样，但它们在既要保持经济发展的高速度，又要使生态与经济协调发展的基本要求上是一致的。下面主要就这些已进行过不少工作的城市的发展情况和经验，从理论与实践的结合上，分析一下我国建设生态经济市所要研究的四个主要问题：

1. 生态经济市的特色。城市的实质是一个生态经济系统。研究生态经济市建设，一方面要看到它们的共性，即任何生态经济系统都是由各种生态要素和经济要素结合组成的，这些要素都是建设和发展生态经济市的资源基础。另一方面也要看到它们的特性，即组成生态经济系统的各种生态要素和经济要素，以及它们之间的组成配合比例又是各不相同的；正是这些具体的不同，使得不同城市经济的发展各有特色，并且各自拥有自己建设生态经济市所独有的特色生态经济资源；而这也就为它们建设各具特色的生态经济市，准备了自己独有的优势资源基础。以上生态经济市本身构成的这一特点告诉我们，在进行生态经济市的具体规划建设时，首先的一个问题是要突出自己的特色，而不能够相互雷同。对此，一些城市已经提供了有益的经验。例如，黑龙江省的伊春市，地处小兴安岭林区，主要的优势资源是森林，当前建设生态经济市需要解决的主要生态经济问题是，多年以来在为国家建设提供大量木材的同时，由于采伐过度，已经资源枯竭，从而出现了严重的"三危"问题，即可采森林资源危机、生态危机和经济危困。因此伊春市今后建设生态经济市的特色和方向，就应该是采取多种措施，恢复和保护已遭破坏的林木资源；充分利用尚未开发利用的森林生态系统中的其他多种资源，大力发展林区的多种经营等，使整个城市经济走上生态与经济协调发展和可持续发展的道路。又如湖南省的永州市（古为零陵郡），以农业为主，工业较少，经济还不发达。但拥有得天独厚的历史人文景观和丰富的自然景观。著名的历史文化遗产景观有四个主要系列：（1）舜文化。舜帝南巡的历史遗迹。（2）柳文化。柳宗元做永州司马的遗迹。(3) 佛文化。佛教的历史遗迹。(4) 瑶文化。瑶族发源地的历史遗迹等。同时生态环境也没有污染。这是它们所拥有的独特优势。因此永州市的生态经济市建设，无疑就要以发展生态旅游作为一个突出的特点。

2. 生态经济市的规划布局。它体现了建设生态经济市的宏观战略安排，主要包括生态经济市的城市定位、战略指导思想和功能分区设计。关于生态经济市的具体定位，例如六个国家环境保护模范城市中，威海市根据地处沿海，自然环境优越等条件，定位为"以发展高新技术为主的生态化海滨城市"，珠海市定位为"现代化花园式的海滨城市"。关于战略指导思想，六个城市都体现了经济迅速发展与生态环境保护和紧密结合。其发展无一不是既有连续国内生产总值的高增长，又有保护生态环境的高水平。都是"既创造了经济奇迹，又创造了生态环境奇迹"，完全摆脱了不少地方"挣了金山银山，没了绿水青山"的发展经济、破坏生态的状况。关于生态经济市的功能分区，它们一般都遵循整体性、科学性和超前性的原则，采取组团结构的形式，并设置不同的功能分区。例如珠海市根据本身像一把珍珠撒落在珠江口外大海中"百岛之市"的自然生态环境优势，根据建设现代化花园式海滨城市的要求，采取大分散、小集中的组团式结构，组团之间以山体、水域或绿化带相隔，以交通网络有机联结。全市1000多平方公里陆地范围划成5大功能区，市区只发展高科技产业，城市建筑以多层为主，低层、多层、高层结合，形成高低错落有致，进退疏密有序的空间布局，体现了人与自然的和谐统一；威海市则采取带状组团结构的城市布局，中心城市建设6个功能分区组成城市基本构架，包括老市区、高新技术产业开发区、经济技术开发区、环翠国际旅游度假区、刘公岛风景名胜区和旅游疗养区。建筑风格"小、巧、秀、雅"，城市的特色是"城在海中、林在城中、人在绿中"。它们的具体安排不尽相同，但它们的基本思路是共同的。

3. 生态经济市的经济结构。它反映了建设生态经济市的生产力布局，具体包括安排城市经济结构的战略设想、产业政策和具体结构安排。关于生态经济市经济结构的战略设想和产业政策，深圳市的做法是，采取以"高新技术为先导、先进工业为基础、第三产业为支柱"的经济发展战略，实行向技术起点高、能耗物耗少、污染物排放少的行业和项目倾斜的产业政策。自1993年起,深圳特区政府就开始发布投资导向目录,并发布"环境保护限制发展项目清单";鼓励发展电子、塑胶、食品、服装、机械等无污染或少污染的项目,而拒绝重污染项目。与此同时,不断调整产业结构,多年来,其第三产业的比例一直稳定在40%以上,高出全国平均水平两倍。至1996年,三个产业结构的比例为1.7:49.3:49。在具体产业结构的安排上,威海市的做法是大力发展轻工、机械、电子等高新技术产业以及商贸、旅游业等第三产业和以水产、养殖业为主的出口创汇农业,而坚决拒绝严重耗费资源和污染环境的项目。例如在对外开放、招商引资中,韩国大宇公司要求在威海投资2.5亿美元建设亚洲最大、世界第二的大型水泥厂,由于会严重污染环境而被果断地拒绝。对于安排生态经济市具体经济结构,全国各地城市从不同的方面也创造了许多好的经验。例如黑龙江省五大连池市,依托作为"天然火山公园"旅游名城的优势,充分利用独特、高质量的火山矿泉资源,发展矿泉饮料以及矿泉食品,充分利用了资源,也不产生污染;河北省邯郸市安排城乡结合的产业结构,把邯郸钢铁厂每年生产的大量废弃物无偿地送给农村发展乡镇企业做原料,并收购其产品。既解决了大量废物堆放占地、污染环境,又使资源再生,同时也促进了城乡的共同发展。

4. 生态经济市的环境保护。它显示了生态经济市的发展面貌。许多城市的做法是把城市生态环境的保护作为生态经济市的有机组成部分,纳入其建设的过程中。例如大连市在调整工业布局和产业结构时,对37家对环境有影响或有污染的企业进行了搬迁,共盘活转让土地30多万平方米,企业直接或间接获得资金近7.3亿元,改善了城市环境,也使企业获得了新生。他们结合城市道路整修和交通建设,调整机动车运行线路,强制淘汰、报废超期服务的车辆,更新公交车和出租车,实行汽车尾气巡检等,控制了汽车尾气污染。为控制北方城市煤烟型污染这一"老大难"问题,他们果断地下决心进行建设,实行集中供热和联合采暖,使城市集中供热率和气化率达到42%和92%,分别比对国家环境保护模范城市的规定高出12个百分点和2个百分点。同时,他们还积极处理城市垃圾,实行垃圾袋装化,增设密封压缩垃圾车,改进垃圾运输方式等。所有这些都促进改变了城市状况。7年来，大连市连续在全国重要城市环境综合整治定量考核中列前五名，连续二次进入全国环境综合整治"十佳"城市行列。并被授予国家级卫生城、国家园林城市的称号。如今的大连市，经济迅速发展，城绿、海蓝、山青、气净，使生态经济市的面貌逐渐地明显显现出来。

（本文是作者在1997年全国城市生态经济管理研讨会上的论文和主旨报告。发表后被中国香港和内地26家刊物文献全文转载。获首届中国社会科学院老年优秀科研成果奖三等奖。有删节。原载《环境保护》1998年第1期）

生态经济观点要进入经济建设和改革

自新中国成立以来，经济有了很大发展。但由于不注意人和自然之间的关系，出现了很多破坏生态平衡的问题，给经济发展带来很大损失。例如我国历史遗留下来的水土流失问题，三十多年来边治理、边破坏，黄土高原面貌照旧，不少地方又有了新的发展，我国的长江也面临着变成"第二黄河"的危险。由于水土流失、城乡建设大量占用耕地和实行掠夺式经营，我国的土地资源破坏严重。我国的森林和草原破坏也十分突出，乱砍滥伐森林之风刹不住，滥垦草原也造成了严重的恶果。森林是陆地最大的生态系统，不但能够提供木材和林产品，而且能够涵养水源、保持水土、防风固沙、调节气候、保护生物资源等，可以提供多种生态效益。森林的大量破坏，将给我国当前和长远经济建设和人民生活造成巨大的损失和灾难。同时我国的近海渔业资源也严重衰退，不少经济鱼已经形不成鱼汛。此外，我国的环境污染严重，城市"三废"大量排放，酸雨的危害也已严重。由于乡镇企业的无计划发展和城市某些有害工业的迁移转嫁等，我国广大农村的环境污染也大面积地迅速铺展开来。而所有这些污染又通过食物、空气、水源等多种渠道，直接或间接侵入人体，严重威胁着人们的健康和子孙后代的身体素质。

上述各种违反生态平衡的问题实质上都是经济问题，它们的产生都来源于发展经济的压力。我国本来就是一个人口众多的国家，30年来人口的增长又完全失去控制。从经济上提供大量生活资料和生产资料的沉重负担都压在了生态系统上。人们为解决这些经济问题又采取了各种错误的做法：例如要解决粮食问题，就片面强调"以粮为纲"，否定了林牧渔等多种经营，甚至把它们对立起来，以致出现大量毁林开荒、滥垦草原和围湖填塘种粮；以及为了致富，就去砍树等。所有这些在片面观点指导下的短期行为都违反了生态平衡自然规律，最终就造成了经济上的严重后果。

产生上述这些问题的核心是在发展经济中没有正确处理人和自然之间的物质变换关系。历史上和自然之间的关系已经经历了三个阶段：即蒙昧的阶段、对立的阶段与和谐的阶段。从第一阶段人们不认识自然、只能适应和附属于自然，到第二阶段人们懂得了利用自然和改造自然，是一个巨大的进步，它给人类社会带来了高度的物质文明和精神文明。但是这一阶段人与自然之间所持的对立、征服和一味索取的关系，使得人对自然界为所欲为。这一阶段现代科学技术高度发展，因而对自然界的损伤越来越大，自然界对人的惩罚也越来越多。严酷的现实提高了人的认识，目前人和自然的关系已经进入第三阶段，即和谐的阶段，人和自然之间关系这一认识的提高，将为人的发展提供新的指导思想。

以上这些问题都是生态与经济不协调所产生的问题。它们在发展经济的过程中产生，仍然要在发展经济的过程中解决。为此就需要有一门指导经济与生态协调发展的新的经济理论来弥补传统经济理论的不足。近年来，我国的生态经济学已经比较快地发展起来。它是生态学与经济学交叉渗透形成的一门新兴边缘学科，属于经济学的一个分支。它研究生态系统与经济系统结合形成的生态经济系统，重视生态与经济两种平衡，以及生态和经济两种效益。它强调发展经济中充分挖掘自然资源的潜力，并且在促进迅速发展当前经济的基础上，把目前与长远，以及局部和全局的经济利益结合起来。生态经济学的理论产生于实践，它的建立又将推动从观念到学科，又到实践的一系列发展变化。

首先，它推动了人们思想观念的变革。使人们从生态与经济的结合上树立了生态经济的系统观、平衡观、效益观和价值观等。它使人们认识到，一切经济活动都是在生态经济系统这个有机联系的整体中进行的。只顾经济不顾生态，就会破坏这个整体系统的运行；在现实经济中，生态平衡实际上都是生态经济平衡；人们取得的经济效益，实质上也都是生态经济效益。同时生态经济价值的问题是必须讨论清楚的。只承认经过人类劳动的物质产品的价值，而不承认自然生态效益的"价值"，人们随意破坏自然资源而不需要从经济上补偿，这是生态平衡遭受破坏的一个重要原因。

其次，它推动了经济科学的发展。以农业经济学为例，我国的农业经济学在新中国成立初期学习苏联，并受"左"倾错误的影响，只研究生产关系而不研究生产力。1959年农业技术经济学的提出，转入同时研究生产力，使我国农业经济的发展放在全部经济规律的指导下。近年来农业生态经济学的提出，又使我国农业经济的研究深入自然过程，既重视经济规律的作用，又重视自然规律的作用，从而也使我国整个农业经济科学的体系更加完善。

最后，所有上述这些，都将落脚于指导我国经济建设和改革的实践。学科理论和观念的发展开拓了人们的思路，使人们从长期封闭的经济系统中解脱出来，重新在人与自然的物质交换过程中摆正了自己的位置。他们看到，许多经济问题实质上是生态经济问题，因此也就有利于人们自觉地运用整体经济规律，更有成效地推动我国的社会主义经济建设和改革。这种推动也是多方面的。包括：

1. 它将指导我们正确选择经济发展的目标。我国历来发展经济的目标都是追求产值、产量、速度和利润。事实证明这种单一的经济目标容易损害生态经济平衡。人们为了追求产值翻番，常常以牺牲自然生态系统为代价；某些科学技术的采用，也往往反其初衷，成为破坏生态以致破坏经济的力量。因此，应该着眼于长远的、几代人的战略，代之或补充以生态经济的目标。

2. 它将指导我们制定正确的生产方针。例如，以生态与经济相结合的观点为指导，我国的农业生产必然是既重视粮食生产，又重视林牧副渔多种经济的协调；既重视经济效益，又重视生态效益；不但注意利用15亿亩耕地，而且充分利用全国144亿亩国土。在此基础上避免再出现"粮食生产单一化"，实现整个农业和农村生态经济系统的良性循环。

3. 它将指导我们采取正确的经济政策。实行经济政策的目的在于从物质利益上调动生产者的积极性，但是只有同时调动生产者发展经济和保护自然资源的两种积极性，才是全面的和正确的经济政策。忽视生态经济协调的经济政策，既影响生产也影响流通。在我们的现实经济中，片面的收购政策推动农民破坏山林、渔民破坏水产资源的事例已经屡见不鲜。同时重视生态经济协调的经济政策，例如正确处理了林权和贯彻了开发利用与保护相结合、所有权和使用权适当分离，治理黄土高原的某些经济政策，已经在实践中发挥了其有力的作用。

4. 它也将指导我们进行干部制度的改革。我国实行三年或五年的干部任期制，目前考核政绩主要看任职期间的经济增长。只要产值和收入等指标暂时上去了，不管森林砍伐了多少，生态环境受到了什么程度的破坏，也算他的任职有了重大成绩，从而可以受到褒奖和晋升。这是一种不合适的做法。现在有的地方正在根据生态经济协调的要求，从考核和立法等方面，采取各种措施使这种情况有所改变，等等。

上述一切都说明了一点：生态经济观点要进入我国的经济建设和改革。不顾人与自然之间的关系，只要一时经济效益的改革实际上是一种不全面的改革；而综合考虑经济关系和人与自然关系的改革，才将给我们带来更稳妥、更大的经济效益，同时也可以避免许多不应有的损失。真正做到这一点，就要求各级领导有时代的眼光，有明确的生态经济意识，能够自觉地运用生态经济协调规律，使之真正成为指导我国经济建设和改革的具体行动。

这里需要澄清一种认识：有人认为"生态经济学是促退的科学"，要用讲究生态平衡束缚人们发展经济；包括认为"生态农业"就是不要使用机械化、化肥等现代农业物质技术手段，就是反对增加农业投入，甚至就会否定粮食生产等，这些实际上都是误解。生态经济学是经济学，它的着眼点首先是发展经济，是要在以自然为基础、以经济为主导的指导思想下，把经济和生态两方面的要求结合起来。生态农业也肯定要增加投入，使用现代农业物质技术手段；并且要求按照农业生态系统本身的运行规律，更合理地使用它们，而不形成浪费，从而把粮食和多种农业生产搞得更好。生态经济学是要讲生态平衡的，但它所讲的是生态经济平衡，它追求的是"积极的生态平衡"（即有利于发展经济的生态平衡），而不是"消极的生态平衡"，拉着经济后退；同时它讲的是动态的平衡，鼓励人们根据发展经济的需要和自然生态系统的可能，不断打破旧的生态平衡、建立新的生态平衡，而不是墨守成规地把经济束缚在过去的水平上；此外，它也强调建立各种人工生态平衡，充分发挥人的主观能动性，创造条件把经济和生态的要求统一起来，建立各种人工生态系统，最大限度地挖掘自然的各种潜力。

最后，要看到生态经济问题是综合性的问题，我国的生态经济问题是全球性生态经济问题的一个组成部分。前一个特点要求社会科学家与自然科学家密切合作。近年来，经济学家提出了"经济建设生态化"，生态学家也提出"生态研究经济化"；有的科学家也提出要做"两栖科学工作者"，说明了这种合作的要求和发展前景。我国目前中国科学院和中国社会科学院自成封闭系统、互不往来的局面必将改变。后一特点要求加强国际之间的合作研究。自然科学之间这方面的合作已有开展，社会科学之间这方面的联合研究也正在开始。最近美国的社会科学家已经提出，全球性的生态环境问题主要是人类的活动所引起的，也必须有合理的经济和政治决策才能解决。因此倡议建立补充和平行于自然科学"国际地圈—生物圈研究计划"的社会科学研究计划，得到了国际社会科学联合会和国家高级研究协会联合会的支持，并已见诸行动，我国在这方面也已参与。这样做将在共同研究解决全球性生态经济问题的过程中，促进更好地解决各国，包括我国这方面的问题，使我国的经济建设和改革更有成效地发展。

（当时笔者提出的"生态经济要进入改革"的新观点已经引起新华社"内参"的注意。1987年约稿，其负责人批示："王松霈的文章提出的问题很重要，望能作为专家之言反映一下。"）

三

建立生态经济学理论

生态经济学的产生

生态经济学，作为一门指导当代社会经济实现经济与生态协调发展和可持续发展的新兴边缘科学，是在 20 世纪 60 年代开始出现的。从世界范围来看，如果从 20 世纪 60 年代后期，美国的经济学家肯尼斯·鲍尔丁首先使用"生态经济学"的概念算起，生态经济学的问世至目前，只有三十多年的历史。我国的生态经济学是由已故著名经济学家许涤新于 1980 年提出建立的，至今已经历了整整 20 年的发展过程。生态经济学在我国于 20 世纪 80 年代初提出和建立不是偶然的，它的产生是我国经济发展进入生态时代的要求，是生产力发展到一定水平的产物，是经济发展实践中生态与经济的矛盾运动推动的结果。同时它的产生也有历史上的思想渊源，并且也反映了当代科学发展的综合化趋势。下面从理论与实践的结合上，就这几个方面，对我国生态经济学建立的客观基础作一些分析，并对我国生态经济学 20 年来的主要发展过程作一些介绍。

一 中国古代朴素的生态经济学思想基础

我国的生态经济学是一门新兴科学，它的产生至今还只有 20 年的历史。但是它的许多重要思想，例如人与自然要和谐相处的思想、保护与合理利用自然资源的思想和运用自然界生态运行发展生产的思想等，其形成却有着久远的历史渊源。从已有文字记载的历史文献来看，这些重要思想在先秦时期就已经明显地系统形成，不少早在西周时期就已经有明确记载，而有些则甚至可以追溯到更远，例如据《逸周书·大聚》载周公旦追述的"禹之禁"中，就包含了保护与合理利用自然资源的内容，说明这方面的思想早在我国从原始社会过渡到文明社会之初，就已经有所萌芽①。我国古代这些作为现代生态经济学产生思想基础的论述，比较集中的大致有以下几个方面：

1. 关于正确处理人与自然之间关系的思想

人与自然的关系问题是生态经济学中根本层次的理论问题，也是我国古代思想史中历史遗产最丰富的一个方面。其中最突出的是"天人关系"的论述，概括起来主要有三种典型的学说：一是以庄子为代表的"因任自然"的思想；二是以荀子为代表的"改造自然"的思想；三是以《易传》为代表的"天人合一"的思想②。庄子的主张是"不以心捐道，不以人助天"（见《庄子·大宗师》）和"无以人灭天，无以故灭命"（见《庄子·秋水》），以达到"畸于人而侔于天"的境界。意思是人不要去干涉天命，这是一种典型的听任自然的"无为"思想和"顺天"思想。荀子反对庄子只见天而不见人的思想，他批评庄子是"蔽于天而不知人"（见《荀子·解蔽》），主张"制天命而用之"（见《荀子·天命》），即强调发挥人的主观能动性。这是一种典型的"制天"思想。而《易传》的作者则综合庄子的"顺天"思想和荀子的"制天"思想，提出"天人合一"的思想。其具体主张是"与天地合其德，与日月合其明，与四时合其序，与鬼神合其吉凶，先天而天弗违，后天而奉天时"（见《周易·文言》）；并且主张"财（裁）成天地之道，辅相天地之宜"（见《周易·象传》）。用今天的语言来说明，就是人类一方面要认真地顺应自然，尊重客观自然规律的作用；同时又要发挥自己的主观能动性，来适度地改造自然。要在"先天"即自然的变化未发生之前加以引导，但同时要尊重客观规律的作用不能违背；在"后天"也要认真遵循客观自然规律的作用而行事。其核心主张是把天、地、人看作一个有机的统一整体，人类要在它们（即在人和自然）的统一协调相关中进行自己的经济活动。以上三种思想从不同的层面上或强调客观规律的作用，或强调发挥人的主观能动性，或强调两个方面的结

---

① 转引自李根蟠《先秦保护和合理利用自然资源理论及其基础》。
② 参见张岱年《中国哲学中"天人合一"思想的剖析》，《北京大学学报》（哲社版）1985年第1期。

合，共同形成了对人与自然之间关系的比较全面的认识。

我国是一个具有几千年农业文明的国家，古代"天人合一"的思想主要也是在长期农业的实践中形成的。其中一个突出的表现就是"三才"理论的建立。中国传统农学中关于"天、地、人""三才"关系的经典性论述可以见之于《吕氏春秋·审时》，其中提道："夫稼，为之者人也，生之者地也，养之者天也。"这一思想把农业中的"天"，包括气候、四时、季节；"地"，包括地形、地势、土壤；"人"，即农业生产的主体，等多种因素紧密结合起来，形成一个相互依存、互相制约和在运动中实现协调的系统整体。以上我国古代"天人合一"思想，包括"三才"思想的建立，是我国宝贵哲学思想的历史遗产。它作为人们认识论的基础，几千年来对指导我国正确处理人与自然之间的关系，实现两者协调发挥了巨大作用，同时也为我国现代生态经济学的产生提供了历史的思想渊源。

2. 关于合理利用与保护自然资源的思想

正确处理利用和保护自然资源的关系，是生态经济学中一个基本的理论问题。我国古代思想的历史遗产中，在这方面有丰富的论述。并且比较完整地包括了以下各个方面：

第一，提出要保护自然资源。例如早在公元前1000多年的周文王时期，所颁布的《伐崇令》中，就规定了"勿坏屋，勿填井，勿伐树木，勿动六畜，有不如令者，死无赦"，把"勿伐树木、勿动六畜"与"勿坏屋、勿填井"并列，重视保护自然资源。

第二，提出要在一定的合适时间去利用自然资源。这方面的论述在历史典籍中有更丰硕的记载，并形成了著名的"时禁"思想。例如对于要在一定的时间内砍伐利用林木，反对乱砍滥伐：《逸周书·文传》中提出："山林非时不登斤斧，以成草木之长。"《荀子·王制》中提出"草木荣华滋硕之时，则斧斤不入山林，不夭其生，不绝其长也。"都是强调要在树木发育成熟之后再去采伐利用，而禁止在"草木荣华滋硕"的发育成长过程中就去乱砍滥伐。对于按照合适的时间采伐，以供给人们长期利用的道理，《荀子·王制》中又进一步强调提出"斩伐养长不失其时，故山林不童，而百姓有余材也"，《孟子·梁惠王上》也强调"斧斤以时入山林，林木不可胜用也"，都指出只有按这种合适的时间，在保护的基础上去采伐利用，才可以保证山上的林木不会光秃，老百姓的木材用之不竭。

对于要在一定的时间内捕捞利用鱼类资源，反对酷渔滥捕：《逸周书·文传》中提出"川泽非时不入网罟（音古），以成鱼鳖之长"，《荀子·王制》中也提出"于池渊沼川泽，谨其时禁，故鱼鳖优多而百姓有余用也"，也都指出必须要在合适的时间才能下网捕鱼，使鱼类能够生长，老百姓才能宽余享用的道理。

第三，提出对野生生物资源也要保护与合理利用。例如对捕射对象进行严格"时禁"，以保护它们被捕获利用后还可以再生。对此，如《大戴礼记·曾子大孝》中就提出"禽兽以时杀焉"。《国语·鲁语上》中则提出"鸟兽孕……于是乎禁（兔网）罗（鸟网）"。同时许多典籍中也提出了反对斩尽杀绝式的狩猎，如《礼记·王制》中有"天子不合围，诸侯不掩群"的记载等。

3. 关于运用自然界生态运行发展生产的思想

把人类的经济运行建立在自然生态系统运动的基础上，充分合理地利用自然力，是生态经济学理论中的一个核心问题。其实质是遵循生态系统物质能量循环转换的自然规律，促进协调、高效、持续地发展经济。我国的古代思想遗产在这方面也留下了十分丰富的文献记载。但是由于当时历史发展的局限性，许多都是停留在朴素的认识和初步实践经验的水平上，其中不少还只能是从生物的"相生相克"关系上进行阐述，有的也还带有比较浓重的迷信色彩。其中比较突出和成熟的可以列举出以下几个方面：

（1）符合物质循环和能量转换规律安排生产。我国历史上"螳螂捕蝉，黄雀在后"的寓言故事，就说明我们的先人从生物之间的"相生相克"关系上已经客观地感知到自然界生态系统中生物之间"食物链"运动关系的存在，并且他们也已经在生产实践中运用这种朴素的认识，来安排生产。例如晋代学者嵇含在其所著的《南方草木状》中，就记载了用黄蚁防治柑橘害虫的问题①。这是我国古代采用生物防治的事例，这一类的认识和做法在我国的农业历史记载中可以见到多处。

---

① 参见蒲蛰龙《害虫的生物防治》，科学出版社1977年版，第2页。

（2）重视土壤中养分和水分的利用返还。我国农民群众自古以来，积累了丰富的农业生产实践经验，形成了精耕细作的优良传统。其中一个重要的方面，就是充分认识了用地必须养地，保护土地和土壤肥力的重要性，并且形成了一套合乎科学道理的做法。例如早在战国时代的《周礼》一书中，就已经记载了"自然土壤"和"农业土壤"的区分，把"万物自生"的地称作"土"，而把"人所耕而树艺"的地称作"壤"。在此认识的基础上，就形成了使用土地后对农业用地灌水、施肥等规范性的传统农业技术措施。之后这方面的经验逐步成熟提高，至宋以后的农学家，就总结概括提出了"地力常新"的理论。如《陈敷农书》中就有必须治理土壤，合理施用肥料，如果土地使用得当，就能使之"益精熟肥美，其力当常新壮"的论述。

（3）利用生物的互用互养关系进行生产设计。这样做的实质是建立人工模拟的生态系统，发挥生物之间的互相促进作用，推动综合协调发展多种农业生产。我国历史上这方面一个突出的成就是"稻田养鱼"生产组合方式的形成。根据历史资料记载，我国早在三国时期，四川一带就开始了稻田养鱼，并不断有了这方面的文字著述。至后来唐朝的刘恂在其《岭表异录》中又概括评价了这一做法在生态和经济上取得的多方面效益。以上我国古代的这类思想遗产还表现在其他许多方面，都共同成为我国当代生态经济学产生的思想基础的组成部分。

二 当代实践提出建立生态经济学的客观要求

任何科学（包括自然科学和社会科学）的产生都来源于解决实际问题的需要，生态经济学的产生也不例外。我国古代的生产实践和在其基础上形成的各种思想，为生态经济学的产生提供了历史渊源；现代生产实践中生态与经济的矛盾，则直接促进了我国生态经济科学的产生和发展。

人类社会进入工业社会后，世界经济有了空前的迅速发展。特别是西方经济发达国家，进入后工业社会之后，社会生产力急剧提高，先进的科学技术大量应用于生产实践。由于没有生态经济协调发展的意识作指导，在经济迅速发展的同时，严重地破坏了生态环境，就产生了各种生态与经济不协调的问题。这一发展趋势，从进入 20 世纪后，就表现得越来越明显。例如美国在30年代，由于乱砍滥伐原始森林和破坏草原发展经济，使土地受到严重的侵蚀。在1934年就出现了严重的"黑风暴"，大风携带着浓重的沙尘，从土地破坏严重的西部干旱地区刮起，从太平洋刮到大西洋，席卷了全国三分之二地区，刮了三天三夜，一次就刮走了3亿多吨土壤，使全国的冬小麦一年就减产102亿斤，这一突然而来的生态经济灾难震惊了全世界。接着就是50—60年代，前面已经介绍过的"八大公害"，由于严重的生态与经济不协调，又给资本主义世界经济造成了巨大的灾难，引起了世界范围内的恐慌。至60年代末，人们由于明显地看到严重的人口、粮食、资源、能源和环境五大爆炸性生态经济问题向人们袭来而感到严重的不安。由此就引起了著名的以"罗马俱乐部"为代表的"悲观派"和以美国学者赫尔曼·卡恩等人为代表的"乐观派"长达10年之久的关于人类发展前途的一场大讨论。之后世界范围内的各种生态经济问题持续不断地出现。与此同时，人们也忽然如梦方醒地联想起历史上发生的一场生态经济的严重教训，就是地处西亚地区的古代巴比伦王国的毁灭。历史上五六千年前建立起来的巴比伦王国，曾经是一个经济发达、社会繁荣的国家，与中国、印度和埃及一起被称为历史上的四大文明古国。但是随着人口增加，需要大量增产粮食，在幼发拉底和底格里斯两河的上游地区大量砍伐森林，就引起了严重的水土流失，致使两河的中下游地区平原淤积，河道堵塞，洪水成灾，大面积土壤变成沙地。到公元前4世纪，巴比伦王国开始衰退，到公元前2世纪，便成了废墟。当前经济生活实践中日益严重出现的大量生态经济问题和历史上已经出现过的严重经验教训引起了人们的深刻忧虑。

与此同时，我国当代经济的发展，虽然与西方经济发达国家相比，水平还不够高，但是由于人口急剧增长和经济迅速发展，在没有生态与经济协调思想的指导下，在实践中同样也出现了各种大量的生态经济问题，阻碍着经济社会的可持续发展。突出的表现是，我国生态与经济不协调问题，在农业（包括种植业、林业、畜牧业、渔业）和工业等各个产业；以及在农村和城市等各种类型地区都已经全面地出现，并且也都显示出日益严重的发展趋势。同样人们也联想到了我国黄土高原当前的生态经济严重破坏和它的历史变迁，特别是在与巴比伦王国的比较研究中，更深切地看到了当前存在生态经济问题的严重性。我国与巴比伦王国同为历史上的四大文明古国，我国的黄河与巴比伦的幼发拉底和底格里斯两河也都是赖以生存和发展的"母亲河"。当初我国（主要在黄河流域）与巴比伦王国在历史上又都是经济发展、社会繁荣的国家，而历史上又同样由于乱砍滥伐森林等原因，而遭受了同样生态经济破坏的命运，并且又都导致成为不毛之地的同样严重生态经济后果。

以上世界各国和我国，当代和历史以来，人们发展经济不顾破坏生态，引起越来越严重生态经济后果的大量实践，引发了人们对自己发展经济的做法和对人与自然之间关系的重新思考。例如，人们发展经济，采用了许多过去一般是行之有效的经济和技术措施，却没有得到本来应该有的经济效益。相反，随着社会生产力的不断提高，却给人们造成了许多经济上的破坏。这些现象也使人们明确地看到了，人类的生产和生活等各种经济活动是不能脱离开自然生态环境而孤立进行的。人们为了切实有效地使用各种经济和技术措施，真正取得现实的经济效果，就必须在重视经济规律的同时，也重视生态平衡自然规律的作用；必须在发展经济的过程中，在重视协调人与人的关系的同时，也重视协调人与自然的关系。而在此基础上，人们对经济学的一些基本理论问题和基本范畴，例如什么是经济？经济效果的概念和内涵究竟是什么？以及怎样才能切实获得现实最大的经济效益等，都提出了新的问题和重新深入研讨的必要性，从而就为我国生态经济学的研究和学科的建立提供了实践基础。

具体回顾一下我国生态经济问题研究和生态经济学学科建立的过程，可以看到，我国的经济学家和实际经济工作者，关注和研究生态经济问题，是从认识和研究经济发展实践中的生态平衡问题开始的。从这里进行突破，逐步深入认识客观规律的存在和作用，就推动了生态经济学学科理论的建立和新兴学科的产生。过去长期以来，我国的经济学家和实际经济工作者，对自然界客观存在和在经济领域中切实发挥作用的生态平衡问题是不认识、不关心，也不研究的。直到20世纪70年代后期，世界范围内，特别是在我国经济社会发展中的生态经济问题已经严重显现，并已经在相当程度上破坏了自然生态环境，而且也严重阻碍了经济的继续发展而不能忽略时，才猛然发现地感到了自然界生态平衡问题的客观存在；从此也才开始了对它的认识,并结合我国经济的发展实际,对它进行越来越深入的研究。而正是在人们逐步深刻认识客观规律的这一基础上,却导致了生态经济学这一新兴边缘学科的产生。这一认识,大体来说是经过了以下三步的发展过程:

第一步是认识了生态平衡这一自然规律的存在。我国长时期以来发展经济,对自然界客观存在的生态平衡没有认识,因而在经济发展实践和经济理论中忽视以致否定它对经济发展的作用,是经济实践中出现严重生态经济问题的根源。然而实践中大量生态经济问题存在的严酷现实和发展经济所付出的巨大代价,却使人们明确地认识到生态平衡自然规律是客观存在的;并且使人们认识到,人在发展经济中,对自然界生态平衡规律的作用不能任意违反,否则就要受到客观生态平衡自然规律的惩罚。人们在长期发展经济的实践过程中,从不认识生态平衡客观规律到认识这一规律的存在和对经济发展的作用,是一个巨大的进步。它使人们明确地认识到,发展经济必然同时要受两种客观规律的制约,因此也必须同时尊重两种客观规律的作用,即一方面要尊重客观经济规律的作用,另一方面也要尊重客观生态平衡自然规律的作用。这一认识的形成是人们认识生态经济问题和建立生态经济学新兴学科的开始。

第二步是认识了经济与生态协调发展这一生态经济规律的存在。人们在发展经济中认识了生态平衡客观规律的存在和它对经济的影响,是一个重大的突破。而在此基础上,也就必然进一步推动人们深入认识经济规律与生态平衡自然规律的关系。对此人们又明确地看到,在实际经济发展的过程中,对于社会经济这个统一的载体来说,经济规律和生态平衡自然规律的作用和影响不是互相孤立的,而是互为条件和相互制约的,它们之间也存在着必然的共存和相互协调的关系。人们对经济与生态之间,以及对经济规律与生态平衡自然规律之间密切联系和相互制约这一认识的建立,是对客观规律认识上的一个更大的突破。它是人们对经济发展中客观存在的生态经济关系,认识进一步深化的过程,也是生态经济学本身的基本生态经济规律——经济与生态协调发展规律的形成和建立过程。它的形成标志着生态经济学这一学科的确立,同时也预示着生态经济学即将在实践中发挥重要的指导作用。

第三步是认识了社会经济可持续发展这一生态经济规律的存在。"经济与生态协调发展"规律是指导人们发展经济的一个基本的重要规律。在实践中,人们又进一步地看到,它对发展经济的重要指导作用,不但表现在静态上,而且也表现在动态上。在实践中,由于人们发展经济不顾生态,破坏了自然界的生态平衡,其结果必然同时会带来经济发展上的静态和动态两个不平衡。从动态上看,当代人不恰当地滥用自然资源,超过了自然生态系统的承载能力,使后代人发展经济将面临资源匮乏,从而不能实现社会经济的可持续发展,这是一种代际严重的不公平。人类社会经济的发展必须具有长期连续性,这种由于人的错误经济思想和错误经济行为造成的代际不公平现象必须消除。当前世界和我国社会经济不能实现可持续发展的尖锐现实,使人们明确认识到"社会经济可持续发展"这一客观生态经济规律的存在和作用,这是人们从认识生态平衡自然规律开始,认识客观规律的又一次深化。以上人们从认识"生态平衡"自然规律到认识"经济与生态协调发展"生态经济规律,又到进一步认识"社会经济可持续发展"生态经济规律,是人们对经济发展中客观规律的逐步认识过程,也是我国生态经济学新兴学科主要理论框架的具体形成过程。在此过程中,生态经济学中的其他分支理论也逐步建立和不断发展成熟,从而就使我国生态经济学的学科理论体系得以建立和初步形成。

三 生态经济学的形成反映了现代科学的发展趋势

我国的生态经济学在当代产生,不但有其实践基础,而且也有其科学本身发展的基础。科学(包括自然科学,也包括社会科学)发展的一个最基本特点是,它是人类经济和社会实践的产物。它随着人类经济和社会实践的产生而产生,也随着人类经济和社会实践的发展而发展。由此决定了对于科学本身的发展,应当看到以下两个方面的具体特点和规律性现象:第一,它的发展是永不停息的。形成这一特点的原因是,在人类社会发展的历史长河中,人类经济和社会发展的实践是永无止境的,因此作为这些实践反映的科学,其本身的发展也是永不停步的,它永远不会使自己的发展停留在某一个已经达到的固定水平上。第二,它的发展是与实践的要求相适应的。形成这一特点的原因则是,科学的产生是为了适应人们发展经济和社会的需要。在人类的经济和社会发展中，由于人们的各种物质和文化的需要是不断扩展和提高的，因此科学的发展也要随之发展和提高，并且它的发展水平和结构也必然要与各个时期人们发展经济和社会的需求水平和结构相适应。这是科学本身发展的规律性。我国生态经济学的产生和其他科学的产生一样，就是在科学本身的这一发展总趋势下实现的。

以上科学发展的总趋势决定了生态经济学这一新兴学科的必然产生，也决定了它与当代人们经济社会实践密切结合的具体特点。在此基础上，对于生态经济学在我国当代产生，要看到当代科学交叉结合发展的以下明显趋势。世界科学本身迄今为止发展的历史总过程向人们指明，它的发展是经历了一个从最初的单一综合，逐步走向学科分化，之后又走向新的学科综合这样一个发展过程。具体表现在以下两个方面：

一是学科之间的结合。其具体发展过程是从古代一个单一综合的学科，逐渐走向学科的分支和专门化，之后又重新走向新的组合，形成各种新学科的这一发展趋势。回顾一下科学本身发展的历史，可以看到，古代出现在人们面前的科学是单一的"哲学"。由于当时人们经济和社会实践的范围还较小，对自然和社会规律的认识还不多，因此"哲学"这门学科就几乎包括了人类对自然和对社会各个方面的一切认识。之后，随着人们经济和社会实践活动的逐步加深和扩展，各种门类的科学就逐渐从哲学中分离出来，成为各种独立的学科，慢慢也就形成一个逐步完整的学科体系。从学科分化的历史人们可以看到，经济学原来就是长期与伦理学、政治学合在一起的，成熟后才分离出来成为一门独立的学科。同样，生态学原来也是生物学的一个组成部分，成熟之后才分离出来成为一门独立的学科。随后，由于人们的经济和社会实践活动越来越深化和复杂，人们对自然和社会规律的认识越来越宽阔，于是就形成了科学门类逐渐增多，学科层次越分越细和新兴学科迅速涌现的科学蓬勃发展的局面。

历史上科学的发展从单一综合到日益发展的分支和专门化，推动了科学技术进步，对促进人类经济和社会的迅速发展起了巨大的作用。但是人类的经济和社会实践活动是复杂的，它涉及的经济、社会和技术要素和关系也是十分复杂的。而且随着经济和社会的不断发展，这些因素和关系将变得越来越复杂。以致人们看到，这时许多经济和社会问题的解决，单靠原来某种单一专门化的学科力量已经不能奏效，因而就呼唤着一些新兴边缘交叉学科的产生，这时原有学科之间的重新组合，形成新兴学科的科学发展趋势就不可避免地出现在人们面前。

二是两大科学之间的结合。从科学发展的历史过程来看，随着人类经济和社会实践活动的不断深化和扩展，不但出现了相近门类学科之间的结合，而且也出现了社会科学与自然科学两大类科学之间的结合。这是由于，人类所从事的经济和社会实践活动本身，在实质上就是一个经济社会和自然的有机结合整体。随着人类经济和社会实践活动的趋向复杂化，科学本身的社会科学与自然科学密切结合的发展趋势也就必然表现得越来越明显。事实上，随着人类经济和社会实践活动的日益复杂化，社会科学和自然科学相互结合的这一发展趋势早就开始了，并且越来越加强了结合的力度。关于这一点，早在 1914 年，列宁就曾经指出：从自然科学奔向社会科学的强大潮流，不仅在配第时代出现，在马克思时代也是存在的。在 20 世纪这个潮流也同样强大，甚至可以说更加强大了。

上述科学发展过程中，学科之间结合的两种发展趋势共同表明，在当代，学科之间的结合（既包括社会科学或自然科学各自内部学科的结合，也包括两大科学之间学科的结合）已经成为科学发展的一个必然趋势。生态经济学就是在这一学科发展的潮流下，由社会科学中的经济学与自然科学中的生态学两个学科相互结合所形成的一个交叉边缘学科。它的形成根源是适应当代解决经济发展与生态系统运行之间矛盾的需要，而当代科学本身的发展趋势则为生态经济学的产生提供了科学本身发展的基础。

我国的生态经济学是在 20 世纪 80 年代初开始建立的。它的建立过程清楚地说明了社会科学中的经济学与自然科学中的生态学，两个学科相互结合形成新兴边缘交叉学科的客观必然性。这一点十分明显地表现在我国的经济学家和生态学等自然科学家联合，共同创建我国的生态经济学这一点上。例如，在共同研讨中，有的专家提出："在人类社会迅速发展的过程中，盲目的、没有科学预见的经济活动，对自然生态体系的影响十分严重。人类在进行生产活动的过程中，出现了许多有损经济效益，以及违反经济学基本原则的副结果。这就促使经济学家的思想不能不冲开传统的经济学范畴，面对现实的资源和环境等问题，接受生态学的思想。"有的专家则提出："随着科学技术的进步，人口的猛增，人类对自然环境的干预和改造力量越来越大，从而使生态学家们也认识到，再不能忽视对人类社会的研究。"① 这两种互相吻合的要求，就形成了推动建立我国生态经济学这一新兴边缘交叉学科的学科动力。更明显的是，在研讨中，有的著名经济学专家提出"经济建设必须生态化"的观点（许涤新），有的著名生态学和土壤学专家也提出了"生态研究必须经济化"的观点（马世骏、熊毅）。而有些著名学者面对当前生态学和经济学相互结合的这一科学发展趋势，则提出："有交流才能提高，有综合才能创新"，他们提出了要学做"两栖科学工作者"，探索和建立我国的生态经济学的观点。所有这些，都形成了促进我国生态经济学这门新兴边缘交叉学科发展的推动力量。

我国的生态经济学在20世纪80年代初期产生，其学科发展基础的条件是成熟的。但是也应当看到，它在这一时期的建立，确是明显地被人为推迟了的。国外的"生态经济学"作为一个学科的概念正式在美国提出，是在20世纪60年代后期，我国的"生态经济学"作为学科概念提出比之晚了十多年。其中的原因，除了它是经济发达国家，生态与经济的矛盾在某些方面比我国有更早的严重表现外，一个重要的原因是，我国的生态经济问题研究长期受到了"左"倾错误指导思想的阻碍。在此情况下，我国的经济学长期被规定为阶级性、政治性很强的科学，只强调研究生产关系，而不研究生产力。"文化大革命"期间，特别是由于"四人帮"的严重干扰破坏，把研究生产力作为反动的"生产力论"来批判。经济学家的研究不能涉及自然界生态系统本身运行规律性的问题，生态学家的研究更只能限于专门从事自然规律本身的探讨，而"回避卷入政治斗争的旋涡"。在此条件下，我国的生态经济学建立是不可能的。1978年党的十一届三中全会后，清除了"文化大革命"和长期以来"左"倾错误的影响，重新确立了党的实事求是的思想路线，为人们解放思想、尊重客观规律，研究

---

① 摘自1984年2月召开的"全国生态经济科学讨论会暨中国生态经济学会成立大会"论文和发言记录。

生态经济问题确立了正确的思想基础。同时，我国也实现了全国工作重点的转移，建设社会主义现代化强国的宏伟任务提上了日程。这就推动人们对提高生态经济问题和生态经济学研究的重视。我国的拨乱反正和全国工作重点转移，为经济学家和生态学家研究生态、经济结合与生态经济学新兴学科的建立创造了条件，从而就使我国生态经济学这一新兴边缘学科在20世纪80年代的建立成为可能。

四 我国生态经济学的建立和发展

我国的生态经济学在20世纪80年代初开始建立，至今已经有整整20年的发展历史。我国的生态经济学在这个时间提出建立不是偶然的，它的产生是我国经济和社会发展实践的需要，体现了科学本身发展的趋势，也由于具备了必要的政治思想条件，因而具有其产生的实践基础、科学基础和思想基础，归根结底则是我国经济和社会的发展进入生态时代的要求。我国生态经济学从提出到学科初步理论体系的建立，大体上经过了七年的时间：

1980年8月，我国已故著名经济学家许涤新，在当时于青海省西宁市召开的全国第二次畜牧业经济理论讨论会上，提出"要研究我国生态经济问题，逐步建立我国生态经济学"的倡议。

紧接着，同年9月27日和10月4日，许涤新主持，在北京由中国社会科学院经济研究所和《经济研究》编辑部联合召开了我国第一次生态经济问题座谈会。以许涤新为代表的经济学家和以马世骏、侯学煜、阳含熙等为代表的生态学家第一次坐在一起，共同研究我国生态经济学问题，这是我国社会科学和自然科学两大科学共同研究建立我国生态经济学的开始。会后，通过《经济研究》向全国报道了讨论情况，摘要发表了会议发言；由《经济研究》等单位编辑出版了我国第一本生态经济学论文集《论生态平衡》；在《经济研究》上连续一年发表生态经济学的文章，进行推动。

1982年11月，在江西省南昌市，由中国社会科学院经济研究所、农业经济研究所、城乡建设环保部环境保护局、中国生态学会和中国"人与生物圈"国家委员会共同召开了全国第一次生态经济讨论会。会上的一个成就是，提出了生态经济学的研究对象是生态经济系统。研究对象的明确使我国生态经济学作为一门独立的学科得以确立。

1984年2月，在北京市，仍由以上5个单位联合召开了"全国生态经济科学讨论会暨中国生态经济学会成立大会"，许涤新主持，国务院有关部门、国家计委、林业部、农业部、城乡建设环境保护部的主要负责同志和我国著名自然科学家、经济学家钱学森、陈岱孙、于光远、刘国光、孙尚清等出席了大会。这次大会的召开，对推动生态经济学研究和我国生态经济学新兴学科的建立起了巨大的促进作用，主要表现在以下三个方面：

（1）国务院副总理万里在大会上做了重要报告。他首先代表党中央和国务院对中国生态经济学会的成立表示热烈祝贺。他在报告中指出，生态经济问题是我国社会主义建设中的一个战略性问题，是关系社会主义现代化建设的大事。近年来，我国成立了城乡建设环境保护部，成立了中国生态学会，现在又成立了生态经济学会，从行政机构和学术团体两个方面来加强领导，这是我们国家在这个方面开始觉醒的表现。我国发展经济，不但要进行综合经济平衡，同时也要进行生态平衡，要用两个平衡的思想指导我国的经济工作。党和国家对这一新兴学科的重视和支持，对我国生态经济学的建立是一个巨大的推动。

（2）成立了中国生态经济学会，并推动全国十几个省、自治区和直辖市，以及一些地区和市、县，先后成立了地区生态经济学会，在全国组织起了生态经济学研究队伍，促进了我国生态经济学研究的迅速发展。

（3）会后，针对会上和一段时间来提出的生态经济学观点，进行理论概括和提高，从"生态经济学学科建设"和"生态经济学部分理论问题"两个方面，进行生态经济学学科范畴和基本理论问题的探索。前一方面包括生态经济学产生的客观必然性、研究生态经济学的重要意义、生态经济学的研究对象、生态经济学研究的目的、任务和方法、生态经济学的理论基础、生态经济学的性质、生态经济学的特点、生态经济学与经济生态学、生态经济学与其他学科的关系和建立具有我国特色的生态经济学等十几个部分；后一方面包括生态与经济要结合、认识生态与经济之间的关系、加强人对自然生态的调控、生态经济与生产力、生态价值观、生态经济效益在经济建设中的实现、用生态经济的观点指导我国经济建设、用生态平衡的观点重新认识各种经济学八个部分①。为我国生态经济学理论研究和学科理论建设提供了初步基础和准备。

1984年2月中国生态经济学会成立，组织起专家队伍后，立即由学会着手进行生态经济学理论研究和逐步建立学科理论体系的工作。1985年10月，由中国生态经济学会基本理论研究会在广西桂林市召开了全国生态经济学大纲讨论会，在分别拿出8份大纲初稿的基础上，研究提出了我国第一份集中集体智慧、具有我国特色的生态经济学教学、研究大纲。

1986年春节刚过，一组以中青年为主的生态经济学专家集中郑州市，以极大的热情，在因陋就简的条件下，参加我国第一本《生态经济学》专著讨论会。专著集中集体智慧，概括我国已有的研究基础，请许涤新任主编，于1987年出版。它代表了当时我国这方面最高的研究水平，被评为华东首届优秀政治理论图书一等奖，国家教委定为全国高等院校教材，1990年又重印发行。1987年《生态经济学》专著的出版，标志着我国生态经济学新兴学科理论体系的初步建立。

我国的生态经济学研究，在学科初步理论体系建立后，在密切联系实际、用理论指导实践的基础上继续深入研究。1992年，中国生态经济学会继续由生态经济理论与发展专业委员会组织生态经济学专家，用生态经济学的理论为指导，总结概括生态经济实际工作的经验，于1997年出版了《走向21世纪的生态经济管理》专著。这又标志着我国的生态经济学向着用理论指导实践，并且再从实践中继续丰富和提高理论方向的新的前进。

我国的生态经济学除了由中国生态经济学会直接组织的生态经济学研究和学科建设工作外，我国著名经济学家、生态学家和环境科学专家都陆续提出了这方面的专门著述，早期的如许涤新的《生态经济学探索》专著（1985年11月出版，后又被苏联的学者翻译成俄文出版），马世骏的《中国的生态工程》，侯学煜的《生态学与大农业》，曲格平的《困境与选择——

---

① 王松霈：《当前我国生态经济学的主要学术观点》，载《中国生态经济问题研究》，浙江人民出版社1985年版，第257—298页。

中国环境与发展战略研究》等，都对我国生态经济学的发展作出了重要贡献。与此同时，全国从事这方面研究的专家和实际工作者还分别结合各自的研究和工作实际，提出了大量的研究专著和论文，早期的专著，生态经济基本理论方面的，如《生态经济学概论》、《生态经济学》、《理论生态经济学若干问题研究》、《人类生态学初探》、《生态经济学原理》、《生态经济理论与实践》、《生态经济理论与方法》、《生态经济学通论》等。部门和专业生态经济学理论方面的，如《农业生态经济导论》、《简明农业生态经济学》、《农业生态经济学》、《森林生态经济问题研究》、《森林生态经济学》、《城市生态经济学》、《城市生态经济理论与实践》、《渔业生态经济学概论》、《中国乡镇生态经济学》、《土地生态经济学》、《生态经济统计研究》、《企业生态环境学》、《生态经济设计》、《网·结构·轨迹》等，同时还有大批的论文问世。

研究理论的根本目的在于指导实践，20年来我国生态经济学研究做得更多的工作是服务实践和指导实践。其中由中国生态经济学会与有关部门和地区联合，密切结合实际组织的学术研究交流活动主要有：生态农业问题研究、林区生态经济危困问题研究、山区生态经济开发与水土流失治理问题研究、黄土高原生态经济综合开发治理问题研究、少数民族地区生态经济开发问题研究、海洋渔业合理利用与保护自然资源问题研究、草原牧区生态经济合理经营问题研究，此外还进行了城市生态经济、半干旱地区治理沙化、绿色食品开发和森林旅游与森林公园等问题的研究。

此外我国的生态经济学也重视普及生态经济学知识，促进提高全民生态经济意识的工作。其中较为突出的，例如1987年由中国生态经济学会和云南省生态经济学会在昆明市联合举办的全国生态经济问题讲座，28个省、自治区和直辖市的一千多人参加听讲，包括各行各业，上至省人民代表大会副主任等领导，下至工人农民群众，把生态经济学知识大规模普及到全国。又如1993年，中国生态经济学会与中央人民广播电台理论部合作，6—9月在中央人民广播电台举办了"经济与生态协调发展"系列广播讲座。全国有几千万人收听。之后在此基础上编印出版了"生态时代的呼唤——经济与生态协调发展"生态经济学普及读物，发行一万册，对提高全民生态经济意识起了巨大的推动作用。我国生态经济学开始20年来，正在已经取得迅速发展的基础上，沿着为可持续发展提供理论基础的方向继续前进。

（原载《生态经济学》陕西人民教育出版社2000年版，该书获第十三届中国国书奖）

生态与经济协调理论

我国的新兴边缘科学——生态经济学是适应当前新的生态时代需要，自 1980 年提出在我国建立的。20 年来，在与实践的密切结合中日益走向成熟，从无到有建立了自己的基本理论范畴、基本原理和比较完整的初步理论体系，并且在指导实践中发挥着越来越大的重要作用。在整个生态经济学的理论中，各种生态经济学的理论形成一个理论体系，共同对我国的国民经济可持续发展实践起着指导作用。其中，生态与经济协调理论是一个基本的、起着核心作用的理论。它的建立为生态经济学其他许多理论的建立提供基础，并赋予它们生态经济学的基本理论特色，同时它也将为我国国民经济实现生态与经济协调和可持续发展提供一个崭新的基本指导思想。生态与经济协调发展这一生态经济学核心理论的建立和在实践中发挥指导作用，将引起人的思想和经济关系发生一系列重大转变。其中，在人的思想上，要建立起一系列新的思维与之相适应；在经济关系上，首先将引导人口、资源、环境与发展这一基本经济关系实现协调，为我国基本国策的建立提供基础，并建立起我国社会经济可持续发展的基本格局。

一 生态与经济协调理论是生态经济学的核心理论

生态与经济协调理论是随着当代社会经济的发展而建立起来的一个重要生态经济学理论。它的建立体现了当代社会经济发展中生态与经济实现协调发展的迫切要求，也指明了生态时代人类社会经济发展的必然方向。

1. 生态与经济协调是经济社会发展的必然趋势

当代随着经济社会的发展，在世界和我国的经济生活中，越来越多地出现了各种生态与经济不协调的问题，引起了人们的广泛注意。其过程是经济社会的发展，在人们不自觉的情况下，破坏了自然界的生态平衡，违反了自然规律的要求；反过来又受到了自然界的惩罚，使经济不能顺利发展，从而形成了一个生态经济的恶性循环，严重阻碍着经济社会的可持续发展。这方面的问题影响广泛而深远，它普遍地存在于国民经济的各个行业和部门；既存在于城市，也存在于农村；既存在于发达国家，也存在于发展中国家。并且既影响当代，也影响子孙后代。它的日益严重和发展，引起了各国，包括最高领导和人民群众的广泛重视，从而成为人人关注的重要话题。

经济社会与自然生态的不协调，是由于人口的迅速增加和经济不断发展引起的。近代世界人口增长迅猛，急剧扩大了对自然界的生产和生活需求；同时商品经济的迅速发展，作为一种动力，推动了科学技术的飞快进步和社会生产力的大大提高。所有这些都以越来越大的压力和强度压在有限的自然资源上。由于人们没有生态与经济协调发展的正确思想作指导，其结果就出现了生态与经济的全面不协调，而使经济社会的协调持续发展受到阻碍。

世界范围内从生态与经济不协调走向协调和被人们认识是一个逐渐的过程。在人类社会发展初期，由于人口较少，生产力水平低，人类满足自身的生产和生活需要对自然生态系统的损伤不大，因此经济与生态不协调的问题没有显现。而当人类社会的发展进入现代，首先是在西方经济发达国家，随着科学技术和生产力的高度发展，人对自然生态系统的强化利用程度日益加大。在人们处理经济与生态之间的关系没有新的正确思想的指导下，就使生态与经济不协调的问题日益加剧，并突出显现为当代的一个重大问题。但是人类社会总是要从生态与经济不协调走向两者协调的。对于生态与经济的关系和发展前景，著名的"罗马俱乐部"1981年在其第9个报告《关于财富和福利的对话》中提到："经济和生态是一个不可分割的总体，在生态遭到破坏的世界里，是不可能有福利和财富的。旨在普遍改善福利条件的战略，只有围绕着人类固有的财产（即地球）才能实现；而筹集财富的战略，也不应与保护这一财产的战略分开。"并且说："一面创造财富，一面又大肆破坏自然财产的事业，只能创造出消极的价值或

'被破坏'的价值。"①罗马俱乐部的观点是当时具有权威性的重要观点。他们经过对近代人类社会经济发展实践过程的深刻研究,概括指出了在经济社会发展中经济与生态两者的紧密联系不可分割性、现代经济的发展要受生态环境制约的密切关联性和人类必须保护地球生态环境的客观必要性,同时也指出了人类社会最终要走上生态与经济协调的发展前景。这就初步阐明了生态与经济协调发展的客观必然趋势。

2. 生态与经济协调理论是经济与生态矛盾运动的产物

生态与经济协调作为生态经济学的一个基本理论,其建立的客观依据是人类社会必将走向生态与经济协调发展的客观必然性,这是人类社会发展的一条基本规律。研究它的具体建立过程,需要认识人类社会发展中作为其发展主体的人与作为其发展客体的生态环境之间,所存在的经济与生态的矛盾运动关系。对此从生态与经济的结合上要看到以下三点:

第一,从人类社会发展的客体看,生态环境是人类社会发展的物质基础。人类社会的发展不能脱离生态环境,人要依靠生态环境而生存,也要依靠利用生态环境而发展。生态环境的实质是自然生态系统,其组成要素是各种自然资源,这就决定了人们发展经济必须要依托生态环境来进行。客观生态系统具有有限性的特点。自然生态系统所蕴涵的自然资源是十分丰富的,但同时它们又都是有限的。因此人们利用自然生态环境发展经济不能超过自然生态系统所蕴涵自然资源的阈限,超过了这一阈限就会造成生态环境的破坏。

第二,从人类社会发展的主体来看,人是经济社会发展的主导。发展经济和建立人类社会都是人类有意识的经济活动。它由人的意志所引起,由人的经济行为所推动,其方向和结果也由人的目的所左右。人的发展经济的需求是无限的。人类社会要不断进步,人的物质和文化生活要不断提高,因此人向生态环境取用自然资源的要求也是无限扩大的。由此在人类的经济社会发展活动中,人们发展经济对自然资源需求的无限性与生态系统对自然资源供给的有限性之间,就必然会出现越来越尖锐的矛盾,从而就会出现生态与经济的日益严重的不协调。

---

① 奥尔利欧·佩奇:《世界的未来——关于未来问题一百页》,中国对外翻译公司1984年版。

第三，从人类社会发展的主体与客体之间的关系来看，要依靠人发挥正确的主观能动作用，使生态与经济的关系从不协调走向协调。回顾和展望人类社会长期发展的实践过程，可以看到，在经济社会发展的历史长河中，人与自然（即经济与生态）之间的关系要经历三个相互联系和互相衔接的发展阶段：第一阶段，低水平的生态与经济协调阶段；第二阶段，生态与经济不协调和严重不协调阶段；第三阶段，高水平的生态与经济协调发展阶段。其中，第一阶段和第二阶段是人类社会已经走过的历程，这是生态与经济协调发展的理论没有形成，人们没有正确的生态经济学理论指导下所经历的盲目过程。第一阶段，人们没有生态与经济协调的正确思想作指导。只是由于当时经济的发展水平很低，对自然生态环境的破坏不大，才维持着两者的低水平协调状态。第二阶段，人类依然没有生态与经济协调的正确思想作指导。他们为了无限地扩大发展经济，不顾生态环境存在的有限性的特点，在社会生产力越来越强大的情况下，就严重地损坏了生态环境这一人类经济发展的自然基础，其结果就产生了越来越多的严重生态经济问题。其中的第三阶段是人类社会今天正在走上的历程，这是生态与经济协调发展的理论已经建立，人们已经有了正确的生态经济学理论指导下所要经历的自觉过程。从此，人们在生态与经济协调正确思想的指导下，通过发挥自己的主观能动性，将端正自己的经济行为，从而使经济社会的发展从生态与经济的不协调逐步走向两者的全面协调。实际上，人类在长期盲目的实践中，逐步承受生态与经济不协调、破坏生态环境的损害和困惑的过程，也就是人们逐步认识生态与经济协调发展客观规律的存在和开始逐步自觉掌握和运用这一客观规律，指导人类社会经济发展实践的过程。由此也就孕育了生态与经济协调这一生态经济学基本理论的形成。

3. 生态与经济协调理论是生态经济学的核心理论

生态与经济协调理论是生态经济学的一个基本理论，同时也是它的核心理论。对此应当看到以下两个方面：

（1）它体现了生态时代的基本特征

人类社会从过去的农业社会向工业社会，又向今后的生态化社会转变是一个不以人们自己的意志为转移的客观过程。它的提出是人们改变人类社会经济发展中生态与经济不协调的严重现状的迫切要求；它的发展是以生态与经济的不协调和实现协调的矛盾运动为动力；它的前途是以实现经济社会的可持续发展为目标。可持续发展是新的生态时代与过去时代对比的一个最突出的基本特点，但它的建立也是以生态与经济协调的理论为基础。这就决定了生态与经济协调理论是指导人类社会从过去生态与经济不协调走向两者协调的核心理论，并且体现了生态时代的基本特征。生态与经济协调理论基于新的生态时代使自身具有了鲜明的时代特色，同时也为新时代经济的发展提出了奋斗目标和推动力量。近年来，在我国的国民经济发展实践中，从生态与经济的不协调走向协调的这一指向已经表现得十分明显。例如，黑龙江省七台河市是一座新兴的煤炭工业城市，是国家重点焦煤生产基地之一。由于在 1958 年"大跃进"期间，在"左"的思想指导下片面决策，只考虑经济的高速发展，不考虑生态环境的状况。由于煤城选址不当，井上井下建设脱节，结果就出现了严重塌陷的生态经济问题。就其受害最严重的老市区的情况看，截至 1997 年，塌陷面积达到 405.6 万平方米，下沉深度平均达 2 米左右。严重损坏的地面建筑 84.64 万平方米，占该区全部建筑面积的 35.71%。居住在塌陷区上的人口 153459 人，占全区人口的 69.11%；已倒塌房屋面积 2.8 万平方米，有 2580 户居民住房墙壁裂缝错位超过 20 厘米以上，无法居住。此外还造成地下管道断裂频繁，地下通信线路损坏报废，路面、桥涵塌陷，排水沟渠毁坏，地面标高低于河床标高，不能使用；而且还造成雨季河水倒灌，居民受淹。由于塌陷，造成了人民群众的"住房难、吃水难、如厕难、上学难、就医难、购物难"，并迫使该市经历了"二次搬迁，三次建设"的曲折历程，直接经济损失达 4.5 亿元。对该市经济发展、城市建设和人民生活造成了严重影响和制约。近年来该市根据生态与经济协调的发展目标和途径，对塌陷所造成的生态经济灾害进行治理。特别是近十年来，在国家给予政策的支持下，加大了治理力度。促进了生态与经济的协调发展，走上可持续发展的道路，已经取得了很大成绩。并且该市在治理塌陷生态经济灾害的实践中，也深刻体会到运用生态与经济协调发展理论对指导实现城市经济可持续发展的重要性，因此还建立了塌陷治理研究所，提出建立我国的"塌陷学"理论，结合实际进行塌陷生态经济学研究，所取得的成绩是很大的。

（2）它决定了整个生态经济学理论体系的建立和学科基本理论特色的形成

生态与经济协调理论是适应新的生态时代的要求而建立的一个生态经济学的基本理论。它以兼顾生态与经济两个方面的要求和指导经济发展实现生态与经济协调为基本特色。生态经济学的理论以自己理论体系的整体形式而存在，它有一系列的生态经济学基本理论范畴和一系列的基本原理，它们互相联系，相互依存；同时也分别在各自的相关领域，对生态经济实践起着理论指导的作用。这里应当看到的一点是，这些生态经济学的基本理论范畴和基本原理，对实践分别所起的具体指导作用是不尽相同的，但是它们所起的指导实践实现生态与经济协调的基本作用又是相同的。这就从理论与实践的结合上说明了，它们的建立都是以生态与经济协调的生态经济学基本理论为基础，并且由这一核心理论赋予它们共同的生态经济学理论特色。同时人们也看到，生态与经济协调这一核心理论对整个生态经济学理论体系所起的建立基础和赋予基本理论特色的作用，还表现在生态经济学的研究对象、学科性质和学科归属、学科特点等各个方面。例如：

——生态经济学的研究对象。一门学科的研究对象的明确，是这门学科得以独自建立，成为一门独立学科的基础。生态经济学的研究对象是生态经济系统，它是一切经济活动进行的实际载体，一个村庄、一片森林、一个企业都是一个生态经济系统（关于生态经济系统基本理论范畴，在下面还将有专门的详细论述），它由生态系统和经济系统两个子系统有机结合形成。因此，其运行要同时受经济规律和生态平衡自然规律的制约，其建立的生态经济学理论依据和对实践起指导作用机制的核心，就是生态与经济协调理论的作用。

——生态经济学的性质和学科归属。生态经济学是一门新兴边缘交叉科学，由生态学和经济学交叉结合形成，归属于经济学学科体系。因此，它具有边缘学科性质、经济学科性质，同时也具有很强的理论性和很强应用性的学科性质。从其边缘学科性质来看，它是自然科学中的生态学与社会科学中的经济学两门学科相互交叉渗透形成的一门边缘学科，既有生态学科的性质,又有经济学科的性质;因此既要受客观经济规律的制约,也要受客观生态平衡自然规律的制约,从而表现出明显的生态与经济协调的特征。从其经济学科性质和经济学科的学科归属来看,它是经济学的一个新的组成部分,也是向着与生态学交叉结合的方向扩展所形成的一个新兴组成部分,因此也必然具有鲜明的生态与经济协调的理论特点。此外,再从它既有很强的理论性,又有很强应用性的学科性质来看,它的很强理论性首先就表现在它具有鲜明的生态与经济的协调性,它的很强应用性也突出和首先表现在它以自己的生态与经济协调理论来有力地指导实践。而这些学科性质的特点也都是由于生态经济学的核心理论——生态与经济协调理论的基本特点所决定的。

——生态经济学的学科特点。生态经济学具有以下基本特点:一是它的整体性,二是它的综合性,三是它的协调性,四是它的持续性。分别来看:其一,生态经济学的整体性特点根源于它的研究对象生态经济系统的特点。生态经济系统是一个生态与经济结合的有机整体,它的内部组成的子系统之间,以及各种组成的生态和经济要素之间,都具有密切联系的不可分割性,它们之间的结合统一都是来源于生态与经济的相互结合与协调统一。其二,生态经济学的综合性特点是根源于生态经济系统由多种生态要素和多种经济要素综合组成的特点。很明显,这些要素的结合都是生态与经济协调基础上的结合。其三,生态经济学的协调性特点,直接根源于其研究对象生态经济系统的生态与经济协调的基本特点。其四,生态经济学的持续性特点。由于生态与经济协调理论为社会经济可持续发展提供理论基础,因此它由生态与经济协调理论为基础这一点也是明显和肯定的。

——生态经济学的基本范畴和基本原理。在生态经济学的一系列基本理论范畴中,生态经济系统、生态经济平衡和生态经济效益是三个最基本的理论范畴。从它们建立的基础和本身基本理论特色的形成来看,其中"生态经济系统"是生态系统与经济系统的结合与统一,本身就具有明显的生态与经济协调特色;"生态经济平衡"是生态平衡与经济平衡的结合与统一,"生态经济效益"是生态效益和经济效益的结合与统一,它们本身同样也具有生态与经济协调的基本理论特色。生态经济学的基本原理,例如生态与经济双重存在的原理、生态与经济整体统一的原理、生态经济良性循环的原理和经济、生态、社会三个效益统一的原理等，也无一不是以生态与经济协调作为其建立的理论基础和本身基本理论特色的来源。以上从生态经济学整个理论体系的各个方面和组成来看，生态与经济协调理论作为生态经济学的基本理论与核心理论这一点也应该是肯定的。

二 建立新的战略指导思想和新的思维

生态经济学中生态与经济协调这一核心理论的建立，目的在于指导生态经济建设的重大实践。它的建立首先为我国生态经济建设提供了一个崭新的战略指导思想。在我国，采用新的生态与经济协调的战略指导国民经济发展是一个根本性的转变，因此也要求从人的思想到人的行动，都随之进行一系列的转变，首先是要求人们建立一系列新的思维与之相适应。当前人们在运用生态与经济协调的基本理论对我国的经济建设实践进行指导时，对于这两个方面的问题必须有一个明确的认识。

1. 生态与经济协调理论的建立为我国发展经济提供了一个崭新的战略指导思想

当前我国在生态与经济协调这一生态经济学核心理论建立的基础上，为我国社会经济发展实践提供了一个崭新的指导思想，这就是生态与经济必须协调发展的指导思想。回顾长期以来我国经济发展的过程，可以看到，在很多方面和在相当程度上，实际采取的是一种掠夺利用自然资源的生产经营方式，人的经济活动与自然生态环境处于矛盾对立状态。以农业生产为例，掠夺式农业生产的做法在我国长期以来已经是一种普遍的客观存在。它的表现已经遍及农业生产的各个方面，其中既表现在种植业中的用地不养地，掠夺利用土地资源；也表现在林业上的乱砍滥伐、畜牧业上的超载过牧和渔业上的酷渔滥捕等掠夺利用林牧渔业资源；同时也表现在乡镇工业上的掠夺利用农矿业等多种自然资源造成农村环境污染等。同时这种掠夺型农业生产方式实际上已经不自觉地被人们定型为我国农业的一种普遍的生产类型被人们长期使用着。而这种掠夺型农业生产方式的基本特点就在于经济与生态的不协调，其具体表现是不能正确处理以下三个方面的生态经济关系：

一是不能正确处理生产部门和生产结构的协调关系。农业生产是自然再生产与经济再生产的结合，任何农业生产都要依靠自然生态系统来进行。自然生态系统是由多种自然资源要素综合组成的，它们之间在客观上存在着一定的组合比例关系，从而成为农业生产部门和产品结构建立的基础。实行掠夺型农业生产不顾自然资源之间存在和运行的这一客观比例关系，就必然使农业生产处于生态与经济不协调状态。

二是打破了农田营养物质输出输入的平衡关系。自然生态系统经常永不停息地进行着物质循环和能量转换运动，维持着系统的平衡稳定，从而使系统能够持续不断地向人们提供各种农业产品。掠夺型农业生产不顾自然生态系统的这种平衡稳定关系，单一过量地开发利用某一种或某些种自然资源，打破了生态系统本身的生态平衡状态，使系统的物质和能量消耗了不能得到补偿，也必然造成生态与经济的不协调，从而使农业生产不能够继续进行。

三是不能正确处理自然资源的利用和保护的关系。自然资源是农业生产的基础，但只有在利用的同时也注意对自然资源的保护，才能保证农业资源的可持续利用。掠夺型农业的一个基本特点，就是只利用自然资源而不保护自然资源，甚至是不顾后果地滥用自然资源。其结果也必然造成生态与经济的不协调，从而带来农业生产不能长期持续的严重后果。

但是应当看到，掠夺型的生产方式（包括农业生产方式，也包括工业生产方式等）是必然要向着协调型生产方式转变的。世界和我国的掠夺型生产给人们带来的各种损坏使人们深刻认识了它的严重危害性，生态经济学的生态与经济协调发展这一基本理论为人们采用协调型生产方式发展经济提供了理论指导，同时我国人民群众在长期进行工农业生产的实践中也已经积累了实行协调型生产的初步经验，所有这些就使我国发展经济从掠夺型走向协调型成为历史的必然。当前在世界经济发展中，生态与经济协调已经作为一种重大战略性指导思想提上了世界各国的议事日程。世界观察学会名誉会长莱斯特·R.布朗提出：西方80年代出现的经济危机已经不同于30年代的经济危机。后者是因为经济管理失败所造成的，而前者的失败根源却是资源的枯竭。他认为，从全球的生态和经济状况来看，我们现在是挪用了将来的资源，靠超支过活，全世界都在执行着"全盘的生物和农业经济的赤字财政"。这种做法只能在短期内行得通，长期下去是不可能的。因此他提出，"要建立一个能够长久维持的社会"。其中，要看到，长久维持的能力是带有经济含义的生态学概念，他强调经济的增长和人类的福利有赖于维持一切生物系统的自然资源基础"。① 这种经济与生态协调发展的思想是一种有见地的战略指导思想。它有利于引导人们实现从掠夺型生产方式向协调型生产方式的转变,从而使人们对发展经济的认识和行为从必然王国走向自由王国。

2. 生态与经济协调理论的建立,要求建立新的思维

生态与经济协调理论的建立必然带来整个思想认识和战略上的根本转变,因此它必然要求人们改变旧的思维建立新的思维与之相适应。辩证唯物论的理论告诉我们,人的认识是客观实践的反映,又用来指导实践。针对当前我国生态经济建设的发展和实施生态与经济协调新战略的需要,必须建立起以下三个新的思维:

(1) 生态与经济双重存在的思维

这是人们认识和处理生态经济问题的基础思维。对此,从认识论的高度上,要把握以下三点:

第一,生态与经济都是客观存在的。人们生存的世界是物质的世界,人们的认识来源于对客观物质世界的反映。在现实经济发展中,人的一切经济活动都是在经济系统与生态系统相结合的生态经济系统中进行的。生态经济系统是现实的客观存在,因此其中的经济系统和生态系统两个子系统也都是客观存在的。与此同时,生态经济学中的其他基本理论范畴,例如生态经济平衡是经济平衡与生态平衡的结合,生态经济效益是经济效益和生态效益的结合等,同样也都具有生态和经济双重存在的特点。近代以来人们从片面发展经济破坏生态造成损失的大量实践中,已经明确看到了生态系统和经济系统两个子系统共同存在的客观性,就为人们建立生态与经济双重存在的思维建立了基础。

第二,人们认识生态与经济的双重存在有一个过程。人的认识来自对客观世界的反映。由于客观事物的发展都有一个从低到高的渐进演变过程,因此人们对客观事物的认识也有一个从不全面到逐步全面的渐进提高过程。原始社会,在人口不多,社会生产力水平也很低时,人类发展经济

---

① 莱斯特·R. 布朗:《综观世界全局——为建立一个能够长久维持的社会而奋斗》,中国对外翻译出版公司1985年版,第7—8、26—27页。

对自然生态索取资源的压力不大，向自然生态环境排放废弃物的污染力也不高，自然生态环境并没有对经济发展给予明显的反抗和报复，人们在发展经济中，也没有意识到自然生态系统的客观存在。但是到了近代，当人口急剧增加，社会生产力也高度发展时，自然生态环境承受的经济压力已经超过其自身所能承载的负荷时，自然生态对经济发展的报复越来越大，人们也就明显地感到自然生态系统的客观存在，这时人们的生态与经济双重存在的新思维也就很自然地形成。

第三，生态与经济双重存在的思维是一个具有根本指导意义的思维。这是因为，它的建立为人们在认识和处理经济发展问题时，提供了一个正确的思想方法。实践已经证明，过去人们由于没有生态与经济双重存在的全面思维，处理发展经济问题时，就只顾发展经济而不顾生态系统的状况，从而就必然造成了对生态系统的巨大破坏。而当代，在人们建立起生态与经济双重存在的这一新思维后，在处理经济发展问题时就能够具有全面的指导思想去安排经济建设，即着眼于整个生态经济系统，其中既重视发展经济所取得的经济效益，又重视发展经济所取得的生态效益，从而避免过去只注重经济而不顾生态的各种片面性，使社会经济的发展能够实现生态与经济的全面协调。

（2）生态与经济协调发展的思维

这是人们认识和处理生态经济问题的基本思维。对此，要把握以下三点：

第一，经济系统与生态系统是相互依存的。人的一切经济活动都在生态经济系统中进行，生态经济系统是由生态系统和经济系统共同组成的。大量的实践也已经证明，同时存在于统一的生态经济系统有机整体中的经济系统和生态系统，不但都是客观存在的，而且也是互相依存和相互协调的。由于生态经济系统是一切经济活动据以进行的普遍载体，因此在实际经济工作中，生态与经济的协调也是普遍的。由此，生态系统和经济系统的相依共存就成为生态与经济协调思维建立的基础。

第二，生态与经济协调思维的建立，指出人类社会发展的正确方向。人们长期以来发展经济，没有得到应有的经济效益，反而造成了生态系统的破坏，又制约了经济的可持续发展，一个基本原因就是没有生态与经济协调的思维作基础。人们发展经济的行动必须符合客观规律的要求，其中既包括客观经济规律的要求，又包括客观生态平衡自然规律的要求。过去人们发展经济对生态平衡自然规律的作用没有认识，生态与经济协调发展的全面正确指导思想不能建立，因此在实践中必然走向片面强调经济而破坏生态的错误方向。而当人们建立了生态与经济协调这一新的思维，就将在全面认识问题的基础上，指引人们发展经济走向正确的道路。

第三，生态与经济协调思维的建立，为解决当代生态经济问题提供了巨大的可能性。生态与经济协调的思维，既为人们指出社会经济发展的正确方向，也为解决当代各种生态经济问题指出了具体道路。对此，要求人们运用正确的思维，发挥主观能动性，努力做到以下三个协调：（1）经济发展与自然资源利用的协调。其关键是在经济发展中，要把发展经济对自然资源的压力限制在生态系统所能承担的阈限之内。但这种限制不是消极的，人们可以通过采用先进科学技术，在节约利用自然资源的条件下，达到迅速发展经济的目的。（2）经济发展与环境保护的协调。其关键是要认识发展经济与保护环境的统一性。通过积极采用先进科学技术等做法把两者的要求统一起来。（3）经济发展与人口、资源、环境的总体协调。其关键是要认识它们之间的相互关联性，使它们形成一种良性循环的状态，实现生态与经济的协调发展。

（3）社会经济可持续发展的思维

这是人们认识和处理生态经济问题的目标思维。对于"持续发展"，联合国世界环境与发展委员会于1987年在所提出的《我们共同的未来》这一有名的报告中，曾给出了一个权威的定义："持续发展是既满足当代人的需要，又不对后代人满足其需要的能力构成危害的发展。"对于用可持续发展的思维指导发展经济，从生态与经济的横向和纵向关系上，要把握以下三点：

第一，从人与自然的关系上要注意持续发展的和谐性。人与自然的关系是最基本的生态经济关系。实际经济中所形成的各种严重生态与经济不协调，从根本上来说，都是来源于人与自然的不协调。人与自然的和谐是实现可持续发展的前提条件和基本特征，用可持续发展的新思维指导发展经济，首先就要求用人与自然和谐的思维指导自己的具体经济行动。

第二，从人与人的关系上要注意持续发展的公平性。生态经济学的理论认为，在经济与生态的相互结合中，持续和公平是两个密切联系的概念，只有公平才能够持续，没有公平就不能持续。在人们的生态经济实践中，公平包括横向公平和纵向公平两个方面。从横向公平来看，现代经济发达国家的人口只占世界人口的 1/5，却消耗了世界 2/3 的资源；而经济不发达国家占世界人口的 4/5，只消耗世界 1/3 的资源，发达国家在资源利用上给发展中国家带来了不公平。从纵向公平看，当代人采用大量消耗自然资源的生产方式和生活方式，造成经济不能持续发展，也给后代人带来了不公平。用现代可持续发展的新思维指导发展经济，这两种资源利用上的不公平都应当避免。

第三，从目前和长远的关系上要注意持续发展的持久性。这是持续发展思维的基本着眼点。实现持续发展的持久性，基础在于实现经济发展中自然资源供给的持久性和生态环境对污染容纳的持久性。为此，人们必须正确认识和适应自然资源的供给能力和生态环境的容纳排污能力。在经济发展实践中，用持续发展的思维进行指导，重要的是必须正确处理当前经济利益和长远经济利益之间的关系，把人类社会经济的发展放在可持续发展的稳固基础上。

三　人口、资源、环境和发展的协调

我国生态经济学中生态与经济协调这一核心理论的建立，对我国的重大生态经济实践已经发挥，而且还将继续发挥越来越大的指导作用。其中一个主要和突出的方面，就是指导我国经济的发展实现人口、资源、环境和发展的协调。在当代世界和我国的经济社会发展中，人口、资源、环境和发展的协调是一个基本的协调，它的实质是一个生态经济问题。它是我国新时期基本国策建立的基础，它也将指引我国对自然资源进行充分合理利用，使之在保持这一生态经济基本协调下，取得经济社会全面协调发展的最大生态经济效益。

1. 人口、资源、环境和发展协调是基本的协调

世界经济社会的发展，自 20 世纪 60 年代末以来，出现了人口、资源、环境和发展之间突出不协调的问题，它们的矛盾日益尖锐，从而出现了越来越严峻的发展形势。其具体表现是，（1）人口迅速膨胀。20 世纪

初，全世界人口只有16亿，至1990年已经达到53亿，在进入21世纪之时，已经突破了60亿。（2）资源迅速消耗。水资源严重短缺，森林资源急剧减少，耕地急剧缩减，土地退化、沙漠化严重，等等。（3）环境也迅速恶化。主要表现，一是大气污染日益严重，二是自然灾害增加，三是有毒化学物和危险废弃物猛增。在世界科学技术飞快进步和经济社会迅速发展的情况下，就使全世界和我国的人口、资源、环境和发展之间的关系出现宏观严重不协调的状态，成为当代世界和我国阻碍社会经济协调发展的一个重大经济问题。

人口、资源、环境和发展的协调是一个基本的协调。首先，它从人与自然之间关系的根本层次上说明了实现经济社会协调发展所必须具备的人和自然的根本关系状态；其次，它也从经济与生态之间关系的整体国民经济层次上，提出了实现国民经济协调发展所必须具有的经济与生态的基本关系状态；最后，它也从经济要素和自然要素总体运用关系的宏观经济层次上，提出了实现经济协调发展所必须具有的经济和自然要素之间基本关系状态的要求。这一基本要素的协调关系状态能够实现，宏观经济上，整个国民经济上，以至人与自然之间关系上的协调持续状态就能够得到维持；否则就将出现宏观经济、整个国民经济，以至人与自然之间基本关系上的各种不协调，从而使经济社会总体不能实现协调发展和可持续发展。

自20世纪的后40年来，世界各国都很重视对人口、资源、环境和发展之间协调问题的研究。把人口（P）、资源（R）、环境（E）和发展（D）的经济社会关系结构称为PRED目标结构，把其中的人口、资源和环境的结构称为PRE基础结构。这一研究的努力是，以区域的人口、资源、环境和发展协调为例，其目的，一是使已经处于良性循环，人口、资源、环境和发展相协调的地区系统，不断采取一系列协调与激励措施，培植其抗干扰的能力和弹性，在空间上合理配置各种资源，使之朝着"正向"和"有益"的过程进化；二是对已处于退化或逆向演变的地区系统，通过人类的干预和控制，使区域的基础结构（即PRE结构）不至于偏离初始的正常状态过远，或者把其结构的各部分调节到一个新的理想状态上。以上不论是哪一种状态，人们对之进行调控的目标都是为了使之达到区域的PRED协调状态，从而使之实现这一多维区域空间的持续优化，以达到实现可持续发展的目的。这种研究很快得到了联合国的重视,早在1980年,联合国人口司就关注并且确认了这一联系,这就是后来人们所认同的"PRED统筹考虑"。这方面研究的日益深入对人们深刻认识人口、资源、环境和发展协调对经济社会协调发展的重要性,以及深刻认识和理解生态经济学的生态与经济协调核心理论对指导实现国民经济可持续发展的重要作用,都起了巨大的推动作用。

2. 新时期我国基本国策的建立

生态经济学中生态与经济协调这一核心理论,以及由以形成的人口、资源、环境和发展协调理论的建立,在指导我国重大经济社会实践中的重大作用,首先表现在它指导我国新时期基本国策的确立。20世纪60年代末以后,世界经济社会的发展进入向新的生态时代的转折时期,特别是联合国1972年在瑞典首都斯德哥尔摩召开的"人类环境会议"以后,经济社会向着新时代的转折步伐加快。之后在我国就提出了建立我国基本国策的问题,这是我国经济社会发展中的一件大事,对指导国民经济发展起了重要指导作用。应该看到,这一时期在我国提出建立基本国策不是偶然的。人类社会必然要从生态与经济的不协调向着两者协调的方向发展,这是社会经济发展的必然规律。我国新时期基本国策的提出建立,就是经济发展中这一客观规律性的表现。对于我国新时期基本国策的建立,从生态经济学的理论上要看到以下两点:

(1) 它的提出以生态与经济的协调作为理论基础。我国的基本国策建立问题,实质上是一个生态经济问题。它要解决的问题是我国经济社会发展中生态与经济的严重不协调问题,它的着眼点是我国宏观社会经济发展中的重大生态经济问题,首先是人口、资源环境和发展的协调问题。它的目标是要指引我国经济实现生态与经济的协调发展和可持续发展。

(2) 它的提出是邓小平改革理论新发展的重要体现。我国的经济改革,在邓小平改革理论指导下,20年来主要从改革人与人之间的经济关系上,已经取得了巨大的成就。当前已经进入同时改革人与自然之间关系的新阶段,这是邓小平改革理论在新的历史时期的新发展。建立基本国策,促进实现人口、资源、环境和发展的协调,从生态与经济的结合上,体现了邓小平改革理论的新要求,必将在我国经济的继续改革中发挥有力的推动作用。

我国十几年来建立基本国策的认识和实践，是一个逐步深化和逐步完善的过程。在我国建立基本国策是一个新的事物，其实质是人们对生态与经济协调发展客观规律的认识和掌握运用的过程。由于人的认识是对客观实践的反映，因此人的认识总是要落后于经济发展实践的。随着20世纪60年代末世界经济逐步走向生态与经济协调发展的方向以来，自80年代中期，我国建立基本国策的研究和实践逐步提上了科学家和政府的议事日程。先后已经提出环境保护是我国的基本国策、计划生育是我国的基本国策，也提出保护土地特别是耕地，是我国的基本国策等。并且已经进入了我国的重要决策和国民经济发展实践。这些基本国策的思想认识的建立，及其在实践中的贯彻实施，以其所居的高度和具有的力度，对抑制和促进解决我国当代所面临的人口过快增长、环境严重污染，以及土地严重侵蚀受损等重大生态经济问题，避免从这些方面引起生态经济危机的产生，都起了重大的和不可代替的作用。这些作为我国新时期所应采取的基本国策，其内容和指向无疑都是肯定的、重要的和正确的，今后它们的这些重要作用无疑还要继续更大发挥。

　　但是与此同时，我国对新时期基本国策的研究也是应当继续深入的。对此首先应当对基本国策的实质和它的基本特点有一个基本的认识：（1）我国的基本国策是一个生态经济范畴。它面对的研究对象是我国整个生态经济系统，它要解决的问题是经济社会发展中的人口、资源、环境和发展协调的重大宏观生态经济问题。（2）我国的基本国策是一个历史范畴。它是新的时代的产物。它的出现是基于特定的历史时期，发挥作用在特定的领域，其本身的存在和运行也有自己特定的生态经济内涵。（3）我国的基本国策是一个重大战略方针。它的建立是针对着我国当前客观存在的各种重大生态与经济不协调问题，并以重大战略方针的形态和基本国策的高度，指导经济社会实现生态与经济协调发展和可持续发展。（4）我国的基本国策要体现PRED基本协调的要求。我国的基本国策，就目前已经研究的水平来看，基本的着眼点是在环境保护、计划生育和土地利用等重大生态经济问题方面，其落脚点都是促进实现生态与经济的协调发展和可持续发展。所体现的实际上就是"PRED统筹考虑"，即人口、资源、环境和发展协调的总体要求。就此来看，我国新时期基本国策的建立应该体现以下两个特点：（一）要体现根本目标和根本条件的统一。其中促进经济发展是目标和前提，做好环境、人口、资源方面的工作是基本组成部分和根本条件。（二）它是一个有机联系的统一整体。这应包括三个方面的内涵：第一，它应该是由发展和人口、资源、环境所组成的整体，而不是指它们的某个组成部分。第二，在这一整体中，人是主体。即其建立的目的和要进行的几个重大方面的工作，都是为了人的发展和人的生活质量提高，其中既包括首先必须保持经济增长，同时也包括从人口、资源和环境上保证人的本身素质和所拥有的生存、享受和发展条件质量的提高。第三，这一整体的组成是有机联系的，即人口、资源、环境与发展之间是相互协调的，而不是割裂或对立的。据此，从生态经济关系上，对我国新时期基本国策的全面认识应该是：第一，发展是硬道理，要把促进经济增长这一发展的基本要求放在首位。第二，要全面包括人口、资源、环境等重大方面的生态经济工作。目前环境和人口都已经列为我国基本国策的组成部分，同样资源也应该作为同等重要的一个组成部分进入我国的基本国策。第三，要把我国的人口、资源、环境和发展各方面的工作有机联系起来，在实践中要统一领导，统一规划，统一行动，使我国新时期基本国策的作用得到更大发挥，使这些方面的工作效率得到进一步的提高。

3. 合理利用资源是实现生态经济协调的基础

经济与生态的协调是社会经济发展中的基本协调，从根本上来说是人与自然之间关系的协调。人类认识和运用生态与经济协调理论为自己谋福利，其根本的活动就是运用生态系统中的自然资源，使之为人所用。由此，资源利用问题就成为运用生态经济学的理论指导发展经济的一个基本问题。对于合理利用资源促进生态与经济协调发展和可持续发展，要重点把握以下两个方面：

（1）要认识和发挥资源的基础作用

人类进行生产的实质是人与自然之间进行物质交换的过程。无论从经济学还是从生态经济学的角度看，自然资源作为人类进行生产的物质基础的作用都是肯定的。但是从生态经济学的意义上看，自然资源对人类生产的意义和作用却有两个方向的含义和可能性。一方面，人们进行生产的经济活动,是人们利用自然生态系统资源为人们创造新的财富的过程;同时另一方面,它也是人们消耗已有的自然财富和制造"三废"污染损害生态环境的过程。这就提出了,人们在利用资源的同时,也要保护自然资源。人类的生产实践已经说明,在一定的资源和社会生产力水平下,人们具有生态经济学的生态与经济协调理论指导,能够正确处理资源利用和保护的关系,生态系统的许多资源使用了以后还可以再生;而没有生态经济学的生态与经济协调理论作指导,一味强化对自然资源的利用而不注意保护,就必然要给自然资源的基础造成破坏。在这一基本问题上,人们必须从生态与经济的结合上,提高对自然资源作为"社会财富"和"潜在社会财富"的重要生态经济意义的认识。在这方面,当前世界经济社会发展中出现的一个"绿色财富"的新范畴应该引起我们的重视。

"绿色财富"是适应新的时代要求建立起来,以资源为基础的一个新概念,已经被用来作为衡量社会财富的一个基本标志。近年来世界银行重新研究了世界上哪些国家是最富有国家的问题。他们采取的衡量标准是"绿色"标准,即不是传统的以国民经济总产值为标准,而是根据自然财富的标准来评判财富。世界银行的经济专家们一共对192个国家的富有和经济发展潜力进行了分析研究。他们进行比较的"自然财富"包括自然资源、环境保护、教育、社会流动性,以及在过去通常是被低估,但却有着长远发展潜力的资源如矿产资源、农田和自然保护区等。世界银行的专家们认为,用这个新的评价标准来评判富裕,不局限在金钱和投资的概念,而是突出了那些人口数量相对较少而文化素质高的国家;衡量国力增长的方法应该是既考虑飞速的增长,也考虑持续发展。这样研究的结果是:世界上最富有的国家不是通常人们认为最富裕的美国,而是拥有1800万名中产者,并且大部分土地是乡村的澳大利亚(人均资产为835000美元)。紧随其后的依次是加拿大、卢森堡、瑞士、日本和瑞典。美国排在了第十二位(为421000美元),最贫穷的国家为布隆迪、尼泊尔和埃塞俄比亚(埃塞俄比亚为1400美元)。新的生态时代,在可持续发展的要求下,衡量财富标准的变化,将进一步提高人们保护与合理利用自然资源的自觉性。

(2)要建立资源利用的新方针

资源利用是生态与经济协调发展中的一个根本性问题,但在实践中资源的利用和保护存在着越来越尖锐的矛盾，必须认真解决才能促进经济的持续发展。这也是我国生态与经济协调关系中的一个重要协调关系问题。对此首先要从生态经济学的理论上看到资源的利用和保护是矛盾的统一。一方面，两者在经济发展的实践中是存在矛盾的，这是因为经济的发展和消耗资源是无限的，而资源的存量又是有限的。但另一方面，两者又是能够统一的。这是因为持续发展经济，在利用资源的同时，也必须保护资源，从而就使资源在目前与长远的结合上实现有限资源的长期利用和永续利用。

对于在实践中如何才能实现资源利用和保护的统一，根据我国经济发展中利用资源的正反两个方面的大量实践，20 世纪 80 年代，我曾经提出过一个观点，就是要"在利用中保护，在保护中利用"。因为"保护自然资源的目的就在于利用，脱离了利用，就失去了保护的意义。但是也只有进行保护，才能充分合理地利用这些自然资源，因此没有保护也就没有真正有效的利用"。[1]对于从生态经济学的理论上正确处理自然资源利用和保护的关系，以生态与经济协调的理论为指导，要看到以下两个方面：第一，建立合理利用自然资源的正确方针，从指导思想上应当把利用放在首位。这样做的理论根据是，在经济发展的资源利用中，要组织积极的生态平衡，而不是消极的生态平衡。邓小平说："发展是硬道理。"要看到，资源是必须利用的，社会要发展，人民的生活水平要提高，利用应该是资源的本来经济含义。第二，资源又必须保护。这是资源能够存在的前提和它能够长远为人们利用的依据。为此，在正确处理资源利用和保护的关系上，要反对两种片面的认识和做法：一是把利用和保护对立起来的认识和做法。其中"只利用不保护"和"只保护不利用"的认识和做法都是不对的，前者是过去长期以来普遍存在的一种错误倾向，已经被实践证明是错误的。后者是在当前我国自然资源已经遭受严重破坏，必须加强保护的条件下出现的另一种"自然保护主义"的倾向，实践证明也是错误的。二是

---

[1] 王松霈等：《热带亚热带少数民族地区生态经济协调发展问题研究报告》（国家民族事务委员会委托课题）第 74 页。后编入赵延年主编《中国少数民族和民族地区九十年代发展战略探讨》，中国社会科学出版社 1993 年版，第 493 页。

把利用和保护割裂开来的认识和做法。其中一种认识和做法是"先破坏，后治理"，另一种是"边破坏，边治理"。实践已经证明，这都是不正确的。正确的认识和做法应该是实现资源利用和保护的内在融合，在发展经济的实践中，要把对资源的保护融合于对它的利用之中，使之在利用的同时就得到了保护，把人们对生态环境的破坏防患于未然。

以生态与经济协调的生态经济学理论为指导，正确处理资源利用和保护的关系，建立正确的合理利用资源的方针，既是一个当前的问题，也是一个长远的问题。由此在实践中就存在着一个理论指导的方向性和政策实施的灵活性相结合的问题。从生态经济学的理论来看，人是生态经济系统的主体，社会主义生产的目的也是为满足人们日益增长的物质文化生活的需要，因此作为一个具有长远指导意义的合理利用资源的方针，采用上述"在利用中保护，在保护中利用"的提法是正确的。而当前在我国自然资源已经遭受严重破坏，亟须大力保护的情况下，侧重强调保护，提为"在保护中利用，在利用中保护"也是正确的。

（原载《生态经济学》，陕西人民教育出版社 2000 年 12 月版）

生态经济学的基本理论范畴

每一门学科都有自己独立的基本理论范畴，这是本门学科建立和发展的基础。它们的存在和在实践中的运用，体现了本门学科的基本理论特色，并使整个学科理论的作用能够得到明确发挥。生态经济学有自身一系列的理论范畴，并且组成了一个完整的体系。它们之间相互联系，互相制约，在整个生态经济学理论范畴体系中具有鲜明的层次性和有序性。整个生态经济学的理论范畴体系中，有三个基本的理论范畴，它们是生态经济系统、生态经济平衡和生态经济效益，对生态经济学理论体系的建立以及指导实践都起着重要的作用。其中生态经济系统是载体，生态经济平衡是动力，生态经济效益是目的，共同推动着整个国民经济走向生态与经济协调和可持续发展。

一 "生态经济系统"基本理论范畴

生态经济系统是生态经济学最基本的理论范畴，它在整个生态经济学的建立和指导实践中发挥着基础性的重要作用。生态经济系统是由生态系统和经济系统共同组成的复合系统，具有自己的系统结构和系统功能。同时在实践中也具有不同的类型。认识和运用生态经济系统这一最重要的生态经济学基本理论范畴，需要对以下三个方面的问题进行比较深入的研究。

1. 生态经济系统是生态经济学最基本的理论范畴

生态经济学和生态经济学整个理论体系的建立，是从建立生态经济系统这一基本理论范畴开始的。人们认识和运用生态经济学理论，用以指导经济发展实践，也是从认识和掌握生态经济系统这一基本理论范畴起步的。人们从理论与实践的结合上深刻认识和掌握生态经济系统这一生态经济学最基本的理论范畴，要看到它以下两方面的特点：

（1）生态经济系统是一切经济活动的载体

在人类经济社会的发展实践中，人们为了自身的发展和生活水平的提高，不断地进行着各种各样的生产和生活活动。这些活动都是由于人类本身的经济目的引起，也都是在经济系统的循环中周而复始地运行着。但是这些经济活动并不是孤立的，而是时时刻刻与客观自然生态系统的运行发生着密切的联系。例如人们在经济系统中进行生产时，要从自然界取用各种自然资源，生产中随之形成的各种废弃物也要排放到自然界进行消纳等。同时人们在经济系统中进行的经济活动是否能够继续进行下去，也要看自然界对人的经济活动所造成的压力是否能够承担。由此就使人们明确地看到：人类进行的各种经济活动，实际上不只是单纯的经济活动，而是一种生态经济活动；就其载体来看，人们进行的这些活动，也不只是在经济系统中进行，而是在经济系统与生态系统相结合所形成的生态经济系统中进行的。这就向人们指明，生态经济系统是人类进行一切经济活动的实际载体。在实践中，人们对经济活动所依托的载体的本质有了正确的认识，这是人们认识上的一个很大进步。它将引导人们正确和准确地处理经济活动中的各种生态经济问题，由此也就决定了生态经济系统在整个生态经济学理论范畴体系中作为最基本的理论范畴的地位。

（2）生态经济系统是生态经济学的研究对象

生态经济学是研究人的经济活动与自然生态之间关系和运动规律性的科学。其根本目的是指导国民经济实现生态与经济协调发展和可持续发展。从生态经济学研究的着眼点来看，它所研究的人的经济活动存在于生态经济系统中，它所研究的生态系统的运行存在于生态经济系统中；同时，它所研究的生态经济关系也存在于生态经济系统中。再从生态经济学的研究过程来看，它的研究以生态经济系统作为研究的出发点和归宿，同时也以之作为研究过程的立足点。生态经济学的全部运行过程的这一规律性又表明，它以生态经济系统作为研究对象。正是在这一基础上，生态经济学具备了作为一门独立学科存在的基础和学科理论特色；正是在这一基础上，它的其他一系列基本理论范畴和基本原理得以确立；同时也正是在这一基础上,生态经济学指导实践的作用才得以发挥。

2. 生态经济系统的概念和类型

(1) 生态经济系统的概念和内涵

生态经济系统,简单地说,就是生态系统与经济系统的结合。因此从其根本的内在联系中认识生态经济系统,就要看到它是生态系统和经济系统的有机结合与统一。从其概念和内涵来看:

生态系统是生态学的基本范畴。1935年英国的生态学家阿·乔·坦斯利(A. G. Tansley)首先提出了生态系统的概念。生态系统的组成包括两大部分和四项基本成分。两大部分是生命系统和非生物环境系统。所谓"生命系统",就是植物、动物、微生物等生命有机体的集合;所谓"非生物环境系统",就是光、热、水、气、土和各种无机、有机元素的集合。四项基本成分是非生物环境、"生产者"、"消费者"和"还原者(也叫分解者)"。生态系统具有自身的结构。其中与经济相关联的是生态系统的"营养结构"。在此结构中,"生产者"、"消费者"和"还原者"形成了一种以"食物"营养为中心的链索关系,即"食物链"。生态系统也有自身的功能,即它的物质循环、能量转换和信息传递等功能。生态系统具有自我调节的能力,当遇到外界的压力和冲击时,它能够通过自身的运行功能保持生态系统的相对稳定。但是这种调节的能力是有限度的。超过了系统这一能力的阈限,就会引起系统的生态平衡失调,形成结构和功能的破坏,严重的还会造成系统崩溃。

经济系统是经济学的基本范畴。它通常是指生产力系统和生产关系系统在一定的地理环境和经济社会制度下的组合。而整个社会的生产力系统和生产关系系统的相互作用,又是通过社会再生产过程中的生产、交换、分配和消费的循环运动进行的。经济系统也有本身的结构组成要素,如通常人们所说的劳动力要素、土地要素和资金要素等。经济系统也有本身的功能,即经济运行中的物质循环、能量转换、信息传递和价值增值等功能。经济系统运行的一个基本特点是,它的运行必须以一定的生态系统的运行为基础。因此,它的运行状况必然要对生态系统的运行和存在产生影响。

生态经济系统是生态经济学的基本范畴。它是由生态系统和经济系统两个子系统有机结合形成的统一的复合系统。生态经济系统的存在具有普遍性。在自然界，生态系统是到处存在的；在人类社会中，经济系统的活动也是到处存在的。因此，作为生态系统与经济系统结合所形成的生态经济系统也是到处存在的。在实际经济生活中，例如一片山区、一片平原、一个城市、一个乡村、一个企业、一块农田、一个养殖水面等，都是一个生态经济系统。生态经济系统与生态系统和经济系统的组成相一致，它具有由生态系统和经济系统的组成要素复合组成的生态经济系统要素，同时也具有由生态系统和经济系统的结构和功能复合形成的生态经济系统的复合结构和复合功能。

生态经济系统这一复合系统的概念和内涵，具有以下三个特点：一是它的双重性。它是由生态系统和经济系统复合形成的，因此它的运行同时要受经济规律和生态平衡自然规律的制约。二是它的结合性。在生态经济系统这一复合系统的运行中，对于人们发展经济来说，生态系统与经济系统两个子系统的地位和作用是不相同的。其中经济系统的运行是主导，是目的；生态系统的运行是基础，是保证；生态经济系统的建立，体现了生态与经济两个系统的结合，同时也体现了自然规律与经济规律两种规律作用的结合。三是它的矛盾统一性。即在其内部，生态和经济两个子系统的运行方向和要求既是矛盾的，又是能够统一的。这是因为，一方面，经济系统本身的自发要求是对生态系统"最大的利用"，而生态系统对自身的要求则是"最大的保护"，因此两者在经济发展中是会产生矛盾的。但是另一方面，从长远来说，人们对于生态系统，不但要求目前的利用，而且也要求长远的利用，因此也需要对之进行保护。这就使经济和生态两个方面的要求得到了统一，从而也就使得两者的矛盾统一能够实现。

（2）生态经济系统的类型及演变

生态经济系统是一个与实践有着紧密联系的理论范畴。它在现实的宏观经济发展中，是以不同生态经济系统类型的形态存在的。从历史的发展来看，先后存在着三种不同的生态经济系统类型，它们分别代表着不同时代和不同的社会生产力，并反映了人们对自然界的不同认识水平。它们的发展是互相联系的，并且是一个由低到高的发展演变过程。

①原始型生态经济系统。指人类社会发展早期的生态经济系统。其特征是社会生产力水平低，经济系统与生态系统结合形成的复合生态经济系统结构简单。在其基础上形成了自然经济和半自然经济的农业和家庭手工业。它在生态与经济的结合上组成的生态经济循环主要是小范围农业上的封闭式循环。这时经济发展对自然生态系统的压力不大，生态与经济的矛盾没有显现。但这是一种落后的生态经济系统类型，与低水平的生态经济生产力相联系，所提供的经济产品很少，不能满足经济社会发展的需要。它必然要向更高的生态经济系统类型发展过渡。

②掠夺型生态经济系统。指人类社会发展进入资本主义社会后，生态与经济不协调的生态经济系统类型。其特征是科学技术已经大发展，社会生产力有了飞速的提高，已经建立起资本主义的大工业和大农业。但是由于人类没有生态经济协调的思想意识作指导，就使人们发展经济对自然生态系统形成了掠夺。在这种生态经济系统类型下，由经济系统与生态系统结合形成的复合生态经济系统的结构呈现畸形，往往是单一过量地利用生态系统资源，从而造成对生态系统的严重破坏。这时的生态经济系统循环已经是大范围的开放式的循环。但是由于农业从工业引入和使用了大量的化学肥料和农药，以及从农业拿走的营养物质不能补充返还，造成了农业上的生态平衡失调。在此情况下，经济发展与自然生态系统形成了越来越尖锐的矛盾。这种生态经济系统类型是一种必须摒弃的错误生态经济类型，它必然要向新的更高、更合理的生态经济系统类型转变。

③协调型生态经济系统。指人类社会发展进入新的生态时代后，从过去的生态与经济不协调走向两者协调下的生态经济系统类型。其特征是科学技术更快发展，社会生产力水平很高，而且将走向更高；同时人们已经有了生态与经济协调和可持续发展的理论作指导。这时生态经济系统的循环也是开放式的循环，但由于经济系统与生态系统结合形成的复合生态经济系统结构和功能已经走向协调，因此不会导致生态经济危机的产生。这种生态经济系统类型是当前人们正在努力建造，今后将要成为普遍存在的一种当代先进的生态经济系统类型。它的形成和发展，将引导人类社会进入生态与经济协调和可持续发展的状态。

3. 正确发挥人在生态经济系统中的主导作用

生态经济系统理论范畴作为生态经济学的一个最基本的理论范畴，不但表现在它对生态经济学的学科理论建设上，同时也表现在它对生态经济重大实践的指导上。为了在实践中应用这一基本理论范畴，切实发挥它对我国经济发展的重大指导作用，人们对如何有针对性地运用这一基本范畴和如何正确发挥人在运用这一范畴中的主宰作用问题，应该作一些更深入的研究。

（1）明确认识生态经济系统存在的双重性

用生态经济系统理论范畴指导实践，首先要看到，生态经济系统具有存在双重性的基本特点。由于它是由生态系统和经济系统两个子系统有机结合形成的，因此它必然同时兼具生态系统和经济系统两个系统的特点。以生态经济系统为载体所进行的一切经济活动，都同时要受自然规律和经济规律两种规律的制约。生态经济系统的存在具有双向性这一基本特点决定了人们在利用自然资源发展经济时，一定要同时看到自然生态系统的存在，也要同时考虑到客观自然规律的作用和它对经济发展的巨大影响。大量事实清楚地说明，什么时候人们既重视经济系统的运行和经济规律影响的同时，也重视自然生态系统的运行和生态平衡自然规律的作用和影响，经济的发展就顺利，取得的经济效果就好；什么时候忽视以致否定自然生态系统和生态平衡自然规律的存在和作用，经济的发展就受到阻碍，甚至遭受破坏。在这方面，历史已经给了人们极大的教训。

（2）认识人在生态经济系统中作用的双向性

用生态经济系统范畴的理论指导实践，要看到人的决定性作用，同时也要看到人在生态经济系统中的作用具有双向性的特点。

第一，重视人对生态经济系统的影响。综观世界及我国多年来出现的各种生态问题和生态灾难，其中除一部分是由于自然本身的运动引起，如火山爆发、地震、海啸和泥石流等人力不能控制外，绝大部分都是由于人的影响，即人的错误经济指导思想和错误经济行为造成的。同时现代科学技术的发展，使人对自然的影响已经遍及自然界的各个角落。当前人们发展经济所遇到的，实际上都已经不是纯自然的生态系统，而是受到人的影响的生态经济系统。这样人对自然的影响更是无处不在。因此，用生态经济系统基本理论指导实践，必须重视人对生态经济系统所起的巨大作用。这一认识是用生态经济学的理论指导实践的一个最基本的认识。在经济发展实践中运用这一认识指导我国经济发展，关键是要给人们提供一种正确的经济指导思想，用以规范人们的经济行为。其目的是把人对生态经济系统的影响引导到生态与经济协调发展的正确方向。

第二，人在生态经济系统中的地位具有两重性。人是生态系统的组成要素，同时也是生态经济系统的组成要素。但是人在生态系统和在生态经济系统中的地位和作用是完全不同的。从生态系统来看，人在生态系统中是作为自然的人而存在，人只是生态系统中的一个生命要素。就此意义来说，人和其他动物的地位和作用没有任何区别。但是从生态经济系统来看，人的地位和作用就完全不同。在这里，人是作为社会的人而存在，这时人不但是生态经济系统的一个组成要素，而且是整个系统的主宰，因为生态经济系统是人们按照自己发展经济的目的建立的，他们发展经济也是在生态经济系统中进行的，同时他们的活动也必然要影响和左右生态经济系统的发展方向。人在生态经济系统中的地位具有两重性的这一特点又向人们指出，在运用生态经济系统理论范畴指导经济发展实践时，应该认识人在生态经济系统中的这一决定性地位，从而把人们利用生态经济系统发展经济的积极性和主观能动性充分发挥起来。

第三，人对生态经济系统的作用具有双向性。在运用生态经济系统理论范畴指导实践中，人是生态经济系统的主宰，这一点是十分重要的。但是同时也应当看到，人对生态经济系统所发挥的作用，并不永远都是正确的。当人们的经济指导思想和经济行为符合生态与经济协调发展这一生态经济规律的要求时，就能够在保护生态系统的基础上，推动经济朝着可持续的正确方向发展；而当人们的经济指导思想和经济行为违反生态与经济协调这一生态经济规律的要求时，就会阻碍经济的发展，甚至还会造成经济发展的破坏。生态经济系统理论范畴中人对生态经济系统的作用具有双向性的这一特点，指明了发展经济中端正人们自身经济指导思想和经济行为的重要性。这是用生态经济学的理论指导生态经济发展实践需要认识和掌握的一个头等重要问题。这是人们多年来在发展经济中，花了巨大的代价才取得的重要认识，人们对此必须给予足够的重视。

二 "生态经济平衡"基本理论范畴

生态经济平衡是生态经济学的另一个基本理论范畴。它是由生态平衡和经济平衡共同组成的复合平衡。生态经济平衡具有自身的生态经济属性,在指导我国经济发展的实践中发挥着重要的作用。人们认识客观存在的生态平衡和生态经济平衡,对指导我国国民经济实现生态与经济协调发展和可持续发展起了重要的作用。

1. 生态经济平衡是生态经济学的基本理论范畴

生态经济平衡是人们经济运行中的经济平衡和所必然涉及的自然界的生态平衡的有机结合,它的存在和运行,对于我国经济实现生态与经济协调发展和可持续发展有重要意义。认识生态经济平衡作为生态经济学的一个重要基本理论范畴,从生态和经济的结合上要明确看到它是推动我国经济实现生态与经济协调发展的动力。

(1) 生态经济平衡是检验生态与经济协调的信号

这是生态经济平衡理论范畴对生态经济实践的认识作用。辩证唯物主义的理论告诉我们,人们要改变实践,首先需要认识实践。生态经济平衡是一个重要的生态经济学基本理论范畴。它的建立以自然界的生态平衡(即生态系统的平衡)为基础。就我国的情况看,人们认识生态经济平衡和建立生态经济学理论用以指导实践,都是从认识自然界客观存在的生态平衡开始的。回顾20世纪70年代以前,我国的广大经济工作者和经济科学工作者,对生态平衡影响经济发展的问题不认识,对它的概念不熟悉,更不知道生态经济系统这一理论范畴的客观存在。但是在经济发展的实践中,客观存在的生态平衡和生态平衡自然规律却在顽强地表现着自己。人们在发展经济的过程中,严重违反生态平衡客观自然规律的错误经济行为,破坏了自然界的生态平衡,自然界又给人们以惩罚的实际经验教训,使人们认识了自然界生态平衡和生态平衡自然规律的客观存在。这就给人们发展经济提出了警示的信号。它明确地告诉人们,自然界的生态平衡是客观存在的,人对生态平衡自然规律的作用是不能任意违反的。生态平衡和生态经济平衡理论范畴在经济发展的实践中,起着警示人们发现生态与经济不协调的信号的作用,这是生态经济平衡理论范畴发挥自己推动国民经济实现生态与经济协调发展作用的开始。

（2）生态经济平衡是推动实现生态与经济协调发展的动力

这是生态经济平衡理论范畴对生态经济实践的改造作用。辩证唯物主义的理论又告诉我们，人们的正确认识来源于客观实践，但认识不是目的，人们从实践中得到了正确的认识，其目的还在于用来指导实践的发展。我国近二十年来用生态经济平衡理论指导生态经济发展实践的过程，正说明了事物的发展从实践到理论、再到实践的这一马克思主义认识论所指出的具体运作过程。从实际经济发展的情况看，最近二十多年来，我国发展经济中出现了越来越多的生态与经济不协调的问题，阻碍了经济的发展。人们运用生态经济平衡理论范畴开始认识了生态经济平衡和生态经济平衡客观规律的存在。随之人们又以之为动力，在实践中自觉地用以端正自己发展经济的指导思想和经济行为，使之符合生态平衡自然规律和生态经济平衡生态经济规律的要求，因此就使我国经济的发展逐步走向生态与经济协调的正确方向。

2. 生态经济平衡的概念和内涵

（1）生态经济平衡是生态平衡和经济平衡的有机结合

生态经济学的理论认为，生态经济平衡是由自然界的生态平衡和经济发展中的经济平衡两者有机结合形成的。对此需要看到两点：其一，生态平衡和经济平衡两者都是客观存在的。过去人们对经济平衡的存在是比较熟悉的。但是在发展经济中却忽视与自然界的密切联系和它们之间的相互影响，因此对客观存在的生态平衡是不认识的。由此就经常发生人们为发展经济而不顾生态环境，因而破坏自然界生态平衡的各种严重问题。生态经济系统范畴的建立，把生态平衡和经济平衡两者的存在紧密结合起来，并作为一个统一的生态经济学基本理论范畴，就可以避免只重视经济平衡，而忽视以致否定客观存在的生态平衡的错误倾向。其二，生态平衡和经济平衡两者是相互联系的。实践也已经证明，生态平衡和经济平衡两者不但都是客观存在的，而且也是相互联系的。它们在统一的生态经济平衡中以有机结合的形态存在，而不是以互相孤立的形态存在，这是它的一个基本特点。生态经济平衡中生态平衡和经济平衡相互联系的这一点，就要求人们在发展经济中，时时刻刻都要重视生态平衡与经济平衡之间的密切关联和相互影响，以及它们相互结合的具体状态。

人们深刻认识生态经济平衡是生态平衡和经济平衡的有机结合，还需要进一步看到以下两点：

一是要看到，在经济发展实践中的生态平衡都是生态经济平衡。这是因为，从人类发展经济来说，一切自然生态系统都是作为人的生态环境而存在，因此也都要受人类发展经济的影响。同时当代科学技术高度发展，人们的影响遍及自然界的方方面面，那种完全不受人类影响的纯自然的生态平衡实际上已经不复存在。

二是要看到，人们运用生态经济平衡基本理论范畴指导发展经济，要注意避免两种错误倾向。一种是忽视自然生态平衡的倾向。生态平衡是统一的生态经济平衡的有机组成部分，发展经济对自然生态平衡的存在和作用是不能忽视的；另一种是为保护生态平衡而保护生态平衡的倾向。这是近些年来，在人们大力强调保护生态平衡的情况下，所产生的另一种错误倾向。生态平衡只是生态经济平衡的一个组成部分，而不是全部；在整个生态经济平衡的有机组成中，对于发展经济来说，经济平衡的作用是主导，生态平衡的作用是基础。因此在实践中，人们应该是在优先考虑发展经济的情况下，同时切实重视对自然生态平衡的保护，而不是单纯地保护生态平衡。在以上两种错误倾向中，前一倾向将导致经济的不可持续发展，后一倾向将导致阻碍、放慢，甚至不许人们发展经济。这两种错误倾向给人们造成的危害都是巨大的。

（2）生态经济平衡是生态平衡与经济平衡的矛盾统一

在经济发展的实践中，生态平衡和经济平衡两者的结合不是天然无矛盾的结合，而是经过了一个相互矛盾和相互统一的过程，即它们的结合是两个平衡的矛盾统一。人们认识这一过程，需要分别看到生态平衡和经济平衡两者本身各自发展的自发倾向和它们之间同时存在的互相结合的必然要求。

首先从经济平衡的要求来看，经济平衡是经济系统的基本功能，它依存于经济系统的结构。人们进行经济活动，必须保持经济系统的平衡，否则就会影响经济系统的正常运行和应当取得的经济效益，这一点是人们都已经熟知的。但由于经济系统的发展，在社会生产力不断提高的情况下，对自然生态系统的需求是无限的，这样就会给生态系统带来越来越大的压力。其次从生态平衡的要求来看，生态平衡是生态系统的基本功能，它依存于生态系统的结构。生态系统无时无刻不在进行着物质循环和能量转换等生态系统的运动，从而保持着生态系统的平衡稳定和本身运行的长期持续。这正是它能够向人们提供进行经济活动所必需的自然资源的前提条件。而这一点却是人们在发展经济中容易忽视的。但是自然生态系统的供给能力是有限的，这样在经济系统向生态系统索取自然资源的压力过大，超过生态系统的承受能力时，就会使生态系统失去平衡，也就是人们经常说的破坏了生态平衡，从而给经济的发展带来阻碍。因此生态系统就要求对自身的生态平衡进行保护。最后再从经济平衡和生态平衡两者结合的要求来看，经济系统和生态系统都是统一的生态经济系统的有机组成部分。它们各自的经济要求和生态要求是必须统一，而且也是能够统一的。即在客观存在的有限的生态经济系统中，经济系统对自然生态系统资源的过分要求脱离了生态系统的负担能力时，就会受到整个生态经济系统的统一平衡的制约和调节，于是就能使生态经济的发展重新走上协调，而不至于使自然生态系统遭受破坏。据此，一方面生态和经济两个平衡的结合是必然的，另一方面它们的矛盾统一也是必然的。

但是在这里需要看到一点：生态经济系统理论范畴是一个积极的理论范畴，而不是一个消极的理论范畴。即面对经济系统对自然资源需求的扩大，它不是简单地用限制经济发展的办法来达到消极的生态经济平衡，而是要依靠科技进步，集约利用自然资源来实现积极的生态经济平衡，在保持生态和经济协调的基础上，促进经济的更快发展。基于此，生态经济学是一门积极的学科，而不是一门消极的学科。

3. 生态经济平衡的基本属性

（1）生态经济平衡具有普遍性

生态经济平衡的普遍性特点来源于生态经济系统的普遍性特点。在人类社会的发展中，经济的发展是普遍存在的，自然界是普遍存在的，同时经济与生态的结合也是普遍存在的。人类发展经济实践中的这三个"普遍存在"，就决定了经济系统、生态系统和生态经济系统的普遍存在。特别是随着现代科学技术的飞速发展，人们发展经济的领域也在急剧扩大。当前人们正在向着自然界的深度和广度进军，甚至已经走向月球和太空，经济系统、生态系统和生态经济系统存在的普遍性就表现得更加明显。生态经济平衡是生态经济系统的基本功能，它始终伴随着生态经济系统而存在。因此在人类社会的经济发展中，生态经济平衡的存在也具有普遍性。这就要求人们在发展经济的各个领域和各个发展阶段中，时刻注意和妥善处理生态经济平衡问题。这是关系到经济社会是否能够实现可持续发展的重大问题。

（2）生态经济平衡具有相对性

生态经济平衡具有普遍存在的特点，但是它的存在不是绝对的，而是相对的；具体表现在它的存在的时间相对性、空间相对性和条件相对性上。它的时间相对性是指一个生态经济平衡在不同的时间上，其平衡的状态和具体内容是不完全相同的。这是由于生态系统本身和它所处的环境条件都会发生变化，因此它的存在在不同的时间上，就会有所差别。它的空间相对性是指一个生态经济平衡在不同的地域空间上，因地域条件的变化，其平衡的状态和具体内容也会有所不同。而它的条件相对性，则是指一个生态经济平衡在其所处的生态和经济条件发生了变化时，它的具体平衡状态和内容自然也就会与原来的生态经济平衡状态和内容产生不同。这就要求人们在发展经济中，充分注意到生态经济平衡在时间、地点和条件上的不同，因时、因地、因具体条件制宜地分别采取合适的生态与经济措施，来处理生态经济平衡上的问题，而不能千篇一律地去对待，以免给生态经济的发展带来不利影响。

（3）生态经济平衡具有动态性

在经济发展中，生态经济平衡也具有动态性的特点。这是指一切生态经济平衡都是在运动中保持着的。生态经济平衡的动态性是生态经济平衡相对性的一种表现。对于生态经济平衡的动态性特点的形成，从生态经济学的理论上要看到以下两点：

一是生态经济系统本身的运动性。这是生态经济系统本身的一个基本属性。生态经济系统是由生态系统和经济系统共同组成的，其中经济系统是时刻都在发展运动着的，生态系统也是时刻都在发展运动着的。因此由它们相互结合形成的生态经济系统，同样也是时时刻刻都在不停地运动着的。运动性是生态经济系统功能的表现。正是生态经济系统的这种物质循环、能量转换、信息传递和价值增值的运动,使它能够不断地向人们提供各种丰富的农林牧渔业等产品;也正是这些运动使它能够在受到外界冲击时,实现自我调节和恢复,使之能够长期永续地存在和继续运行。这就向人们指明,生态经济平衡是在生态经济系统不断地运动中保持着的,生态经济系统的运动性特点就是使生态经济平衡具有动态性特点的根源。

二是生态经济平衡相对性特点的两重性。生态经济平衡的相对性不但表现在不同地区上,而且也表现在不同时间上。生态经济平衡的动态性是生态经济平衡的相对性中时间相对性的具体体现,由此也就成为形成生态经济平衡具有动态性的一个根源。以上生态经济平衡的动态性特点,使人们看到,一切生态经济平衡都是动态的平衡,即它的平衡都是在生态经济系统的不断运动中保持着的。因此一切生态经济平衡也都是发展变化着的。它们都是变动着的相对的平衡,而不是静态的、绝对的和凝固在原来某一点上的平衡。生态经济平衡的存在具有动态性的这一特点,又要求人们在发展经济中,对生态平衡和生态经济平衡问题的认识和处理不能僵化和凝固化。人们在发展经济中,对那些掠夺利用自然资源,打破原有生态经济平衡的做法予以坚决制止,无疑是完全正确的。而对那些由于正常发展经济而打破原来生态经济平衡的某些现象,采取适宜措施,使之既能保持生态经济系统的动态生态经济平衡,又能促进经济的发展,无疑也是现实可行的。

(4)生态经济平衡具有可控性

在发展经济的实践中,生态平衡、经济平衡和生态经济平衡都是客观规律性的表现。客观规律的作用是不以人们自己的意志为转移的客观过程,人们不能改变和左右生态经济平衡的运行和作用。但是与此同时,人们在客观经济规律面前也不是无能为力的。当人们认识了生态经济平衡的形成和作用,就可以发挥主观能动性,努力创造条件,使之保持原有的生态经济平衡,或者建立一个新的生态经济平衡,使之在继续按照自身客观规律运行的基础上,体现人们发展经济的意志,为人们谋福利。生态经济平衡具有可控性这一特点,将人们在作为自然界奴隶的束缚下解放出来。它指导人们在尊重客观自然规律和经济规律的同时,也可以根据条件对自然和经济的发展进行必要的调控，从而就扩展了人在生态经济运行中的思路和实际活动空间，使经济朝着有利于人类社会的目前和长远利益的方向发展。

三 "生态经济效益"基本理论范畴

生态经济效益是生态经济学的又一个基本理论范畴。它在整个生态经济学学科理论体系的建立和在指导实践中，也发挥着重要的作用。生态经济效益是由生态效益和经济效益共同组成的综合效益。人们在长期发展经济的实践过程中，不认识生态经济效益的作用是发展经济不能取得应有的经济效益，反而给经济发展造成巨大损失的根源。为了能够让人们比较深刻地认识和掌握生态经济效益这个生态经济学的基本理论范畴，应该对它的概念、形成、运行规律和对实践的指导等问题进行研究。

1. 生态经济效益是生态经济学的基本理论范畴

生态经济效益是生态经济学的三个最重要的基本理论范畴之一。生态经济学的理论指明，生态经济效益是人们发展经济的目的。人们认识生态经济效益作为生态经济学中的一个基本理论范畴，需要看到以下两点：

（1）人们发展经济的目的是实现生态经济效益

人们发展经济已经有久远的历史。在长期发展经济的过程中，人们发展经济的出发点，毫无例外地都是为了给人们以回报。在人们的认识中，发展经济获得经济效益是天经地义的事。但是新中国成立 50 年来，由于对客观规律缺乏认识，因此在发展经济的目的上曾经存在过两个方面与客观经济规律的背离。一是新中国成立以来的一个长时期，实行片面、僵化的计划经济体制，单纯以追求产品的产量和产值为目的，走粗放型增长的道路，在生产中拼资源、拼消耗，忽视和否定了客观经济规律的作用，因而给经济发展造成很大的损失。二是在我国长期发展经济的过程中，直至 20 世纪 80 年代，人们不认识以致否定了生态平衡客观自然规律的作用。就是在目前，通过经济改革，已经扭转了过去计划经济的做法，实行社会主义市场经济体制的情况下，由于对客观生态平衡自然规律作用的认识还不够深刻，因此多数地方的经济发展仍然是只追求经济效益，而不顾生态效益。应当看到，我国经过了 20 年的经济改革，从过去的不重视以致否定客观经济规律的作用到今天重视和完全肯定客观经济规律的作用,是经济发展上的一个极大进步,它对我国经济发展的促进作用是很大的。但是与新的时代实现生态与经济协调发展的要求相比,却仍然是不够的。目前,我国许多地区的经济发展中存在的人们只顾单纯追求经济效益而损害了生态效益,从而给经济发展带来不可持续发展严重后果的大量事实,已经清楚地说明了,当前我国经济的发展只是建立在单纯追求经济效益的目标上。今后发展经济一定要把发展经济的目标建立在追求综合的生态经济效益,或综合追求经济效益、社会效益和生态效益的基础上。

(2)生态经济学的三个基本理论范畴是有机的联系与统一

对此可以具体分析一下人们进行经济活动的实际生态经济过程:第一,为了进行有目的的经济活动,以自然生态系统为基础,建立了一定的生态经济系统,这是进行经济活动的实际载体。第二,一定的生态经济系统具有一定的生态经济系统结构,由此也就具有了一定的生态经济系统功能。生态经济平衡就是这一生态经济系统功能的具体表现。而生态经济平衡不停顿地运行,就为生态经济系统的运行(也就是为人们经济发展的运行)提供动力。第三,生态经济系统运行的结果,就产生了生态经济效益,这就是人类进行经济活动的目的。

由此可以看到:生态经济学中的生态经济系统、生态经济平衡和生态经济效益这三个最基本的理论范畴的作用是环环相扣、紧密联系的。它们之间形成了一种互相联系和相互制约的辩证关系。而且这一决定和影响的关系是双向的。先从其正向的决定作用来看,首先是生态经济系统作为载体的建立,决定了生态经济平衡的建立;其次是生态经济平衡作为动力的形成,推动了生态经济系统的物质循环和能量转换等运动,从而产生了最终的生态经济成果,即生态经济效益。再从其逆向的作用来看,人们追求生态经济效益的具体情况(有时是片面的追求),必然会影响生态经济平衡的状况;而生态经济平衡的状态如何,无疑也会左右生态经济系统,以致影响它的存亡。在人们发展经济的实践中,对生态经济学的三个基本理论范畴的有机联系与统一这一规律性的作用,无论是其正向的作用,或是逆向的作用,人们都应该给予足够的重视。三个基本理论范畴的有机联系与统一正向作用,对于取得理想生态经济效益来说,是事前的作用。它将指导人们努力正确经营管理生态经济系统，保持生态经济平衡，取得最好的生态经济效益。三个基本理论范畴的有机联系与统一逆向作用，对于人们设计生态经济效益来说，也是事前的作用。经济实践中出现大量生态经济问题的实践警示人们，这是更应该引起人们注意的一种作用。人们追求错误生态经济效益的设计，将导致建立错误的生态经济系统，形成错误的生态经济平衡，最终也必将得到错误的生态经济效益。这种严重后果是一定要大力避免的。

2. 生态经济效益的概念和内涵

（1）生态经济效益的概念

简单地说，生态经济效益是生态效益和经济效益的结合与统一。具体来看：

经济效益，这是人们从事经济活动经常使用的概念。简单地说，它是人们从事经济活动所获得的成效与所投入的耗费的比较。人们在一项经济活动中投入一定的耗费，包括活劳动的耗费和物化劳动的耗费，获得的经济成效越高，其经济效益就越好；反之，其经济效益就越差。这种获得的成效，可以是物质的，例如工业或农业的产品；也可以是非物质的，例如各种有效的服务等。

生态效益，这是人们从事经济活动，接触各种生态经济问题后才形成的生态经济学的新概念。它是指人们从事经济活动，投入一定的耗费后，在产生一定的经济效益的同时，也产生了对人们有用的各种自然效应。这种效应主要以所形成的各种生态系统功能的形式来表现，例如人们作用于森林生态系统，除提供物质产品（如林木）外，所提供的涵养水源、调节气候、保持水土和防风固沙等生态系统的效应。人们在实际的经济生产中，投入一定的耗费作用于一定的生态系统，获得的这种效益越高，其生态效益就越好；反之，其生态效益就越差。而一旦人的投入所发生的作用违反了生态系统运行的自然规律的要求，其生态效益还会形成负值，就是对生态系统的功能造成了人为的破坏。

生态经济效益，它是经济效益和生态效益结合所形成的复合效益。它既包括人们投入一定的劳动耗费后，所获得的有形产品，也包括同时所获得的各种对人有用的无形效应。在人们对一定的生态系统作了一定的投入后，所获得的这种有形产品和无形效应越多，所获得的生态经济效益就越高；反之就越低。如果人们的投入反而引起生态经济系统的各种破坏时，就不但没有生态经济效益，反而给生态经济系统造成了损失。

(2) 生态经济效益的内涵

一是生态经济效益范畴是客观存在的。回忆一下人们发展经济的过程，可以看到，那是一个盲目的追求过程。长期以来，人们只知道有经济效益的存在，而不知道有生态效益的存在，更不知道有生态经济效益的存在。人们在发展经济的某些错误的经营实践中，由于获得了一些表面上的有形经济效益而沾沾自喜；殊不知他们的这些错误经济行为已经破坏了生态系统的正常运行，而使生态系统受到了损害；其进一步的后果还会使人们的经济发展承受更大的损失。这种情况正如恩格斯在一百多年前就已经指出的：我们不要过分陶醉于我们对自然界的胜利。对于每一次这样的胜利，自然界都报复了我们。他指出：美索不达米亚、希腊、小亚细亚以及其他各地的居民，为了得到耕地，把森林都砍完了，但是他们梦想不到，这些地方今天竟因此成为荒芜不毛之地，因为他们使这些地方失去了森林，也失去了积聚和贮藏水分的中心。阿尔卑斯山的意大利人，在山南坡砍光了在北坡被十分细心地保护的松林，他们没有预料到，这样一来，他们把他们区域里的高山畜牧业的基础给摧毁了；他们更没有预料到，他们这样做，竟使山泉在一年中的大部分时间内枯竭了，而在雨季又使更加凶猛的洪水倾泻到平原上。这说明了生态效益和生态经济效益的重要性。当前人类经济及社会的发展已经进入了生态时代，经济发展中的生态经济危机层出不穷。人们应该自觉地把自己的经济行为放在符合生态经济规律要求的基础上，从而避免各种损失。

二是现实经济发展中的经济效益实质都是生态经济效益。这是因为，在现实的经济发展中，人们在经济系统中的活动一时也离不开一定的生态系统，因此他们所取得的实际效益已经不是单纯的经济效益，而是由经济效益与生态效益结合所形成的生态经济复合效益。这一点过去长期以来不为人们所知，因而就成为人们在发展经济中，单纯追求经济效益而破坏生态系统的根源。现在有了生态经济学的生态经济效益这一基本理论范畴作指导，人们进行经济活动就可以避免这些盲目性。

三是生态经济效益是经济效益与生态效益的消长结合。从生态经济效益的概念中，可认识到生态经济效益是生态效益与经济效益的结合与统一。对于它们的结合统一过程，生态经济效益有时是生态和经济两种效益的正向积累，有时则是两种效益的反向抵消。生态经济效益基本理论范畴的这一特点使我们明确看到了以下两个方面：第一，人们在发展经济的过程中，必须用生态经济效益基本理论范畴来指导，规范自己的经济行为，力求同时获得经济和生态的正效益，避免它们的负效益，以获得实际最大的生态经济效益。第二，人们在发展经济的过程中，所产生的经济效益和生态效益相互制约。从理论上来看，人们在发展经济中要取得理论上最大的经济效益是不可能的，因为这就要以破坏生态系统的正常运行为代价；同时要取得理论上最大的生态效益也是不可能的，因为这又要大大放慢甚至要停止经济的发展，因而都是不可取的。而且要看到，我们是在现实的生态和经济的密切联系中，而不是在某种抽象掉其他关联的实验室条件下进行经济活动，因此这样做也是不可能的。现实可行的做法是取得能够保证生态系统正常运行条件下的最大经济效益，也就是取得最大可能的生态经济效益。这实质上也是生态经济效益理论范畴本身的生态经济内涵所决定了的。

3. 用生态经济效益理论指导现实经济的发展

（1）经济发展中存在着多种多样的生态经济效益问题

人类社会的发展进入 20 世纪 60 年代末以后，经济发展中的各种生态与经济矛盾，影响获得应有生态经济效益的问题急剧地涌现出来，有些并且已经给人们的经济发展造成了生态经济灾难。这些问题的存在具有普遍性。其中有的是单项影响某一个方面的问题，有的是影响一个地区的局部性问题，有的是一个国家的全国性问题，也有的是全球生态经济效益受到严重影响的问题，等等。

——影响一个方面的问题，如越南的河内市，近年来流行吃猫肉。他们已经吃腻了蛇肉和别的美味，认为"猫肉是最美味的佳肴"，并相信它有某种医疗的作用。一些地区一个餐馆一年要捕杀大约 1800 只猫，市场上猫的价格不断上涨。由于猫被大量捕杀，老鼠就以惊人的速度繁殖，把河内一些地区的谷粮收成吃掉了 30%（《中国环境报》1997 年 6 月 29

日)。再如我国台湾地区,盲目引进了"福寿螺"。"福寿螺"原产南美洲的阿根廷,20世纪70年代末,被一些商人当作佳肴引进台湾,掀起了一股狂热的养殖风,经济效益很高。但由于其肉质不合本地消费者的口味,养殖人纷纷将之抛进水里。由于"福寿螺"的繁殖力极强,一年竟有400个产卵期,于是很快就形成了一个生态经济灾难。农田的水稻嫩叶和许多蔬菜、豆类都被其吃光。(《北京晚报》1997年9月8日)

——影响一个国家的问题。一些地方由于盲目追求某个方面局部经济效益而影响大范围生态效益,已经形成这些国家的全国性生态经济问题。其中一个例子是泰国。1986年,一些高级餐馆为了满足食客的需要,从日本进口了少量的金苹蜗牛,经济效益很好。由于餐馆的需求不断增加,本地的水产养殖户也纷纷从国外引进,并在本地大量繁殖。近几年,由于人们的食蜗牛风逐渐消退,养殖户无利可图,就将这种蜗牛大量排放到灌溉水道及公共河道,之后又转移到水稻田中。由于它的繁殖力极强,对农田的危害很大,终于成了一种"专吃农作物的金苹蜗",近年来已经在泰国全国76个府中的43个府的农村泛滥成灾,殃及农田11.6万多公顷,受害农民达30余万人。许多农户已经债台高筑,还有的已经被迫弃家逃荒。(《中国环境报》1996年9月28日)另一个例子是澳大利亚。远在1859年,该国的墨尔本动物园曾引进了24只欧洲家兔,供人们欣赏,经济效益很好。但四年后的一场大火烧毁了动物园和装兔的木笼,幸存的兔子逃到野外迅速繁殖,五六十年以后,这种野兔就遍布了半个澳洲大陆,并且严重到和当地的羊群争夺牧场和食料,从而使澳大利亚的养羊业几乎衰落了100年。(《中国广播报》1993年第32期)

——影响全球的问题。当前各国各地由于单纯追求局部经济效益的问题越来越严重,影响全球范围生态经济效益的问题也日益增多。其中一个突出表现就是水资源的严重不足。例如,据1998年在巴黎召开的国际水资源综合管理问题会议上,专家警告,目前世界的水资源已经失去平衡。如果不改变现行的水资源开发和消耗状况,到2005年,全球近2/3的人口便将面临严重的水荒问题。"全球的大水荒"将要来临(《报刊文摘》1998年4月30日)。此外再如从全球宏观上看,近些年来,由于全球二氧化碳等的过量排放引起的"温室效应"问题,使全球气温升高,已经使极地的冰山融化。据报道，位于南太平洋岛国基里巴斯的两处小岛，由于冰山融化所引起的海洋水平面上升已经使两岛消失（《北京晚报》1999年6月21日）。以上各种处理经济效益不当，引起生态经济问题发生的情况是十分明显的。

（2）用生态经济效益的理论指导加强生态经济管理

对此可以举出两点：

一要充分认识"生物入侵"的危害。人们生产和生活所在的一个地区、一个国家，以至整个地球，实质都是一个生态经济系统。在各个层次的生态经济系统中，生物与生物之间，以及生物与非生物环境之间，客观上都存在着一定的协调比例关系。这就是它能够向人们提供生态经济效益的根源；同时也正是这种内部协调关系的存在，才能维持生态经济系统本身的顺畅运行和平衡稳定，而这也正是它能够可持续地再提供生态经济效益的根源。相反，如果生态经济系统的这种内部平衡稳定关系被打破，就会出现各种严重的生态经济问题，给经济社会的发展和人民的经济生活造成混乱，这样生态经济效益也就无从谈起。从上面列举的各种生态经济问题来看，许多都是由于人们为了一时或局部的经济利益，从系统外引进了某种生物，打乱了生态经济系统的平衡，从而就形成了生态经济灾难。这就是人们经常讲的"生物入侵"。因此，在如何发展经济，如何取得经济效益的问题上一定要持慎重态度，以避免某些生态经济灾难的发生。

二要看到生态经济问题影响的远程关联性。上面列举的各种由于片面追求经济效益而影响全面生态经济效益的问题，还向我们指出，它们许多也都是具有远距离的地域渊源的。例如上面所举出的，造成我国台湾地区生态经济危害的"福寿螺"是引进于南美洲的阿根廷，形成泰国生态经济灾害的金苹蜗是进口于日本，引起澳大利亚生态经济灾害的24只家兔是来源于欧洲，等等。它们形成的严重影响生态经济效益的问题都体现了具有生态经济远程关联性的特点。对于这一问题，生态经济学的理论认为，生态经济系统具有普遍关联性的特点，这种普遍关联性既存在于相邻和相近的生态经济系统之间，同时也存在于相距千万里的生态经济系统之间。对于世界经济社会发展中的这种生态经济系统的远程关联性，近年来一些科学家已经提出了不少新的论证。

例如，科学界多年以来便有一种观点，认为来自非洲的尘埃养育了美国东南部某些沿海地带，以及加勒比海岛屿。一个世纪前，生物进化论的创始人达尔文曾经观察到了海上的尘埃云雾。20世纪80年代后期以来，科学家们继续研究。此后，来自美国、巴西和瑞典的一批科学家，持续跟踪了尘埃云雾，结合大量地面观测及气候卫星资料，他们相信非洲尘埃对巴西亚马孙河流域的热带雨林极可能具有"生死存亡"的重要性。亚马孙河流域大片土壤贫瘠，尤其缺乏磷酸盐，这是植物生长的一种关键性成分。非洲的大风卷起撒哈拉沙漠的尘土，上扬的尘暴将之带到空中，漂洋过海到达南美，再经亚马孙地区的暴风雨将之吸入盆地。据估计，非洲干旱地带每年约有2亿吨尘土被刮走，其中1200万吨就落在亚马孙盆地，使某些森林地带平均每1万平方米每年获得约112千克尘土，包括1.12千克左右的磷酸盐，从而非洲的沙漠就滋养了南美洲热带雨林的生长。（《人民日报》1991年3月16日）。与生态经济效益密切联系的生态经济远程关联性的问题向人们指出，发展经济要具有远大的眼光。特别是在当前世界经济的发展逐步进入全球生态经济一体化的今天，这一点就显得更为重要。对此应该意识到，人们发展经济所形成的生态经济联系，虽然不同地区相隔千山万水，人们的肉眼不能看到，但是它们之间的物质循环和能量转换的运动却是客观存在和不断地进行着的。人们发展经济，处理生态经济效益问题，具有远大的眼光，就可以使自己的经济活动处于宏观稳妥的基础上。

（原载《生态经济学》陕西人民教育出版社2000年版）

论经济的生态化

当代世界经济的发展已经达到了一个很高的水平,但随之而来的是,世界生态环境的破坏也达到了一个很严重的程度,并且与经济的发展形成了日益尖锐的矛盾,阻碍着经济的可持续发展。

然而随着世界生态环境破坏日益严重的同时,人们也看到,在世界和我国经济的发展中,也出现了一个"经济生态化"的发展趋势。它的基本特征是经济发展中的各种事物和它们的运行,都越来越多地逐步扭转近年来一直存在的经济与生态不协调,以致矛盾尖锐的状态,而使两者逐渐走向协调。当前世界经济发展中出现的这种新趋势是一个新事物。它的产生是客观经济规律和客观生态平衡自然规律的共同要求,是人民群众自觉或不自觉地运用客观规律的创造。它的出现指明了人类社会发展中,一个新的时代,即生态时代已经到来。同时也为我国经济的继续发展,指出了通过改革,实现快速发展和可持续发展的正确方向。

一 当代经济发展出现了生态化的趋势

当代世界是充满了经济与生态矛盾的世界,我国当前也存在着普遍的经济与生态的矛盾。

从世界的情况看:(1)世界的森林,特别是作为"地球之肺",向世界万物提供生命之氧和保存了世界最丰富的动植物物种的热带雨林,遭受了严重破坏。全世界热带森林1991年被砍伐的面积已达1690万公顷,比1980年又增长了50%。(2)世界土地严重侵蚀。现在每年因沙漠化等原因损失的土地达到2000万公顷,几乎占全球陆地表面1/4的土地正在退化,全球荒漠化的土地已经达到4560万平方公里。(3)全球工业"三废"(废气、废水、废渣)排放形成的环境污染日趋严重。20世纪五六十年代，在经济发达国家出现的工业污染造成的"八大公害"，震惊了全世界。现在全世界城市中已有10多亿人生活在对人体有害的空气中。（4）跨国界造成大面积危害的酸雨、温室气体排放和臭氧层破坏也日益加重。超量排放二氧化碳，已经引起地球气温上升，继续下去，将使极地冰山融化，使海平面升高，从而将对各国沿海地区和一些岛国的存在造成威胁，等等。

我国的经济虽然还不够发达，但经济与生态的矛盾同样也已经严重地存在于各个方面。农业上的过量使用化肥，用地不养地，使耕地质量迅速下降。林业上的乱砍滥伐，使森林资源的砍伐量大于生长量。畜牧业上的毁草开荒和超载放牧，使草原退化、沙化。渔业上酷渔滥捕，使近海渔业资源急剧衰退。日益扩大的水土流失、迅速增长的土地荒漠化和城乡工业逐步扩展的"三废"污染等。

与此同时，世界和我国经济发展中的"经济生态化"趋势，也都已经明显地出现，并普遍地表现在经济发展和人们生活的各个方面。

（一）在经济发展方面

1. 在城市建设上，越来越强调尊重自然。其具体取向主要表现在两点：一是在建设规模上要适应自然。即要放在自然允许的"容量"之内，以免城市的运行超过了自然生态的承受力，给生态环境带来破坏。二是在建设特色上要保存自然。即在城市建设中，要通过保护和移植，使自然在城市中能够"再现"，以尽量保存自然的原有风貌。例如，我国苏州市的建设，一方面注意保护了姑苏古城区的原有特色不破坏或少破坏；另一方面在苏州新区的建设中又依山傍湖，尽量突出了"真山真水园中城"的自然风貌。

2. 在产业发展上，越来越强调"绿色产业"。它的具体内容是在产业和产品的结构调整中，突出发展"绿色产业"和"绿色产品"。这种调整，在各个产业上趋势都很明显。例如：

——汽车制造业。努力发展"绿色汽车"。其标志，一是回收利用废旧汽车，使资源再生；二是改进燃料，控制尾气造成的大气污染。前者，如一些发达国家的汽车制造商，在制造汽车零件时，就标出材料的代号，以便回收分类和再生利用。后者如日本，1992年就推出太阳能汽车；美国加利福尼亚州已颁布法令，规定从 1998 年起，美国各大汽车公司，在该州销售 35000 辆以上者，其中必须有 2% 是无废气排放的汽车。近几年来，我国北京、海口以及佳木斯市等地的"绿色汽车"，和南京、长春等地的"绿色出租汽车"都已经上路。

——建筑业。20 世纪 80 年代在美国就涌现出许多"无公害建筑"。进入 90 年代，世界各地的"生态建筑"已经到处涌现。我国 90 年代初，在浙江省金华市也开始发展和推广"生态建筑"，包括"生态住宅"、"生态公厕"、"生态庭院"、"生态综合楼"、"生态建筑与生态农业结合体"等。特别是该市的"生态公厕"，引起了国内外的广泛注意。

——建材业。主要是为了节约资源、能源，减少环境污染，并避免有害人体健康的"建筑物综合征"。如近年来，法国已经计划全部消除建筑物中的石棉；日本一家公司，已经利用废碎玻璃生产出新型的"生态瓷砖"。我国各种新兴的"生态建材"也已经在建筑上大量应用。

——农业。强调发展"生态农业"。在生产上强调控制化肥，使用有机肥；在植物保护上强调生物防治，取代化学防治；在经营上，我国江苏省高邮市已经出现了农业的"绿色经济联合体"组织形式。

——此外，在商业、邮电业，以至出版印刷业等，也都出现了明显的"经济生态化"趋势。例如商业上，重视开发"绿色市场"，创建商品的"绿色名牌"，开辟商品流通的"绿色通道"，改进采用"绿色包装"和"可食性包装"。日本的商人已经把田野、山谷和草地的新鲜空气，制成"空气罐头"；美国的商人也周游世界，用立体声录下了千百条小溪、小瀑布和小河的"潺潺水声"，高价卖给久居闹市的人们享受。邮电业上，如德国邮政股份公司在 20 世纪 90 年代中期，已经开始实施一项庞大的"绿色邮政"计划，要把公司现有的 45000 辆黄色邮政车，大部分改装成以电池为动力、对环境无害的"绿色"汽车。出版印刷业上，也正在发展对环境无污染或少污染的全新"绿色出版系统"等。

3. 在生产经营上，越来越强调"绿色管理"。如进行"绿色设计"，其概念是"为拆卸而设计"（DFD）。20 世纪 90 年代中期，西门子公司的咖啡壶、施乐公司的复印机、柯达公司的照相机、美国的个人计算机、日本的激光打印机和加拿大的电话机等，都已经开始制成可拆卸的结构，使部件可以重新回收使用。同时"绿色技术"和"绿色管理"也都已经越来越多地用于生产和经营过程。

(二) 在人的生活方面

1. 在吃的方面。"绿色食品",已经成为各国人民购买和消费的热点。我国自20世纪90年代,"绿色食品"也开始盛行,并已纳入国家推动和管理的轨道。目前市场上销售的"绿色蔬菜"已达100余种,并且从以绿色蔬菜为主,逐渐向着"绿色系列"开发。其中的"绿色饮料"、"森林食品"等早已盛行,"绿色猪肉"也已经着手进行生产。同时一个排除任何化肥、农药等污染因素的"有机食品"的概念,也正在引进人们的生活。

2. 在穿的方面。20世纪80年代,"绿色环保"的设计理念引入了时装界。90年代,"生态时装"已经成为世界时装的一种新趋势。突出的如西班牙时装设计中心设计的时装,面料多为棉、麻、毛、丝等天然织物;色彩多用绿、蓝,象征原野、森林和大海;花纹图案多模仿山川丛林景观或花鸟虫鱼造型,展示人与大自然的和谐。有些国家推出的"环保时装",不进行印染加工;衣服上的拉链、别针等都不用电镀。巴西一家鞋厂生产的"生态鞋",鞋底上压制出一幅亚马孙河流域图,号召人们保护亚马孙河热带雨林。近年来,我国的农业科研人员在甘肃、河南等地培育出绿色、棕色的有色棉花和彩色长毛兔,目的也是制作"生态服装"。

3. 在住的方面。突出的如德国的"生态住宅"和日本的"无化学住宅"。我国近年来在浙江省永康县唐先镇金畈村,也建成了一些新型的"生态住宅",把人、生物和居栖环境构成一个良性循环的生态系统。江西省大余县城乡出现的一批"生态住宅",在居住底层还建有沼气池,屋顶培土种瓜种菜,都获得了良好的生态和经济效果。

4. 在行的方面。控制小轿车,多骑自行车的呼声越来越高。例如1996年在英伦三岛庆祝汽车在英国诞生100周年时,对汽车就出现了完全不同的声音。其中英国汽车工业协会主席罗杰斯的声音是"改进",他说:"汽车给我们生活带来了方便,但我们要对下一个百年负起责任来";环境保护组织的声音是"抗议",他们要求停止生产更多的汽车,"还伦敦上空一个清洁透明的空间";而苏格兰北部的声音则是"反抗",当地人甚至建造了不让汽车通行的无车住宅区,将汽车永远地"拒之门外"。最近,美国南加州的一个公司规定,员工不开汽车而是骑自行车上班,便有奖;在日本,认为"5公里之内,自行车是最佳交通工具"的观点,已经被越来越多的人认可。

"经济生态化"的趋势还渗透到了人们具体生活的各个方面。包括追求使用绿色居室、绿色装修、绿色采暖、绿色照明、绿色家电、绿色办公室、绿色粉笔、绿色圆珠笔,参加生态旅游、住生态宾馆,以及出生植树、骨灰撒入大海。此外,甚至还进入文化、政治领域,例如出现了绿色大学、绿色足球、绿色奥运和绿色警察、绿色军队等。世界各国和我国普遍存在的"经济生态化"发展趋势,体现了当代经济发展的规律性,从而也展现了当代人类社会"经济与生态协调发展"的明确方向。

二 生态化是现代经济发展的必然要求

工业社会以来,经济与生态矛盾的普遍存在不是偶然的,它是人类社会发展到一定阶段的产物。同样,当代逐步出现的"经济生态化"趋势,也不是偶然的。它同样也是人类社会发展到一定阶段的历史必然。认识"经济生态化"是新的生态时代的产物,需要简单地回顾一下人类社会的发展历程:

人类社会随着生产力的不断发展,至今已经历了三个相互联系的发展阶段。初期由于生产力的发展,推动了农业革命,建立了农业社会,形成了几千年的伟大农业文明。这是人类社会的第一次伟大的飞跃。这时社会生产力的水平很低,人对自然的损伤也不大。人们需要生产力的迅速发展,给自己谋取更大的福利。在此基础上,以英国的瓦特发明蒸汽机为标志,出现了工业革命,建立了工业社会,从而又产生了近200多年来的工业文明。这是人类社会的又一个伟大的飞跃。但是近年来,在工业社会生产力的高度发展中,人们也看到,迅速发展的科学技术,在给人们创造了巨大物质财富的同时,也对自然界的生态环境造成了越来越大的损坏,从而给经济也带来不可持续发展的严重后果。因此也就要求一种新的、更高的生产力,使之既能推动经济的继续迅速发展,又能保护生态环境不致遭受破坏。于是一种以"绿色技术"为代表的新的生产力就应运而生。由此出现了一场新的革命，即生态革命，从而又建立了生态社会。随之一个更大的生态文明建设高潮也就要到来，人类社会也将出现再一次伟大的飞跃，进入一个新的时代，即生态时代。

新的生态时代是适应解决当代经济与生态不协调矛盾的需要而产生的，因此它的形成就必然以经济与生态的协调为特征，并且以实现经济社会的可持续发展为方向。据此，在新的生态时代下，扭转经济与生态的不协调是必然的；在世界和我国的经济发展实践中，出现"经济生态化"的明显趋势也是必然的。经济活动是人们有目的的活动，它是在人的一定经济指导思想下进行的。人的正确经济思想来源于经济实践，反过来又用于指导当前的经济实践。据此，以新中国成立以来的经济发展实践为背景，具体回顾一下人们对经济发展中客观规律作用认识的逐步深化过程，将有助于理解当代人们正确经济指导思想的形成，从而也将有助于人们加深对实践中"经济生态化"产生的客观必然性的理解。

新中国成立50年来的历程，是一个迅速发展经济的过程，同时也是一个从破坏生态环境又到保护生态环境的过程。指导出现这一转变的思想基础，就是人们对经济发展中客观规律作用认识的逐步提高。具体来说，它经过了以下逐步深入的三个阶段：

第一阶段是认识了生态平衡客观规律的作用。新中国成立以来，就十分重视社会主义经济的发展。在此进程中，首先是认识了客观经济规律的存在和作用，从而指导人们在发展经济的实践中取得了比较好的经济效益，这方面的成就是完全肯定的。但是由于人们对自然界客观存在的生态平衡自然规律的存在和作用长期以来没有认识，因此在经济发展实践中就破坏了自然生态系统本身的平衡运行。这就是人们发展经济造成生态环境破坏，从而又使经济不能可持续发展的根本原因。在实践中，正是发展经济的正反两个方面的经验，促进了人们的认真思考。由此明确地认识到，自然领域的生态平衡规律和社会领域的经济规律一样，都是客观存在的。人们发展经济不能脱离生态平衡自然规律的作用孤立地进行，而必须要以它的客观存在和运行为基础。人们认识了客观生态平衡自然规律的存在和对经济发展的作用，是人们能够认识和理解"经济生态化"的出现，并自觉推动这一趋势发展的开始。

第二阶段是认识了经济与生态协调发展客观规律的作用。人们在发展经济的实践中，认识了生态平衡自然规律的存在和它对经济发展的作用，是一个巨大的进步。它使人们明确了发展经济必须同时尊重客观经济规律和客观生态平衡自然规律两个规律的作用。在此基础上，他们又进一步看到，在经济发展实践中，经济规律和生态平衡自然规律的作用不是相互孤立的，而是互相推动和相互制约的。这就使人们对客观规律作用的认识进一步深化，从而使人们明确认识了"经济与生态协调发展"这一生态经济规律的客观存在。人们这一认识的建立，是对经济活动本质认识上的一个突破。它使人们更准确、更全面地看到了经济运动的生态经济运动实质，也就使人们能够全面掌握和运用这一客观规律的作用，使经济的发展与自然生态系统本身的运行实现互相协调。同时也正是这一认识的建立，使人们能够理解"经济生态化"出现的客观必然性和重要意义；并给人们以动力，发挥自己的主观能动性，把发展"经济生态化"变成本身的自觉行动。

第三阶段是认识了经济社会可持续发展客观规律的作用。"经济与生态协调发展"规律是指导我国当代经济发展的具有根本性作用的客观规律。人们在运用它指导经济发展实践的过程中，又进一步看到，它的重要指导作用不但表现在静态上，而且也表现在动态上。在经济发展实践中，人们发展经济不顾生态，破坏了自然界的生态平衡，其结果也带来了经济发展上的静态和动态两个不平衡。从动态上看，就是当代人不恰当地滥用自然资源，破坏了生态系统本身的平衡运行，从而使经济不能可持续地发展，这是一种代际的严重不公平。人类经济社会的发展必须具有长期连续性，这种由于人的错误经济思想和经济行为造成的代际不公平现象必须消除。当前世界和我国经济社会不能实现可持续发展的尖锐矛盾，又使人们明确认识到，经济社会可持续发展规律，作为一条重要的生态经济规律也是客观存在。人们在经济发展实践中，从认识"生态平衡"自然规律开始，进而认识了"经济与生态协调发展"规律，又进而认识了"经济社会可持续发展"规律。随着对客观规律作用认识的逐步深化，人们对"经济生态化"出现的认识和接受，以及自觉运用客观规律，促进它的进一步发展都是必然的。

三 经济生态化指出我国深化改革的方向

以上研究使人们看到了当代世界和我国"经济生态化"趋势出现的客观必然性,以及它产生的时代依据。人们认识世界的目的在于利用和改造世界。当前经济发展实践中出现的"经济生态化"趋势,给我国正在深入进行的社会主义经济改革一个十分重要的启示,并将推动我国社会主义经济改革进一步走向深化。

我国自 1978 年以来,实行改革开放的政策。这一阶段的改革,从经济实质上说,其核心是遵循客观经济规律的要求,改革一切不适合社会生产力发展的生产关系和上层建筑,促进经济的迅速发展。这一改革的方向是正确的。进入 21 世纪,这方面的经济改革无疑还应该继续深入进行下去。

但是,与此同时,我们也应当进一步看到,当前我国经济的发展已经进入了新的生态时代。新的历史时期,对我国社会主义经济的发展提出了新的要求。当前深化我国经济改革,不但要继续遵循客观经济规律的要求,从人与人的关系上,改革一切不适合社会生产力要求的生产关系和上层建筑,进一步解放被束缚的社会生产力,促进经济的继续发展;同时也要遵循客观生态平衡自然规律的要求,从人与自然的关系上,改革一切不适合自然生产力要求的生产关系和上层建筑,解放被长期束缚的自然生产力,促进经济与生态的协调发展;即要把我国国民经济的进一步迅速可持续发展,放在既符合经济规律的要求,同时也符合生态平衡自然规律的要求,从而能够最大限度地挖掘经济和自然两种巨大潜力的基础上。为了在我国的继续深化经济改革中实现这一要求,应该从经济与生态的结合上,明确以下三个方面的认识:

1. 从人与自然的关系上深化经济改革是生态时代的要求。我国经济改革的进行是一个持续不断的过程,同时又是一个分阶段的过程。因此,它是一个改革的持续性和阶段性相统一的过程。我国进行经济改革的总体要求是遵循客观规律,改革不适合生产力发展要求的生产关系和上层建筑,解放被束缚的生产力,促进经济的进一步发展。但是我国的经济是不断发展的,经济社会的发展对改革的具体要求也是不断扩展和更新的。当前我国的经济发展正处在世界经济社会发展转型的新时期，因此对经济改革提出新的任务和新的要求是必然的。进入21世纪，我国的经济发展和经济改革，要建立在符合客观经济规律要求和客观生态平衡自然规律要求共同作用的基础上。由此，我国继续深化经济改革的内容，也要由过去的主要从人与人的关系上来进行，转变到既从人与人的关系上，也从人与自然的关系上来深入进行，这是新的生态时代赋予我国经济改革的新任务。对此，人们应当明确认识当前生态时代的新特点和对我国改革任务要求转变的必然性和必要性，把这两个方面的改革任务都很好地担当起来，为实现新世纪我国经济的迅速发展和可持续发展作出贡献。

2. 我国的经济改革具有统一的生态经济内涵。进入新的生态时代，我国的经济改革应当从人与人的关系和人与自然的关系两个方面同时进行。但是两个方面的要求和做法不应该是彼此分割和矛盾对立的，而应该是互相结合和内在统一的。我国经济改革两个方面任务的相互一致性，根源在于我国经济活动实际载体的经济与生态的内在统一性。对此，我们首先应该对人们进行经济活动的实际载体的存在和特点，有一个明确的认识。

对于发展经济的载体，借鉴系统科学的概念，从生态经济学的理论范畴含义来看，长期以来人们都认为自己的经济活动只是在单纯的"经济系统"中进行的。人们按照一定的经济目的，在一定的生产关系条件下，组织利用各种生产力要素（包括利用自然界的物质资源），为人们创造各种经济产品，而不与自然"生态系统"本身的运行状况相联系。但是近代经济迅速发展所造成的经济与生态不协调的大量现实，向人们指明：人们经济活动的实际载体是"经济系统"与"生态系统"相互结合所形成的"生态经济系统"。它的运行体现了经济与生态两个方面要求的协调，从而也就体现着经济规律的要求和生态平衡自然规律要求的内在统一。据此，人们就可以看到，我国的经济改革本身也应该具有统一的生态经济内涵。从人与人的关系方面和从人与自然的方面所进行的继续深化改革，不但是不矛盾的，而且本身就是内在统一的。当前人们继续深化我国经济改革中的一个重要问题，就是要深刻认识从这两个方面继续深化改革的一致性，在实践中把两个方面的要求和做法密切地结合起来，使我国的总体经济改革更有成效。

3. 从人与自然的关系上深化改革是一个全面的改革。当前用生态经济学的思想为指导进行分析，人们就可以看到，我国从人与自然的关系上所进行的经济改革，实际上已经在进行。例如近年来在我国经济发展中，生态农业、生态工业、生态企业、生态旅游等等，以及整个"经济生态化"趋势的出现，实质上都是这方面实际运行的反映。对此，我们应当看到，从人与自然的关系上深化经济改革是时代转换条件下的总体要求，是从根本上调整人与自然之间关系所引起的变革，因此它应该是一个全面的改革，而不是一个局部的修修补补性质的变革。为此，我国在这方面所进行的深化经济改革，也要贯穿在经济发展的各个层次和各个方面。主要包括：

（一）建立新的经济指导思想

即实行新的经济与生态协调的发展战略。对此应当看到，经济与生态的关系直接体现人与自然的根本关系，经济与生态的协调是根本的协调。它的建立将为我国经济社会的总体可持续发展，从理论和实践两个方面提供基础。它在改革中的实施，将把我国经济的继续发展，建立在经济与生态协调发展和经济社会可持续发展的基础上。

（二）进一步改革经济体制

当前我国经济改革的重点，是正在进行着两个带有全局意义的根本性转变，一是经济体制上从计划经济体制向社会主义市场经济体制的转变，二是经济增长方式上从粗放经营方式向集约经营方式的转变。在当前的继续深化改革中，一个重要的问题是，从人与人的关系上，进一步明确认识他们本身所具有的生态经济内涵。以经济体制的改革为例。只有人们明确认识了在新的生态时代条件下，我国社会主义市场经济体制本身所应该具有的生态经济内涵，才能够推动人们建立起新的生态经济型的社会主义市场经济体制，而不是原来一般设想的单纯经济型的市场经济体制。这样就可以促使人们从经济体制的结构本身和从相关措施上，来控制由市场本身的自发性导致出现的"市场失灵"，因而造成破坏生态环境的问题。由此也就保证了我国经济体制改革的可持续发展方向。在经济增长方式改革上的问题也相类似。

（三）端正人的错误经济思想和经济行为

人在生态系统中只是一个生命要素，但在生态经济系统中却是整个系统运行的主宰。因此，人的经济指导思想和经济行为是否正确，对整个生态经济系统的运行（即对现实经济的发展）影响极大。回顾过去经济发展中出现的各种生态经济问题，实际上也都是由于在人们"只顾发展经济，不顾保护生态"的错误经济指导思想下，采取了错误的经济行为造成的。为此，从人与自然的关系上深化我国经济改革，一个十分重要的问题，就是要用生态经济学的理论为指导，把人的经济指导思想和经济行为规范在经济与生态协调的范围内。对于这个问题，人们应当看到，无论从人与人的关系上，还是从人与自然的关系上继续深化我国经济改革，人的错误经济指导思想和错误经济行为（也就是人的本身），都应该是改革的对象。因此，抓住了这一点，也就抓住了我国经济改革的核心。这样在当前从人与人的关系和从人与自然的关系两个方面继续深化我国经济改革的基础上，就可以把我国经济的发展，切实引向经济社会可持续发展的正确轨道；在促进经济迅速发展的同时，把经济与生态的矛盾所带来的危害限制在最小。

（原载《中国特色社会主义研究》2001年第6期）

《自然资源利用与生态经济系统》前言

自然资源利用是一个人与自然的关系问题，实质上是一个经济问题。自然资源是国民经济发展的自然基础，利用自然资源对人类经济社会的发展具有重要而深远的意义。它的利用好坏不但影响当代人和社会的发展状况，而且也影响后代人和社会的发展状况。而人类经济社会迄今为止，对自然资源的利用状况是不能令人满意的，而且出现了许多越来越严重的问题。人类对自然资源长期利用的正反两个方面的经验证明，脱离生态系统、不顾对自然界生态平衡破坏的经济利用是片面的和错误的利用。人类一切经济活动都要依托于一定的生态系统来进行，因此自然资源的利用不应是纯经济地利用，而应是生态经济地利用。这是世界各国（包括经济发达国家和发展中国家）的共同经验。我国人口众多、人均自然资源量少，科学技术落后，经济力量薄弱，自然资源的利用率低、浪费大，这是我国的基本国情。我国利用自然资源发展经济的长期经验也清楚地说明，对自然资源的利用必须要以生态经济学的理论来指导。

用生态经济学的理论指导自然资源的利用，首先要明确树立生态经济系统的观念。自然资源是生态经济系统的组成部分，自然资源的利用无一例外是在各种生态经济系统中进行的。按照生态经济学的理论，生态经济系统由生态系统和经济系统两个子系统有机结合形成，自然资源的利用不是孤立地和静止地在经济系统或生态系统中进行，而是在它们密切交织形成的复合生态经济系统的运动中进行的。因此它们的利用既要受经济规律的制约，又要受生态平衡自然规律的制约；只有同时符合了经济和生态两个方面客观规律的要求，它们的利用才能够取得持续最大的经济效果。

以生态经济系统为依托研究自然资源的利用，要看到自然资源是经济发展的基础。所有的自然资源，包括一切植物、动物、微生物资源和光、土、水、气、热、矿藏等，都是生态经济系统的组成部分。它们先是作为生态系统组成的自然要素而存在，在经济利用中又从生态系统源源不断地进入经济系统，以能源、原材料和生产条件等形式作为经济要素参加经济循环的运动过程，但同时它们的运动状况与生态系统的运动状况有着不可分割的密切联系。

以生态经济系统为依托研究自然资源的利用，也要看到人在自然资源利用中的主导地位和作用。人在生态经济系统中具有两重性。在生态系统中，人是其组成的一个生物要素，与其他动物没有区别。而在生态经济系统中，人除了作为生态系统和经济系统的一个组成要素外，同时又是整个生态经济系统的主宰。正是人通过科学技术，运用着各种生态和经济要素，有计划、有目标地组织着生产和经济活动的进行。这里，在自然资源的利用上，要明确看到一点：人类能动地利用自然资源，从生态与经济的结合上，可以有正反两个指向，并且直接导致好坏两种结果。前者可以使自然资源在利用中得到保护，使自然资源可以长期利用和永续利用；而后者则将对自然资源造成破坏甚至枯竭。因此，人们在利用自然资源发展经济中必须用生态与经济相结合的思想不断调整和规范自己的经济思想和经济行为。

此外，以生态经济系统为依托研究自然资源的利用，还要明确认识自然资源的各种生态经济属性，并据此具体指导自然资源的经济利用。例如，认识它的整体性特点，可以指导我们对全部自然资源进行整体优化利用；认识它的区域性特点，可以指导我们开发利用重点资源，发挥地区优势；认识它的多用性特点，可以指导我们对自然资源进行综合利用和替代利用；认识它的有限性特点，可以指导我们对自然资源进行节约利用与合理利用；认识它的两重性特点，可以指导我们对自然资源既要重视利用又要重视保护等。

由于自然资源的利用是在现实经济社会的发展中进行的，因此就不能只作抽象的研究，而要将之放在当今社会的三个基本经济关系中，用生态经济的观点来进行考察：

其一，从自然资源与发展生产力的关系来考察。自然资源利用的实质体现人与自然之间的物质交换关系，自然资源是生产力发展的基础。由于自然资源存在于生态系统之中,并不停地进行着物质循环和能量转换运动;而这种自然生态的物质循环和能量转换又要渗入经济系统,实现其运动转换的经济化,因此从生态经济学的理论上就使生产力有了与过去理解不同的含义。后者只强调人类改造、利用自然,向自然索取物质资料的能力;而前者则同时强调对自然的利用和保护,既重视获取物质资料,又重视获取环境享受的能力。据此,生产力应该明确地区分为自然生产力和社会生产力,现实的生产力应该是自然生产力和社会生产力的有机结合。

生产力是推动人类社会发展的根本动力,而人类对自然资源利用的方式正是随着人们的这一逐步认识过程而进行着长期的、明显的四个阶段的演变:最初是原始型的利用方式,对自然资源进行依附性的利用;逐渐转为传统型的利用方式,对自然资源进行改造性的利用;之后又转为现代型的利用方式,对自然资源进行掠夺性的利用。今后则要转入未来型的利用方式,对自然资源进行协调性的利用。

其二,从自然资源与人口增长的关系来考察。人口是资源,但不同于一般的自然资源和经济资源,而是特殊的资源。它的存在具有两重性:人既是生产者,又是消费者。由于人口的急剧增长对自然资源带来了巨大的压力,因此客观上提出了对人口资源进行管理的必要性。这既是充分发挥人口资源本身的要求,同时也是合理利用其他自然资源的要求。进行人口资源的管理,要从生态经济学的理论上建立生态经济适度人口的范畴。它是经济学上适度人口范畴的发展。即不但要从一般经济条件的制约上来确定一定时期一个国家或地区的适度人口规模,而且要从包括自然资源的自然再生和提供能力在内的生态环境条件的制约上来确定这一适度的人口规模,从而把人口管理建立在更为准确、稳妥的基础之上。

其三,从自然资源与商品经济发展的关系来考察。自然资源及其依存的生态系统都具有明显的有限性特点。而社会生产力的迅速提高和世界人口的迅速增长又大大增加了许多自然资源的稀缺程度,而自然资源的稀缺性正是研究其经济利用的出发点和落脚点。但是人类经济社会的发展却正是建立在大量消耗自然资源的基础上。当前世界各国(包括我国)通行的都是采用正反馈式的自然资源经济利用方式,即高速度的经济增长是以稀缺的自然资源的大量耗费为代价,也正是这种错误的自然资源经济利用方式造成了自然资源的惊人浪费，并提前借用和消耗了我们子孙后代的自然资源存量。显然在当前商品经济的发展中，这种有害的正反馈式的自然资源利用方式必须改变。

由于研究我国的自然资源经济利用不能脱离我国现实的经济发展特点，因此我国的自然资源配置方式必须与我国社会主义有计划商品经济发展的具体特点相适应。这就要求在自然资源的具体配置过程中，把计划与市场两种经济机制正确地结合起来，并通过它们把自然资源的计划配置和市场配置两种方式正确地结合起来，从而使自然资源的经济利用做到更加充分和更有成效。与此同时，我国有计划商品经济的发展要求对自然资源制定合理的价格，从而改变过去长期以来自然资源没有价格、无偿使用所造成的各种严重浪费和破坏的状况。

生态经济学是由生态学和经济学结合渗透形成的边缘学科。用生态经济学的理论指导自然资源利用，要把生态学与经济学的理论结合起来，建立两个生态经济学的基本理论范畴，即生态经济平衡和生态经济效益。这就要求人们从经常使用的两个基本概念："生态平衡"和"经济效益"的原有圈子里跳出来，对"生态平衡"和"经济效益"的客观生态经济实质进行重新认识，深刻理解它们所具有的新的内涵，并用两个新的理论范畴对自然资源的经济利用进行正确的指导：

（1）在现实的经济运行中，生态平衡已经不是单纯的自然概念，它实质上是生态经济平衡，它由自然生态平衡和经济平衡两者有机结合组成。长期以来，人们对自然界的生态平衡没有认识，就形成了经济发展对自然生态平衡的破坏。而近一个时期以来，人们对现实经济运行中的生态平衡没有全面正确的认识，把它单纯地作为自然的概念，为保护生态平衡而保护生态平衡，又限制了经济的发展。事实证明，只有建立了明确的生态经济平衡的范畴，才有利于人们正确地利用自然资源。也正是在生态经济平衡的理论指导下，才能推动人们解放思想，遵照客观经济规律和自然规律的要求，发挥主观能动性，创造条件，去建立各种人工生态经济系统，从而使自然资源的充分合理利用达到一个新的水平。

用生态经济平衡的理论指导自然资源利用，还要重视宏观生态经济平衡及微观生态经济平衡问题。由于自然资源利用不合理，影响宏观生态经济平衡，一般都关系到人类经济社会发展的重大问题，如森林、草原、水域的破坏和酸雨、臭氧层破坏，全球气候变暖等。宏观生态经济平衡问题的出现和解决，要求人们实行生态经济的发展战略。由于自然资源利用不合理，影响微观生态经济平衡，主要表现在投入产出的具体效益上。对此要同时重视投入产出的经济特性和生态特性，在两者密切结合的基础上，寻求投入产出的生态经济的最佳点。

（2）在现实的经济运行中，经济效益实际上也不是单纯的经济概念。它实质是生态经济效益，它由生态效益和经济效益两种效益结合组成。过去长期以来，人们对于现实的经济效益没有全面正确的认识，忽视以致牺牲了生态效益去追求片面的经济效益，这是我国在经济发展中不能正确利用自然资源，使得经济效益不高，甚至造成自然资源破坏的一个重要根源。事实也已证明，只有建立了明确的生态经济效益范畴，并以此指导经济的发展，才能促进自然资源的开发利用走向充分合理。

用生态经济效益的理论指导自然资源利用，还要重视自然资源的生态经济评价，包括评价的原则和评价指标体系的建立。有了正确的评价原则和评价指标，就使实际工作中使用自然资源生态经济效益的具体评价工作成为可能。

在现实的经济发展和利用自然资源的过程中，与评价自然资源利用的生态经济效益问题密切联系，还存在着一个自然资源有没有价值和对其价值如何进行经济计量的问题。这是生态经济学理论上至今尚未解决的难题，也是现实经济发展中具有重大影响的实际问题。全面研究和评价国内外这方面的各种观点和方法，发展原有经济学的价值观，建立生态经济学的价值观，并在此基础上提出生态价值的具体经济计量方法，对正确评价自然资源利用的生态经济效益具有重要的理论意义和现实意义。

人类利用自然资源的现状与问题，提出了用生态经济系统思想去管理自然资源的迫切性与必要性。众所周知，自然资源的利用存在着明显的外部性问题。其中既有外部经济性，即产生外部的经济效益，如防护林建设对粮食增产产生的正效益；同时也有外部不经济性，即产生外部的负效益，例如利用自然资源进行工业生产形成环境污染带来的负效益。加强生态经济管理的任务就在于努力扩大和增加自然资源利用的外部经济性，而努力缩小和减少它的外部不经济性。加强自然资源的生态经济管理要进行自然资源的利用区划与合理配置，也要建立合理的调控机制，其中包括计划机制、市场机制、企业经营机制，并综合利用各种调控手段。

在自然资源的生态经济管理中，一个重要的内容是对再生资源和非再生资源的利用进行管理。这就要求从生态与经济的结合上具体认识它们的特征、对人类经济社会发展的意义和作用、其开发利用应该遵循的原则，以及对它们进行保护与管理的手段等。在对这些自然资源的管理中，研究生产过程中产生的废弃物和污染物的资源化问题具有重大的生态经济意义。具体包括研究各种废弃物和污染物的外部经济影响、环境污染的生态经济控制原则、"三废"资源化效益的生态经济分析、最佳污染控制模型，以及废弃物循环利用的生态经济工程设计等。

全球自然资源的利用及其前景关系到人类经济社会发展的前途，这是当今世界重要的议题之一。研究扭转逐步出现的世界性的资源危机，寻找解决问题之路，对人类经济社会的持续发展具有重大的战略意义。全球是一个大的生态经济系统，这一观点已经逐渐形成，并且已被越来越多的人所认识。世界经济社会的发展已经日益走向生态化和国际化。石油、粮食和木材等都已成为全球性的商品。一个国家在这方面引起的自然资源利用问题，可以转移到另一个国家，从而影响造成全球性的生态环境破坏。当今世界上的严重生态经济问题接踵出现，说明全球生态经济系统的形成是人类历史发展的必然。当前世界性的自然资源利用形势十分严峻，全世界各国和人民联合起来共同保护我们生存的地球生态环境的任务已经摆在我们面前。

在全球生态经济问题前途的看法上，近年来存在着悲观派和乐观派的两种观点。这两种研究都告诫人们必须高度重视人类在发展经济社会中破坏自然资源和生态环境所带来的各种严重生态经济问题，因此都作出了积极的贡献，同时两派的观点在积极对待全球生态经济前途的问题上已逐步趋向接近。我们认为，对人类生态经济前途过于悲观的看法是不对的。人类经济社会总要发展，而且也不应把生态经济危机绝对化。但是对此也不能盲目乐观，而应看到解决这些问题的长期性和艰巨性。要看到人类在利用自然资源（包括已知的资源和未知的资源）上有巨大的潜力，人类在控制自己的错误经济思想和经济行为上也大有文章可做。全球的问题要靠全球的共同努力来解决，人类与自然的关系必须从对立和掠夺走向协调发展。人类共同行动起来，通过多方面的积极努力，建立一个生态与经济协调发展的社会，这就是我们共同争取的目标。

当前世界和我国在自然资源利用方面的生态经济问题是严重的。它的发展和解决涉及上面所说的各个方面。我们写这本书的目的就是试图用生态经济学的理论为指导，对这些方面的一些基本问题进行研究，希望对自然资源的利用能提出一些自己的认识，并以此推动实践，在促进实现生态与经济的协调发展上贡献我们的一点力量（下略）。

（原载《自然资源利用与生态经济系统》，中国环境科学出版社 1992 年版）

充分认识集约型经济的生态经济内涵

党的十四届五中全会提出了《关于制定国民经济和社会发展"九五"计划和2010年远景目标的建议》，要求更好地优化配置资源，实现我国经济的可持续发展。并提出关键是实现经济体制和经济增长方式两个具有全局意义的根本性转变。实现经济增长方式从粗放型向集约型转变，有丰富的内涵。其中，既包括人与人的关系，又包括人与自然的关系。经济发展是一个人与自然的统一体，生态系统是经济运行的自然基础。因此，实现经济增长方式的转变，除必须从人与人的关系上重视经济本身的运行状况外，还必须进一步从人与自然之间关系的深层次上重视经济运行对自然生态系统运行状况的影响。关键是在全面认识自然与经济两种规律的作用下，明确认识集约型经济的生态经济内涵，并以此自觉地规范人的经济行为，把经济的发展放在经济与生态协调，从而实现可持续发展的基础上。

一 我国经济增长方式发展的三个阶段

新中国成立四十多年来正处在世界从工业社会向生态化社会的转变前夕，在我国具体情况下，经济增长方式的演变大体存在着三种类型，并划分为相互联系和逐步提高的三个发展阶段：

1. 数量速度型发展阶段。大致是从新中国成立至1978年党的十一届三中全会前。其根本的一点，是用主观意志指导经济发展，否定了客观规律的作用。其增长是在计划经济体制下，片面追求产品的高产量和高速度，实行外延扩大再生产，走粗放型的发展道路。其特点是依靠大量投入自然资源，以高资源和能源消耗换取高产量和高产值。加上当时经济领域中存在的"左"倾错误思想指导，使各个生产领域中都普遍形成了对自然的掠夺式经营。例如农业上，农田种植业中的用地不养地，造成土壤有机质破坏；林业上乱砍滥伐森林，使木材的砍伐量大于生长量；畜牧业上滥垦草原，超载过牧，造成大面积沙化、退化；渔业上酷渔滥捕，造成近海渔业资源严重衰退；工业上大量浪费自然资源，并造成大量"三废"排放，严重污染环境等。这一切集中到一点，就是造成了经济与生态的严重不协调，导致经济社会的不能持续发展。

2. 经济效益型发展阶段。党的十一届三中全会后，我们党坚决清除了经济工作中的"左"倾错误，进行了思想上的拨乱反正，把党和国家的工作重点转移到经济建设上来。其根本的一点，就是重新认识并肯定了经济规律的作用，这一阶段，在经济发展目标上，由过去只重速度向注重经济效益转变。在经营方式上，重视由过去的粗放型向集约型转变。在管理手段上，重视由过去的单纯使用行政手段，向以经济手段为主转变。明确了发展不能等同于扩张，增长不能只是扩大外延，增产不能依靠无限地消耗自然资源。因此人们在经济发展中更加注重投入与产出的比较，更注重自然资源利用率的提高，更注重技术进步的作用和对产业结构的调整，从而开始改变了过去经济发展的高投入、高消耗、高污染和低质量、低水平、低效益状态，使我国经济发展走上了正常、健康的发展道路。但是这一阶段的经济发展，还是单项经济目标、单一经济规律指导和单纯经济利益的驱动，因此仍然不能制止那些只顾企业和个人自身经济利益，而不顾破坏生态环境的错误经济行为，经济发展中的生态经济矛盾和危机仍然不能避免，经济与社会的可持续发展仍然不能保证实现。

3. 生态经济效益型发展阶段。这是我国当前和 21 世纪经济发展应该采取的新的类型。其根本特点是认识并尊重经济规律和自然规律两种规律的作用。从时代的转折来看，它已经是属于 21 世纪生态化社会的范畴，因此其本身运行的全过程都带有明显的生态与经济双重存在和相互有机结合的基本特色。把发展经济建立在生态系统顺利运行的可持续发展基础上，就能保证经济高速协调、持续、稳定发展的实现。

二 集约型经济的核心是合理利用自然资源

我国的集约型增长方式是生态时代下的经济增长方式，它的实行必然要以生态与经济双重存在和协调发展的生态经济学理论为指导。人类的经济过程实质是人与自然的物质交换过程，其核心是人类利用自然资源的过程。在经济发展中，经济与生态的关系是以经济为主导和生态为基础的关系。社会要进步，人的生活水平要提高，因此经济的发展是绝对的，人们利用自然资源是不可避免的。但同时，经济的发展又必须以生态系统提供的自然资源和其本身的持续正常运行为基础。生态系统的运动平衡得到保持，经济的发展就能正常进行和持续，否则就将成为不可能。这就决定了在实现经济增长方式从粗放型向集约型的转变，及在实行集约型经济增长的过程中，必须按照生态经济学的这一基本理论指导对自然资源的利用。具体应当正确认识并处理以下三个方面的问题：

1. 摆正利用与保护的关系。人们必须利用自然资源，同时也必须保护自然资源。为此要把两者的要求有机结合起来。首先要树立一个利用自然资源的正确指导思想。这就是"在利用中保护，在保护中利用"的新的指导思想。这里要反对两种片面观点：一是把两者对立起来的观点。其中要反对两种倾向：既要反对只讲保护，不许人们开发利用自然资源的自然保护主义倾向，又要反对只讲经济利用而不顾生态平衡的单纯经济倾向；二是把两者割裂开来的观点。我国利用自然资源发展经济，既不能走西方国家走过的"先破坏、后整治"和"先污染、后治理"的老路，同时也不能走"边破坏、边治理"的道路。正确的做法是把对自然资源的保护融合在其利用之中。

2. 着眼于利用的有效性。人类发展经济必须利用自然，而又受制于自然。因此实行集约型经济利用自然资源的着眼点应该是有效而不是最大。对此要全面认识其包括的以下三个方面的内涵：一是利用自然要积极而不是消极，要把促进经济发展放在第一位；二是向自然索取要节约而不是滥用，反对掠夺式地利用自然资源；三是对自然资源的利用要充分而不是浪费。浪费资源是粗放型经济的一个特征，环境污染的实质也是资源利用不充分。实行集约经营必须走节约利用自然资源的路子。

3. 克服短期行为。在我国社会主义市场经济条件下，作为市场主体的企业，以及从事生产经营的个人，囿于本身规模的局限和单纯经济利益的驱动，往往只着眼于本身局部和目前的经济利益，而不顾全局和长远的全面利益，而采取各种短期行为，例如掠夺地力、乱伐森林、滥垦草原和竭泽而渔，以及乱开矿藏等，造成了大量的生态经济破坏，其实质是只顾企业和经营单位的内部经济性，而造成了外部的不经济性。其结果不但损害了全局利益，也使自身的长远利益受到损害。实行集约型经济，充分合理地利用自然资源，要从国家和企业两个方面采取措施控制短期行为。国家要加强宏观生态经济调控，如采取收税、交费等经济手段，促使企业的外部不经济性内部化。企业则应当明确，在生态时代作为现代企业所应负的社会责任，一方面要控制自己的某些短期行为，另一方面应建立必要的制度和措施，例如实行企业内部生态环境补偿制等，以弥补其某些外部不经济性带来的损失，并促使把企业的短期行为限制在最小，从而把企业的行为纳入可持续发展的轨道。

（原载《深圳特区报》1996 年 3 月 26 日）

论农业资源利用的有效性

现代农业发展中出现了日益尖锐的生态与经济的矛盾,动摇着农业作为国民经济发展的基础。发展农业的实质是充分合理利用自然资源。为实现 21 世纪我国经济社会的可持续发展,一个十分重要的问题是在认识客观生态经济规律的基础上,明确指导农业资源利用的基准点,在此基础上,既要把农业资源利用起来,又要把它保护起来,使两者的要求相结合,并以此为指导,提出我国农业资源利用的方向。本文试图对此提出一些看法。

一 自觉认识人与自然的生态经济关系

人类进行农业生产(包括农、林、牧、渔业)的实质,是人与自然相互关系的协调过程。回顾历史,在人与自然相互关系上已经历了从低水平协调—不协调—高水平协调的三个发展阶段。人类社会的发展始于农业。由于生产力的发展,人们开始了动物饲养和植物种植,并使用一些简单工具,推动了农业革命,就使人们脱离了采集渔猎,进入农业社会,并创造了长时期灿烂的农业文明。这是人类社会发展的一次飞跃。这时的人口不多,生产力水平也不高,人类进行农业生产对自然资源的压力不大,没有伤害自然生态系统,因此人们不感到有什么生态与经济的矛盾,人与自然处于低水平的协调状态。

之后,由于蒸汽机的发明,推动了工业革命,建立了工业社会,形成了现代工业文明,这是人类社会发展的又一次飞跃。这时,人口迅速增长,生产力迅速提高,社会不断进步,以先进科学技术为手段的发展经济的巨大力量集中压在某些有限的自然资源,首先是农业资源上,使得农业中生态与经济的矛盾日益显现,越来越尖锐,在农、林、牧、渔等各个生产领域都形成了对自然资源的掠夺式经营，从而出现了农业资源利用的生态经济危机。

农业和整个国民经济中生态与经济的普遍矛盾和危机的出现，使人们感到忧虑。以促进生态与经济协调为特征的"绿色技术"的发展，使社会生产力提高到了一个新的水平。它孕育和推动着一个新的革命，即生态革命。并且正在引导人类社会逐渐进入21世纪的生态化社会。在此基础上，一个生态文明建设的高潮也即将到来。

上述由社会生产力发展所引起的三个革命，推动建立三个社会形态和三个文明建设的发展演变，是一个不以人们自己的意志为转移的客观过程。但是它的有规律的发展却使人们明确认识到，在人与自然的关系上，从工业社会条件下，生态与经济的严重不协调以致尖锐对立，走向生态化社会条件下两者的协调发展；或者说从农业社会两者在生产力低水平基础上的协调，到工业社会两者的严重不协调，又到生态化社会两者在生产力高水平基础上的重新协调，是人类发展经济（首先是农业经济），与自然之间关系发展的必然趋势。即当代人类应当自觉地用生态与经济在生产力高水平基础上协调的思想为指导，发展农业和其他生产。

同时，这一发展过程也向人们提出一个问题，即现代人们利用自然资源所出现的生态经济矛盾和危机是什么原因造成的。现代人口有了迅速的增长，社会生产力（特别是现代科学技术）飞快发展。这些都直接给有限的自然资源带来了巨大的压力。但它们不是造成生态经济矛盾和危机，从而引起自然生态系统破坏的主要和必然原因。现代人口总是要增长的。人们必须严格控制自身的增长速度，但增长还是必然趋势。同时现代经济也总是要发展的。社会要进步，人民生活水平要提高，这也是发展的必然趋势。而且把现代社会中的生态经济矛盾和自然资源破坏归因于此，也必将得出人力不可抗拒和自然资源不可能承载人类社会经济发展的悲观结论，而且这也与客观的实际情况不符。现代人们利用自然资源发展农业和其他生产的正反两个方面实践证明，经济社会发展过程中出现的生态经济矛盾和危机，过不在人口增长，罪也不在生产力发展本身，它们只是造成矛盾和危机的条件。其产生的主要原因在于人们发展农业和其他生产中所持的错误经济指导思想和采取的错误经济行为。长期以来，人们在过去经济学思想的指导下，只顾发展经济，追求片面的经济效益，而不顾与生态的联系，忽视和否定生态效益。在人口迅速增长和科学技术等生产力高度发展的情况下，就使自然生态系统遭到严重破坏，从而使农业和其他经济的发展不能持续。因此，从根本上解决这一问题，就需要人们首先端正自己对人与自然之间关系的认识，从与自然对立，转到与自然和谐；并在此基础上，以生态与经济的矛盾统一为依据，建立利用自然资源发展经济的正确指导思想，并用以指导人们利用自然资源的经济行为，从而把农业和其他经济的发展，放在可持续发展的正确轨道上。

二　重视农业资源利用的有效性

指导发展农业，把利用资源放在一个什么基准点上，这是一个人们并不明确，但又无法回避的问题。长期以来，人们随着对发展农业要求产量和产值最大，把对农业资源利用的要求也放在"最大"这一基准点上，这是错误的指导思想。实践证明，它是造成人们采取错误的经济行为，造成生态经济矛盾和危机，从而使农业不能可持续发展的原因。长期以来，人们发展农业经济的正反两个方面实践已经反复证明，指导发展农业、利用资源的基准点不应当是"最大"，而应当是"有效"。从两者对照来看，不顾条件追求经济发展的最大化，必然使经济需求的无限性与生态供给的有限性对矛盾双方的差距越来越大，从而形成破坏系统结构组成（即自然资源）及其运行的力量；而追求经济发展的有效性，则将有利于使经济需求与生态供给的矛盾双方，在对农业资源积极利用和节约利用相结合的基础上，找到两者统一的一个结合点，使两者的距离比较接近，从而把对农业资源的利用与保护有机结合起来。

提出以农业资源利用的有效性作为指导农业资源利用的基准点，其基础是生态经济学中生态与经济双重存在的理论。农业生产是在农业生态经济系统中进行的，它由人们直接进行农业经济活动的载体——经济系统作为其基础，支持人们进行农业经济活动的自然载体——生态系统，相互结合，共同组成。由于生态和经济这两个子系统都是客观存在的，因此人们进行农业经济活动，同时要受客观存在的经济规律和自然规律的制约。过去人们不认识客观存在的生态经济规律，不自觉地以"最大"作为农业资源利用的基准点，只顾发展经济，不顾生态系统的状况，破坏了生态平衡，使经济系统的运行不能正常持续。现在人们认识了客观生态经济规律，自觉地把农业资源利用的基准点放在利用的有效性上，就要同时看到生态和经济两个系统及其作用的存在，因此就能体现生态与经济协调发展的要求，从而就有利于实现农业和农村经济的可持续发展。

提出以农业资源利用的有效性作为指导农业资源利用的基准点，其核心是正确处理利用资源和保护资源的关系，因为追求农业资源利用有效，就要考虑到它的节约利用与合理利用，而不能不顾一切地追求其利用的最大。这样，它实际上就包括了两个方面的含义：一是有利用之效；二是有保护之效。因此与利用最大的基准点比较，它能够把农业资源的利用与保护两个方面的要求融为一体，从而实现两个要求的统一。

提出以农业资源利用的有效性作为指导农业资源利用的基准点，其内涵，从生态与经济的结合上，主要包括以下3个方面：

（1）在经济利用上，要积极而不是消极　当前我国农业生态系统已经遭到严重破坏。在此情况下，对农业资源是要强调利用，还是强调保护；是要积极利用，还是消极利用，这是运用农业资源利用的有效性指导农业资源利用，首先必须认识明确的问题。由于人类是为了发展经济而利用农业资源，因此利用是绝对的。人们对利用农业资源发展经济的基本态度应该是支持；不是限制，而是管理。因此，在利用和保护的这对矛盾中，要把利用放在第一位，而不能被自然保护主义的消极观点束缚住自己的手脚。这里需要看到，我们在农业资源利用有效性之下所讲的资源保护，主要也是指积极保护。生态经济系统的要素（即资源）构成是多成分的，因此对系统和资源积极保护的途径和措施也是多种多样的。据此就要重视对某些已遭破坏资源的替代利用。如近年来，我国在渔业生产上采取了积极发展养殖和开辟远洋捕捞的做法，使之有利于缓解近海已遭严重破坏的渔业资源压力，使之休养生息；同时又保证了鱼产品供应，而不是单纯采取限制近海捕捞，就是一个积极保护，而不是消极保护的做法。

（2）在向自然索取上，要节约而不是滥用　农业生态系统及其各种组成要素（资源）的存量和再生能力都是有限的。发展经济一味加大向生态系统索取的强度，超过了其承载阈限，就形成了掠夺式经营，而给自然生态系统造成破坏。因此以有效性作为农业资源利用的基准点，在外延扩大利用农业资源上要严格控制取用的数量，必须重视节约利用。这也正是我国农业集约型经济应有的一个重要特征。那种依靠扩大外延，用高投入、高消耗自然资源换取经济高效益的粗放型经营方式应积极向集约型方式转变。那些掠夺式经营，如某些林区中存在的"砍伐就是产值，破坏就是致富"的错误做法，则应坚决制止。

（3）在生产加工使用上，要充分而不是浪费 以有效性作为农业资源利用的基准点，要从内涵利用上挖掘农业资源的潜力，这就要求人们对已经从生态系统中取用的农业资源，在加工过程中千方百计地做到物尽其用。这也是我国农业集约型经营方式的一个重要根本特征。为此，一个重要方面就是要求人们在加工使用过程中，重视农业资源综合利用：一方面，要看到，各种加工利用产生的边角下料，以至废渣、废水、废气这"三废"，都是资源，都有重新加以利用的价值，并能减少环境污染；另一方面，要看到，许多资源（包括农业资源），其经济的有用性本来就是多方面的，而且有些资源就是同体共生的。在这些情况下进行综合利用都大有可为。

三　推进农业资源的广度、深度和适度利用

（1）推进农业资源的广度利用。它体现对农业资源积极利用的要求。人类以生态系统为基础发展农业生产，而农业生态系统的结构具有多样性的特点。因此人类利用农业资源是多方面的。但由于人们认识和技术上的局限，至今人们能够利用的农业资源还只是农业生态系统资源的一小部分，还有很大的一个"必然王国"等待人们去开发。目前的实际情况是，一方面有少数农业资源被人们过度利用，而且还不断加大其利用压力；而另一方面，却有许多资源利用不充分而闲置浪费。就是一些已被人们认识的资源，在许多情况下，也还未去开发利用。在农业生产实践中，各地存在着利用农业资源的许多片面性：例如重平原，轻山区；重粮食，轻经济作物；重化肥，轻有机肥；重林木，轻林特产品；重捕捞，轻养殖等。这就说明了农业资源利用上的巨大潜力。为此，人们要重视从广度上对各种未开发利用的农业资源进行开发利用，包括中低产田的开发利用，荒山、

荒地、荒坡、荒水、荒滩的开发利用，以及农民庭院的开发利用等。要通过综合开发，把各种闲置的农业资源都利用起来。

（2）推进农业资源的深度利用。它体现对农业资源充分利用的要求。农业生态经济系统具有物质循环、能量转换、信息传递和价值增值等功能。通过深度利用提高农业资源利用的有效性，要在组织农业生产上，把农业生态经济系统的这些功能充分发挥出来。其中的一个重要途径就是发展"循环农业"和"加工农业"。首先，按照生态系统"食物链"原理，把利用农业资源，产出各种农副产品的单独过程，通过加"环"、组"链"，使之成为统一农业生产"食物链"中相互有机联系的各个环节，使前一环节生产的遗留物和"废弃物"作为后一环节生产的原料，如此循环利用，形成多产品、无废弃物的农业。这就是"生态农业"的主要内容。其次，再以这些农副产品做原料，进入农村工业领域，组成各种农副产品"加工链"，对之进行深加工，增值利用。其实质是农业生态经济系统"食物链"中物质循环、能量转换和价值增值等过程在加工业生产领域中的继续。其作用都是推动农业资源的深度利用和促进农业资源利用有效性的提高，这里要看到，对农业资源的深度利用也是随着客观环境条件的逐步具备和人们对其使用价值认识的不断加深，而日益拓宽其范围的，例如观光农业和森林旅游业的出现和迅速发展都是深化利用农业资源，提高农业资源利用有效性的具体表现。

（3）推进农业资源的适度利用。它体现农业资源节约利用的要求。任何生态系统，包括农业资源，都具有有限性的特点，这就决定了一定时期利用农业资源的上限。但是农业资源又需要充分利用，这就综合决定了对农业资源利用既积极又稳妥的适度利用要求。生态经济学的理论告诉我们，在发展经济的实践中，由于经济系统和生态系统两种作用的相互制约，因此理论上的最大经济效益和最大生态效益都是不可能得到的。人们所能得到的现实经济效益只能是两者结合所提供的生态经济效益，这就是生态经济学上的生态经济适合度的概念。但是在发展农业的实践中，由于单纯考虑利用农业资源的需要，而不顾生态系统提供自然资源的可能，因而超过农业资源利用适合度，从而破坏生态系统的生态与经济不协调现象是屡见不鲜的。以农业资源利用的有效性作为基准点，指导农业资源利用，就应当对经济和生态，按照生态经济适合度这一理论的指导，在实践中找出一个经济和生态两方面都能允许的生态经济结合点来安排生产，使之达到既有效又安全的利用，从而使其目前利益和长远利益都能达到最高。

（原载《自然资源学报》1996年第4期）

掠夺型农业向协调型农业的必然转变

世界农业的发展出现了自然资源利用上多方面的不协调，掠夺式农业的概念已经在人们的认识中逐渐形成。农业发展的现状和前景引起了人们的普遍关心和忧虑。在此情况下，用农业生态经济学的原理为指导，对新中国成立以来农业发展正反两个方面的实践进行研究，阐明掠夺型农业的表现和特点以及它的产生、演变的规律性，探讨它的发展前途，并进而研究我国现代化农业的前景和方向，具有重要的理论意义和现实意义。

一 掠夺型农业是一种生产类型

掠夺型农业生产在我国和世界都已经不是个别现象，而是当代农业发展的一种普遍的客观存在。首先，它表现在我国农业生产的各个方面。例如在农田种植业上，土地是不可代替的，最重要的生产资料，但是从数量和质量上都存在掠夺型的不合理利用。我国按人平均耕地的数量很少，而且越来越少，但有限的耕地却被随意大量地不合理滥用，包括大量毁地烧砖、挖沙卖土、扩宅造坟，毫不珍惜地随意作非农业使用等。从质量上看，掠夺土壤肥力的做法更为普遍。我国历史上已经形成了精耕细作的优良传统，在用地养地上具有一整套行之有效的经验。但几十年来，由于人口急剧增长带来的巨大压力，许多行之有效的做法已经基本抛弃。例如为了增产粮食，盲目地改种高产粮食作物，并实行重茬连作，废除了豆科作物养地和必要的轮作倒茬措施，土壤肥力大量消耗而得不到补偿。为了增产粮食，脱离当地具体条件盲目提高复种指数等，都严重消耗了土壤肥力，却换来了粮食减产。大量施用化肥，减少或完全不用有机肥，从而造成了土壤板结等。所有这些都严重破坏了土壤营养物质的输出输入平衡，造成了对土壤肥力的严重掠夺。

在林业上乱砍滥伐森林的规模日益扩大，后果日趋严重。在草原经营上和在渔业生产上，也都存在掠夺资源式的经营。

此外，有些乡镇工业无计划地发展，也形成了对矿产资源的严重掠夺。

我国农业是世界农业的一个组成部分。在世界范围内，掠夺型农业生产已经普遍存在，有的更先于我国或更甚于我国。掠夺型农业所造成的危害已经遍及全球。根据世界资源研究所近年来的统计，地球上的热带雨林正在以每小时 1250 公顷的速度消失，世界上每年因沙漠化等原因损失的土地面积达 2000 万公顷，全球陆地以每分钟 44 公顷的速度被侵蚀。科学家们估计，所有过去存在的物种已有 600 多种动物和 2.5 万种植物濒临灭绝。所有这些都将直接危害农业，并将危及整个社会经济。上述说明，掠夺型农业已经是当代农业中一种普遍的生产类型，它的存在不以人们自己的意志为转移。

掠夺型农业的基本特点是经济与生态的不协调。人们从事农业生产，只考虑经济发展的需要，而不顾自然生态。他们盲目追求局部、眼前的一些经济利益，使用了各种手段掠夺自然生态系统，破坏了它的正常结构和功能，使系统的存在和运行失去平衡。这些回过头来又动摇了人类赖以生存和发展经济的自然物质基础，从而使进一步发展经济成为不可能。具体来看，掠夺型农业的要害在于不能正确处理以下三个方面的生态经济关系：

一是农业生产结构的协调关系。农业生产是自然再生产与经济再生产的结合，任何农业生产都在一定生态系统的基础上进行。生态系统具有自己的结构，包括林、草、牲畜、农田作物等各种生物群体。它们共同组成生态系统"食物链"，按照一定顺序进行着物质循环和能量流动，保证系统的平衡稳定，源源不断地为人类提供农林牧渔等多种农产品。生态系统的结构越复杂，它的平衡稳定就越能得到保证。我国发展农业，长期片面强调以粮为纲，取消了林牧渔等多部门经营和粮食与经济作物、绿肥作物等的有机配合，就必然打破了生态系统的正常运转，破坏了它的平衡稳定，从而给农业和整个国民经济的发展带来各种危害。

二是农田营养物质输出输入的平衡关系和自然资源利用和保护的关系。物质循环和能量转换是生态系统的主要功能。它的持续顺畅运行保证着系统的平衡稳定。在农业再生产过程中，各种营养物质（和能量）不断以农产品的形式输出，所损失的各种营养物质（和能量）需要不断得到补充。但是我国农业长期以来在农田耕作制度和肥料施用上采取了耗损地力的做法，营养物质不能得到补充，农田生态系统的物质和能量的循环转换不能顺畅持续进行，这是形成掠夺土地肥力资源的一个基本原因。

三是农业是国民经济发展的基础，自然资源是农业发展的基础。农村自然资源包括光、土、气和各种生物资源，都是农村生态系统的重要组成因素。国民经济的发展和人民生活水平的提高，通过农业直接大量消耗这些自然资源。其中大量自然资源是可以再生的，如各种农田作物和牲畜，但它们的再生要在农田和农村生态系统运行允许的范围之内。其中许多自然资源是不能再生的，如各种大小矿藏，用一点就会少一点，因此要更加珍惜。在掠夺式农业经济下，忽视甚至否定了自然资源利用和保护的关系，只管经济上的短期需要，不顾生态上的长期可能，实行滥砍森林、滥毁草原、竭泽而渔和滥挖乱采等做法，造成了农村资源枯竭，从而给经济的发展造成了难以弥补的损失。实际上是做了自毁生产基础的蠢事。

二 掠夺式农业是一个历史过程

掠夺式农业生产形式在当今世界范围内的普遍出现不是偶然的，它是农业生产历史发展中必然出现的现象。首先它随着人口的增长而出现。世界人口最近一个历史时期有了惊人的迅速增长。据联合国最近发表的1988年世界人口图表表明：截至1989年年中，世界人口总数估计将达51.12亿。支持庞大人群的生存、享受和发展的需要，必然对自然资源产生了巨大的压力。现在世界人口平均每年增加8000多万，这个增长数几乎都在发展中国家。目前，我国的人口总数已超过11亿，这也是我国农业自然资源遭受严重掠夺的一个基本根源。世界工业化国家的人口占世界人口的比例不到25%，但他们消耗的能源占75%，消耗木材占85%，本国的资源不足，又仰赖于从发展中国家进口。由于人口迅速增加，迫使人们滥用自然资源造成环境的破坏，联合国粮农组织曾经预言，如果不采取保护措施，到2100年，土壤退化和流失将会使亚洲、非洲和拉丁美洲的水浇地减少65%。

其次，它随着生产力的发展而出现。近代各种先进生产工具的发明、科学技术的进步和劳动者文化技术素质的不断提高，为农业生产的迅速发展提供了坚实的生产力基础。它从广度和深度上迅速扩大和提高了对农业自然资源的利用能力，迅速增加了农业生产，这是社会进步的表现。但是它同时也大大加强了人们对农业自然资源利用的强度。在人们不认识生态平衡自然规律的条件下，有限的自然资源面对无限增长的社会生产能力，大量农业自然资源消耗了而不能再生，就必然给农业生产带上掠夺式的特点。

最后，它随着商品经济的发展而出现。商品经济在社会分工和生产不断发展的基础上产生，它的发展又不断推动了社会生产（包括农业）的发展。价值规律是商品经济的基本规律，它为人们广泛深入利用各种农业自然资源发展农业生产提供经济动力，但是它本身并不具有节制利用自然的机制，而存在着盲目利用以致破坏自然资源的自发性。人们对眼前局部利益不择手段的追求，必然造成对自然资源的各种掠夺。正是在此力量推动，又缺乏必要管理的条件下，大规模毁林盗伐之风屡禁不止，而且愈演愈烈，滥捕蛙、蛇、黄鼠狼等破坏农村动物资源之事也屡禁不绝，从而使掠夺式经营成为农业生产发展过程中的历史必然。

但是掠夺型农业又是一个历史的过程，它的存在和发展只和一定的农业发展阶段相联系。它在一定的社会经济条件下产生，在一定的社会经济条件下发展，又在一定的社会经济条件下消亡。世界农业发展，按其对自然资源的利用情况，可以大体区分为三个相互联系的历史发展阶段，依次形成了三种农业发展的类型，即原始型农业、掠夺型农业和协调型农业。原始型农业是人类社会经济发展初期的农业，那时人口的数量还不多，对自然界的需求相对不大；社会生产力的水平很低，商品交换还没有什么开展，因此人类的经济活动对自然资源还没有形成什么压力。这时候，人类经济与自然生态处在低水平基础上的协调。自然资源没有什么破坏和掠夺，但是人类的经济生活也十分匮乏。这种类型的农业不能适应人类社会发展的需要，必须向新的发展阶段前进。

掠夺型农业是原始型农业的继续发展。其产生的背景是社会经济的迅速发展。特别是进入资本主义发展阶段以后，世界人口迅速增长，从而大大增加了对农业自然资源的需求，同时社会生产力高度发展，各种新工具、新技术和先进的管理方法被广泛采用，也使对农业自然资源的掠夺利用成为可能。在此同时，资本主义商品经济的高度发展，又加速和强化了这一进程，它在速度和规模上进一步扩大了经济发展与自然资源利用的这种不协调。所有这些集中到一点，就是农业生产对自然资源的利用超过了自然资源本身的再生能力，从而就形成了前者对后者的掠夺。在一定的社会经济发展阶段，掠夺型农业的出现是必然的。但是这种农业类型对发展社会经济所具有的严重危害性，终将唤起人们的注意，从而使农业的发展必然从掠夺型向着协调型的方向转变。

三 掠夺型农业向协调型农业的转变

世界农业经过了长期掠夺型的发展，人们已经明确认识了它的危害性。在逐步认识客观自然规律的基础上，开始自觉引导农业走上了协调型发展的新阶段。农业的这一新发展是时代的要求。当前社会经济的发展为掠夺型农业向协调型农业的转变准备了基础和有利条件。

（一）人们越来越自觉地控制自身的再生产，世界人口长期以来的急剧增长，给经济和自然带来了沉重的压力，从而造成对农业资源的掠夺。人们越来越明显地认识到，人是在生态经济系统中生存和发展的。人类不能脱离自然生态系统而存在，它的自身再生产必须与自然的再生产相协调。我国已经经历了从20世纪50年代以来在人口问题上的严重失误，现在，全国人民都在承受它带来的严重后果。当前计划生育，自觉控制人口增长已经定为我国的一项基本国策。在世界范围内，控制人口的迅速增长也已成为共同的呼声和行动。当前世界范围内，人们对人口与农业资源之间关系认识的提高，为农业从掠夺型走向协调型提供了有利的条件。

（二）对社会生产力的作用有了新的理解。社会生产力的不断提高是推动社会经济发展的根本动力。这是一条重要的经济规律。但是长期以来，人们孤立地认识和运用这一规律，把经济的运动与自然的运动隔绝开来，在对农业投入新的生产力时，不顾它们对自然的某些破坏，因此就出现了背离经济规律要求的悖谬现象：生产力的迅速发展，却带来了农业经济的破坏，而且生产力越发展，它造成的对农业的破坏也越大。这方面的大量事实，促进了人们对社会生产力作用的重新思考。社会生产力是一个经济范畴，它的发展推动着经济系统的运行和社会经济的不断发展。但是经济系统的运行是不能脱离自然生态系统的运行而孤立存在的。在实际经济生活中，经济系统与生态系统有机结合，共同构成统一的生态经济系统。

（三）商品经济走向有计划的商品经济。世界农业发展中，商品经济发展的起了重要的推动作用。但它本身具有的盲目性和价值规律的自发性也给农业生产造成了许多危害，成为掠夺型农业发展的一个条件，掠夺型农业造成的严重后果使人们认识到，商品经济发展的同时必须进行必要的宏观调节，社会主义商品经济与社会主义计划经济的统一是避免商品经济自发性带来对自然资源掠夺的重要保证。一个历史阶段以来，世界资本主义经济发达国家，面对发展商品经济所造成的各种破坏（包括农业上的掠夺），在不触动经济制度本身的情况下，采取了各种措施，对制止农业的掠夺起了一定作用。我国社会主义经济本身就是有计划的商品经济，从制度上就要求把发展商品经济与社会主义计划经济的宏观调节密切结合起来。我国和世界商品经济这方面的发展趋势，也将为农业从掠夺型向协调型的转变提供有利条件。

当前世界农业的转型是一个必然的过程，但也是一个逐步的实践过程，目前已经基本上完成了以下三方面的准备：

一是实践上的准备，这是最基本的准备。农业的各种类型都是实践的产物。实践促进了它们的产生，同时也对它们进行了检验。实际上这种检验从掠夺型农业开始存在的那一天起就已经开始了。人们在实践中看到了它作为原始农业的进一步发展所具有的先进生产力基础，同时也看到了它违背生态平衡，自然规律给经济发展带来的种种危害。与此同时，人们在实践中，为了摆脱掠夺型农业的影响，结合各地具体条件，也创造出了自然与经济协调、发展农业生产的各种好的经验。所有这些都为农业从掠夺型向协调型的发展提供了准备。

二是思想认识上的准备。人们在掠夺型农业的长期发展中,对农业的本质逐步有了更全面的认识。农业是人类有目的的经济活动,但它的生产对象是有生命的植物和动物有机体。它们的生长发育有自己的规律性。农业的一个重要特点是经济再生产与自然再生产相交织。但是长期以来,人们多只强调它的经济方面,千方百计地,甚至不择手段地对农业自然资源挖掘利用;而很少重视它的自然方面,对各种植物和动物资源进行必要的保护。这就为实行掠夺型农业提供了思想认识上的依据。掠夺型农业破坏自然资源的严酷现实,促使人们重新思考。他们看到,农业的本质是生态的农业。动植物等农业资源都存在于一定的生态经济系统,作为它的重要组成部分,并参加它的运行。人们对它们的经济利用必须与农业生态系统的运动相协调,才能长期持久利用这些农业资源,否则就将使这些利用成为不可能。人们对农业的生态经济本质的深刻认识,为农业的转型作了重要的思想认识准备,从而使它的实现成为可能。

三是理论上的准备。农业生产的实践需要有全面的农业经济理论进行指导。随着农业生产实践的发展,农业经济理论也需要不断发展和完善。我国的社会主义经济学,从新中国成立以来的发展大体经历了三个阶段,20世纪五六十年代在"左"的思想指导下,片面强调阶级斗争,认为农业经济学只研究生产关系不研究生产力。1959年提出农业技术经济学,扩大为既研究生产关系又研究生产力。认为农业经济学既要强调人和人之间的斗争,又要强调人和自然之间的斗争,其核心仍然是把自然放在征服对象的位置上。显然,它仍然不能指导农业摆脱掠夺式的经营。随着农业生产实践的发展,党的十一届三中全会后,提出了农业生态经济学,重新摆正了农业中人和自然的关系,使整个农业经济科学扩展到既研究整个农业经济过程(包括生产关系和生产力两个方面),又深入到农业的自然过程,从而为当前农业的转型提供了明确的理论指导。

当前我国农业从掠夺型向协调型的转变,已经不是遥远的未来,而是农业生产的现实。各地生态农业越来越广泛的实施指出了协调型农业的发展方向。生态农业以生态经济学的理论为指导,其经营对象是整个农业生态经济系统,而不是某个单项植物或动物。它在经营中重视系统的整体性、综合性、协调性等特点，因此就能够实现系统中各种因素和部门的全面协调，使农业生产同时获得了较高的经济效益和生态效益，从而避免了对自然资源的掠夺。它的出现为我国农业现代化从生态与经济的结合上提出了新的思路，它将引导我国农业更有效地继续前进。

（原载《中国农村经济》1989年第4期）

从人与自然的关系上深化经济改革

我国自 1978 年以来，遵循实事求是的思想路线，进行经济改革，二十多年来已经取得了举世瞩目的巨大成就。当前人类经济社会的发展，从人与自然的关系来看，已经进入一个新的时代，即生态时代。新的时代要求我国在继续坚持从人与人的关系上深入进行经济改革的同时，也要从人与自然的关系上进一步深化经济改革，从而把我国经济社会的发展放在经济与生态协调的基础上，实现经济社会的可持续发展。这是新的时代赋予我们的新任务，是我们运用邓小平改革理论的新拓展。它的实施也是我国经济社会发展的历史必然。

一 我国经济要走可持续发展的道路

当前我国的经济改革是在世界经济发展的时代背景下和总体环境中进行的，因此也必然要受时代发展的特点和世界经济总体发展状况的制约。

人类经济社会的发展，从人与自然的关系来看，当前已经进入了一个新的时代，即生态时代。它是历史上农业社会和工业社会发展的继续。人类社会的发展是由生产力的发展推动的。人类早期社会，由于发现了动物饲养和植物种植，并且创造和使用了简单的农业生产工具，就推动了农业革命，从而建立了农业社会。在此基础上也形成了长时期的农业文明，其中包括我国几千年的农业文明。这是人类社会发展历史上的一次重大飞跃。之后随着生产力的继续发展，以英国的詹姆斯·瓦特发明蒸汽机为标志，推动了工业革命，从而建立了工业社会，由此又形成了近两百多年来现代灿烂的工业文明，这是人类社会发展历史上的又一次重大飞跃。世界工业社会短短二百多年发展所带来的经济社会面貌的变化，远远超过了在它以前几千年人类经济社会面貌的变化，从而使人类社会的物质文明和精神文明都达到了一个前所未有的高度。

工业社会以高度的生产力水平为基础,其特征是以高度发展的科学技术,不断扩大开发利用自然资源,为人们谋福利。但是由于人们对客观存在的经济与生态之间互相影响的内在关系没有认识,一味扩大开发利用自然,而不对自然加以保护。因此经济对自然的压力越来越大,超过了自然生态系统的承受和再生能力,破坏了生态系统的平衡,从而使经济不能持续、稳定地发展。工业社会中出现越来越多的生态经济问题的严酷现实使人们看到,在人们发展经济的过程中,经济与生态是一个不可分割的生态经济统一体。人们发展经济不能对自然资源进行掠夺,而必须与自然和谐相处。由此就推动人类社会的发展走向更新的生态社会发展阶段。

人类经济社会从工业社会走向生态社会,从经济与生态的不协调走向两者协调,是人类社会历史发展的必然。它归根结底也是生产力发展的推动。在工业社会中,针对解决越来越严重的生态经济问题的需要,一种能够促进实现经济与生态协调发展的新技术——绿色技术,已经孕育形成,并逐渐成为推动社会继续前进的力量。这也就形成了人类社会发展历史上的又一次更大的飞跃。生态社会是人类社会发展的一个更高阶段,与过去的工业社会对比,一个基本特征就是实现了更高生产力水平基础上的经济与生态协调。由此,也就决定了它所具有的以下两个鲜明特点:

一是具有先进的生产力。对此应该看到,它是工业社会生产力的继承。生态社会是生产力高度发展的社会,因此它必然要继承工业社会已经取得的一切先进生产力和科学技术成就,并在控制其破坏生态环境作用的基础上,把它们继续、有效地应用于发展经济。因此那种认为在生态社会,为了避免产生各种经济与生态不协调问题,就要限制科学技术的发展,甚至要摒弃工业社会已经取得的各种先进科学技术成就的观点和做法是错误的。同时要看到,生态社会不但能够"改造"已有的先进生产力,克服其消极作用方面,而且能够创造新的、更高的生产力,例如"绿色技术"。从而就使之达到当代总体最高的生产力水平。

二是具有先进的经济与生态协调发展意识。生态社会是在工业社会的基础上,针对克服原有各种生态与经济不协调问题的需要而产生的,因此它必然有明确的经济与生态协调的意识作指导。由此,它就可以避免过去在工业社会中所出现的各种发展经济损害自然生态系统的问题。因此，那种认为生态社会仍然是工业社会的"翻版"和继续，在实质上没有什么新的前进的认识也是错误的。

近三十年来的全球环境与发展运动为世界经济的发展指出了明确的可持续发展方向，同时也为我国经济的发展指出了正确的道路。世界三十年来的环境与发展运动，大体经历了三个相互联系的阶段，从而体现了世界可持续发展指导思想的逐步酝酿和形成过程。其中：

一是舆论准备阶段。20世纪60年代末至70年代初，是世界生态经济矛盾进入尖锐化的时期，同时也是生态经济思想最活跃和最敏锐的时期。针对可能产生的生态经济危机问题，当时出现了以"罗马俱乐部"为代表的"悲观派"观点和以美国的赫尔曼·卡恩和朱利安·西蒙等人为代表的"乐观派"观点，并进行了一场关于人类社会发展前途的大讨论。"罗马俱乐部"的观点认为，当代世界经济如果任其发展下去，地球上的增长在100年内就要达到极限。因此主张不能继续增长。美国学者赫尔曼·卡恩和朱利安·西蒙等人的观点则针锋相对地认为，当前人类社会的发展正面临着"无限繁荣的机会"，发展的"极限"不会到来。两派的长期激烈争论为世界可持续发展战略指导思想的形成作了思想和舆论准备。

二是全球保护环境的行动阶段。1972年6月联合国在瑞典首都斯德哥尔摩召开了"人类环境会议"，标志着世界保护生态环境的运动从思想准备转入实际行动。会议通过了著名的联合国《人类环境宣言》，号召各国政府和人民共同行动起来，维护和改善人类环境。会后联合国规定了每年6月5日为"世界环境日"，并成立了联合国环境规划署，负责处理世界环境方面的事务。从此一个世界性的环境保护运动就蓬勃发展起来。

三是全球环境与发展行动统一的阶段。1972年联合国"人类环境会议"召开后的二十年来，全世界人民的生态环境意识有了很大提高，各国政府在保护生态环境方面都做了大量工作。但是全世界的生态与经济矛盾并没有消除，整个生态环境的状况还在继续恶化，并且越来越明显地限制着经济社会的可持续发展。为此联合国于1992年6月，又在巴西的里约热内卢召开了"环境与发展大会"。其突出特点是把环境与发展密切结合起来，这是人们从二十年来世界环境与发展运动实践中取得的一个突破性认识。据此大会明确提出了"可持续发展"的指导思想，为新的历史时期世界环境与发展运动指出了正确的奋斗目标。这一目标也被各国作为发展经济的共同指导思想肯定下来。

我国可持续发展指导思想的建立同样也是我国发展经济客观实践的需要。长期以来，我国由于人口迅速增长和生产力快速提高，经济与生态的矛盾也越来越突出。国家对生态环境问题十分重视。1992年联合国"环境与发展大会"以后，我国政府率先响应，制定了中国的可持续发展战略，发布了《中国 21 世纪议程——中国 21 世纪人口、环境与发展白皮书》。并且在 1996 年的第八届全国人民代表大会第四次会议上，把可持续发展战略纳入了国民经济和社会发展计划。从此，可持续发展就作为我国发展经济的重要战略指导方针肯定了下来。我国的经济发展是世界经济发展的一部分，新时代世界可持续发展指导思想的建立，必然要对我国新时期的经济发展和深入经济改革产生指导方向的作用。

二 实现可持续发展要端正人的经济行为

当前我国经济发展实践中存在着大量经济与生态的矛盾，严重阻碍着经济社会的可持续发展。这些生态经济问题既存在于农业、林业、牧业、渔业，也存在于工业、乡镇企业；既存在于农村，也存在于城市；既存在于山区，也存在于海洋；既存在于生产领域，也存在于消费和生活领域，已经遍及我国经济和生活的各个方面。长期的实践证明，除了例如火山、地震、海啸和泥石流等主要是由于自然界本身的强烈运动导致外，大量的生态环境问题都是由于人们自身所引起，即在发展经济的实践中，遵循了不正确的经济指导思想和采取了不正确的经济行为，破坏了自然界的生态平衡所导致的。因此扭转我国普遍存在的经济与生态不协调状态，使之走向经济与生态协调发展和可持续发展，矛盾的主要方面就在于人的本身。解决这一问题的关键是要通过继续深化经济改革，促进改变长期以来人在这方面的错误经济指导思想和错误经济行为，以做到人与自然的相互和谐。

生态时代的到来，一方面为我国经济指出了可持续发展的正确方向。同时也推动建立了为可持续发展提供理论基础的生态经济学新学科，对人们进行可持续发展经济的实践提供理论指导。生态经济学的理论认为，发展经济是作为经济运动的主体——人，遵循客观经济规律和自然规律的作用，利用自然资源，为自己谋福利的有目的的生态经济活动。据此在我国的经济发展实践中，通过深入改革，端正人的经济思想和经济行为，对实现经济社会的可持续发展具有根本的重要意义。对于如何认识和发挥人在发展经济中的主导作用，从生态与经济的结合上，要看到以下两点：

1. 生态经济系统是人们进行经济活动的实际载体。其发展经济的具体实际过程是，经济活动首先由人们发起，直接在经济系统中进行。人们组织和运用各种社会生产力要素，在特定的生产关系下，生产各种经济产品，满足人们的生产和生活需要。但同时，人们发展经济的活动又必须以自然生态系统的运动为基础。生态系统是由生命要素和环境要素共同组成的，前者包括各种植物、动物和微生物；后者包括光、热、土、水、气和各种矿物质。这些也都是人们发展经济的原材料和生产、生活条件。在生态系统中，这些自然要素组成了生态系统的"食物链"，不停地进行着物质循环和能量转换运动，维持着系统本身的生态平衡。这一平衡能够保持，就能维持生态系统的持续稳定和资源再生，从而就可以不断地向人们提供发展经济需要的各种原材料和生产、生活条件，使经济社会能够可持续发展；反之，生态系统的平衡遭到破坏，它向经济系统提供生产资料和生产、生活条件的作用就不能维持，经济社会的可持续发展也就成为不可能。人们进行经济活动的实际生态和经济过程，向人们明确指出，客观存在的，由经济系统和生态系统有机结合形成的生态经济系统，是人们进行经济活动的实际载体。人们发展经济既要受客观经济规律的制约，同时也要受客观生态平衡自然规律的制约。

2. 人在生态经济系统中地位的双重性和作用的双向性。经济活动是以人为主体，利用生态系统自然资源的有目的的活动。人们长期以来发展经济的实践证明，正是由于人的经济指导思想和经济行为不正确，破坏了自然生态系统的平衡运行，从而就导致了经济的不能可持续发展。因此通过改革，促进端正人的经济思想和经济行为，一个核心问题，就是必须从生态与经济的结合上，对人在生态经济系统中的地位和作用有一个正确的认识。

对此，首先要认识人在生态经济系统中的地位具有双重性。生态经济系统是由生态系统和经济系统结合形成的。人是生态系统的组成要素，同时也是生态经济系统的组成要素。但是应当看到，人在生态系统和在生态经济系统中的地位是完全不同的。在生态系统中，人是作为自然的人而存在，它只是生态系统中的一个生命要素。就此意义来说，人和其他动物的地位和作用没有任何区别。但是在生态经济系统中，人的地位和作用就完全不同。在这里，人是作为社会的人而存在。这时人不但是生态经济系统的一个组成要素，而且是整个系统的主宰。这是因为，生态经济系统的实质是人工生态系统，而不是单纯的自然生态系统。即人们以自然生态系统的存在和运行为基础，用人们自身的主观意识来调控，并按照人们自己发展经济目的而建立的。他们发展经济的活动就在生态经济系统中进行，同时他们的活动也必然会影响自然生态系统的运行，并左右整个生态经济系统的发展方向。人在生态经济系统中的地位具有双重性的这一特点向人们指出，在人们运用自然生态系统（即利用自然生态系统中的自然资源）发展经济中，必须明确认识人在生态经济系统中的这一决定性地位，充分发挥人在利用生态经济系统、发展经济上的积极性和主观能动性，把生态系统资源充分利用起来，为人们谋福利。

　　与此同时，认识人在生态经济系统中的地位和作用，也要明确看到人在生态经济系统中的作用具有双向性。在人们利用生态系统资源发展经济的实践中，充分认识和发挥人在生态经济系统中的主宰作用是十分重要的。但是我国长期以来发展经济的正反两个方面的实践经验，也使人们看到，人对生态经济系统所发挥的主宰作用，并不永远都是正确的。具体来说，当人的经济指导思想和经济行为符合生态经济系统的运行规律，包括生态平衡规律的要求时，就能够在保护生态系统平衡的基础上，推动经济在可持续发展的正确道路上，取得理想的经济效益；反之，当人的经济指导思想和经济行为违反生态平衡规律的要求时，就会阻碍经济的顺利发展，甚至还会造成巨大的经济损失。以上人在生态经济系统中的作用具有双向性的这一特点，又指明了人在运用生态系统资源发展经济中，端正自身经济指导思想和经济行为的重要性。在我国的长期经济发展实践中，正是由于人们没有正确的生态与经济协调的理论作指导，使人在生态经济系统中的主宰作用没有得到正确的发挥，反而作了错误的发挥，因此就产生了日益严重的生态经济问题，由此就使经济社会不能可持续发展。

以上从生态与经济的结合上，深刻认识人在生态经济系统中地位的双重性及其作用的双向性，是人们多年来在发展经济的正反两个方面的实践中，花了巨大的代价才取得的重要认识。对此人们清楚地看到，我国长期以来不断出现的各种生态环境遭受破坏的问题，实质上都是生态与经济不协调的问题。这些问题主要都是由于人们在发展经济的过程中，遵循了错误的经济指导思想和采取了错误的经济行为造成的。具体来说，就是遵循了错误经济指导思想的人，在生态经济系统的主宰地位上，沿着错误的方向运用生态系统资源，从而造成生态系统运行的破坏。我国长期以来发展经济的这一沉重而宝贵的经验教训，对于我们从人与自然的根本关系上，重新深刻认识发展经济过程的生态经济本质和促进解决发展经济中的各种重大生态经济问题，具有十分重要的理论意义和现实意义，同时也为我国在新的历史时期，进一步深化经济改革，指出了正确的前进方向。

三　从人与自然的关系上深化我国经济改革

我国自 1978 年党的十一届三中全会后，在邓小平理论指导下，实行经济改革。二十多年来，促进国民经济有了迅速的发展，已经取得了巨大成就，从而引起了全世界的瞩目。我国经济改革的核心是针对长期以来，特别是"文化大革命"期间，在经济发展中忽视以至否定了客观经济规律的作用，从而不能取得应有经济效益的问题进行的。其基本内容是改革不适合社会生产力发展要求的生产关系和上层建筑，促进解放生产力，从而推动了我国经济的迅速发展。这是我国在邓小平改革理论指导下所取得的巨大成就。

当前世界经济的发展已经进入了生态时代，我国经济社会的发展也进入了一个新的时期，其具体特征就是要实现经济与生态的协调发展和经济社会的可持续发展。新的生态时代对我国经济的发展提出了新的要求，同时也赋予我国经济改革以新的任务：这就是一方面，要继续遵循客观经济规律的要求，从人与人的关系上，继续改革一切不适合社会生产力要求的生产关系和上层建筑，进一步解放被束缚的社会生产力，促进经济的迅速发展。另一方面，也要遵循客观生态平衡自然规律的要求，从人与自然的关系上，改革一切不适合自然生产力要求的生产关系和上层建筑，解放被长期束缚的自然生产力，促进经济的可持续发展。即把我国经济的进一步迅速发展，放在既符合经济规律的要求，同时也符合生态平衡自然规律的要求，从而能够最大限度地挖掘经济系统和生态系统两方面巨大潜力的基础上。这是我国在新的历史时期，运用邓小平改革理论的新拓展。

新时期我国在邓小平改革理论指导下，从人与自然的关系上继续深化经济改革，是一个全面的改革。它的实施应该包括建立新的经济战略指导思想、深入改革经济体制、转换经济增长方式，以及改变人的不合理经济行为四个方面：

1. 建立新的经济战略指导思想

新的历史时期，从人与自然的关系上继续深化我国经济改革，一个带有根本性的重要任务，就是建立发展经济的新的战略指导思想，即经济与生态协调发展的指导思想。对此应该看到，它是指导我国经济实现可持续发展的思想基础。因为在经济发展的具体实践中，由于人与自然的关系不协调所形成的经济与生态的矛盾是普遍的矛盾，它是制约经济社会不能实现可持续发展的原因。从人与自然的关系上继续深化我国经济改革，促进实现了经济与生态的协调发展，就能够推动实现经济社会的可持续发展。在进行改革的实践中，建立这一新的战略指导思想，首先需要从根本上正确认识和处理人与自然的关系问题。对此应当看到，历史上人们认识和处理人与自然的关系，已经历了三个逐步提高的阶段：

一是蒙昧的阶段。人类早期社会，由于神权论的束缚，对自然规律没有认识。这一阶段人和自然的关系是"附属"，人对自然的基本态度和做法是"适应"。基本上是单纯地适应自然而不能改造自然。

二是对立的阶段。这时唯物主义的思想已经占了主导地位，但是人对自然的认识还有很大的片面性。人对自然的基本态度和做法是"征服"，其关系是视自然为"敌人"。由于损害了自然，也受到了自然界越来越多的惩罚。

三是和谐的阶段。人们认识了自然存在的有限性，从而自觉摆正人与自然的关系。这一阶段人与自然之间关系的基本特点是"和谐"，人对自然的基本态度和做法是"协调"。从而就为我国从人与自然的关系上继续深化经济改革，建立新的发展经济的战略指导思想，提供了基础。

2. 深入改革经济体制

在这方面应当重视的一个重要问题，是要从经济与生态的结合上，明确认识我国社会主义市场经济体制本身具有的生态经济内涵。目前我国经济体制上正经历着从传统的计划经济体制向社会主义市场经济体制的转变，这是一个带有全局意义的根本性转变。二十多年来，我国认真遵循客观经济规律的要求，进行这方面的改革，已经逐步建立了社会主义市场经济体制。在此基础上，发挥了市场在配置自然资源中的基础性作用，使我国经济的发展有了更大的经济活力，取得的成就是巨大的。但是应当看到，单纯经济规律指导下的社会主义市场的作用不是万能的。单一价值规律作用的驱动，使市场本身的运行具有明显的自发性。生态环境资源是具有公共产品性质的自然资源，对于这些资源的利用来说，在市场经济主体企业追求自身盈利最大化的条件下，就会存在"市场失灵"问题。由此企业的"内部经济性"与"外部不经济性"的矛盾就不可避免，从而经济社会发展中的各种生态经济问题也就必然产生。我国的社会主义市场经济体制是生态时代条件下的市场经济体制，本身就应该具有经济与生态协调的生态经济内涵。这就要求在我国进一步深化经济改革的进行中，使之既能充分发挥社会主义市场在配置自然资源中的基础性作用，同时又能使我国的社会主义市场经济体制尽量避免或减少各种生态与经济不协调问题的产生。这也就向我们提出了新的改革任务，即当前我们应该建立新的生态经济型的社会主义市场经济体制，而不是仍然停留在原来的单纯经济型的市场经济体制上。

3. 转换经济增长方式

即发展生态经济效益型经济。新中国成立五十多年来，我国经济增长方式的演变已经经历了三个发展阶段，并形成了三种经济类型。一是数量速度型经济。它本质上是一种粗放型经济，与过去的计划经济体制相联系。其特征是以资源和能源的高消耗换取经济产品数量的高增长。其要害是否定了客观经济规律的作用。二是经济效益型经济。它本质上是一种集约型经济，与我国改革开放以来到现在的发展阶段相联系。其核心是遵循客观经济规律的作用，追求经济效益，二十年来已经取得了举世瞩目的成就。但是它仍然不能解决生态与经济不协调的问题。三是生态经济效益型经济。它本质上也是一种集约型经济，与我国进入生态时代的经济发展新阶段相联系。其作用的核心是同时追求经济和生态两种效益，把我国经济社会的发展切实建立在生态与经济协调的基础上。这就为我国今后发展经济指出了正确的方向。

4. 改变人的不合理经济行为

当代我国的社会主义经济实质是经济与生态协调的经济，它的一个基本特点就是能够实现目前利益与长远利益的统一，从而就能够实现可持续发展。但是在现实的经济发展实践中，那些发展经济与生态不协调，只顾当前局部利益而不顾全局长远利益的短期经济行为，却是屡见不鲜的，这方面的经济与生态不协调问题已经普遍地存在于我国经济发展的各个方面。常见的例如：

（1）农业上的用地不养地。为了当年获得较多的粮食产量，就过量地施用化肥，不用有机肥，造成了耕地板结，使土地质量长期下降。

（2）林业上的乱砍滥伐。为了目前得到一些木材，毁掉了长远的森林生态屏障。

（3）畜牧业上的毁草种粮和超载过牧。为了目前得到一点粮食和当年多放养一些牲畜，就使大片草原长期退化、沙化。

（4）渔业上的酷渔滥捕。为了目前多捕一些渔产品，就在近海无限制地增船增网，捕鱼船的马力越来越大，捕鱼网的网眼越来越小，就造成了鱼类的断子绝孙。

此外在工业上，商业上，旅游业上，以及人的生活消费上，等等，也都存在着各种各样的短期经济行为，从而就形成了广泛破坏生态环境的根源。这里一个特别值得注意的问题是，各级领导干部为了大力追求所谓的"政绩"，而导致的严重短期经济行为。由于我国干部"政绩"考核标准的制定没有经济与生态协调的意识作指导，单一的经济标准就形成了推动各级干部"只顾发展经济而不顾保护生态"，甚至"只顾发展经济而不惜破坏生态"的一个力量。同时由于各级干部都掌握着发展经济的权力和一定的先进技术。他们在错误的经济指导思想下，采取了错误的经济行为，把这些都用在实际是破坏生态环境的"发展经济"上，显然就会比一般老百姓给经济的发展带来更大的损失。而从经济与生态的结合上，明确认识这种短期经济行为对我国实现经济社会可持续发展所造成的严重危害，从而制定综合措施加以改正，正是我国从人与自然的关系上继续深化经济改革的一个重要任务。

（本文提出我国今后 30 年应该从人与自然的关系上继续深化经济改革的新观点、新思路。发表后在 5 处社会评奖中获一个特等奖和四个一等奖，14 处文献主动转载。并作为前瞻性研究的对策建议，提交国家发展与改革委员会作进一步研究我国发展与改革工作的参考。原载《生态经济学报》2006 年第 4 卷第 3 期和《生态经济》（英文版）2006 年第 2 卷第 3 期）

四

用生态经济学理论指导实践

合理利用资源是中国的基本国策

中国自 1972 年参加联合国在瑞典首都斯德哥尔摩召开的联合国"人类环境会议"后,迅速提高了对环境保护的认识。在进行保护环境的实际工作中酝酿形成了"基本国策"的概念,并把环境保护确定为我国的基本国策。随之计划生育也被确定为我国的基本国策。之后,在实际工作和相关的理论研究中,又不断地提出把土地利用等也列为我国基本国策的设想。基本国策的提出和建立是当代我国经济发展中的一件大事,它在指导我国社会主义经济实现生态与经济协调发展和可持续发展的实践中,正在发挥着,而且也将继续发挥重要的指导作用。同时它的提出和建立,从生态经济学理论上也提出了一系列需要深入研究的问题。本文准备就我国基本国策的提出、它的基本概念和内涵、它建立的理论基础,并重点就它的发展完善和促进其作用的发挥等问题提出一些个人看法,希望引起对这一重大问题的进一步讨论。

一 新的时代提出建立我国基本国策的要求

"基本国策"是我国经济发展中的一个新概念,它在当代的出现是一个不以人们的意志为转移的客观过程。明确认识我国"基本国策"在当代产生的历史必然性,以及它的基本概念和内涵,对于研究它的进一步发展完善,从而促进其指导实践作用的有力发挥,具有重要的意义。

1. 我国的"基本国策"是一个特定的范畴

"基本国策"就其本身的内涵来说,既是一个一般的经济范畴,也是一个特指的经济范畴。在发展经济上,任何国家在任何发展时期,实际上都有自己的基本国策,并且在经济发展实践中发挥着作用。其特点,一是它的存在具有客观性。即不论这一概念是否已经被明确提出,或者是否以

"基本国策"的名称出现，它在任何国家和一个国家的任何发展时期，都是必然存在的。它适应人们发展经济的实际需要，被人们建立起来，并且在经济发展的实践中切实地被人们运用着。没有基本国策对经济发展实践作指导的国家实际上是不存在的。二是它的存在具有战略性。一个国家的"基本国策"不同于一般的经济政策和措施。它的基本职能是为这个国家的经济发展提出基本战略指导思想和基本战略方向，并且以之影响和带动其他各种经济政策和措施，与之共同形成一个整体的政策力量，指导这个国家的经济发展沿着它所指出的方向前进。

当前我国提出和正在实施的"基本国策"则是一个特指的范畴。它的存在除具有以上一般"基本国策"范畴所共同具有的客观性和战略性等基本特点外，还具有它自己的具体基本特点和内涵。这主要表现在它的形成具有鲜明的时代性，从而具有生态与经济协调性的特点。即它的产生与当前人类经济社会的发展阶段相联系，其建立反映了新时代经济社会发展的新要求。

2. 我国的基本国策是一个历史范畴

当前世界经济的发展，从人与自然的关系来看，已经进入了一个新的时代，即生态时代。我国的"基本国策"在当代的具体条件下产生，它的出现不是偶然的，而是反映了人类经济社会的发展进入新时代的要求。纵观人类社会发展的历史，从人与自然的关系来看，至今已经历了三个相互联系的发展阶段，即农业社会阶段、工业社会阶段，现在又进入了新的生态社会阶段。这一发展演变过程是受生产力提高的推动，同时也反映了人对人与自然之间关系认识的逐步深化和逐步正确处理的过程。近代以来，人类社会的发展从农业社会进入工业社会，使社会生产力快速提高，促进产生了工业社会的高度物质文明和精神文明，使人类社会的发展形成了巨大的飞跃。但是由于没有经济与生态协调发展的意识作指导，同时也产生了各种严重的生态经济不协调问题，使经济社会不能持续、稳定、快速地发展。在此形势下就推动了可持续发展指导思想在全世界的建立，从而也就促进了我国"基本国策"范畴的产生。其形成的具体过程和它们之间的密切关联性，在近30年的世界环境与发展运动过程中，表现得十分明显。

20世纪60年代末，世界经济发展中经济与生态的矛盾已经十分尖锐。

当时已经普遍出现的人口、粮食、资源、能源、环境等严重生态经济问题，引起了人们的忧虑，并纷纷寻找对策。首先是学术界的生态经济思想非常活跃，突出的是出现了以罗马俱乐部为代表的"悲观派"观点和以美国的赫尔曼·卡恩和朱利安·西蒙等人为代表的"乐观派"观点，关于人类社会未来发展前途的一场大讨论。这就为世界重视环境保护作了思想和舆论上的准备。随之，联合国于1972年在瑞典首都斯德哥尔摩召开了"人类环境会议"，把人们解决生态与经济矛盾的认识转变为保护生态环境的行动。之后经过20年的世界环境保护实践，联合国于1992年在巴西首都里约热内卢又召开了"环境与发展大会"，明确提出了"可持续发展"的重要指导思想。会后我国率先响应制定了《中国21世纪议程——中国21世纪人口、环境与发展白皮书》，提出了可持续发展战略，并经全国人民代表大会通过，作为我国新时期经济社会发展的战略方向确定下来。我国基本国策的提出，具体反映了生态时代提出实现经济社会可持续发展的新要求。因此更准确地说，我国的"基本国策"应该表述为"新时期的基本国策"。

3. 我国的基本国策是一个生态经济范畴

首先，它的存在具有明确的生态经济内涵。分析一下目前我国已经提出的一些"基本国策"的概念，如环境保护、计划生育和土地利用等，其实际内容都已经不是单纯的生态或环境的概念，而是生态环境与经济发展相互联系的概念，即都具有明确的生态经济内涵。例如环境保护是指正确处理环境保护与经济发展的关系，计划生育也是指控制人口与经济发展之间的关系等。我国的基本国策具有明确的生态经济内涵，是由经济活动本身的生态经济实质决定的。生态经济学的理论认为，人们的一切经济活动，实质上都是在自然生态系统与经济系统相结合所形成的生态经济复合系统中进行的，因此都具有生态与经济结合的性质，并且同时要受客观经济规律和客观生态平衡自然规律的制约。我国的基本国策以经济活动为基础，并且要反映客观经济规律和生态平衡自然规律的要求，因此它必然具有明确的生态经济内涵。

其次，它的建立以生态经济学的理论为基础。在生态经济学的整个理论体系中，生态与经济协调理论是其核心理论。它的建立体现了生态时代实现经济与生态协调发展的基本要求，因此也就为我国基本国策的核心思想——可持续发展指导思想的建立提供理论基础。深入研究一下它的具体决定过程，可以看到：经济发展中的生态与经济协调包括横向的生态经济协调和纵向的生态经济协调，同时可持续发展的内涵也有狭义和广义两个方面。狭义的可持续发展通常是侧重强调纵向的生态与经济协调，而广义的可持续发展则必须同时包括纵向的生态经济协调和横向的生态经济协调，而横向的生态经济协调又总是作为纵向生态经济协调的基础和前提而存在的。生态与经济协调理论和可持续发展指导思想之间这一理论依存关系的存在指出，生态经济学为我国基本国策的建立提供理论基础是明显的。

再次，它的运行以实现经济与生态的协调发展为目的。我国目前提出的"基本国策"范畴，包括保护环境和计划生育，以及土地合理利用等，都是以实现经济社会的可持续发展为目标，这是生态时代本身的特点和要求决定的。新的生态时代具有鲜明的生态与经济协调发展特点，并且也赋予世界经济实现生态与经济协调发展和可持续发展的任务。对于这一点，1992年联合国在巴西里约热内卢召开的"环境与发展"大会已经作出了清楚的说明。这次大会召开的目的是总结全球自1972年联合国"人类环境会议"召开20年来，进行环境保护的实践经验，并提出进一步的奋斗目标。大会明确看到，20年来，全世界人民保护环境的意识有了很大提高，各国政府在保护环境方面也都做了大量的工作。但是，总的来看，全世界生态与经济的矛盾并未消除，生态环境的状况还在继续恶化。并且在世界经济进一步迅速发展的过程中，越来越明显地限制着经济社会的可持续发展。由此得出结论，保护环境是不能脱离经济社会的发展而孤立进行的。据此就提出了必须把环境保护与经济社会的发展紧密结合起来的突破性认识，大会也由此命名。而在此基础上也就提出建立了可持续发展的重要指导思想和在世界范围内促进其实现的重要任务。我国的基本国策在进入生态时代和联合国"环境与发展"大会召开的基础上建立，并以实现经济与生态协调发展为目的，它作为一个生态经济范畴的存在也是没有疑义的。

二 合理利用资源应该进入我国基本国策

近年来人们在探讨我国基本国策的过程中,很少直接谈到对资源的利用。但是无论环境保护也好,计划生育还是其他也好,都离不开与资源利用的关系,而且也无一不是以资源的利用为基础。这就启发我们的思考:研究基本国策问题,不能脱离开资源的合理利用;而且进一步使我们明确,合理利用资源本身就应该进入我国的基本国策。对此需要看到以下几点:

1. 利用资源是人类最基本的经济活动

对此要看到,利用资源是人类生存与发展的基础。人类生存的世界是物质的世界,人在物质世界中存在,对于人来说,世界上的一切物质都是资源。首先,人的生存要依赖于自然资源。例如人的衣食需要,居室需要,出行的车船需要,以至人们生存的最基本条件,如阳光和空气等最基本的需要,也无一不是来源于各种自然资源。可见,资源是人类生存的基础,没有资源就不可能有人的存在。其次,人类的发展也要依赖于自然资源。人的需要包括生存的需要、享受的需要和发展的需要。自古以来,人类社会不断发展和进步的历史,实际上也就是人们的各种需要不断得到满足的历史。其中首先要满足人们的生存需要,之后还须不断满足人们的享受需要和发展的需要。其中人们的生存需要是比较容易得到满足的,即相对来说是有限的;而享受的需要,特别是发展的需要,则是无止境的,即相对来说是无限的。但就是这些相对来说是无限的享受需要和发展需要,无论它们涉及的范围如何广泛,以及它们的变化如何多种多样,其实质也仍然都还是利用资源(即从广度上和深度上利用自然资源)。利用资源是人类生存与发展的基础,这是研究基本国策不可忽视的一个重要内容和基本出发点。

2. 利用资源决定人与自然的关系

人们发展经济的实质是人与自然进行物质变换。人们利用资源的过程也就是建立和调整人与自然之间关系的过程。在人们发展经济的实践中,同时存在着人与人和人与自然两种关系。其中人与人的关系是十分重要的,而人与自然的关系又是基本的,前者的存在要建立在后者存在的基础上。人类社会的发展,特别是工业社会以来的发展指明,随着社会生产力的不断提高，人对自然生态系统的压力越来越大。经济发展实践中人与自然之间（即经济与生态之间）不协调的问题日益显现，必须加以解决。对于扭转现实的生态经济不协调，建立人与自然之间和谐关系的问题，生态经济学的理论认为，必须重点着眼于人的经济行为本身。这是因为人们发展经济是在客观存在的生态经济复合系统中进行的。人在生态经济系统中的地位具有双重性（即在其包含的生态系统中只是一个一般的生命要素，而在整个生态经济系统中则是全系统的主宰）；同时其作用具有双向性（即人们发展经济的思想和行为符合客观生态平衡自然规律的要求时，就能够实现生态与经济的协调发展，反之就会破坏它们的协调发展）。现代经济发展的大量实践已经证明，当前存在的各种破坏生态环境问题，除例如火山、地震、海啸等，是由于自然本身的运动所引起，目前人们还不能左右外，绝大多数都是由于人（作为生态经济系统的主宰），在发展经济中采取了错误的经济思想和错误经济行为（即发挥了反向作用）所引起的。因此它们的解决主要也应该着眼于端正人的经济思想和经济行为本身。我国基本国策作用的核心是推动实现生态与经济的协调发展，人们利用资源的活动又将决定人与自然之间关系的状况。两者之间这一直接生态经济关联性的存在，就使合理利用资源进入我国基本国策成为现实的必需。

3. 利用资源在生态时代基本协调中居于基础地位

生态时代的根本要求是实现经济与生态的协调发展，其中人口、资源、环境与发展的协调是一个基本的协调。自 20 世纪 60 年代末以来，世界各国都十分重视对人口、资源、环境和发展之间协调问题的研究。并把人口（P）、资源（R）、环境（E）和发展（D）协调的经济社会关系结构称为 PRED 目标结构，而把其中的人口、资源和环境的结构称为 PRE 基础结构（或条件结构），在努力促进它们实现全面协调的基础上，推动经济社会的可持续发展。这项研究很快就得到了联合国的重视。早在 1980 年，联合国人口司就关注并且确认了这一经济社会的基本联系，这也就是后来人们所普遍认同的"PRED 统筹考虑"。对于这一协调的基本内涵，人们看到：第一，它是生态时代的根本目标和根本条件的统一。在 PRED 总体基本协调中，发展（D）是生态时代的根本目标和进行研究的前提，而做好人口、资源、环境（PRE）方面的工作是它的基本组成部分和实现这一目标的根本条件。第二，它是一个有机联系的统一整体。即 PRED 基本协调是由发展（D）和人口（P）、资源（R）、环境（E）共同组成，它们的存在不可或缺；而且它们之间（包括 D 与 PRE 之间，以及 P、R、E 相互之间）也都是有机联系和互相协调，而不能是相互孤立和相互排斥的。

人口、资源、环境与发展协调理论是生态经济学的一个重要理论，它在生态经济学的核心理论——生态与经济协调理论的指导和扩展下建立，它的建立为合理利用资源进入我国基本国策提供了理论基础。对此要看到，我国基本国策的建立，一方面是着眼于生态时代实现可持续发展这一根本目标——"发展（D）"的要求；同时也是着手于保证其实现的根本条件——人口、资源、环境（PRE）协调的建立，从而体现了生态时代 PRED 基本协调的总体要求。由此也就决定了它的以下特点：

一是它的整体性和层次性。我国新时期基本国策的建立是一个战略性的问题，因此它要从总体上指明我国新时期发展的方向。就此意义上说，"经济社会的可持续发展"就应该被看作是我国的"基本国策"，这可以被理解为我国基本国策的"目标层次"。而保证这一目标能够得以实现的人口、资源、环境和它们的互相协调，则是基本国策的"执行层次"（自然，为了约定俗成，前者也可以仍然被称为"战略方向"。但是理论上总体目标层次"基本国策"的含义是存在的）。

二是它的综合性和协调性。对此应该明确认识和正确处理以下两个基本关系：一是发展与人口、资源、环境的关系。邓小平同志指出"发展是硬道理"，因此在人口、资源、环境与发展的相互联系中，应该把发展放在首位。二是人口、资源、环境的相互关系。由于三者都是促进我国国民经济实现生态经济协调发展和可持续发展的不可分割的基本措施和条件，因此它们的地位和作用是同等重要的。而就三者之间存在的相互关联性来看，资源的存量决定人口的规模，资源的利用又决定环境的质量，因此资源利用又居于基础的地位。

近年来，我国对新时期基本国策的认识正在经历着一个从不全面到逐步全面，和从不深入到逐步深入的过程。在经济发展实践中，已经从环境和人口两个方面，逐步认识和确定了环境保护和计划生育是我国的基本国策，这是一个巨大的前进，对推动我国经济走向生态经济协调发展和可持续发展起了重大的促进作用。现在，随着人们对生态时代条件下，我国新时期基本国策的本质、内涵和运行规律性认识的逐步提高，合理利用资源进入我国基本国策也将是客观发展的必然。

三 促进发挥合理利用资源基本国策的作用

新时期基本国策的建立和完善，在我国社会主义现代化建设中具有重要的意义，它建立的根本目的就在于指导我国经济发展实践。为使合理利用资源基本国策在我国经济建设中的作用得到切实发挥，针对当前我国资源利用的实际情况，提出以下三个需要重视的问题：

1. 正确处理资源利用和保护的关系

在我国经济发展中，利用资源和保护资源的矛盾是基本的矛盾。发挥我国利用资源基本国策的作用，首先需要正确认识和处理资源利用和保护的关系。这是因为，我国发展经济必须首先利用资源。因为社会主义经济要发展，人民的生活水平要提高，利用资源是不可避免的。同时我国发展经济也必须保护资源。这是因为只有对资源进行必要的保护，才能使它们利用了还可以再生，或不致很快枯竭，保护资源就是保护生产力。但是在经济发展实践中，资源的利用和保护却常常处于矛盾和对立状态。主要的问题是人们只顾开发利用资源，而不注意对资源进行必要的保护，因而使资源不能被人们可持续地利用。

正确处理资源利用和保护的关系，首先要认识资源的利用和保护是矛盾的统一。对此从生态经济学的理论上要看到，一方面，资源的利用和保护两者是会产生矛盾的。这是因为资源具有有限性的特点。一切资源，无论它们是以何种形态存在，即无论它是动物资源、植物资源、微生物资源，还是其他无机物资源，都是自然生态系统的组成要素；同时也无论其存在的数量多少，它们在生态系统中的存在都是有限的。具体表现在：它们存在的绝对数量是有限的；它们中有些资源使用后可以再生，但其再生能力是有限的；由此也就决定了，任何生态系统的承载能力也是有限的。但是我国社会主义经济的发展和人民生活水平的提高却是无限的。我国社会主义经济发展实践中，经济发展对资源需求的无限性与自然生态系统中自然资源供给的有限性之间存在着矛盾，这就是资源利用和保护之间产生矛盾的根源。但是另一方面，资源的利用和保护两者也是能够实现统一的。这是因为，它们在经济发展实践中的运行具有共同的目的性。人们利用资源的目的是发展经济。同样，人们保护资源的目的也是发展经济和更好地发展经济。资源利用和保护的统一，从其广义内涵来看，体现为发展经济中目标和手段的统一，目前经济利益与长远经济利益的统一，归根结底则是体现了经济与生态的协调统一。

正确处理资源利用和保护的关系，在实践中也要反对两种错误倾向。即一方面要反对"只利用不保护"的倾向。长期以来人们发展经济只是一味地扩大利用资源，而不进行必要的保护，从而制约了经济社会不能可持续发展。这种思想和做法的严重后果已经被我国长期发展经济，破坏自然生态平衡的实践所证明，必须坚决纠正。这个问题近年来已经引起了人们的重视。另一方面又要反对"只保护不利用"的倾向。近年来由于我国大力强调保护生态平衡；在实践中又出现了一种为保护而保护的思想和做法，即单纯强调保护资源，而限制发展经济。这种思想和做法同样也必须及时纠正。对此需要从生态经济学理论上，深刻认识"生态平衡"的生态经济内涵。生态经济学的理论认为，在经济发展实践中，客观存在并发生作用的"生态平衡"范畴，实际上已经是"生态经济平衡"范畴。因此从其对人们发展经济的作用和影响来看，"生态平衡"也应该区分为积极生态平衡和消极生态平衡。其中对人们发展经济有利的生态平衡是积极的生态平衡；反之就是消极的生态平衡。在人们发展经济的过程中，自然界的生态平衡是能够被打破的，而且是必须被打破的，人们发展经济的活动也时时刻刻都在打破原有的生态平衡状态。但是每当人们打破了一个旧的生态平衡，同时也就建立了一个新的生态平衡。现在的关键问题不是不能打破原有的自然生态平衡，而是打破后新建立起来的生态平衡。只要这个新的生态平衡既能促进发展经济，又能保持自然生态系统的顺畅运行，它就是积极的生态平衡，一般来说，就应该受到人们的肯定和支持，而不能一概反对（自然保护区等情况除外）。生态与经济协调理论是生态经济学的核心理论，它所具有的生态与经济共存性的特点，为指导人们正确处理资源利用和保护的基本矛盾关系，提供理论依据。

2. 重视资源利用有效性与生态安全性的结合

发挥合理利用资源基本国策的作用，不但需要认识资源利用和保护是矛盾的统一，而且要在利用资源的实践中，具体认识这一矛盾形成的焦点，并有针对性地采取措施加以解决。对此，生态经济学的理论认为，发展经济对资源的过度利用和生态系统安全的不能保持是其矛盾的焦点，而促进实现经济有效性与生态安全性的兼容协调，则是解决这一矛盾的基本措施。对此需要从生态经济学的理论上进行一些分析：

经济的有效性，是指人们在发展经济中，需要着眼于最有效地利用自然资源。这是因为发展经济是人类有目的的活动，经济规律要求人们利用资源必须以最小的耗费取得最大的经济效益，满足人们日益增长的物质和文化需要。由于自然资源的存在是有限的，因此努力提高其利用的经济效率和效益，即提高其利用的有效性，就是发展经济的根本经济标志和要求。据此也就决定了发展经济利用资源，在经济上的要求应该是"有效"，而不是"最大"。生态的安全性，是指人们在发展经济中，要保护资源的持续存在和生态系统的安全运行。这是因为，自然资源是依存于自然生态系统而存在的，只有保护了自然生态系统的存在及其功能的顺畅发挥，人们经济活动的正常进行才有保证。由此，保证生态安全又是发展经济的根本生态标志和要求。据此，利用资源发展经济，在生态上的要求则应该是"安全"，而不是"挖潜"。人们利用资源的活动实质上是生态经济活动，这就决定了实现经济有效性与生态安全性的兼容协调，是解决资源利用和保护的矛盾，促进合理利用资源的基本出发点和立足点。

实现经济有效性与生态安全性的兼容协调，解决资源利用和保护的矛盾，不但是必要的，而且也是可能的。从生态经济学的理论看，经济有效性与生态安全性两者实现有机结合与统一的客观可能性，根源在于生态安全性与经济安全性要求的根本一致性。这是因为经济发展的实际载体是生态经济系统，它必然要受客观经济规律和生态平衡自然规律的双重制约。经济的发展必须要用经济的安全性作保证，这是人们早已熟知的。同时经济的顺利发展也必须要用生态的安全作保证，这也是人们已经认识到的。人们利用资源发展经济，同时必须用经济和生态两种安全作保证，就决定了经济有效性与生态安全性能够实现结合与统一是必然的。

人们在实践中运用经济有效性与生态安全性兼容协调的定位，来解决资源利用和保护的矛盾问题，还要看到这一定位是一个积极的定位，而不是一个消极的定位。这是因为，在人类社会发展的历史进程中，经济的发展是永恒的。作为利用资源的指导思想，从经济上应该是支持，而不是限制；积极管理利用资源，追求的应该是"有效"，但不是"最大"。从生态上，也需要支持经济的发展。例如通过运用现代高度发展的科学技术采取多种措施，包括建立各种有效的人工生态系统，来增强生态系统向人们提供自然资源的能力等。但是这一增强要有一个限度，即要保持生态系统的持续正常运行，并以它的继续存在为极限。从生态与经济的结合上说，它们应该包括以下三个方面的具体内涵：（一）对发展是积极，而不是消极，要把促进经济发展放在第一位；（二）向自然的索取要节制，而不是滥用；（三）对资源的利用要充分，而不是浪费。由此也就决定了，我国发展经济必须注重挖掘自然资源的潜力，走内涵扩大再生产的道路；反对粗放经营，提倡集约经营。生态与经济协调理论也具有生态与经济适度性的特点。在利用资源上，它也为具体指导人们在经济有效性与生态安全性结合的基础上，正确处理其利用和保护的矛盾，提供理论基础。

3. 建立指导利用资源的新方针

发挥合理利用资源基本国策的作用，实现资源利用和保护的矛盾统一，不但需要认识这一矛盾形成的焦点，明确解决问题的出发点和立足点；而且还也需要建立指导解决这一矛盾的做法和途径，这就需要在实践中建立指导合理利用资源的正确方针，使资源利用和保护这一基本矛盾的解决，从可能变为现实。对此，针对长期以来我国经济发展中把资源的利用和保护割裂开来，使资源既不能够很好利用，也不能够很好保护，从而不能实现经济社会可持续发展的问题，20世纪80年代，我曾经提出过一个观点，就是要"在利用中保护，在保护中利用"。对于利用和保护两者互相包容与结合的重要性和作用机制，提出"保护自然资源的目的就在于利用，脱离了利用，就失去了保护的意义。但是也只有进行保护，才能充分合理地利用这些自然资源,因此没有保护也就没有真正有效的利用"。①

全面认识这一指导正确处理资源利用和保护关系的新方针,以生态经济学的生态与经济协调理论为指导,从生态与经济的结合上,要看到以下两个方面:第一,建立指导利用自然资源的正确方针,从指导思想上应当把利用放在首位。这样做的理论根据是,在经济发展的资源利用实践中,要组织积极的生态平衡,而不是消极的生态平衡。邓小平提出"发展是硬道理",利用本来也就是资源本身的应有之义。但是第二,资源又必须保护,这是资源能够存在的前提和它能够长远为人们利用的根据。为此,在正确处理资源利用和保护的关系上,要反对以下两种片面的认识和做法:一是把利用和保护对立起来的认识和做法。其中"只利用不保护"和"只保护不利用"的认识和做法都是不对的。前者是过去长期以来普遍存在的一种错误倾向,已经被实践证明是错误的。后者是在当前我国自然资源已经遭受严重破坏,必须加强保护的条件下出现的另一种"自然保护主义"的倾向,实践证明也是错误的。二是把利用和保护割裂开来的认识和做法。其中一种是"先破坏,后治理",另一种是"边破坏,边治理"。实践已经证明,这些也都是不正确的。前者实际上就是"只利用,不保护"的同义语。后者则是纵容甚至鼓励人们放手对资源和生态系统进行破坏。而且从实践经验来看,放手让人们"边破坏"之后的"边治理",是十分艰难,并要付出极大代价,甚至许多是根本不可能的。据此,正确的认识和做法是应该实现资源利用和保护的内在融合。即在发展经济的实践中,把对资源的保护融合于对它的利用之中,使之在利用的同时就得到了保护;同时把对资源的利用也融合于对它的保护中内,使之在保护的过程中又孕育了更大的利用潜力,从而就为人们对资源的进一步利用准备了更好的基础。

以生态与经济协调的生态经济学理论为指导,建立利用资源的新方针,正确处理资源利用和保护的关系,既是一个当前的问题,也是一个长

---

① 见王松霈等《热带亚热带少数民族地区生态经济协调发展问题研究报告》(国家民族事务委员会委托课题),第74页。后编入赵延年主编《中国少数民族和民族地区九十年代发展战略探讨》,中国社会科学出版社1993年版,第493页。

远的问题。生态经济学的理论认为,人是生态经济系统的主体,社会主义生产的目的是满足人们日益增长的物质文化生活的需要。因此作为一个具有长远指导意义的合理利用资源的方针,首先强调资源利用,采用上述"在利用中保护,在保护中利用"的提法是正确的。而考虑到当前在我国资源已经遭受严重破坏,而且仍在继续破坏,亟须大力保护的情况下,则侧重强调保护,提为"在保护中利用,在利用中保护"也是正确的。我国利用资源的新方针,建立在生态与经济协调理论及其所具有的生态与经济融合性特点的基础上。它的建立对指导人们充分合理利用资源,促进我国经济社会实现可持续快速发展,其作用将是肯定的。

(原载《资源·产业》2001年12月)

我国的环境保护转型

环境保护需要转型是当前我国经济社会发展中提出的一个重大问题，也是关系到我国经济社会如何发展的一个根本性问题。它的提出既是当前我国的迫切需要，同时也是世界各国的共同迫切需要。

一 我国环境保护实践提出环境保护工作需要转型

当前我国环境保护工作的实践已经提出环境保护必须转型，而且这一需要又是我国环境保护工作和环境保护工作者自己提出来的。这就说明了我国当前进行环境保护工作转型的客观必要性和现实迫切性。并且他们根据自己近40年来的实际工作经验也提出了实现这一转型的具体思路和途径，这些都是十分宝贵的。但是我国的环境保护转型和涉及的整个经济社会可持续发展是一件大事，如何才能更准确和有效地实现这一转型，还需要从多方面进行思考和更深入地进行研究。为此首先需要了解一下环境保护工作转型问题提出的背景。

（一）环境保护转型是我国经济社会发展的迫切需要

世界环境问题凸显于20世纪60年代末，其实质是经济发达国家经济的发展进入后工业社会阶段，经济与生态这一基本矛盾急剧尖锐化的反映。当时人口、粮食、资源、能源和环境生态与经济不协调的五大生态经济问题已经明显地显现。"罗马俱乐部"的有识之士提出"人类社会的发展向何处去"的问题，并引起长达10年的"悲观派"和"乐观派"两种观点的尖锐争论。随之，联合国和各国政府及人民努力寻求保护生态环境的具体道路，并在实践中做出了巨大的努力，从而形成了遍及全球的世界环境与发展运动。

我国自1972年在周恩来总理的指示下，派团参加了联合国在斯德哥尔摩召开的"人类环境会议",开始重视环境保护,40年来在环境保护方面做出了很大的成绩,但是至今也还存在很多困难。正如国家环境保护部的同志们估计的那样,地方政府每一次强力推动经济高速度增长都造成环境危机,随之又出现一次又一次的国家环保工作暴风骤雨式的环境整治行动。如此往复就形成了经济增长与环境整治的恶性循环,经济发展大起大落、百姓健康屡受威胁、环保部门疲于奔命[①]。

为扭转我国环境保护的这一困难和被动局面,他们提出我国的环境保护需要转型。其主要内容是实现"三个转变":(1)从重经济增长轻环境保护转变为保护环境与经济增长并重;(2)从环境保护滞后于经济发展转变为环境保护和经济发展同步;(3)从主要用行政办法保护环境转变为综合运用法律、经济、技术和必要的行政办法解决环境问题。具体的环境保护工作要实现"三个转型",即从主要依靠行政力量推动向更多地借助市场力量转型、从被动应对向主动防控转型、从"风暴频刮"向制度建设转型。

(二)环境保护转型体现了生态时代的客观要求

环境保护转型是我国经济社会发展中的一件大事,它在我国发展的现阶段提出不是偶然的,其实质体现了我国经济社会发展进入新的生态时代的客观要求。

人类社会的发展受生产力发展的推动。随着社会生产力的不断提高,人类社会的发展已经经历了三个时代:以"铁犁牛耕"标志生产力水平的农业时代、以"蒸汽机的发明"标志生产力水平的工业时代和以"绿色技术"标志生产力水平的生态时代。工业时代创造了前所未有的高度工业文明,但同时也带来了严重的生态环境问题。生态时代则要求在生产力继续高度发展的同时,实现生态与经济协调,从而实现经济社会的可持续发展。由此,加强环境保护,以及在此过程中不断改进提高环境保护工作,包括目前提出研究环境保护工作转型,就必然被提上我国经济社会发展的重要议事日程。

对于当前我国的环境保护转型,应该看到,上述我国环境保护部门所

---

① 转引自《环境政策转型意义重大》,http://www.douban.com,2008-03-01。

提出的认识和做法，都是其在近40年来工作中的切身体会。这些实践经验的取得十分宝贵。他们提出的转型思路和设想，特别是作为系统的认识和对策提出，也都是正确的。但是也需要看到，这些思路在我国已经提出多年，而在实际工作中却效果不甚明显。这就意味着实施这一转型，并在实践中切实能够取得成效，还需要对一些深层次的问题，从理论与实践的结合上进行更深入的研究。为此我拟就"环境保护究竟应该怎样转型"的问题，从理论上，包括环境问题的实质是什么？谁是保护环境的任务主体？怎样才能建立发展经济与保护环境内在统一的市场机制等，从生态经济学的角度，谈一点个人的看法，希望能引起对这一重大问题的更深入探讨。

二　认识环境问题的实质是环境保护转型的基础

我国环境问题的严重存在和难以治理，从根本上说是人们对环境问题的本质是什么没有正确的认识，因此长期以来只能治标而不能治本。究竟什么是环境问题？环境问题的实质是什么？这是环境保护转型问题提出的基础和正确实施的出发点。对此人们在实践中看到，环境问题是在发展经济中出现的，并且始终和发展经济的问题交织在一起。这就为人们正确认识环境问题的本质提供了线索。它首先提示人们要明确区分"环境"和"环境问题"两个不同的概念。

（一）环境与环境问题

回顾我国40年来环境保护的历程可以看到，人们进行环境保护就是从认识"环境"和"环境问题"开始的。首先，什么是"环境"？由于我们是从人的角度（或人的利益角度）研究问题的，因此对"环境"最简单通俗的解释就是人周围的事物，或人以外的一切事物，也就是作为主体的"人"以外的客体。狭义"环境"的内涵是指自然环境，广义"环境"的内涵则同时包括人文环境。生态经济学和环境经济学的研究与政治经济学不同，所指的通常是前者。即主要指自然环境。自然环境是一个独立于人而存在的概念，从根本上说属于自然的范畴，其基本特征是本身存在的客观性。虽然"环境"作为一个概念是由人命名的，但作为各种自然物的实体和自然生态系统的运行，则早在人类出现之前的远古，就已经是客观存在的了。

"环境问题"则是一个人与自然之间关系的概念。从根本上说，它是一个历史的范畴。因为自从有了人类之后，才有了"人与自然的关系"（即"人与环境的关系"），"环境问题"也才能够产生。而从现实生活上说，它又是一个经济范畴。因为人类最基本的活动是经济活动，人从一开始出现，为了生存，就要利用自然资源，进行人与自然的物质交换。由此，"人与自然的关系"的核心就是"经济与生态的关系"。人类社会随着社会生产力的发展而不断发展，人的经济活动对自然生态的压力也日益加大。人类社会初期，"人与环境的关系"（即"经济与生态的关系"）是不矛盾的。而当人类发展经济的压力大到危及自然生态的正常运行，以至它的存在时，就出现了"环境问题"和"环境危机"（即"生态经济问题"和"生态经济危机"）。在现实的经济社会发展实践中，由于经济与生态的矛盾逐步显现并日益尖锐，就引起了人们对"环境问题"的重视。随着保护环境（实际上是解决"环境问题"）工作的逐步发展和深入，"环境保护转型"的问题，也就被提上环境保护工作的议事日程。

（二）人们认识环境问题是一个逐步的过程

"环境问题"是在发展经济的过程中产生，即是由于发展经济破坏了经济与生态的关系引起的。这一事实说明了"环境问题"的实质是经济问题或如何发展经济的问题。同时"环境问题"又是人类社会发展中的一个新问题。人们对它的实质以及对如何解决"环境问题"的认识，经过了一个逐步探索，由表及里，由不完全的感性认识到比较全面的理性认识的过程。具体来说，是从就事论事，单纯着眼于保护环境，到逐步认识环境与经济的关系，从而着眼于"保护环境必须与发展经济相结合"。人们对这一认识的深化，从1972年到1992年，在联合国召开的关于保护环境的两次大会中可以得到清楚的证明。

20世纪60年代末，人们看到生态环境的破坏日益严重，使经济社会的发展受到威胁，但着眼点还只是保护环境。为促进问题的解决，1972年6月，联合国召开了"人类环境会议"，动员和组织各国政府保护环境。之后的20年，各国政府和人民在保护环境上都作了很大的努力，也取得了不少成绩。但是总的情况是，全世界的生态与经济矛盾并没有消除，整个生态环境的状况还在继续恶化，并且越来越严重地限制着经济社会的继续发展。对此人们逐渐认识到，环境与发展（核心就是生态与经济）两者是紧密联系不可分割的,脱离了发展经济,单纯为保护环境而保护环境是保护不住生态环境的。据此,联合国于 1992 年 6 月又召开了"环境与发展会议"。这次会议的突出特点是明确地把"环境与发展"(实质也就是把"生态与经济")紧密结合起来,并把这一指导思想上的重要转变明确地标注在大会的名称上,与 20 年前联合国召开的"人类环境会议"的大会名称形成鲜明对照。

回顾联合国的两次大会,从"保护环境"到"保护环境与发展经济相结合",这是人类在 20 年保护环境的实践中取得的一个突破性认识。据此大会也明确提出了"可持续发展"的指导思想,从发展经济出发指导世界保护环境的行动。实际上这就是环境保护的转型,即要求人们认识"环境问题的实质是经济问题",从而把全世界的保护环境行动转向着眼于如何发展经济和重视"发展经济与保护环境的关系"上来。然而遗憾的是,会后又一个 20 年来,由于人们认识上的惯性和行政管理机构分工的局限等原因,致使许多国家的环境保护依然停留在"为保护环境而保护环境"的原有基础上,没有认识到这一重要改变的深刻理论内涵,从而使环境保护工作仍然继续处于困境中。

(三)生态经济学是指导解决环境问题的科学

在上述人们对环境问题认识的深化和两次联合国会议变化的过程中,一件引起人们注意的事是新兴生态经济学的出现。生态经济学是一门新兴的边缘科学,由生态学和经济学交叉结合形成。它以"生态系统"与"经济系统"耦合形成的"生态经济系统"为研究对象,同时受经济规律和自然生态规律两种客观规律的制约,并以"生态与经济协调"理论作为核心理论,其目的和任务是促进经济社会的可持续发展。

科学是实践的产物,一切科学的产生都是解决实际问题的需要。在近 40 年来的环境与发展运动实践中,特别是在两次联合国会议着眼点的变化中,人们认识到,解决环境问题必须实现"生态与经济协调"(即"环境与发展协调"),并进而实现经济社会的可持续发展。同时人们也看到,在这期间出现的生态经济学新学科,其目的和任务也正是促进实现"生态与经济协调",从而实现经济社会的可持续发展。因此它的产生不是偶然的,而是在人类社会的发展进入新的生态时代条件下,经济发展和环境保护统一的新实践要求有新的理论进行指导的产物。自20世纪70年代初到现在的40年，是人类社会的发展从工业社会向生态社会转变的过程，是世界环境与发展运动蓬勃进行的过程，是"可持续发展"指导思想建立的过程，同时也是生态经济学新学科出现和迅速发展的过程。四者的同步出现清楚地说明了生态经济学是为可持续发展指导思想的建立提供理论基础的科学。它的时代任务是促进实现生态与经济协调发展，因此它也是能够切实解决环境问题，为保护环境和促进经济发展服务的一门科学。

这里，先结合当前提出的"环境保护转型"问题，并从现在正在研究的"环境问题的实质是经济问题"来看：当前提出"环境保护转型"要求的"三个转变"之一是"从主要用行政办法保护环境转变为综合运用法律、经济、技术和必要的行政办法解决环境问题"（或者按经常使用的提法"以经济手段为主，综合运用经济、技术、法律和必要的行政手段解决环境问题"）。这一转变的核心是要求建立"社会主义市场经济机制"。由于"环境保护的实质是经济问题"这一根本认识的建立，在实践中建立"社会主义市场经济机制"，并"以经济手段为主，综合运用经济、技术、法律和必要的行政手段解决环境问题"就成为必然。

三 摆正发展经济与保护环境的关系为转型提供内在经济动力

在现实的经济社会发展中，切实解决环境问题，首先，必须认识环境问题的实质，即它"本质上是经济问题"，是发展经济中产生的"经济与环境的关系"问题，由此把保护环境的着眼点从单一"保护环境"转变到"环境与发展结合"上来。这就回答了环境保护与发展经济两者"必须结合"的问题。其次，在此基础上，还必须进一步具体认识和明确在这一"结合"中，发展经济与保护环境各自的地位和作用，即回答两者"怎样结合"的问题。这是在实践中，切实做到保护环境的又一个根本性问题。其中又包括认识和明确两者的任务"主次关系"问题，也包括它们发挥作用方式的"内外关系"问题。对于前一问题，在这里提出以下两点认识和具体的对策建议。

（一）进行环境保护的两种出发点

从哪里出发保护环境，谁是保护环境的任务"主体"？对此，人们在认识和实践中，客观上存在着两种不同的看法和做法：

一种是从保护环境出发保护环境，即"为保护环境而保护环境"的思路。其实质和特点是把环境保护放在"发展经济和保护环境关系"的出发点和首位。对于这一思路，1972 年联合国"人类环境会议"及其后 20 年的世界保护环境运动实践经验已经证明是行不通的。我国 40 年来保护环境的实践经验也已经证明，这不是保护环境的一个理想道路。笔者的观点是，我国当前的环境保护转型，如果不能从这个思路中"转型"出来，我国的环境保护就仍然不能脱离长期以来的"环境保护滞后于经济发展、主要依靠行政办法推动，和经常处于被动应对"的状态。

另一种是从发展经济出发保护环境，即把保护环境作为发展经济的一个组成部分。各个经济部门的任务和责任都是要实现"生态与经济协调发展"和可持续发展，而不是原来的只追求 GDP 的无限增长，也就是把"保护环境"也作为发展经济本身的应有之义。这样就将各个经济部门与环境保护部门的工作，放在追求目标完全一致的基础上，从而自然也就解决了现在长期存在而又无法解决的"环境保护滞后于经济发展、主要依靠行政办法推动，和经常处于被动应对"的状态。笔者在 20 世纪 80 年代就提出了这一观点。其理论依据是生态经济学的"生态经济系统理论"、"生态与经济协调"理论和"人在生态经济系统中的地位具有双重性、作用具有双向性的理论"。

生态经济学的理论认为，"生态经济系统"是人们一切经济活动的实际载体，也是环境保护活动的载体。它由"生态系统"和"经济系统"两个子系统结合形成。因此人们发展经济就要兼顾生态和经济两个方面，其核心目标就是要实现"生态与经济协调"（即发展经济与生态环境协调）。但是人在处理"生态与经济的关系"中是会犯错误的。这是由于，第一，人在"生态经济系统"中的地位具有双重性。人是"生态系统"的成员，也是"生态经济系统"的成员，但是在两个系统中却具有完全不同的地位。人在生态系统中是作为"自然的人"而存在，其作用和其他动物没有两样，都只是作为物质和能量的承担者。参加自然生态系统的物质循环和能量转换。而在"生态经济系统"中就是整个系统的主导。第二，人对"生态经济系统"的主导作用具有双向性，即人对生态经济系统的主导作用并不都是正确的。当人们发展经济的指导思想和行为符合经济规律，同时也符合自然生态规律的要求时，就能推动生态与经济协调发展。而当他们的指导思想和行为违反自然生态规律的要求时，就会出现生态经济不协调（即"环境问题"，以至"环境危机"）。由此可见，"环境问题"（即"生态与经济不协调"问题）是人在发展经济中造成的，是人在发展经济中采取的错误经济指导思想和错误经济行为造成的。人是"生态经济系统"的主导，解决"环境问题"也仍然需要依靠人的努力。即当人们在发展经济中，改变了自己的"只顾发展经济，不顾破坏生态环境"的错误经济指导思想和错误经济行为，转向采取"生态与经济协调发展"的正确经济指导思想和经济行为时，"环境问题"也就能够得到解决。

（二）建立"经济是主导，生态是基础"的发展经济总方针

通过上述研究，人们认识到环境保护是经济部门和环境保护部门的共同任务和责任，其中经济部门又是任务和责任的主体。因此在实践中，环境保护转型实际上就是经济发展的转型。这是一个根本的转型。为促进这一转型的真正实现，首先就要求整个发展经济的指导思想和发展方针有一个根本的转变。

我国确立发展经济的正确指导思想和指导方针，从根本上说，要符合客观发展规律的要求，并随着时代的转换而与时俱进。据此，我提出了一个思路：建立"经济是主导，生态是基础"的发展经济总方针。其理论根据是作者提出的建立和区分"积极生态平衡"和"消极生态平衡"的生态经济学理论范畴，其中能够保持生态系统顺畅运行，又能促进经济发展的生态平衡是前者，阻碍经济发展的是后者。对于建立这一发展经济的总方针，需要看到，在现实的经济发展中，发展经济和保护环境都是同等重要的。但是它们在发展经济中的地位和作用又不是等同的。人是"生态经济系统的主导"，人的经济活动是最基本的活动。我国又是发展中国家，人民的生活水平需要提高，国家的经济实力也需要增强。邓小平同志已经指出"发展是硬道理"，科学发展观又把发展作为它的"第一要义"。因此在处理生态和经济的关系中，把"发展经济"放在首先和"主导"的地位是肯定的。但与此同时，经济的发展又必须以自然生态系统的正常存在和顺畅运行为依托，因此把"保护生态"放在重要的"基础"地位也

是肯定的。正确处理两者的关系，在实际工作中要反对两种错误倾向：一是反对过去长期以来存在的"只顾发展经济，不顾破坏环境"的错误倾向；二是反对在人们已经认识保护环境的重要性之后，又开始存在的"为保护生态环境而保护生态环境，阻碍发展经济"的错误倾向。

这里，再结合当前的"环境保护转型"问题，和现在正在研究的"摆正发展经济与保护环境的关系"问题来看：当前提出"环境保护转型"要求的"三个转变"之二是"从重经济增长轻环境保护转变为保护环境与经济增长并重"。这一转变的核心是要求建立"生态与经济双重存在的机制"。由于"环境保护是经济部门和环境保护部门的共同任务，经济部门是任务的主体"这一根本认识，和"经济是主导、生态是基础"这一发展国民经济总方针的建立，在实践中，"保护环境与经济增长并重"的要求也就必然能够成为现实。

四 把保护环境融入发展经济中，实现环境保护与经济发展同步

在经济发展实践中切实做到保护环境，除在"经济与环境的关系"中，必须明确认识发展经济与保护环境的任务"主次关系"外，也还需要明确认识两者发挥作用的"内外关系"。对于这个问题，在这里也提出以下两点认识和对策建议。

（一）进行环境保护的两种方式

在我国进行环境保护实际工作，不但在进行环境保护的出发点上存在着两种不同的认识和做法，同时在进行环境保护的途径和方式上，也存在着这两种不同的认识和做法。

对此，回顾过去可以看到，长期以来，我国环境保护工作一直是在发展经济与保护环境两者分离的情况下进行的。即一方面是经济部门和企业，其日常工作就是发展经济；另一方面是环境保护部门，其日常工作就是保护环境，两者的关系是"油水"关系和"外在"关系，相互截然分开。其特点是在统一的"经济与生态关系"中，把两者割裂，以至对立起来。其结果必然是经常出现两者的不协调。由此，在环境保护的实际工作中，也必然经常出现环境保护滞后于发展经济；不能实现两者并重；经济发展部门是"放火者"，环境保护部门是"消防队"，工作永远被动等。

最终也就使"先破坏，后整治"和"先污染，后治理"的破坏资源和污染环境等生态与经济不协调问题无法避免。

长期以来，我国经济发展实践中普遍存在的大量破坏资源和污染环境问题，使人们明确地看到一点，即这种把环境保护与发展经济分离，以至对立起来的做法不是一个有利的做法。在这方面，我曾提出一个思路，就是把保护环境与发展经济两者内在地结合，以至融合起来，使两者的关系从过去互相分离的"油水"和"外在"关系，转变为两者相互交融的"水乳"和"内在"关系。其特点是使环境保护与经济发展两者，从割裂，以至对立的状态，转变为统一，以至融合一致的状态，从而使两者的发展走向协调。由此，在环境保护的实际工作中，也就能够做到环境保护与发展经济两者并重甚至同步。最终也就能够使"先破坏，后整治"和"先污染，后治理"的破坏资源和污染环境等生态与经济不协调问题得到避免。

（二）建立"在利用中保护，在保护中利用"的资源利用指导思想

在经济发展和环境保护的实际工作中，切实做到"把保护环境融入发展经济之中"，还需要建立新的具体指导思想和指导方针。对此我提出了一个建立"在利用中保护，在保护中利用"的资源利用新方针的思路和提法。

对于这一观点的提出，首先，我认为，利用资源是人类最基本的经济活动。环境保护的目的，归根结底也就是保护有限的自然资源，使之能在我国的经济建设以及后代的经济社会发展中发挥最大的作用。因此，当前人们在发展经济上所面临的核心问题，就是如何解决日益尖锐的资源利用和保护的矛盾，即正确认识和处理资源利用和保护之间的关系。

其次，在现实的经济发展和环境保护中，要实现资源利用和保护的内在统一。对于如何才能实现这个统一，笔者的观点是：一方面应该看到，资源的利用和保护两者在经济发展的实践中是存在矛盾的。这是因为经济的发展使得消耗资源是无限的，而资源的存量又是有限的。但是另一方面也应该看到，资源的利用和保护两者又是能够实现统一的。这是因为可持续地发展经济，在利用资源的同时，也必须保护资源，从而就使资源利用和保护的矛盾统一得到实现。

对于在实践中如何建立能实现资源利用和保护统一的正确指导方针，根据我国经济发展中利用资源的正反两个方面的大量实践，笔者提出的思路是，"在利用中保护，在保护中利用"①。对此，用生态经济学的理论总结过去人们利用自然资源的经验可以看到：（1）把利用和保护对立起来的认识，包括"只利用不保护"和"只保护不利用"，都是错误的；（2）把利用和保护割裂开来的认识，包括"先破坏，后治理"和"边破坏，边治理"，也都是不对的。正确处理两者关系，应当把利用和保护内在地结合起来。要树立"在利用中保护，在保护中利用"的指导思想，把对资源的保护融合在对它的利用之中，使之在利用的同时就得到了保护，从而使人们对生态环境的破坏防患于未然。笔者在1989年承担国家民族事务委员会的委托课题中，就提出了这一观点②。这个提法一提出，就被视为"有价值的新观点"。之后也已经被有关中央文件和江泽民等中央领导在指导工作的重要讲话中采用，在经济发展和环境保护的实践中也已被广泛使用。

这里，再结合当前的"环境保护转型"问题，和现在正在研究的"把保护环境融入发展经济之中"的问题来看：当前提出"环境保护转型"要求的"三个转变"之三是"从环境保护滞后于经济发展转变为环境保护和经济发展同步"。这一转变的核心是要求建立"生态与经济内在融合的机制"。由于"环境保护与经济发展融合统一"这一根本认识，和"在利用中保护，在保护中利用"这一资源利用新指导思想的建立，在实践中，"环境保护与经济发展同步"的要求成为现实，也是必然能够做到的。

（本文系作者在复旦大学"纪念中国环境保护30周年论坛暨第九届中国环境经济年会"上提交的论文。原载《中国地质大学学报》（社会科学版）2011年第5期）

---

① 见王松霈等《热带亚热带少数民族地区生态经济协调发展问题研究报告》（国家民族事务委员会委托课题），第74页。后编入赵延年主编《中国少数民族和民族地区九十年代发展战略探讨》，中国社会科学出版社1993年版，第493页。

② 同上。

"里约+20"全球峰会：探索生态与经济协调的具体道路

生态时代的主题是实现生态与经济协调，解决工业时代遗留的生态与经济的矛盾。今年 6 月 20—22 日，联合国将在巴西里约热内卢召开"可持续发展"大会。它的召开与上次在里约召开的大会相隔 20 年，因此被称为联合国"里约+20"峰会。会议讨论有两个主题：一是"可持续发展和消除贫困背景下的绿色经济"，二是"促进可持续发展的制度框架"。其主导思想是实现可持续发展，开出的药方是"发展绿色经济"；主要任务是提出使世界能够切实实现可持续发展的具体道路。

一　关系人类社会发展方向的联合国三次大会

人类社会的发展进入 20 世纪 60 年代末，世界范围内的人口、粮食、资源、能源、环境等重大生态与经济不协调问题已经明显地显现。从"罗马俱乐部"的"悲观派"与"乐观派"关于人类社会发展前途的大讨论作为舆论准备阶段，开始了至今持续 40 年的世界环境与发展运动。自 1972 年，联合国把人们的思想变为实际行动，组织召开了三次具有重大意义的指导人类社会发展方向的世界性会议。

一是 1972 年 6 月在瑞典斯德哥尔摩召开的联合国"人类环境会议"。其主要着眼点是保护环境。会后 20 年，世界各国积极响应，并做了大量保护环境的工作。但是世界生态破坏的趋势并没有停止，人类生存的环境还在继续恶化。

二是 1992 年 6 月在巴西里约热内卢召开的联合国"环境与发展会议"。其主要着眼点是环境与发展（核心就是生态与经济）相结合。大会从斯德哥尔摩会后 20 年的实践经验明显地看到，保护环境与发展经济是一个统一的整体。脱离了发展经济来保护环境是保护不住生态环境的。因此大会明确地提出了"环境与发展"相结合的指导思想，并提出把"可持续发展"作为世界各国经济社会发展的共同正确方向。

三是 2012 年 6 月即将在巴西里约热内卢召开的"可持续发展会议"，即"里约 + 20 会议"。其主要着眼点是提出能够实现可持续发展的具体途径。对此人们也清楚地看到，1992 年联合国"环境与发展会议"提出的环境与发展相结合的指导思想和"可持续发展"方向是正确的。但是又经过了 20 年，世界范围内的保护生态与发展经济的矛盾仍然没有解决。现在还有十亿多人缺少食物或安全的饮用水，世界上大部分生态系统每况愈下。而气候变化和全球人口增加还在加剧这些危机。世界从来没有一个时期像现在这样亟须为全人类确保一个良好的生态环境和经济社会能够持续发展的未来。因此找到一个切实能够实现可持续发展具体途径的问题就提上了日程。

二 人类社会发展具体道路问题迄今没有解决

今年"里约 + 20"会议是在具体贯彻 1992 年里约会议指导思想和目标 20 年实施经验的基础上召开的，因此它是联合国 1972 年和 1992 年两次大会以来 40 年实际经验的总结和对今后世界可持续发展未来的展望。

1. 它是人们对生态时代经济社会发展客观规律认识深化的 40 年。20 世纪 70 年代初，人们从实践中看到了世界生态环境破坏制约经济社会不能继续发展的现实。联合国有针对性地突出强调保护环境是一个很大的进步。但是人们对实践的认识往往是有局限的和需要在实践中不断检验的。联合国 1972 年召开"人类环境会议"后 20 年，人们大力保护环境和"为保护环境却保护不住生态环境"的具体实践经验，使人们认识到，环境保护必须与发展经济相结合。据此联合国又于 1992 年召开了"环境与发展会议"，把人们的认识提高到生态时代实现"生态与经济协调"的高度，并提出了"可持续发展"的正确指导思想。与此同时也产生了为可持续发展指导思想的建立提供理论基础的生态经济学新兴学科，具体指导世界可持续发展的实现。

2. 它也是人们不断探索在实践中切实实现可持续发展具体道路的 40 年。联合国 1992 年总结过去 20 年的实践经验，召开"环境与发展会议"，提出实现"生态与经济协调"，从而促进"可持续发展"的指导思想是正确的。但是至今又一个整整 20 年的实践经验却又向人们指出，生态环境严重破坏的问题依然没有制止，经济社会可持续发展的目标仍然没有能够实现，这就提出了继续寻找可持续发展具体道路的重要性。我国保护环境的工作按照同样思路也进行了 40 年，环境保护部门已经作出了巨大的努力。但是我国的生态环境却仍然处于继续破坏而且难以制止的状态，以致环境保护部门也不得不提出环境保护必须"转型"的呼声（世界包括美国等发达国家，环境保护工作被动的局面也相类似）。我国和世界当前严酷的实践经验又告诉我们，切实实现经济社会的持续发展，不但需要有正确的"可持续发展"指导思想引领前进的方向，也还需要有正确的制度和措施具体指引前进的道路。为此人们对联合国"里约 + 20"会议的召开寄予厚望。

三 实现可持续发展的核心是实现生态与经济协调

今年联合国"里约 + 20"峰会的主题是发展绿色经济，为可持续发展建立全球制度框架。绿色经济是能够实现经济社会可持续发展的经济。它的具体内涵，简言之，是既能促进发展经济，又能保护生态环境的现代经济模式。其核心特点是能够实现生态与经济协调，其实施包括"循环经济"、"低碳经济"等诸多做法，实质上都是"生态经济"（即"生态与经济协调经济"）的具体表现形式。在我国，发展"绿色经济"和实现"可持续发展"都已经提出多年。但从具体组织制度上也还有不少问题需要研究。

在我国的经济发展实践中，各经济部门和环境保护部门在"绿色经济"和"可持续发展"方向的认识上是一致的，但是在执行发展经济和保护环境的工作和行动上则是互相分离和相互脱节的。经济部门的任务和政绩考核标准是发展经济，在实际工作中的着眼点和着力点也是追求经济的快速增长，而较少关注保护环境，因此在保护环境上常常成为"放火者"。而环境保护部门的任务和政绩考核标准是保护环境，因此就成为

"消防队"。这种情况愈演愈烈，环境部门"救火"的难度日益加大，常年"疲于奔命"，不得已就提出了我国环境保护必须"转型"的要求：（1）从重经济增长轻环境保护转变为保护环境与经济增长并重；（2）从环境保护滞后于经济发展转变为环境保护和经济发展同步；（3）从主要用行政办法保护环境转变为综合运用法律、经济、技术和必要的行政办法解决环境问题。

"生态与经济协调"反映生态时代的基本特征，也是推动"生态社会"前进的基本动力。这一推动不但表现在"可持续发展"指导思想的形成上，而且也表现在具体组织制度的建立上。现代经济发展形成越来越细的部门分工是无可非议的。但是我国过去40年经济发展与环境保护任务的部门分割，导致不能实现可持续发展的实际经验也是鲜明的。环境保护部门的努力和工作被动局面可以想见。他们提出的环境保护与发展经济"并重"、"同步"的愿望指明了生态时代制定和实施组织制度措施，遵循"生态与经济协调"客观规律的重要性。生态经济学的理论认为，在现实经济发展中，环境问题的实质是经济问题，发展经济与保护环境不可分割。经济部门承担着发展经济的任务，同时也应是保护环境的责任主体。认识环境问题是经济问题的实质，并从组织制度上把发展经济和保护环境内在地统一起来，将有利于建立环境保护的"社会主义市场经济机制"，消除部门对立，实现发展经济和保护环境的"并重"、"同步"。其在促进发展"绿色经济"和实现"可持续发展"上的作用都将是肯定的。

（原载《中国社会科学报》2012年5月28日）

在经济与生态协调基础上进行西部大开发

我国当前正在进行西部大开发,这是我国实现现代化建设"三步走"第三阶段战略目标作出的重大战略决策。我国进行西部大开发面临的是一个经济落后和生态破坏的基础,并且存在着经济与生态的尖锐矛盾。在西部大开发中如何正确处理经济与生态的关系是一个根本性的问题。当前人类经济社会的发展,从人与自然的关系上看,已经进入了新的生态时代。我国进行西部大开发应该以生态经济学的理论为指导,建立在经济与生态协调的稳固基础上。这是西部大开发能够实现经济高速度发展和可持续发展的基础和前提。

一 生态破坏是西部经济落后的根源

开发西部是我国平衡发展地区经济和实现国民经济现代化的重要战略步骤。邓小平同志在 1988 年就提出了有步骤地协调发展东西部经济的重要思想:东部沿海地区充分利用有利条件,较快地先发展起来。当发展到一定时期,可以设想在 20 世纪末全国达到小康水平的时候,拿出更多的力量帮助中西部地区加快发展。现在我国东部建设已经有了迅速的发展,西部也有了进行大开发的条件,并且已经进入具体实施。在西部大开发的初始,一方面要求我们明确认识西部大开发的重要意义,同时也要求我们明确认识当前进行西部大开发所面对的生态破坏和经济落后基础。并且据此提出一个清醒的开发对策。

我国进行西部大开发具有重大的生态和经济意义。西部地区占我国国土总面积的 71%,拥有丰富的自然资源。西部又是我国长江、黄河等大江大河的上游,是中部和西部的生态屏障,它的状况如何,极大地影响着中部、东部乃至全国的生态安全。同时西部又拥有 52 个民族,是少数民族聚居地区，并且从北、西、南三个方面与邻国接壤。因此进行西部大开发不但有重要的经济意义，而且有重要的政治意义。

但是长期以来我国西部的生态环境遭受破坏，经济发展落后，也使当前进行西部大开发面临着巨大的困难。对此首先应当看到，当前我国是在一个生态环境严重破坏的基础上进行西部大开发的。目前我国西部的生态环境已经遭受了全面严重的破坏。根据国家环保总局联合有关单位从2000年3月，历时一年半完成的《西部地区生态环境现状调查报告》，我国西部生态环境遭受的破坏主要有：

水土流失严重。截至1999年，西部（不包括西藏）水土流失面积为10436.9万公顷，占全国水土流失总面积的62.5%。

土地沙化严重。截至1999年，西部地区（内蒙古、甘肃、青海等七省、区统计）沙化土地总面积为16255.6万公顷，占全国沙化土地总面积的90%以上。

森林破坏严重。西部森林过去长期乱砍滥伐，原始森林遭受严重损害。近年来森林面积虽有恢复，但质量严重下降。活立木蓄积量大幅度减少，森林生态系统的调节能力减弱，病虫害加剧。

草地破坏严重。表现为面积持续减少，质量不断降低。截至1999年，西部地区退化草地和草地鼠害面积分别占可利用草地面积的29.5%和47.1%。

此外，西部的水资源极度短缺，沙漠化问题突出等，从而引发了一系列严重的自然灾害。

同时也应当看到，我国进行西部大开发面对的也是一个落后的经济基础。首先就人均国内生产总值的比较来看：

1999年西部各地区人均国内生产总值

地区	人均国内生产总值（元）
内蒙古	5350
广西	4148
重庆	4826

续表

地区	人均国内生产总值（元）
四川	4452
贵州	2475
云南	4452
西藏	4262
陕西	4101
甘肃	3668
青海	4662
宁夏	4473
新疆	6470

1999年西部12个省、区和直辖市的人均国内生产总值大多在4000—6000元，都低于全国平均6534元的水平。最低的贵州省只有2475元。而东中部先进地区例如上海、北京、天津、浙江、广东、福建、江苏、辽宁等都在人均10000元以上。其中最高的上海市为30805元，为西部最低贵州省的12.4倍（2000年《中国统计年鉴》）。

再从城乡人民的收入水平来看。以农民的收入比较为例：近年来，东西部农民的收入差距日渐拉大。据国家统计局经济景气监测中心的最新监测资料显示：从省际的差异看，2000年全国农村居民人均现金收入为2434元。东部的上海、北京、浙江、天津、广东5个省和直辖市的人均收入较高，最高的上海市为5914.9元，而西部的贵州、西藏、甘肃、青海、云南等地较低，最低的贵州省仅为1136.4元。农村人均现金收入最高与最低的省、区、市差异达到了4.1倍（《文摘旬刊》2001年12月7日）。

与此同时还应当看到，在西部的实际经济运行中，经济落后和生态破坏是互相关联的。生态是经济发展的基础，西部生态环境的严重破坏和日益破坏，必然要制约西部经济的迅速发展。回顾历史，我国西部广大地区曾经是水草丰美、生态环境良好的地方。长期以来，由于人口迅速增长和经济发展的巨大压力，使良好的生态环境遭受了破坏。例如陕西的榆林地区，历史上水草肥美，生态环境良好。自唐代在陕北高原设立9郡39县，提倡垦荒，使人口迅速增加，对生态环境的压力越来越重。经过元、明、清六百多年，榆林地区留下的草地"仅十之二三"。从此肥美的草地消失了，滚滚的黄沙涌来，出现了严重的荒漠化。西部地区的生态环境破坏必然带来西部的经济落后。据国家环保局的一个课题研究，20世纪80年代中期，我国西北五省区由于生态破坏，每年造成的经济损失达116亿多元（《中国环境报》1990年2月10日）。另据中国科学院的卫星遥感，对我国西部12省区的土地承载力进行的评估，西部已经有1/5的土地承载能力处于超负荷状态（《北京晚报》2001年1月6日）。由此造成西部地区的经济落后是必然的。

面对西部的严重生态破坏和经济落后，进行西部大开发，要明确认识西部的实质是一个生态经济系统。它是由经济系统和生态系统相互结合形成的，因此同时兼具生态和经济的双重属性。即一方面它是一个经济系统，人们要依靠它来发展经济，提高自己的生活水平。另一方面它又是一个生态系统，人们发展经济要依靠它提供各种生产和生活必需品，使经济活动得以顺利地进行。这就决定了由西部生态系统和西部经济系统互相有机结合形成的西部生态经济系统是人们进行经济活动的实际载体。由此也就决定了人们发展西部经济，同时要受经济规律和生态平衡自然规律两种客观规律的制约。在此基础上，人们又进一步深入认识了西部经济运行的实际生态经济过程：以生态系统和经济系统结合形成生态经济系统为载体，以生态平衡和经济平衡结合形成的生态经济平衡为动力，以生态效益和经济效益结合形成生态经济效益为目的。过去长期以来发展西部经济，由于没有生态与经济协调的生态经济意识作指导，只考虑扩大发展经济的需要，而不顾生态系统承受力量的可能，破坏了生态系统的正常运行，因此也就导致了经济社会的不可持续发展。这也正是我国西部长期以来经济落后和越来越落后的生态经济根源。长期以来西部生态环境的严重破坏造成西部经济落后的实际过程，使人们明确认识到进行西部大开发必须首先重视保护生态环境的客观必要性。

二 生态建设是西部大开发的根本

进行西部大开发，强调"保护生态平衡"是正确的，但强调保护西部生态平衡是要保护西部生态平衡不被破坏，而不是要保护西部生态平衡机械地回归过去原状，更不是使西部生态平衡凝固在原状不变。生态经济学理论认为，西部大开发中人们所遇到的生态平衡实际已不是纯自然的概念，而是生态与经济相互联系的概念，西部大开发所面对的生态平衡实质是"生态经济平衡"。据此，生态经济学的"生态平衡"范畴应该区分为"积极的生态平衡"和"消极的生态平衡"，简言之，有利于人们发展经济的生态平衡为前者，不利的则为后者。对于生态平衡能不能够被打破的问题，要看到，人们是在西部的现实经济发展中，而不是在实验室的条件下对待自然生态系统的，因此他们在西部大开发中的一举一动实际上都是在打破自然界的生态平衡（即利用生态系统）。但是就在他们打破一个旧的生态平衡的同时，也就建立了一个新的生态平衡，只要这个新的生态平衡既能保持生态系统的顺畅运行，又能促进经济的发展，它就是"积极的生态平衡"，一般来说，对它就应该肯定和支持，而不是一味地反对。而那种只有利于保护生态系统运行，不利于经济发展的生态平衡，对人们发展经济来说，就是"消极的生态平衡"，一般来说，对它就不应该一味地强调，以免束缚人们发展经济的手脚（除自然保护区和保护生物多样性等必须坚决保护的情况外）。

生态经济学中"积极生态平衡"范畴的建立，指明了西部大开发中，保护生态系统和利用生态系统是矛盾的统一。对此要同时看到以下两个方面：一是经济的自发倾向强调利用，而生态的自发倾向强调保护，两者对发展西部经济是矛盾的；二是人们发展经济的目的在于利用，人们保护生态的目的也在于利用和更好地利用，两者从根本目的上又是统一的。以上两个方面的矛盾统一在"积极生态平衡"生态经济范畴下得到了实现。以该思想指导西部大开发，要把保护生态系统和利用生态系统统一起来并最终着眼于利用，这应该是进行西部大开发的正确出发点和落脚点。同时，在西部大开发中是积极地保护生态环境，即在保护基础上是积极地利用生态系统，还是消极地保护生态环境，即为保护生态系统而保护生态系统，也就成为区别西部大开发中"保护生态"与"生态保护主义"的明显分界线。

在西部大开发中，人们不但应该在保护的基础上，重视利用生态系统；而且还要进一步发挥人的主观能动性，积极地建设生态系统，使生态系统在西部大开发中更充分有效地发挥作用。对此，还要进一步从生态经济学的理论上认识"人在生态经济系统中地位的双重性"，和"建立人工生态系统"的问题。首先要看到，人在生态系统和生态经济系统中具有不同的地位。在自然生态系统中，人作为自然的人而存在，只是生态系统中的一个生命要素和生态系统"食物链"中的一个物质和能量承担者，其地位和作用与其他植物和动物没有两样。但是在生态经济系统中，人作为社会的人而存在，则是整个系统的主宰。他在生态经济学的理论指导下，可以充分发挥自己的主观能动性，建设更有效的"人工生态系统"（即生态经济系统），从而使西部大开发更有成效。对于建设人工生态系统的问题，要看到，人在生态平衡自然规律的面前是无能为力的，人不能改变客观自然规律的作用，只能适应生态平衡自然规律的要求。但是人却能够有目的地创造条件，配置各种生态系统要素，从而建立起各种"人工生态系统"，使自然规律的作用在西部大开发中为人们更好地运用。综上所述，进行西部大开发，必须重视保护已遭破坏的生态环境是肯定的；同时发挥人们的主观能动性，建设和利用生态系统，使之更有效地用于发展西部经济，更是需要引起人们重视的，这就为我们进行西部大开发指出了正确的方向。

三 建立西部大开发新的指导思想

当前我国的西部大开发是进入生态时代后，保护和建设生态环境，促进发展经济的一项全新的伟大事业。推动这一事业的前进，需要建立起适应新时代要求的新思维，引导人们走向正确的发展道路。具体来讲，需要建立以下三个新的思维：

一是生态与经济双重存在的思维。这是进行西部大开发的基础思维。在西部发展经济的各种实际开发活动中，要始终明确看到生态系统和经济系统两种系统，以及生态规律和经济规律两种客观规律的存在，从而把自己的各种经济开发活动，切实放在兼顾经济和生态两个方面的稳妥基础上。

二是生态与经济协调的思维。这是进行西部大开发的核心思维。我们进行西部大开发，不但要看到，在开发的实际工作中，经济与生态两者是同时存在的，而且还要看到两者的存在和作用应该是互相协调的。生态与经济协调理论是生态经济学的核心理论。只有坚持生态与经济协调，才能够把人们进行西部大开发的经济活动切实放在高速、协调、持续、稳定的基础上。

三是经济社会可持续发展的思维。进行西部大开发必须以实现可持续发展为目标，这是我国社会主义现代化的战略要求，也是当前进入生态时代发展经济的根本要求。生态经济学是为可持续发展提供理论基础的科学。西部大开发必须以实现经济与生态协调为基本特征，因此建立经济社会可持续发展的目标思维也是必需的。

以上三个新思维的建立，为人们进行西部大开发，建立正确指导思想指出了方向。西部大开发的实践，从基本内容上看，是亿万人民利用自然资源发展经济的实践。因此进行西部大开发，在建立上述三个新思维的基础上，还要进一步建立起指导人们合理利用资源的新方针，才能把亿万人民利用资源的具体行动，变成西部大开发的巨大实际力量。对此，需要用生态经济学的理论，分析一下当前这方面存在的几种认识和做法：一种是把利用和保护对立起来的认识和做法。其中"只利用不保护"和"只保护不利用"的认识和做法都是错误的。前者是把人与自然的关系引向尖锐对立，把经济增长建立在掠夺利用生态系统资源的基础上；后者则遏制了经济社会的发展。另一种是把利用和保护割裂开来的认识和做法。其中一种表现是"先破坏，后治理"，这是西方和我国过去都一直长期采用的做法。另一种表现是"边破坏，边治理"，这是在人们稍有了一些保护生态环境知识的情况下所出现的一种认识和做法。两种认识和做法的要害都是把破坏生态作为发展经济的前提。但是人们看到，破坏生态很容易，而治理和恢复生态却很难，有的需要花费巨大的代价，有的则是根本不可能的。显然这些认识和做法也都是不对的。国内外正反两个方面的实践经验证明，正确的认识和做法是把资源的利用和保护有机地结合起来，把对它的保护融合在对它的利用之中。据此，西部大开发利用资源，应该采用"在利用中保护，在保护中利用"的正确方针。这样做就能使生态系统资源在利用的同时得到了保护。20世纪80年代，作者在进行热带亚热带少数民族地区生态经济协调发展的课题研究中曾经提出了建立我国资源利用新方针的这一提法①。经过十几年的实践，已经看到在有关的中央文件中被采用。我认为，这一方针在指导当前西部大开发的具体实践中，也是适用的。

实际进行西部大开发，人们具体运用生态与经济协调的指导思想和指导资源利用的新方针，所处理的生态经济问题是多种多样的。相应的，人们发挥主观能动性，建立人工生态系统，寓生态系统的保护于对它的利用之中，所采取的具体途径也是多种多样的。在西部大开发的长期进程中，人们应该不断地总结这方面的经验，使之上升到生态经济学理论，用以指导西部大开发的实际行动。例如在退耕还林还草的工作中，广大农民群众在实践中，就已经有了不少的创造。其中黄土高原地区出现的农户承包治理小流域，控制水土流失的做法，就给了我们有益的启示。

我国黄土高原地区，由于在人口增长和经济发展中，不顾生态与经济的协调，"越垦越穷，越穷越垦"，林草植被受到严重破坏。日益严重的水土流失形成了生态经济系统的恶性循环，成为我国生态经济上的一个难题。为了恢复植被，国家长期投入大量资金，发动农民植树造林。但是由于产权不明晰，只有国家治理生态的一个积极性，没有农民发展经济的另一个积极性，因此农民种树"只管种，不管活"，年年造林不见林。几十年过去了，黄土高原的生态经济恶性循环照旧，广大农村的贫困落后面貌依然没有改变。80 年代中后期，一些地区实行了农户承包治理小流域的做法，通过进行经济改革，从农村经济体制上把保护生态和发展经济两个方面的要求内在地结合起来。其具体做法：一是通过经济改革，明晰了建设植被的产权，调动了广大农民植树造林的积极性；二是适应现阶段农村生产力水平，以最小的社会单元（农户）与最小的自然单元（小流域）作为基本结合点，实行农户承包；三是农户又利用已经建设的人工生态系统中的林草植被等自然资源，进一步发展起农林牧渔等多种生态农业经营，

---

① 见王松霈等《热带亚热带少数民族地区生态经济协调发展问题研究报告》（国家民族事务委员会委托课题），第 74 页。后编入赵延年主编《中国少数民族和民族地区九十年代发展战略探讨》，中国社会科学出版社 1993 年版，第 493 页。

在黄土高原生态环境得到保护的同时，也走上了脱贫致富的道路。由于这些具体做法符合生态和经济两种规律的要求，因此很快就出现了"千家万户积极治理千沟万壑"的生动局面，并且使这些地区的退耕还林工作切实做到了"退得下，还得上，稳得住，不反弹"，从而取得了成功。我国西部黄土高原上的这些成功经验，在西部大开发的其他地区和问题上，也是具有普遍意义的。

四　西部大开发要进行生态经济改革

当前我国正在进行经济改革，这是推动我国经济实现高速度发展和可持续发展的巨大动力。改革二十多年来促进经济迅速发展所取得的巨大成就，使世界瞩目。当前在世界和我国的经济发展中，也出现了一个"经济生态化"的发展趋势，并且已经日益明显地表现在人们生产和生活的各个方面。其中既表现在我国城乡建设和各种产业的发展上，例如建设生态城市，发展生态农业、生态工业、"绿色汽车"、生态建筑等；同时也表现在人们的衣食住行等生活消费的变化上，例如发展"绿色食品"、生态服装、生态住宅以至"绿色殡葬"等。这是当前人类社会进入生态时代条件下，经济发展的必然趋势。新的时代经济发展的新趋势，必然对我国经济改革提出新的要求。

仔细观察一下我国经济改革的发展，可以看到，我国当前实际上正在同时进行着两种改革：一种是二十多年来一直在进行的以正确处理人与人的关系为基本特征的经济改革；另一种是进入生态时代条件下，以正确处理人与自然的关系为基本特征的生态经济改革，这两种改革又是密切交织在一起的。我国现实经济中两种改革的并存，说明新的时代正赋予我国经济改革以新的任务：一方面，继续遵照客观经济规律的要求，从人与人的关系上，改革一切不适合社会生产力要求的生产关系和上层建筑，进一步解放社会生产力，促进经济的发展；另一方面，也要遵照客观生态平衡自然规律的要求，从人与自然的关系上，改革一切不适合自然生产力要求的生产关系和上层建筑，进一步解放自然生产力，促进经济的可持续发展。其共同的要求，是把我国经济的进一步发展，放在既符合经济规律的要求，同时也符合生态平衡自然规律的要求，从而能够最大限度地挖掘经济和自然两种巨大潜力的基础上。这一发展的实质体现了我国经济改革从解决人与人的关系问题，向着同时解决人与自然的关系问题方向的继续深化，这是新的历史时期，我国运用邓小平改革理论的新拓展。

我国当代经济发展中存在着多方面的生态与经济不协调问题，它们具体表现在农业、林业、畜牧业、渔业、工业、乡镇企业，农村、城市，以及人们的生活消费等各个方面。因此我国的生态经济改革也必然是一个全面的改革。而全面进行这一改革的过程，实际上也就是合理调整人与自然的关系，实现生态与经济协调，促进实现经济社会可持续发展的过程。下面结合我国西部突出存在的一些生态与经济不协调问题，主要以草原畜牧业中的问题为例，举出应该进行生态经济改革的几个主要方面（其他领域和其他方面的问题类同）：

1. 改革经济增长方式

我国的草原绝大部分在西部，发展畜牧业长期以来采取粗放经营的形式，实行外延性扩大再生产。其特点是一味地增加牲畜饲养头数，造成了超载过牧。同时对草原又只索取，不管护；只利用，不建设，从而就造成了大面积草原的破坏。进行生态经济改革，要实行生态经济集约型经营形式，重视内涵性扩大再生产。要追求饲养牲畜的质量和效益，要重视草原建设，改变"重畜轻草"和"重用轻养"，扭转"超载过牧"造成的恶性生态经济循环。

进行西部草原畜牧业生态经济改革，还要从根本上杜绝对草原的掠夺式"开发"利用。例如近年来，在内蒙古草原，由于农民受市场经济利益的驱动，本区和外省的成千上万人乱搂发菜，从阿拉善盟扩大到伊盟、巴盟、乌盟、锡盟和乌海、包头以及呼和浩特市。据从国家林业局了解，近十年来已经有200万人次非法进入内蒙古草原挖发菜，截至2000年春季，我国内蒙古等地已经有3万平方公里的草原受到毁灭性的破坏。类似的问题在西部还有滥挖甘草、沙金、冬虫夏草、乱开小煤窑等。这些掠夺利用生态系统的错误做法，在西部大开发中必须坚决制止。

2. 改革资源利用方式

生态系统资源利用不合理是产生西部许多严重生态经济问题的根源。

改革西部资源利用方式应当看到以下两个方面的问题：

一是资源开发利用的方向问题。仍以西部广大草原的开发利用为例，过去由于人口迅速增长和没有生态与经济协调的正确思想作指导，许多地方片面执行"以粮为纲，全面发展"的方针，把解决粮食问题与发展畜牧业对立起来，长期采取了"毁草种粮"的错误做法。20世纪60年代，在内蒙古草原就曾经出现了两次大规模毁草开荒种粮的高潮，从而使草原遭到了严重的破坏。对此，在西部大开发中进行生态经济改革，要看到具体生态系统由于主要资源要素的组成不同，因此都具有各自的特色，在此基础上进行开发，就会形成各地的优势产业。过去由于不认识具体生态系统的特点，对草原生态系统不是开发利用其特色资源牧草，发挥畜牧业生产的优势，反而去"开发"利用它的生产粮食劣势，就必然会出现"农田吃草原，风沙吃农田"的严重生态经济问题，使草原经营受到了重大的损失。

二是资源开发利用的程度问题。生态系统是由各种系统要素（即资源）按照一定的比例共同结合形成的。人们从中开发利用某种资源，在维持这一基本比例的条件下，就能继续保持整个系统的正常运行；反之就会使之受到损害。但长期以来人们不顾生态系统资源和生态系统存在的有限性特点，超极限地开发利用这些生态系统资源，就屡屡出现了各种严重的生态经济问题。一个突出的例子是西双版纳的砍伐热带雨林种植橡胶。新中国成立初期，为了打破西方国家的经济封锁，在仅有的一些热带地区砍伐一定数量的热带雨林种植橡胶是必需的。但是由于砍伐得过量，在许多地方丧失了由于热带雨林才存在的高湿、高温小气候（这正是在北纬21度极限地区，天然橡胶还能生长的一个重要条件），反而使橡胶不能生长。进行这方面的生态经济改革，要掌握开发利用生态系统资源的"生态经济适合度"，把开发利用某种资源的强度放在生态系统允许的范围内。这样就可以避免白白砍伐了大片宝贵的热带雨林，又使橡胶不能生长的损失。

另一个突出的例子是西部广大草原的"超载过牧"。其实质也是由于在有限的草原生态系统中，超限度地增加牲畜饲养头数，超过了生态系统的负担能力，就造成了草原生态系统的破坏。这一问题也必须遵循"畜草平衡"生态经济规律的要求,通过进行生态经济改革才能解决。

3. 改革经营管理制度

这方面的问题普遍存在于西部经济发展和管理的各个方面。仍然看一下西部草原畜牧业中的情况:

一是改革经营管理体制。

西部广大草原地区,进行经济改革以前,长期实行牲畜和草原归集体所有的经济管理体制。由于产权不明晰,广大牧民没有切身的经济利益,对保护和建设草原、饲养牲畜都没有积极性。从而使草原生态系统支持发展经济的作用不能发挥,反而带来了各种生态经济问题。20世纪80年代一些地区借鉴农区家庭联产承包责任制的做法,实行了牲畜承包到户,解决了人吃牲畜"大锅饭"的问题,使牧民饲养牲畜的积极性大大提高。但是由于仍然存在着牲畜吃草原的另一个"大锅饭"问题,广大牧民保护和建设草原的积极性依然没有调动起来。之后又进一步实行了把草原也承包到户的"畜草双承包生产责任制",在解决了草原经济管理中两个吃"大锅饭"问题的基础上,才使问题得到了解决。

二是改革核算管理制度。

我国西部草原地区过去长期没有生态经济学的理论作指导,在高寒草原地区的畜牧业中,也与东部农区一样,实行以年末牲畜存栏数考核经营成绩的管理办法。由于违背市场经济规律和生态平衡自然规律的要求,秋季草足牲畜膘肥时不宰杀销售,冬春缺草牲畜瘦弱时却白白饲养。结果就出现了大批牲畜"夏壮、秋肥、冬瘦、春死"的背离经济规律和自然规律的现象。这类问题至今并没有完全解决,仍然需要进行生态经济改革来扭转。

4. 改革传统思想观念

我国西部草原地区历来市场经济没有较大发展,牧民的商品经济意识低下。同时西部是我国少数民族集中地区,又受某些民族传统观念的影响。因此一些地方就存在着浓厚的"以饲养牲畜多代表富有"的思想。由此也就推动人们盲目地扩大牲畜饲养头数,甚至以此来夸富、比富。这些情况集中起来也就成为破坏草原生态系统的一个原因。以上各种情况向人们说明了一点:西部大开发的方向是实现生态与经济的协调发展和可持续发展，而实现这一要求的根本途径在于进行生态经济改革。这是人们在西部地区长期存在严重生态经济问题下所得到的正确认识，同时它也将为西部大开发的成功提供根本保证。

（本文系作者在中国生态经济学会年会暨中国西部生态建设研讨会上提交的论文，原载《中国生态农业学报》2004年第12卷第2期）

用生态经济学理论指导生态省建设

我国自 1999 年 3 月海南省提出建立第一个生态省,并由国家环境保护总局正式批准建设试点以来,截至目前,短短 4 年的时间,全国已有海南、吉林、黑龙江、福建、浙江、山东、安徽、江苏 8 个省开展了生态省的创建工作。陕西、河北等省也正在开展生态省建设的前期工作。同时一大批生态市、县的创建工作都已经取得了显著的成效。目前我国的生态省建设正在迅速发展。生态省在我国社会主义现代化建设中的出现是一件大事,它指明了我国经济社会发展的新趋势。生态省为什么在我国经济社会的发展进入 21 世纪产生?它的实质是什么?我们要用什么理论指导它的进行,以及要采取什么样的对策和措施来促进它的健康发展?等等。这些都是当前需要认真研究解决的重要问题。

一 生态省建设是我国生态经济建设的高级阶段

生态省是我国区域生态经济建设的重要形式。生态省建设,是指在一个省(自治区、直辖市)的行政区划范围内,以生态经济学的理论为指导,以实现生态与经济协调发展为核心,以实现可持续发展为方向,以建设发达的经济、良好的生态和文明的社会为基本内容的生态经济建设工作。属于我国生态经济协调发展地区体系的宏观建设层次。

(一) 建设生态省是生态时代的必然要求

生态省是我国经济社会的发展进入 21 世纪出现的一个新事物,它的出现显示了强大的生命力。我国的生态省建设在当代的出现和迅速发展不是偶然的。它的产生体现了人类社会的发展进入新的生态时代的必然要求。

纵观人类社会的发展,随着社会生产力的不断提高,从农业社会到工业社会,又到21世纪的生态社会,从低到高,已经经历了三个相互联系的发展阶段。这一长期的历史过程是社会生产力从"铁犁牛耕"到蒸汽机发明,又到"绿色技术"出现的过程;也是它们分别推动农业革命、工业革命和生态革命,从而建立农业社会、工业社会和生态社会,并相应建设农业文明、工业文明和生态文明的逐步上升过程。在人类社会的发展中,从工业社会走向21世纪的生态社会是一个不以人们自己的意志为转移的客观过程。生态省是生态时代的必然产物,因此它在我国进入21世纪的出现也是客观发展的必然。对此要看到以下三点:

1. 建设生态省体现了可持续发展的要求。人类社会从20世纪60年代,为解决日益严重的生态经济问题,出现了近30年来的世界环境与发展运动。1972年联合国"人类环境会议"后整整20年的全球保护环境实践,使人们明确地看到环境与发展两者密切联系、相互制约,单纯为保护而保护环境是保护不住的。因此1992年联合国又召开了"环境与发展"会议,明确地把环境和发展(即生态与经济)紧密结合起来。由此就提出了指导世界共同未来的可持续发展战略。我国生态省建设在进入21世纪的出现,明显地体现了可持续发展战略的要求。

2. 建设生态省反映了"经济生态化"的发展趋势。近年来,随着人类社会的发展进入生态时代,世界和我国经济实践中已经明显地出现了一个"经济生态化"的发展趋势。它的表现遍及经济发展的各个方面。例如城市建设越来越强调尊重自然,产业建设和结构调整越来越强调"绿色产业"和"绿色产品"。近年来"生态工业"、"生态农业"、"生态建筑业",以及"绿色汽车"、"绿色建材"、"绿色市场"、"绿色设计"等都有了迅速的发展。在人们生活上,吃"绿色食品"、穿"生态服装"、住"生态住宅"、出行使用"无污染交通工具"等,也都已经成为人们的时尚。"经济生态化"的发展也要求生态省的产生。

3. 建设生态省适应了全面建设小康社会的需要。目前我国经济社会的发展已经进入全面建设小康社会的阶段。我国的小康应该是全面的小康。其范围不但包括比较富裕的城市,也包括贫困落后的农村。其目标不但要有经济发展和生活富裕,也要给人们提供生态良好的环境。建设生态省可以在更大的行政区域范围内,统筹规划利用生态系统资源和保护生态环境，可以推动包括贫困山区和贫困农民在内的广大人民脱贫和共同致富，因此也就可以促进我国全面小康社会的早日实现。

（二）生态省建设是我国生态经济建设的高级阶段

生态省建设形式在我国的出现是历史发展的必然，同时也反映了我国生态经济建设从单项到综合和从低级到高级的逐步发展过程。回顾自20世纪70年代以来我国生态经济建设的发展，人们看到，它是从建设生态农业开始的，其中又包括了产业生态经济建设和区域生态经济建设两个方面的交织发展过程。首先它的提出是建设生态农田，即在一个农户的一块农田上建设生态农业，之后逐渐发展到生态农业村、生态农业乡和生态农业县，从而出现了全国生态农业大发展的形势。对于当时提出的"生态农业县的发展向何处去"的问题，我曾经提出一个观点带到了1991年在河北省迁安县召开的"全国生态农业县学术讨论会"上，即"生态农业县的发展要走向生态经济县"，即从发展生态农业，到全面发展各种生态产业。这一观点为当时的与会专家和实际工作者所接受。之后在我国逐步出现了建设生态县、生态市的高潮，目前一个建设生态省的新高潮又已经到来。我国近30年来发展生态经济的具体过程，说明了我国生态经济建设由低到高逐步发展的客观规律性。

1. 我国的生态产业建设。我国的生态经济建设开始于生态农业。这是因为农业的本质就是生态的农业，其基本特点是经济再生产与自然再生产相交织。人们具体安排它的生产过程，以及采用各种技术措施，都必须按照自然生态系统本身运行的规律来进行。同时，我国有几千年精耕细作的有机农业传统，也为发展生态农业提供了有利的基础和条件。但是它的发展又必然要从单一生态农业走向多种生态产业的综合。这是因为，人们现实发展经济总是要依托自然生态系统来进行，而生态系统的各种组成要素都是资源。在"经济生态化"的趋势下，人们全面利用生态系统发展多种经济，就必然要从发展生态农业走向发展各种生态产业。

2. 我国的生态区域建设。我国的生态经济建设又开始于生态农田。这是因为一块农田和一片水面、一个城市、一个山区等，其自然本质都是一个生态系统。我国的农业建立在农户低水平生产力的基础上，但农户家庭联产承包责任制的实行解放了被束缚的社会生产力，调动了广大农民的生产积极性。进入生态时代，人们在认识生态平衡客观规律的基础上，又解放了长期被束缚的自然生产力。我国20世纪70年代末80年代初，从人与人的关系和人与自然的关系上出现的这两种经济社会大变革，适应农村生产力低的具体条件，共同落脚于我国最小经济单元（农户）和最小自然单元（农田）的结合。从生态与经济的统一上，推动了生态农田这一新型经济形式的出现，是生产力发展上的一个飞跃。但是生产力是社会经济发展中最活跃的因素，它永远不会停留在一个水平上。由此我国的生态区域建设从生态农田发展到生态农户（家庭农场）、生态村、生态县、生态市，以至发展到生态省，进入我国生态经济建设的高级阶段（其中包括了地域的扩大和多种产业的综合），也是客观发展的必然。

（三）生态省建设的实质是建设生态经济系统

当前我国正面临着建设生态省的宏伟而艰巨任务。用生态经济学理论指导它的正确进行，首先需要对生态省的生态经济本质有一个明确的认识。对此需要看到以下三点：

1. 生态省的实质是生态经济系统。经济活动是人的基本活动，"生态经济系统"是人们进行一切经济活动的实际载体。它由生态系统和经济系统两个子系统有机结合形成，因此它的运行也必然要受经济规律和生态平衡自然规律两种客观规律的制约。过去长期以来，人们片面地认为经济活动只是在经济系统中进行，而忽视生态系统和生态平衡自然规律的存在，是产生各种生态经济问题的根源。当前进行生态省建设，认识了它的生态经济本质，就要把它的一切规划和建设工作都放在既尊重客观经济规律的作用，同时也尊重客观生态平衡自然规律作用的基础上。

2. 建设生态省是建设一个生态经济系统体系。生态省建设从纵向看，是我国生态经济建设的高级阶段。从横向看，又是包括了各个阶段和层次的一个生态经济建设体系。这是因为生态省的实质是生态经济系统，它的存在具有整体性和层次性的特点。生态省作为我国生态经济建设的高级层次，依次包含着生态市、生态县、生态乡镇、生态村、生态企业和生态户等多个层次的生态经济建设。而所有这些层次的建设又是互相交织和相互推动的。实际上，我国近年来逐步出现的生态村、生态市等层次的建设，已经为建设生态省准备了基础和条件。生态省建设的这一特点，又要求人们在规划和实施生态省建设时,也要规划进行各个生态市、县以及村镇等层次的生态经济建设。而且也只有在它们都实现生态经济系统优化和相互促进的基础上,才能更有力地推动全省生态经济系统整体优化的实现。

3. 正确发挥人的主观能动性。生态省建设的过程,从实质上说是人们自觉运用生态经济规律,重新建立有利于人们需要的生态经济系统的过程。回顾历史上的一切生态经济破坏,除一些是由自然本身的巨大变动如火山、地震、海啸等引起外,多数都是由于人们本身的错误经济思想和经济行为造成的。因此它们也必须依靠人们端正自己的经济思想和行为来解决。实践已经证明,人在生态经济系统中的地位具有双重性:他既是生态系统的一个自然要素,同时又是生态经济系统的主宰。与此同时,实践也已经证明,人对生态经济系统的这一主宰作用具有双向性:它可以引导利用系统走向正确的或不正确的两个截然相反的方向。据此在当前建设生态省的实践过程中,一个具有根本性的问题是人们必须建立正确的经济指导思想,并以此切实端正自己的经济行为。切不可重蹈过去的覆辙,再做那些把自己的主观能动性用在片面发展经济,不顾生态破坏,从而使经济不能可持续发展的蠢事上。

二 生态省建设的核心是实现生态与经济协调

生态省建设是一个复杂的系统工程,它涉及的问题千头万绪。在实际建设中,明确什么是问题的核心,并以之带动建设全局,是生态省建设实践中必须解决的重要问题。

(一) 生态省建设的核心与特点

1. 生态省建设的核心

生态省建设的提出是我国经济社会发展进入生态时代,实现可持续发展的需要。从工业社会的不可持续发展转向生态社会的可持续发展,根本的一点就是要解决生态与经济不协调的矛盾,使两者走向协调。这就在客观上决定了实现生态与经济协调是建设生态省的核心任务。对于"生态与经济协调"和"经济社会可持续发展"的关系,生态经济学的理论认为:前者是实现后者的前提。因为只有在生态与经济实现协调的情况下,经济社会的发展才能够继续进行。即生态与经济协调了,经济社会的发展才可能持续；没有协调，就没有持续。

进一步深入研究，又可以看到，"可持续发展"的实现要建立在"生态与经济协调"的基础上。对此要看到，"生态与经济协调"包括纵向（代际间）的协调和横向（地区间）的协调，"可持续发展"的内涵也有狭义和广义两个方面。狭义的可持续发展通常是强调纵向的生态与经济协调发展，而广义的（即它完全意义的）可持续发展则必须同时包括纵向的生态经济协调和横向的生态经济协调，而其中横向生态经济协调又总是作为纵向生态经济协调的基础而存在的。

2. 生态省建设的特点

生态时代生态省建设的可持续发展方向，决定了它的核心任务，也赋予它的基本特点：

（1）协调性。生态省建设的基本任务是正确处理生态与经济的关系，这就使它具有协调性的特点。由此也就决定了它必然把实现生态与经济协调作为自己的核心任务。

（2）现代性。生态省的生态与经济协调是生产力高水平基础上的协调，由此就使它具有现代性的特点。这是因为生态社会形态是先进的社会形态，与我国的现代化建设相联系。因此它的生态与经济协调应该是现代生产力高水平基础上的协调，而不是回到过去工业社会以前那种生态与经济低水平协调的落后状态。江苏省提出要把江苏生态省的建设放在现代高新技术支撑和"经济生态化与经济知识化融合"的基础上，就是这一要求的体现。

（3）长期性。生态省建设是一个艰巨的任务，由此又使它具有长期性的特点。这是因为生态省建设是一个用崭新的思想指导实现新型现代化的建设工作，它的涉及范围广，而且从理论到实践都需要创新，国内外没有现成的经验借鉴。目前一些省建设生态省，大都提出要用三十年左右的时间。但是其中也曾提出过"三年建成生态省"之类的意见。对此要看到生态省建设是一个艰巨复杂的过程，它的进行要有一个长远规划。有的省将之纳入人大立法，使之不因各级领导的人员换届而中断；并且制定了对领导干部科学考核政绩的办法，从体制和制度上避免了可能产生的"急功近利"的"短期经济行为"。他们的这些经验是值得汲取的。

(二) 树立"经济是主导,生态是基础"的指导思想

生态省建设的核心是实现生态与经济协调。但是在建设生态省的实践中,怎样做才能真正实现这一协调?对此还需要从以下两个方面作一些更深入的探讨:

1. 正确认识生态经济协调中生态与经济的地位和作用。我国的现代化建设实践已经证明,生态与经济两者在生态与经济协调中都是重要的,但它们在实现这一协调中的地位和作用又是不相同的。从发展经济的角度来说,它们的关系应当是"经济是主导,生态是基础"的辩证统一关系。对此需要同时明确看到以下两个方面:

(1) 把发展经济摆在生态经济关系的首位。这是因为,"发展是硬道理"。我国是一个发展中国家,迅速发展经济将为人们满足生存、享受和发展的需要提供物质基础,同时也将为此提供前进的动力。因此我国建设生态省还是应该坚持以发展经济为中心,在处理生态与经济的关系中明确树立"经济是主导"的认识。

(2) 切实保护发展经济的生态基础。进行生态省建设,首先着眼于发展经济是必要的,但是应当看到生态环境是发展经济赖以进行的自然基础。过去长期以来只是片面发展经济而忽视以至否定保护生态环境,是造成生态与经济不协调,从而使经济社会不能可持续发展的根源。当前进行生态省建设,并明确了以生态与经济协调为核心,就必须坚决摒弃过去的错误指导思想和做法,在处理生态与经济的关系中明确地把"生态是基础"的认识建立起来。

2. 要避免两种错误倾向。一种是过分强调"发展经济"。即过去长期以来存在的"只顾发展经济,不顾破坏生态环境"的错误倾向。对此人们已经有了比较清醒的认识,无疑应该继续坚决纠正。另一种是过分强调"保护生态"。即近年来在强调大力保护生态环境的过程中又产生的"为保护生态环境而保护生态环境",从而限制发展经济的错误倾向。对此则需要认识"积极生态平衡"客观生态经济范畴的存在。"生态平衡"本来是自然科学的范畴,具有其本身的内涵。引入生态经济学后,被赋予经济上的含义并有所拓展。即从适应人的需要来看,应该区分为"积极生态平衡"和"消极生态平衡"。简单地说,对人类发展经济有利的生态

平衡是前者，不利的是后者。对此要看到，在人们建设生态省发展经济的过程中，对自然生态平衡的某些破坏是不可避免的。但是当人们破坏了一个旧的生态平衡，同时也就会建立起一个新的生态平衡。如果建立的这一平衡既能促进经济的发展，同时又能保持生态系统运行的平衡稳定，一般来说，它就可能是一个积极的生态平衡，人们对之就要进一步全面研究它的取舍，而不应该一味地强调"保护生态平衡"，而武断地予以否定，从而避免被"自然保护主义"的思想束缚住人们发展经济的手脚（但自然保护区和其他必须坚决保护的自然生态系统等情况不在这一讨论之内）。

（三）建立资源利用的新方针

在建设生态省的活动中，人们利用自然资源的活动是最基本的活动。对于利用资源发展经济，长期以来的一个基本矛盾是利用和保护的矛盾。在建设生态省发展经济的实际活动中，认识和正确处理利用资源和保护资源的关系，需要研究以下两个方面的问题：

1. 正确认识利用资源和保护资源的关系。对此首先要看到，资源的利用和保护是矛盾的统一。在建设生态省的实践中，一方面，两者在迅速发展经济的要求下是存在矛盾的。这是因为经济的发展具有无限性的特点，人们发展经济，从而消耗资源是无限的。然而自然资源和它赖以存在的自然生态系统又具有有限性的特点，即作为生态系统要素的各种资源，它们的存量是有限的；有些资源利用了还可以再生，它们的再生能力也是有限的；因此整个自然生态系统对发展经济的总体承载能力也是有限的。但是另一方面，利用资源和保护资源两者又是能够统一的。这是因为人们为了可持续地发展经济，在利用资源的同时，也必须保护资源。因而就使资源在目前利用与长远利用的结合上实现了利用和保护的矛盾统一。

2. 建立资源利用的新方针。人们认识了生态省建设中利用资源和保护资源的矛盾统一关系，目的在于指导它在实践中的运用。对于建立这一新方针，在20世纪80年代，在笔者等承担国家民族事务委员会的课题《热带亚热带少数民族地区生态经济协调发展问题研究》中，曾经提出过一个观点:"在利用中保护,在保护中利用"①。这一提法同样也适用于当前的生态省建设。对于这一新方针所包括的基本生态经济内涵,要看到以下两点:第一,要把资源的利用放在首位。这是因为,建设生态省,资源是必须利用的。社会要发展、人民的生活水平要提高,利用应该是资源的本来经济含义。第二,资源必须保护。这是资源能够存在的前提和它能够长远为人们利用的依据。

相应的,在生态省建设实践中,遵循这一方针,也要反对两种片面的认识和做法:一是把利用和保护对立起来的认识和做法。其中"只利用不保护"和"只保护不利用"的认识和做法都是不对的。二是把利用和保护割裂开来的认识和做法。其中一种认识和做法是"先破坏,后治理",另一种是"边破坏,边治理"。实践已经证明,生态环境的破坏容易,治理难。有的治理需要花费巨大的代价,有的则是根本不可能的。因而这也都是不正确的。正确的认识和做法应该是"在利用中保护,在保护中利用",即把利用和保护两者内在地结合起来。这样做,可以把对资源的保护融合在对它的利用之中,使之在利用的同时就得到保护,从而使人们对生态环境的保护防患于未然。这一提法近年来已经在有关中央文件中被采用。

三 生态省建设的基本思路和途径

我国建设生态省已经有5年的历史,从实践中已经积累了不少正反两方面的经验。建设生态省(包括其中的建设生态市、县等)是我国所有省、自治区、直辖市(包括所有市、县等)的必然发展方向。因此从理论与实践的结合上进行研究,对生态省建设提出以下基本思路和途径的意见,将是有益的。

(一)建立三个新思维

建设生态省是在新的时代条件下,建立新的指导思想,并用以指导人

---

① 见王松霈等《热带亚热带少数民族地区生态经济协调发展问题研究报告》(国家民族事务委员会委托课题),第74页。后编入赵延年主编《中国少数民族和民族地区九十年代发展战略探讨》,中国社会科学出版社1993年版,第493页。

们新的经济行为的一个伟大变革。它的成功进行，首先要求人们建立与生态时代相适应的新的思维方式：

1. 生态与经济双重存在的思维。这是建设生态省的基础思维。因为生态省建设的一切经济活动都是在生态系统和经济系统共同组成的生态经济系统中进行的。生态经济系统是现实的客观存在，因此其中的生态系统和经济系统两个子系统也都是客观的存在。而且与此相一致，在生态省建设中经常需要运用的其他重要生态经济范畴：例如生态经济平衡是由生态平衡和经济平衡结合形成，生态经济效益是由生态效益和经济效益结合形成等，也都无不具有生态和经济双重存在的特点。人们生态与经济双重存在这一基础思维的建立，将指引生态省进行规划和建设时，全面考虑生态和经济两个方面的作用和影响，避免顾此失彼产生的各种片面性。

2. 生态与经济协调发展的思维。这是建设生态省的核心思维。在生态省建设中，生态与经济两者，不但是同时存在的，而且也是互相依存和相互制约的。生态时代的核心任务是实现生态与经济协调，因此人们也必须建立生态与经济协调发展的思维指导自己的一切工作。人们生态与经济协调发展这一核心思维的建立，将指导他们建设生态省进行规划和采取一切措施，都建立在生态与经济协调的基础上，避免各种严重生态经济问题的产生。

3. 经济社会可持续发展的思维。这是建设生态省的目标思维。由于生态省建设的目标是实现生产力高水平基础上的经济社会可持续发展，因此人们也必须建立相应的新思维与之相适应。在生态省建设中经济社会可持续发展这一目标思维的建立，又将把人们规划建设生态省采用的各种先进技术措施，包括人的一切建设积极性，都直接与实现可持续发展的目标相联系。因而也就能够充分合理地利用各种自然资源和避免环境污染，从而就可以促进生态省可持续发展目标的更好实现。

（二）发展新型经济

生态省建设要以发展经济为中心，但是生态省的经济建设是一种新型的经济建设。为此建设生态省的一项重要工作就是进行经济转型，即从原来的传统型经济转变到新的生态经济协调型经济的基础上。对此需要看到，新中国成立以来经济类型的转变，已经经历了三个发展阶段，并出现了由低到高的以下三种类型：

1. 数量速度型经济。它以追求产品的数量和速度为特征，本质上是一种粗放型经济，与我国过去的计划经济体制相联系。它的进行依靠大量消耗生态系统资源和能源，其特点是以资源的高投入和高消耗换取经济上的高速度和高产量。它的要害是忽视以至否定了客观经济规律的作用，必然造成生态系统的巨大破坏和环境严重污染，结果必然引向经济社会不可持续发展的前途。

2. 经济效益型经济。它以追求经济效益为特征，本质上是一种集约型经济，与我国社会主义市场经济体制的当前阶段相联系。1978年党的十一届三中全会后，我国开始进行经济改革，清除了长期"左"倾错误的影响，肯定了价值规律的作用，随之走上了以追求经济效益为特征的"经济效益型经济"的发展道路。二十多年来它的实施符合客观经济规律的要求，已经取得了巨大的经济效益，并引起了全世界的瞩目。但是应该看到，这种单纯以追求经济效益为目的的经济还是一种以生态与经济相脱离为特征的经济。我国二十多年来的实际经验已经证明，它的自发发展，还会以牺牲自然生态环境为代价。因此还不是我国社会主义市场经济条件下最理想的经济形式，也还必须向新的更高的经济类型转变。

3. 生态经济效益型经济。它以追求生态效益和经济效益的统一为特征，本质上也是一种集约型经济，与我国社会主义市场经济体制新的发展阶段相联系。我国当前建设生态省发展经济，无疑应该建立在这种崭新的经济类型基础上。它的实施将引导我国各省（乃至全国）经济的发展实现高水平基础上的生态与经济协调，并把经济发展的高效性和持续性统一起来，从而推动我国经济社会可持续发展的目标顺利实现。

（三）探索提高经济效益的新途径

建设生态省需要用最小的经济耗费取得最大的经济效益，并且要保持与自然生态的和谐。这就要求人们探索建设生态省提高经济效益的新思路。我国二十多年来进行生态经济建设的实践，已经找到了过去没有被认识的提高经济效益（实质是生态经济效益）的新途径：

1. 向太阳能和无机环境要效益。这是"绿化大地"提出的生态经济依据。其着眼点是提高太阳能和无机环境要素的利用率，使过去人们不能直接利用的自然能量和物质转化为可以被人们直接利用的自然能量和物质，从而为人们提供更多的经济效益。对此要看到：在发展经济中，一切产品的能源直接间接都来自太阳能，构成一切产品的物质都来源于无机环境。它们是建设生态省取得经济效益的最终能量和物质基础。在建设生态省的实践中，以农业生产为例，扩大利用太阳能和无机环境要素的做法，包括两个方面：一是外延的扩大，例如绿化荒山、植树种草等；二是内涵的扩大，例如实行间作、套种，利用不同植物生长和使用自然条件的时间差和空间差，充分利用太阳能和无机环境。两种做法的共同点，都是最大限度地利用自然，把更多的太阳能转化为生物能，把更多的无机物变为有机物。这一做法的核心是扩大对太阳能和自然界物质的"直接利用"，这是挖掘生态系统新的生产潜力的"开源"方面。

2. 向生态系统的循环转换要效益。这是"循环经济"提出的生态经济依据。其着眼点是努力提高已经获得的生物能和有机物质的利用效率，通过对它们的进一步充分利用，向人们提供更大的经济效益。仍以农业为例，人们从自然界吸收来大量的太阳能和无机物质要素，根据生态系统"食物链"原理，已经组织起各种各样的农副产品"生产加工链"，进行充分有效的深度利用；有的已经成为大规模进行"农业产业化"，充分利用农产品加工增值，使农民脱贫致富的重要途径。这一做法的核心是扩大对太阳能和自然界无机物质的"间接利用"和"深度利用"。这是挖掘生态系统新的生产潜力的"节流"方面。

"向生态系统的循环转换要效益"是我国建设生态省和发展经济中提高经济效益的一个重要途径。目前在工业中也已经强调实行"循环经济"。其做法也是根据（或模拟）生态系统的物质能量循环转换过程，有目的地组织各种"生产加工链"，实行无废物或少废物生产，从而获得更大的经济效益。它的提出也是以生态经济学的生态经济系统运行理论为依据，因此实质上也是"生态经济"的一种重要表现形式。它在我国的大力推行，无疑也将有利于生态省经济效益的大大提高。

3. 向生态系统的整体组合要效益。这是"产业结构调整"提出的生态经济依据。生态省的实质是生态经济系统。它以自己的生态系统结构（和功能）与经济系统的结构（和功能）相统一为人们提供经济效益。自然生态系统是客观存在的，人们不能任意改变自然规律的作用。但人可以发挥作为生态经济系统主宰的作用，在认识和自觉运用生态经济规律的基础上，发挥自己的主观能动性，重新安排生态省的生态经济系统结构（即建立"人工生态系统"），使之在保持自然生态系统正常运行的条件下，为生态省建设提供更大的经济效益。这一做法的核心是对一定太阳能和自然界无机物质的"重新配置利用"。这是挖掘生态系统新的生产潜力的"整体重组"方面。

在生态省的建设实践中，对于这一产业结构调整，要看到，它从本质上不同于过去一般经济意义上的产业结构调整。它既不是简单、盲目地对各产业或产品结构数量上的加加减减，也不是单纯追求经济系统的结构优化，而是建立在"经营生态"的基础上，追求生态经济系统的总体结构最优。而且通过这样因地制宜，根据生态省（市、县）各自生态和经济条件建立起来的生态经济产业和产品结构也必然具有自己的地区特色和生态经济优势，从而也就可以使自己在市场经济的竞争中处于更有利的地位。

（四）全面建设生态文明

对此要看到以下两个方面：

1. 生态文明建设的特点和内容。文明，简单地说，是指人类社会的进步状态。生态文明是人类社会的发展进入生态社会后更高社会进步状态的体现。它的基本特点是实现了人与自然的协调。具体来说：（1）它是历史的范畴。其形成与"生态社会"的建立相联系，因此具有生态时代的特征；（2）它是协调的范畴。其核心是生态与经济协调，在此基础上并实现了全社会多方面的协调；（3）它是广义的范畴。其内涵包括了生态时代物质文明和精神文明等一切成就的综合与概括。

建设生态省，应该建成经济协调发达的省，同时也应该建成全面生态文明的省。全面建设生态文明（包括生态经济建设在内）是我国进入生态时代实现现代化的要求。正在进行生态省建设试点的浙江省，其所属的温州市，在建设生态市的实践中，就提出把建设绿色文明（即生态文明）作为现代化建设的"灵魂建设工程"。

同时我国各地在建设生态省（市、县）的实践中，也提出了生态文明建设的丰富内容。例如有的把自觉控制人口、合理利用资源、认真保护环境，实现人口、资源、环境和发展的协调作为实现生态文明的高标准；有的提出采用新的生产方式（清洁生产）、新的消费方式（适度消费）、新的殡葬方式（回归自然）；有的提出建设绿地、建设绿色人居环境、建设山水城市、大力发展绿色文化等。一些地区也出现了各种各样的建设形式和做法，例如海南省正在建设生态文明村，要把他们的村庄建成"生态环境好，文明程度高"的理想家园。云南省的中甸县发挥民风民俗对生态保护的积极作用，推动生态文明建设的水平不断提高等。

2. "以人为本"推动生态省的生态文明建设。当前一个全面建设生态文明的热潮正在兴起。建设生态省要遵循"以人为本"的指导思想推动它的迅速发展。对此要看到：它的目的是"人"，是实现人与自然的协调，提高人的本身素质和生活质量；它的动力要"依靠人"。要发挥人在生态经济系统中的主导作用，为自己建设美好的生存环境；它的关键是"教育人"。要培训和普及人们（首先是各级领导）的生态经济意识，用来规范自己的经济行为；它的做法是"相信人"，要放手让人民群众去创造。要看到用生态经济协调思想武装起来的人民群众有无限的创造力。当他们明确认识了全面建设生态文明对他们既是权利，又是义务；既是享受，又是责任时，一幅生态省全面建设生态文明的美好图画就会描绘出来。

（本文系作者在中国生态经济学会第六届会员代表大会暨生态经济理论与实践研讨会上提交的论文，原载《江西财经大学学报》2005年第1期，《生态经济》（英文版）2005年第2期）

论山区土地资源的可持续利用

土地是立国之本，是财富之源。我国号称"地大物博"，但是人口众多，又是按人平均土地资源较少的国家，而且土地的利用极不充分，其中一个突出的问题是广大的山区土地资源未能充分合理利用，从经济、社会和生态等方面都给我国社会经济的发展带来极大的制约，以致形成很大的生态经济灾害。当前我国山区土地资源利用上普遍存在的主要生态经济问题是，森林乱砍滥伐，水土流失严重，而山区土地上的其他多种资源没有开发利用。这种状况与我国作为一个社会主义大国的地位极不相称，与我国走向现代化的要求有很大的距离。当前实现可持续发展是经济社会发展的潮流。1992年在巴西里约热内卢召开的联合国环境与发展大会产生的《21世纪议程》，提出了世界实现可持续发展的共同方向。我国率先制定了《中国21世纪议程——中国21世纪人口、环境与发展白皮书》，党的十四届五中全会提出的《关于制定国民经济和社会发展"九五"计划和2010年远景目标的建议》和八届全国人大四次会议批准的我国《国民经济和社会发展"九五"计划和2010年远景目标纲要》中都明确提出了要实行可持续发展的战略。从国际经验来看，日本有一句名言："唯能治山者能治国"。当前世界经济社会发展的潮流和我国经济发展的实际情况都指明了充分合理利用山区土地资源对我国经济社会实现可持续发展的重要性。

一　认识山区资源的生态经济特点

人们千万年来都在利用山区，但是千万年来的实践却证明人们对山区和山区土地资源的实质至今并没有正确的认识，这是我国广大山区土地资源不能充分合理利用，而且遭受严重破坏的根本原因。目前国际上已经越来越多地提出，生态经济学和环境经济学是实现经济可持续发展的理论基础。用生态经济学的理论来指导山区土地资源的可持续利用，首先要明确山区和山区土地资源的以下生态经济特点：

（一）山区是一个生态经济系统

山区通常来说是一个按照土地的自然地貌特征划分的地域概念。但从其生态经济实质来看，它与平原、盆地和水域一样，都是一个生态经济系统。它由生态系统和经济系统两者相互渗透结合，形成统一的山区生态经济复合系统。山区作为生态经济系统的这一基本特点，决定了它具有以下具体特点，指导着山区土地资源的可持续利用。

1. 自然、经济的统一性。山区生态经济系统是由山区生态系统和山区经济系统复合组成的自然和经济的统一体，因此它兼具生态和经济两个方面的特征，从而要受生态和经济两种客观规律的制约。山区资源利用中经济和生态的统一是目的和基础的统一。长期以来，人们只注意对山区资源的经济利用，而不注意对它的保护，结果就破坏了经济发展的自然基础，从而就使经济的发展不能持续。山区作为自然和经济统一体的特点要求人们在利用山区资源的实践中必须建立生态与经济双重存在的思维，既要追求经济效益，又要追求生态效益，要实现两者的协调统一。

2. 系统的整体性。山区生态经济系统由生态系统和经济系统所组成，但两个系统又相互渗透，共同形成一个复合的生态经济系统整体。山区生态经济系统整体性的特点，要求人们利用山区土地资源，在注意经济系统和生态系统两种运动作用的同时，又要把它们作为一个统一的生态经济系统整体来看待，对山区土地资源利用进行统一规划和整体开发。实践证明，只有这样才能获得山区土地资源开发利用的整体最大生态、经济、社会效益。而对山区土地资源的任何片面开发利用的认识和做法，都会给山区土地资源的利用带来危害。

3. 系统结构的综合性。任何生态经济系统都有自己的结构，而这一结构都是综合的。生态经济系统结构的综合性根源于其子系统构成的综合性。山区生态系统由山区土地上所拥有的各种植物、动物、微生物等生物要素和由土壤、阳光、水、空气等环境要素构成；山区经济系统由在山区土地上投入的劳力、物资、资金等要素所构成。很明显，生态和经济两个子系统，其系统的结构都是综合的。而构成这些系统结构的多种自然和经济要素都是资源。因此，开发利用山区土地资源，必须重视对山区土地上所拥有的多种资源进行综合利用。那种只看到山区土地上的一种或少数几种资源，只知道对它们进行单一、过度利用的认识和做法，都会对山区土地上的这些少数资源造成破坏，而对其他多种资源造成闲置。其结果必然造成山区土地资源的不可持续利用。

4. 人对系统的主宰性。在现实的经济发展实践中，山区是一个生态经济系统，而不是一个单纯的自然生态系统。在自然生态系统中，人作为自然的人，与生态系统中的其他动物一样，都只是作为系统的一种生物要素而存在，并与其他各种生物一样，都只是起着系统的一个物质、能量载体和循环、转换环节的作用。但在生态经济系统中，情况就完全不同。人作为社会的人，是整个山区生态经济系统的主宰。人们可以运用自己的意志和有目的的行动干预、制约和影响整个生态经济系统，使之达到人们利用山区生态经济系统的预期目的。在此要看到，人对山区生态经济系统中土地资源利用的干预、制约和影响可以是正面的，也可以是负面的。当人们的意志和干预符合生态经济规律的要求时，他们对山区生态经济系统的影响就是正面的，反之就是负面的。因此人们在开发利用山区土地资源的过程中，应该充分发挥自己的主观能动性，并以生态经济学的理论为指导，使山区土地资源为人们所利用，并发挥更大的作用。

5. 系统的开放性。目前我国山区生产力的水平很低，对山区的经济利用都还是封闭的。但是现代化山区生态经济系统都应该具有开放性的特点。山区生态经济系统的存在不是孤立的。它与山区以外的生态经济系统之间存在着人流、物流、能流、信息流和价值流等各种各样的交流转换联系。人们发挥自己的主观能动性开发利用山区土地资源，要充分认识现代化山区生态经济系统的开放性特点，并自觉地组织山区与平原、沿海地区以及与国际之间的各种物质和能量的交流和转换，使山区土地资源的经济利用进入国内和国际大市场，把山区土地的资源优势变成商品优势，使山区土地资源在我国现代化经济的可持续发展中发挥更大的作用。

（二）土地资源是一个广义的概念

土地，一般的概念是："由土壤、地貌、地质、水文、气候、植被等要素组成的自然综合体"①，说明土地本身就是一个广义的范畴。从生态经济学理论看，山区是一个生态经济系统，更加深刻地指明了人们对土地资源应当有一个更广义的认识。在山区土地资源利用的实践中，人们对土地资源的认识实际上是狭窄的。这就是在实际工作中，人们对某些山区土地资源单项利用过度，使山区生态环境遭到破坏，而对其他众多的山区土地资源又闲置不用造成浪费，从而使山区经济不能持续发展的一个重要原因。在实际经济发展中，人们由于对山区土地资源认识狭窄，从而阻碍着山区经济的可持续发展，主要有以下几种片面认识：一是只知道生产粮食是利用山区土地资源，而不知道生产其他多种产品也是利用山区土地资源。二是只知道利用土地本身，甚至只有土地表层是利用山区土地资源，而不知道利用土地的地上、地下，以至地上的空间也是利用山区土地资源。三是只知道利用土地来生产各种初级农业产品是利用山区土地资源，而不知道利用已经取得的山区农业产品为原料，进行工业加工，获取更大的经济增值也是利用山区土地资源。生态经济学的理论认为，土地资源作为山区生态经济系统的基本组成部分，具有丰富的含义。就其充分合理利用的角度看，其内涵既包括利用山区土地生产粮食，也包括用来种植和养殖其他多种植物和动物。其外延既包括山区土地和土壤本身，也包括其地下、地上以及所拥有的相应空间。为了用生态经济学的理论为指导，最充分合理地利用山区土地资源，可持续地发展山区经济，针对以上三种片面认识，应当对山区土地资源从广义的概念上建立以下三点认识：

1. 山区土地资源是一个综合的概念。在山区土地上可以生产出多种多样的农林牧矿等产品，而不是只能生产粮食一种产品。

2. 山区土地资源是一个立体的概念。人们利用山区土地，包括地下、地上和空间的多种资源，广开门路，可以为人们生产出多种多样的更多产品，满足人们日益增长的多种需要。

3. 山区土地资源是一个可以深化利用的概念。人们可以利用在山区土地上生产出来的各种农产品，进行工业加工增值。而不是只能生产和出售

---

① 《中国农业百科全书·农业经济卷》，第350页。

原料，而使山区生产者自己在市场竞争中处于不利的地位。

（三）发挥山区土地资源的优势

目前我国山区经济落后，与平原，特别是与沿海地区比较，存在着很多劣势。因此普遍认为发展山区经济比较困难，以致感到信心不足。事实上山区是一个生态与经济相结合的统一体，它由多方面的因素所组成。各种因素在国民经济和市场运行中所起的作用是各不相同的，从而一些地区的优势和劣势也是相对的。因此对山区发展经济的优势和劣势问题要作具体的生态经济分析。例如，当前山区粮食不足，资金短缺，农民收入很低，交通闭塞，信息不灵，教育落后，人才缺乏，科技低下，商品经济观念没有建立等，这些都是劣势。但是山区却具有自己独特的生态经济优势，这就是资源与环境的优势。首先山区具有平原和沿海地区所没有的资源优势。突出表现在它的土地资源丰富。如上所述，它拥有土地本身和地下、地上以及相关联空间的广义土地资源，可以以之为依托生产出丰富多样的各种农、工、矿业产品，这是山区经济可以大发展的物质基础，是自己的独特优势，也是平原地区和沿海地区所不具备的基本条件。而且随着国民经济的迅速发展，平原地区和沿海地区对山区土地资源的需求和依赖就越来越明显。其次山区拥有广大未受污染的生态环境，这也是发展现代化经济和实现经济社会可持续发展的极为有利的条件。由于广大城市、平原和沿海地区的这种条件越来越不具备，因此山区土地资源的这一优势就更加可贵。而且要看到，随着生态时代的到来，国民经济现代化的标准也应当有所改变。良好、舒适、无污染的生态环境应成为它的一个重要组成部分，这就更突出了山区土地资源的优势。同时在此条件下，与新的现代化概念相联系，一些新兴产业如绿色食品、森林旅游等，也将在我国广大山区土地资源开发利用的基础上建立和发展起来。当前，"山区具有独特的优势"，"山区土地上蕴含着现代化的巨大潜力"，"山区这片富饶而干净的处女地上可以做更好的文章"等新的认识在人们的心目中已经逐步形成，而且正在被越来越多的人所接受。这是符合21世纪时代精神，符合新的现代化要求和可持续发展要求的新认识，应当使之发扬光大，在我国经济发展中起推动作用。

二 用生态经济学的理论指导山区土地资源的可持续利用

（一）山区土地资源的可持续利用是一件大事

在我国经济发展中，实现山区土地资源的可持续利用具有重大的生态经济意义：

其一，山区在我国国民经济中占有重要地位。我国山区面积占国土总面积的69％，山区人口占全国总人口的56％。广大山区土地上拥有大量的生物资源和非生物资源，其中大部分还没有很好地开发利用。从产值上看，目前我国山区国民生产总值占全国国民生产总值的比重还很低，因此可持续地充分利用山区土地资源发展国民经济具有很大的潜力。再从产品上看，由于山区土地资源的存在是广义的，因此人们可以用来生产出多种多样的产品，来满足人们日益增长的多种多样的需要。包括可以生产出大量的木本粮油，缓解全国粮食的压力；可以提供优美的自然景观，给人们以更高的精神享受等。充分利用山区土地资源的经济意义是巨大的。

其二，可以建设我国的巨大生态屏障。森林是陆地最大的生态系统，山区又是我国主要大江大河的源头。我国广大山区历史上都是森林密布，起着巨大生态屏障的作用。但由于历史上和现代的人为破坏，许多山区已经是童山濯濯，植被稀疏，造成严重的水土流失，江河下游淤积，水旱自然灾害频仍，成为我国的一个重大生态经济问题。针对这一状况，对山区土地上现有未被破坏的森林资源必须严格加以保护；对已经遭受破坏的森林资源必须重造，对荒废尚未利用的广大山区土地，要大力发展植树造林，重新建设起山区的巨大生态屏障，来保证我国的生产生活不受巨大自然灾害的侵袭。

其三，有利于贫困地区脱贫致富。我国历年来对贫困地区大力加以扶持，许多地区已经脱贫，有的并已经开始致富。但是目前我国的贫困人口还有一个很大的数量。我国有18个集中连片的贫困山区。全国592个贫困县中，有496个是山区县。我国现有的7000万贫困人口，也主要集中在这些地区。实践证明，我国的扶贫工作，重点在山区，难点也在山区。而没有山区的脱贫就没有全国的脱贫，没有山区人民的小康也就没有全国人民的小康，也就没有全国的社会稳定。不少地方的实践已经证明，山区人民在国家的帮助下，充分利用山区土地资源优势，开展以林为主的多种山区生产，发展市场经济，就能做到比较快地脱贫致富。人们认识到，依靠山区土地资源才能脱贫致富，富山才能富民富县，这是我国扶贫和实现共同富裕的社会主义方向。

其四，有利于促进地区经济平衡。我国地域广大，自然经济条件复杂，当前地区经济发展不平衡是必然的现象。但是实现地区平衡发展和人民共同致富又是我国社会主义发展的方向。当前我国地区经济发展不平衡的一个重大问题是东部和中西部地区的经济发展存在着一个很大的差距。这种差距不能靠使东部地区的经济发展停下来或慢下来的办法来缩小，而只能用加快中西部地区经济发展的做法来解决。我国的中西部地区很大一部分也是山区，它们与东部平原和沿海地区相比有许多劣势，但同时也都具有山区土地资源多的生态经济优势。同样，在国家的支持和东部地区的帮助下，充分合理地开发利用这些山区土地资源，大力发展市场经济，就能很快地缩小这一差距，逐步实现中西部和东部地区经济发展的相对平衡。

以上，从我国经济、生态和生态经济平衡发展等方面，都清楚地说明了充分合理利用山区土地资源，实现可持续发展对国民经济发展的十分重要性。我国是一个多山的国家，一定要重视山区经济的发展，要以生态经济的理论为指导，把山区土地资源可持续地利用起来。

（二）山区土地资源利用要实行开发与治理相结合

山区是一个生态经济系统，它由生态系统和经济系统复合组成。因此利用山区土地资源一定要同时兼顾利用和保护两个方面。山区土地资源的利用和保护是一对矛盾，它们是矛盾和统一的关系：一方面，利用和保护两者是矛盾的，过度利用就会造成山区土地资源的破坏。另一方面，它们又是统一的，因为只有加强保护才能使之可持续地进行利用。它们之间的生态经济关系是生态效益与经济效益相结合，眼前经济利益与长远经济利益相统一。因此在实际工作中，利用和保护两者同时都要兼顾，其中忽视了任何一个方面都会给山区土地资源利用和整个山区经济的发展带来损失。

但是与此同时，我们又要看到，在对待山区生态经济系统上，正确处理利用和保护的关系，又要把利用放在首位。这是因为，经济要发展，人民的生活水平要提高,人们必须利用山区土地资源来发展经济。过去一段时间,由于自然资源和生态环境已遭严重破坏,我们大力呼吁对之加强保护是完全必要的。但是我们不是自然保护主义,不能为保护而保护。在利用自然资源发展经济中,要把二者有机地结合起来。因此发展经济,对待山区土地资源,和对待其他自然资源一样,都应该采取"在利用中保护,在保护中利用"的正确方针。新中国成立四十多年来,在保护和利用山区土地资源的长期过程中,在这方面有深刻的经验教训。

回顾四十多年来,由于我国山区土地和森林资源历史上长期遭受掠夺性的破坏,我国政府大力植树造林,促进恢复和保护生态环境。每年都投入大量的资金和树苗,组织大量人力在山区土地上植树造林。但是由于没有把保护山区生态环境与广大农民利用土地资源发展经济的利益直接结合起来,只有国家的一个积极性,而没有广大农民的另一个积极性,因此年年造林不见林,致使保护山区生态环境的预期任务也没有完成。党的十一届三中全会后,至 20 世纪 80 年代中后期,借鉴农村家庭联产承包责任制,在山区出现了农民承包治理小流域的做法,其基本特点是把植树造林绿化荒山与农民家庭的生产致富有机结合起来,在农民得到物质利益的同时,也保护了山区生态环境。这种做法从生态治理必须与经济开发有机结合上给人以重要的启示。同时以上经验也使人们看到了在开发利用山区生态经济系统中人的主宰作用。只有发挥了广大农民利用山区土地资源的积极性,多年沉睡的山区土地才能发出灿烂的光辉。

(三)山区土地资源利用要坚持综合利用的方向

当前在山区土地资源利用上存在的一个问题是一方面有些资源利用过度,如过量砍伐森林;而另一方面有多种其他资源利用不足,造成闲置浪费。形成这一问题的根本原因在于对山区生态经济系统的整体性和综合性特点认识不清。

对此,首先,要看到山区是一个生态经济系统整体,土地资源的地表、地下、地上和空中多种资源并存,而且它们之间存在着一定的物质循环和能量转换平衡关系。只要这种关系得到维持,各种资源就可以持续利用;这种关系被破坏,整个生态经济系统的平衡关系就不能保持,严重的还会引起系统的崩溃。这一生态经济学的理论说明,在山区土地资源利用上，首先要考虑资源的整体开发利用。那种不顾整个生态经济系统的平衡和再生能力，单一过量地利用某种资源的做法是不可取的。在经济上它要承担总体风险，在生态上它不能维持整个系统的稳定，最终是不能实现可持续发展。

其次，相应要看到山区生态经济系统的综合性。如前所述，山区生态经济系统具有资源存在综合性的特点。因此开发利用山区土地资源，必须尽量把山区土地上的多种资源都充分利用起来。在这方面，我国多年来利用山区土地资源有深刻的经验教训。长期以来，在"左"倾错误的指导下，不但对平原，而且对山区也硬性实行"以粮为纲"的做法。但是生产粮食并不是山区土地资源利用的优势。其结果就迫使农民大量毁林开荒，既生产不了多少粮食，又造成了严重的水土流失，破坏了生态环境。其理论根源就在于对山区土地资源的综合性特点缺乏认识，在广大山区土地上，只看到粮食是资源，而看不到其他多种资源，因此就出现了"以粮为纲，全面砍光"的荒谬现象。实践证明必须采用综合开发利用山区土地资源的正确做法。对此要看到以下两点：第一，在山区土地上存在的多种自然资源，在生态经济上的地位和作用不是等同的。其中森林是陆地最大的生态系统，对整个经济社会的发展有举足轻重的作用，因此山区土地资源利用一般都应当采取"以林为主"的方针。第二，在山区土地上存在的资源是广义的，因此要放开眼界，努力把尽量多的资源都开发利用起来。对此要看到山区土地资源综合利用的潜力是十分巨大的。其中不但应当把人们已知尚未利用的多种资源如林、草、水面、矿藏等资源都充分开发利用起来，而且还有许多尚未被人们认识的土地资源领域等待被开发利用。以对森林资源的利用为例，随着人们长期利用森林资源正反两个方面经验的积累和生态经济意识的提高，已经总结提出，人们利用森林资源，从开始的只对林木的利用，进入到对全树的利用，又进入到对全林的利用，现在已经进入到对整个森林生态系统的利用，从而指导人们把多种林副特产，以及一切林中的动物、植物、微生物和自然景观等资源都开发利用起来。这就使人们看到，山区土地资源开发利用的潜力是无限的。

（四）山区土地资源利用要走向市场

山区是一个开放的生态经济系统，它无时无刻不与外界（即外系统）

进行着物质和能量的交换。这一交换量的大小随着山区生产力的高低而不同。自我封闭是落后山区经济的基本特征，而加大开放则是现代山区经济的基本表现。因此开发利用山区土地资源必须树立山区开放的意识，以生态经济学的思想为指导，扩大组织与外界的交换，即要使山区经济进入市场。

发展现代化山区市场经济要求对土地资源进行深度利用，而不能只满足于出售农产品原料。这就要求对山区土地上生产出来的各种农产品进行工业加工，提高其经济附加值，并通过进入国内市场和国际市场来实现。也就是要大力发展山区第一、第二和第三产业，并把它们有机地组合起来。目前有的山区充分利用土地资源获得各种农产品，并组织工业生产加工和销售，采取了山上建基地，山下办加工，山外抓市场的做法，取得了很好的生态、经济和社会效益。这种因地制宜配置生产力要素，组织发展山区第一、第二和第三产业的做法也是成功的。

同时在充分利用山区土地资源，发展山区市场经济中，还要组织山区的规模生产。目前我国山区的生产力水平还很低，农民还是以一家一户为主的生产组织形式。单家独户经营与现代化山区规模经营方式的要求之间还有很大的距离。但是我国一些地区已经出现了在单家独户经营基础上组织规模生产的经验。这就是以某些加工企业为龙头，以各种社会化服务为纽带，把大量分散的农户生产组织起来，通过"贸工农一体化"，形成一种相对松散型的规模生产经营。这种规模经营的组织形式更适合当前山区土地资源利用的生产力水平和一家一户组织形式的特点，因此应当引起我们的重视。

当前世界经济的发展已经进入了生态时代，可持续地利用山区土地资源是我国社会经济发展中的一件大事。我们应该以生态经济学的理论为指导，在深刻认识山区土地资源的生态经济特点的基础上，更好地对之进行开发利用，使之在我国的社会经济可持续发展中发挥更大的作用。

（原载《中国土地问题研究》，中国科学技术大学出版社 1998 年版）

黄土高原的生态经济综合治理

水土流失是当今世界的重大生态经济问题，我国黄土高原的治理问题为全世界所关注。黄土高原包括山西、陕西、甘肃、宁夏、内蒙古、青海、河南等省、区的全部或部分，面积67.8万平方公里，这一地区既具有丰富的光热资源，又具有发展农业生产的巨大潜力，对我国社会经济发展有重要的影响。但长期以来植被破坏、燃料奇缺、粮食匮乏，广大农民生活十分贫困。近年来，生态经济学的原理逐渐被人们所熟悉，党的十一届三中全会以来，一系列正确的农村经济政策调动了广大农民的生产积极性，农民群众在治理黄土高原、脱贫致富的实践中有了不少新的创造。运用生态经济学的理论，认真研究这些经验，对于指导我们今后更有效地治理黄土高原具有重要的现实意义。

一 黄土高原治理是一个生态经济问题

黄土高原地区的生态环境由兴盛到衰落的历史，就其经济本质来看，是这一地区生态经济良性循环走向恶性循环的历史。按照生态经济学的理论，黄土高原和整个黄河流域一样，都是一个生态经济系统，它们都由一定的生态系统和经济系统有机结合而成。它们共同形成一定的生态经济结构，具有一定的生态经济功能，并维持着一定的生态经济平衡。当其正常的结构和功能状态得以保持，就能够生生不息地维持其不断的良性循环运转，从而为人们永续地提供各种丰富的农副产品。而当这种有利于人类的生态经济平衡状况被打破，生态经济系统的原有正常运转就不能继续，良性循环就会变成恶性循环。在此情况下，生态经济系统就不能为人类继续提供丰富的农产品，反而会给人们带来各种灾难。这正是黄土高原由盛变衰的深刻的自然根源和经济根源。

黄土高原地区的生态经济发展实践，说明了上述的生态经济规律性。甘肃省陇中的18个干旱县，历史上原来是水草丰美之地。例如《通渭县志》记载，其城西的山上是"多草堪牧"，"树荫交加，水声潺潺"；《会宁县志》上曾有种植松、柏、槐、榆、柳等几十种树和生长几十种草的记载。陕西省的榆林县也是植被良好，天苍苍，野茫茫，牛马衔尾，群羊塞道的好地方。只是由于连年战乱、大量开荒、超载过牧等原因，大面积地毁坏了林草植被，破坏了原来的生态平衡，黄土高原才成为今日的贫瘠荒芜的样子。

上述的生态经济历史实践向我们指明，黄土高原地区的生态破坏，主要是人为的结果，其核心问题是不能正确处理经济和自然之间的关系。由于人类自身不合理的经济活动，违背了生态平衡的自然规律，从而使自己遭到了自然界的惩罚。同时，上述生态经济历史实践也给了我们启示：人类能够违背生态平衡的自然规律，破坏有利于人们的生态平衡；也就能够在自觉认识生态平衡自然规律的基础上，重新建立这一平衡，以至更有利于人们的新的生态平衡，使黄土高原重新焕发出自己的青春，在我国的四个现代化经济建设中发挥更大的作用。在此基础上，实践也向我们提出，治理黄土高原必须从生态经济学的原理上明确树立以下三个重要观点：

1. 生态经济系统的观点。人类社会经济发展的实践已经证明，一切经济事物都存在于一定的生态经济系统中，并以系统运动的形式而存在和发展。黄土高原生态经济系统和其他各种生态经济系统一样都是由各种自然、经济因素和各种子系统有机结合组成的。它们在系统中有规律地按照一定的序列、层次、数量和比例而存在和运动。它们互相联系、相互制约，共同维持着整个生态经济系统的作用正常发挥。长期以来，人们不认识黄土高原作为生态经济系统的本质，否认了它的整体性特点，盲目地进行单因素的片面开发和过度利用，或是过量砍伐森林，或是大量毁林毁草开荒，其结果都是破坏了整个黄土高原生态经济系统，使其中有的内在联系断裂，比例关系失调，从而形成一种有害于人类的生态经济系统恶性循环。黄土高原历史变迁的正反两个方面的事实使我们认识了它作为一个统一的生态经济系统的本质，从而有利于指导我们对之进行综合性的开发治理。

2. 自然与经济结合的观点。生态经济系统中经济系统的作用建立在生态系统发挥作用的基础上。后者通过本身的生物生命活动向人类提供各种植物和动物产品；前者则在人类的支配下，通过自身有目的的经济活动，强化生态系统的运动，使之更有利于人类社会经济发展的需要。黄土高原发展的历史实践使我们注意到以下两点：

①人类的经济活动不能超过自然所允许的阈限。在黄土高原上，人们长期以来无视生态平衡自然规律的作用，不正常地运用经济系统，实行掠夺式的经营，超过了生态系统的承载能力，结果就造成了黄土高原整个生态经济系统的严重破坏。

②自然与经济是密切结合的。在现实社会经济发展中，生态平衡永远是生态经济的平衡，在经济建设，包括黄土高原的治理和建设中，不考虑经济发展的单纯恢复某种自然生态平衡的做法也是不能为人们所接受的。发展经济必须充分利用自然而又受制于自然，在自然和经济的密切结合中探寻最有利的发展途径，将为黄土高原的开发治理提供正确的指导思想。

3. 人是生态经济系统主宰的观点。人在生态经济系统中居于双重地位。就其中的生态系统来看，人和其他生物一样，都是系统中的普通一员。而就其中的经济系统来看，人的意愿是系统运动的出发点和目的，并作为根本的动力推动着整个系统的运行，因此在经济系统与生态系统密切结合的情况下，也就主宰着整个生态经济系统的运行方向。生态经济系统的这一特点要求我们在治理黄土高原的工作中，把发挥广大农民群众的积极性放在十分重要的位置上。一方面，广大农民中蕴藏着开发治理黄土高原的无限积极性，他们是黄土高原的主人，充分发挥他们的主观能动性，就能够找到治理黄土高原的有效途径。另一方面，要用生态经济学的理论武装广大农民群众，把他们的积极性和主动性向着科学、有效的方向引导。这样做就可以促使他们在扭转黄土高原生态经济系统恶性循环的基础上，进一步创造出适合当地具体条件的生态经济系统良性循环的多种具体做法，使黄土高原生态经济系统的潜力充分发挥出来。

二 治理黄土高原要树立在开发中治理的指导思想

新中国成立以来，政府已经在治理黄土高原上做了很多工作，也取得了不少成绩，但是黄土高原贫瘠落后的面貌并没有根本性的改变。其中一个重要原因就是没有把开发和治理密切结合起来。在指导思想上考虑治理多，考虑开发利用少；在政策和措施上以治理和救济为主，没有把它们与黄土高原的区域经济开发和广大农民的生产致富直接挂起钩来，在很大程度上形成了"为治理而治理"的状况。其结果，治理水土流失是国家的事，救济扶贫也是国家的事，地方和农民处在被动地位。三个积极性变成一个积极性，缺乏内在的经济动力，从而直接影响了黄土高原地区治理的成效。

从生态经济学的观点来看，黄土高原的破坏问题实质是人类利用自然资源的问题。人类的生产活动在生态经济系统中进行，表现为人口、资源和环境的统一。其中人是主导，资源是基础，环境是条件。由于人类在社会经济发展的实践中违反了自然和经济规律，不合理地利用自然资源，破坏了人口—资源—环境的统一协调关系，从而带来了一系列严重的后果。当今世界，人口、资源和环境都已被公认为是爆炸性问题，这些问题都需要运用生态经济学的原理来解决。黄土高原破坏问题在我国的存在不是偶然的，它作为世界上重大的生态经济问题之一，其实质也是人类不合理利用自然资源的必然结果。

从上述生态经济学的观点出发，治理黄土高原，在开发与治理的关系上，我们可以得到如下几点有益的认识：

1. 不合理的利用也是破坏。人类与自然的关系首先是一种经济关系，人类对自然资源的破坏一般都是从利用开始的。由于人对自然界生态平衡的规律长期没有认识，因此其利用在很多情况下都是盲目地利用，这些不合理地利用就造成了黄土高原自然资源的破坏。

2. 要在利用中治理。治理黄土高原是人们有目的的经济活动，治理的最终目的还在于更好地利用黄土高原，为我国的四个现代化建设做出更大的贡献。因此脱离了利用的治理是不存在的，也是难以有效进行的。同时在利用中进行治理，也完全能够使黄土高原的治理和利用在实践中得到统一。在这里我们应该明确认识和正确处理自然资源的保护和利用之间的辩证关系。治理黄土高原，其目标是要求其严重的水土流失状态得到控制，水土资源得到保护，使其生态经济系统的恶性循环得到制止。为此，进行保护无疑是十分必要的。但是为了达到这一要求，存在两种途径：一种是先治理、再利用，在治理好的基础上才开始利用。事实证明这不是一种有效的途径。它不能进行有效的保护，不易达到预期的较高治理效果，因此也就不能做到很好地利用当地丰富的自然资源。另一种则是把利用和保护有机地结合起来，从利用和保护的双重目标出发，在利用的同时对之进行保护。在此情况下，只要利用得合理，同样能够保持自然界的生态平衡，使黄土高原的多种植物和动物自然资源在利用中可以不断地繁衍再生，既保护了自然资源，又充分利用了自然资源，使资源在利用中得到保护。

近年来黄土高原一些地区已经得到比较有效的治理。从这些地区的情况看，无一不是在利用中进行治理，从而使资源得到保护的。例如陇中18个干旱县。近年来由于坚持了在发展农村经济中治理黄土高原的正确做法，较快地改变了过去荒凉的面貌。近三年来共种草 600 多万亩、种树 400 多万亩，并恢复了大面积的天然植被。在此基础上，迅速发展了畜牧业生产，1985 年 18 个县的大家畜由 1982 年的 91 万头增加到 111 万头，猪由 131 万头增加到 186 万头，平均每年分别增长 7% 和 14%。与此同时粮食总产也由 10 亿公斤增长到 13.9 亿公斤，人均纯收入由 130 元上升到 234 元，基本解决了农民的温饱问题。在此过程中，高原的植被增加，严重的水土流失得到有效的制止，持续多年的生态系统恶性循环状态有了根本的改变。表现出在利用中治理黄土高原所显示的力量。

3. 开发是更积极的治理。从生态经济学的原理看问题，人们治理黄土高原，实质是一种重新建立新的生态经济系统的活动。人们可不可以打破自然界的生态平衡？应该不应该打破自然界的生态平衡？这是正确处理人和自然之间关系的一个根本性问题，也是黄土高原开发治理中必须正确对待的一个根本性问题。近年来，人们看到我国的生态平衡遭受严重破坏，已经成为社会主义经济建设中的一个重大问题，因此共同强烈呼吁保持和恢复自然界的生态平衡，这是十分必要的。但是在认识上也存在着一种偏向，即只有恢复到破坏前的生态平衡才算是保持了自然界的生态平衡。这是一种不正确，甚至有害的认识。在黄土高原治理上我们应该严格把握自然规律和经济规律的统一，不能用一种似是而非的对自然规律的理解来束缚自己从事经济建设的手脚。

从生态经济学的原理看问题，自然界的生态平衡是可以打破的。而且在自然与经济结合、人类利用自然的情况下，自然界的生态平衡实际上是天天、时时在打破的。人们在打破旧的生态平衡的同时，实际上也就建立了一个新的生态平衡。随着人口的不断增加和生产力的不断提高，这种打破旧的生态平衡、建立新的生态平衡是实际生活中的经常现象，恢复和保持原有生态平衡倒是偶然的现象。从这种自然和经济的实际情况出发，我们可以看到，在社会经济中的生态平衡实际上是一种人工生态平衡，它是相对的生态平衡，是在运动中保持的动态的生态平衡，同时也需要从生态经济学的意义上区分为积极的生态平衡和消极的生态平衡。前者是根据经济发展和提高人民生活水平的需要出发，在自然规律和经济规律的指导下，发挥人的主观能动性，建立起有利于人类社会的生态经济系统，在保持生态系统平衡的基础上，为人们创造出更为丰富的多种农产品。它是比原有的生态平衡更有利于人类社会经济发展的生态平衡；而消极的生态平衡则是不顾社会生产力的发展和人民生活水平不断提高的需要，重新建立一种人工生态平衡，使之简单地等于过去。很显然，我国治理黄土高原所需要的生态平衡是前者而不是后者。

我国一些地区近年来已经按照在开发中进行治理的积极生态平衡的指导思想对黄河流域进行开发和治理。例如山东省潍坊市，地处黄河下游，拥有山丘、平原和沿海三类地区，有大面积的荒山、海滩需要开发治理，其中蕴藏着发展林、果、草、牧业和海水养殖的很大潜力。在调查农村产业结构的过程中，他们提出"抓开发，促调整"的指导思想。认为在原有耕地面积上加加减减调整农村产业结构只是消极的调整；而通过开发与治理结合，把南山和北滩的自然资源潜力充分挖掘出来，在全面发展农、林、牧、渔和小矿业生产的基础上促进农村产业结构向着更有利于当地经济发展和人民生活水平提高的方向发展，才是更积极的调整。这个地区存在的治山治滩和开发自然资源的问题与黄土高原开发治理的问题是类似的。黄河下游地区在开发中进行治理的这一指导思想，在中上游地区也同样是适用的。

上述生态经济指导思想的确立，将使人们扩大自己的眼界，对黄土高原开发治理的不利条件和有利条件有一个全面的认识。从而有利于提高开发治理的信心，并找到开发治理的切实有效途径。其中重要的一点是，人们对自然资源范围的认识会扩大。从生态经济学的原理来看，不但植物、动物等可再生资源和各种矿藏等不可再生资源是自然资源，而且光、热、空气等恒定资源，同样也是自然资源。它们作为生态系统中的环境因素，将与其中的生物因素一起，通过绿色植物的光合作用，将自身形成植物和动物的组成部分，向人类提供各种农副产品。黄土高原目前已遭严重破坏，现成即可利用的植物和动物资源是较少的，但它有丰富的土地和光、热资源，发展林、牧、农业有巨大的潜力。同时并有丰富的矿藏，黄土高原是我国唯一煤、水、油、气四种常规能源兼有之地，因此又为它的进一步开发准备了优越的物质条件。这些都将为开发和治理黄土高原提供有利的基础。

三 黄土高原要走综合开发治理的道路

黄土高原的开发治理实质是重建生态经济系统。任何生态经济系统都具有综合性的特点，因此综合开发治理应该成为黄土高原开发治理的另一条重要指导思想。

回顾过去三十多年的历史发展，单一利用黄土高原已经给了我们深刻的经验教训。过去长期以来为了解决农民群众的温饱问题，脱离了黄土高原的具体生态经济情况，片面强调"以粮为纲"，继续毁林毁草开荒，结果粮食问题并未解决，反而造成了林草植被的更大破坏，形成了生态经济的恶性循环。生态经济系统是一个有机联系的整体，它有一定的结构，从而也有一定的功能。在其中各个生态经济因素的序列、层次、数量和比例关系配合协调的情况下，就能够正常地发挥其物质循环和能量转化的功能，使整个生态经济系统运行顺畅，从而就可以在保持生态经济系统平衡的同时，为人类提供各种丰富的衣畜产品，并使这些自然资源能够长期永续地为人们利用。过去片面强调"以粮为纲"，就是因为打破了黄土高原生态经济系统农、林、牧的结合层次，破坏了其正常运行的功能，从而使整个生态经济系统受到破坏的。有效地开发治理黄土高原，就要求人们根据生态经济系统综合性的具体特点，合理安排系统的各种层次和序列，并使之保持一定的数量和比例，从而使之顺利地发挥其生态经济功能，以保持其最大的生态经济效益。从各地提供的经验看，以下几个方面的比例关系值得我们重视和研究：

1. 人粮比例。这是治理黄土高原的一个基础性比例关系。治理黄土高原，根本的出路在于造林种草。但每个人平均占有粮食量指标始终是一个或隐或现、实际起制约作用的生态经济指标。从一些地区治理成功的经验来看，正确解决人粮比例关系问题，需要注意以下两点：①要找到解决林粮矛盾、实现生态系统良性循环的突破口。如甘肃省中部地区的一些干旱县，长期以来燃料奇缺，靠铲草皮，挖草根、乱砍树、烧畜粪等方式取得生活需用的大量能源，进一步严重破坏了已经遭受破坏的绿色植被，粮食生产日益低下。这些地方抓住了发展林草等措施，首先解决了燃料奇缺的主要矛盾，使植被的破坏趋势得到制止，同时也为提高粮食生产提供了较好的条件，从而有利于逐步缓和人粮比例关系问题。②努力建设好一定数量的"基本农田"。例如陕北米脂县泉家沟，在科技工作者的指导下，因地制宜选择占总土地面积25％、坡度小、易于耕作的土地建成基本农田，采用科学的旱作农业技术提高单产，使人均占有粮食达到1000斤，就为其余耕地退耕还林还草和进一步扩大造林种草打下了稳固的基础。

2. 农林牧比例。这是综合开发、治理黄土高原的一个最积极、最重要的比例关系。在粮食力争提高单产、保证最低限度的自给需要之下，林草种植面积应该尽量扩大；在林草提供丰富饲料的基础上，畜牧业也应该按比例地尽量发展。按照生态经济学原理，规划综合发展黄土高原的农林牧业时，应该同时重视其中的层次、顺序、数量、比例关系和其中的物质、能量循环转换关系。对于前者，生态经济学的原理告诉我们，绿色植物是生态系统的"生产者"，只有通过它的光合作用，才能大量吸收自然界的光、热、水、气和土壤中的各种无机养分，向人们提供各种有用的植物有机体。因此在黄土高原"基本农田"相对稳定并占较小比重的情况下，应该努力利用荒山荒坡等一切可能利用的裸露土地扩大种植林草，这是人类向自然要效益的直接交界面，是综合发展农村经济，取得其他各种效益的基础生产层次，因此一定要搞好。发展各种畜禽生产是黄土高原农业生产的第二个层次。食草动物是生态系统的"一级消费者",它们以植物为食;食肉动物以食草动物为食,是"二级消费者",它们分层转化利用绿色植物已经获取的各种物质和能量,向人们提供多种畜产品和更多的经济效益。同时在林草生产和畜牧业生产中也都有各自的层次和数量比例关系。例如乔木、灌木和草地的结合,以及食草动物和食肉动物的结合等。对于后者,生态经济学的原理又告诉我们,农林牧及其中的各种生产项目之间又存在着生态经济系统食物链和价值增值链的关系。它们之间以饲料、饲草、畜力、粪肥等形式互相交换,这些交换是生态系统物质和能量的循环转化过程,也是经济系统使用价值创造和价值增值的过程。它们的运动也都有一定的规律性。依照上述,遵循生态经济系统的层次结构和循环运转两个方面的各种比例关系规划发展农林牧业生产,将可以使我们获得开发治理黄土高原的更大生态经济效益。

3. 农业、加工业的比例和农业资源与非农业资源开发利用的比例。这是两个开拓性的比例关系。前者是农林牧业生产的继续,其生态经济的实质是生态系统食物链和价值增值链的延长。把农副产品的加工就地办在农村,将有利于充分利用原料、减少运输,避免下脚废料的浪费和污染城市环境,具有更大的生态效益和经济效益。后者是对黄土高原生态经济系统自然资源的全面开发利用。在充分利用各种农业资源的基础上,又把非农业资源开发利用起来,将有利于推动黄土高原经济的迅速发展。

综合开发是治理黄土高原的重要指导方针。采取这一方针有利于发挥黄土高原的优势。过去人们不认识生态经济系统的综合性特点,囿于单一发展粮食生产的狭窄思路,看到的都是黄土高原的劣势。而从生态经济系统的观点来看,黄土高原也具有很大的优势。它是一个区域生态经济系统,具有自己的不同于其他地区的特点。前面已经谈到,它的土地广阔,土层深厚,光热充足,矿藏丰富等,都是相对于其他区域生态经济系统的独特优势。治理黄土高原是一种改造自然与发展经济相结合的行动,因此必须贯彻生态效益与经济效益统一,短期经济效益与长期经济效益相结合的原则。目前已经治理有效的一些地区,采取乔、灌、草相结合,扩大绿色植被,控制水土流失,同时利用灌、草植物发展畜牧业和农村副业等生产的做法,很好地实现了上述两个结合,使综合开发治理黄土高原成为切实可行。这些经验都值得总结推广。

四 开发治理黄土高原要依靠农民群众的积极性

人是生态经济系统的主宰。人们掌握和运用生态经济规律，正确处理人和自然之间的关系，就可以在综合开发治理黄土高原的工作中作出各种新的创造，推动黄土高原的开发治理迅速前进。因此依靠农民群众，充分发挥他们的积极性、主动性，就成为推动黄土高原开发治理的又一个重要指导思想。

近年来农民群众在开发治理黄土高原中已经创造了一种以户承包治理小流域的做法，广大农民群众十分欢迎这种形式，接受承包的积极性极大。例如陕西省的靖边县，在治理输入黄河泥沙量最大的害河——无定河的过程中，将以户承包治理的责任制政策一宣布，全县农民一下子就把194万亩的荒山承包一空。其中1900户承包百亩以上，28户承包千亩以上，13户承包5千亩以上，有5户承包万亩以上。今年，全国26个省市区以农户承包为主综合治理的小流域已经达到5000条。在我国，一个千家万户治理千沟万壑的人民群众改造大自然的生态经济活动已经形成。

以户承包治理小流域的活动建立在生态与经济相结合的基础上，它的迅速展开给黄土高原的治理和经济的发展带来了巨大的生态经济效益。据初步统计，1984年一年，黄河中上游的七个省、自治区就完成初步治理1.18万平方公里，1980—1984年的五年间种树种草4369万亩，平均年进度为1979年以前年平均进度的3.4倍；年平均治理面积6198平方公里，比1979年以前年平均进度加快了一倍。在此情况下，黄土高原严酷的自然环境条件正在逐步改变，农林牧的综合经济效益日益明显，农民群众的收入和生活水平正在逐步提高。以户承包治理小流域的做法，把开发治理荒山荒丘的责、权、利紧密结合起来，就从经济政策上调动了黄土高原广大农民群众的开发治理积极性，使之产生了强大的内在经济动力，因而形成了巨大的物质力量。

从生态经济上看，它是黄土高原生态与经济两方面特点相互结合的要求。对此我们看到以户承包治理小流域有以下三个方面的具体特点：

1. 它是以小对小的承包。黄土高原治理在宏观上是整个黄河流域区段的治理，在微观上可以分解为许多自然和经济单元，小流域是其自然的基础单元，农户则是社会经济的基础单元。以户承包治理小流域是较小的社会经济单元和较小的自然单元的统一，这种统一是由目前黄土高原的农业生产力水平较低这一点决定的。目前我国黄土高原的农业生产力水平还很低，甚至低于一些落后的农区。在此情况下承包的经营和责任范围不能太大。同时自然界的生命运动，又是以一个生态系统为单位进行的，一个小流域就是一个较小的、综合性的整体生态系统单元。较低的农业生产力条件与较小的自然生态系统规模相一致，就可以使得开发治理的生态经济效益较高。今后随着农业生产力的提高，承包治理的经营单位和治理对象的规模会有相应的扩大。例如目前有的地方已经出现了各种以农户为基础的联合经营组织，如山西省河曲县邬家沟的小流域开发股份公司，集中了更多的人力、物力和资金，他们承包治理的自然单元规模也就可以相应地扩大。

2. 它是生态治理与经济开发相结合的承包。以户承包治理小流域，从生态目标来看是治理水土流失，实现生态系统的良性循环。从经济目标来看是调整农村经济结构，使经济系统运行顺畅，获得的经济效益更高。两种目标以社会主义的物质利益原则为纽带紧密结合起来，形成统一的生态经济目标。正是在这一结合点上制定了"谁治理、谁管护、谁受益"的经济政策，使黄土高原的综合开发治理成为广大农民群众的自觉行动。

3. 它是长期稳定的承包。一些地区指导农民承包小流域，开发治理黄土高原，一般都规定了较长的承包期限，并力求使这种承包长期稳定。不少地方在政策上规定为30年至50年不变，并允许继承。这同样也是生态与经济的特点两个方面相互结合的要求。开发治理黄土高原的主要措施是造林种草，并在此基础上开展农林牧结合的生态经济利用。其中林草的发展需要较长的时间，它们的生态效益与经济效益的实际发挥也需要较长的时间，加上它们具有易被破坏而难以恢复的特点，成长后还需要长期加以保护，这些都是黄土高原生态经济系统与一般农区生态经济系统的不同点。据此开发治理黄土高原，从调动农民群众的长期积极性，切实保证开发治理的长期生态经济效益出发，确定比一般农区更长的承包期限，并力求使之长期稳定是必要的。

目前我国农民以户承包治理小流域的活动还在发展，千百万农民群众的自觉行动必将推动我国开发治理黄土高原的工作迅速前进。

（原载《中国农村经济》1987年第12期，《黄土高原综合治理与开发》，中国展望出版社1988年版）

在发展经济中治理我国湖泊的富营养化

我国近年来,湖泊富营养化的问题日益显现,而且越来越加重了其危害程度,从而引起了人们的广泛关注。我国湖泊的富营养化问题是一个生态环境问题,但从其发生和发展的过程看,实质又是一个经济问题。而且这一问题也必须在继续发展经济的过程中才能得到解决。当前科学工作者的任务是从自然科学和社会科学的结合上,综合研究其发生发展的原因和机制,并且提出一个有理论依据、又有可操作性的思路和对策来。

一 我国湖泊出现了水质的富营养化

近几十年来,我国随着人口的急剧增加和经济的迅速发展,许多湖泊,特别是处于经济比较发达地区或靠近大中城市的一些湖泊,已经出现了越来越明显的富营养化问题,破坏了生态环境,同时也制约了经济的继续发展。它的出现和日趋严重,已经引起了我国政府的关注。并且已经把太湖、滇池、巢湖三个淡水湖的水污染治理(主要是其水体富营养化的治理)列入国家"九五"计划,在实施中也已经取得了不少成绩。分析一下我国一些湖泊近年来形成的富营养化问题,及其初步治理情况,将启发人们对其根治问题进行深入的思考。

从实践看,近年来我国湖泊的富营养化问题是比较严重的。以我国已经列入重点治理的"三湖"的情况为例:

太湖是我国的第三大淡水湖。位于人口稠密和经济发达的长江三角洲地区,流域内拥有38座大小城市。工农业生产在江苏全省以至全国,都占有举足轻重的地位。近些年来,由于大量工业废水(包括迅速发展起来的乡镇工业废水)流入,农田大量化学肥料的流失进入;以及城市发展、人口增加带来的大量生活污水(其中携有大量含磷洗涤剂)的流入。再加上大量发展网箱养鱼，高放饵料增加了湖水中的营养物质等。所有这些，都大大增加了湖水中的磷、氮等营养物质，使蓝藻等藻类迅速繁殖，水体富营养化的问题日益严重起来。据有关方面的观测，20世纪80年代初，太湖的水质类型，轻污染（Ⅳ类）的面积占1%，尚清洁（Ⅲ类）占30%，较清洁（Ⅱ类）占69%。至80年代末，已经出现了重污染水域，轻污染水域的比重也迅速上升。至90年代后期，重污染水域占1%，轻污染水域占到了70%以上，并已经形成了全湖的富营养化。太湖全湖的水质自80年代以来，总体呈下降的趋势，由原来的以Ⅱ类为主，逐渐演变为以Ⅳ类和超Ⅲ类为主。太湖水体的富营养化，污染了城市饮用水水源，使部分工厂停产减产，水产养殖能力下降，对发展经济和人民生活带来了很大的影响。

巢湖也是我国的五大淡水湖之一。根据"七五"国家重点科技攻关课题《巢湖水域环境的生态评价及对策研究》，90年代初，全湖73.3%的水域已处于富营养化状态，26.4%的水域处于重富营养化状态，0.3%的水域则更处于异常（极富）营养化状态。全湖区都已经比较严重地富营养化。具体调查发现，巢湖湖内有100多种水藻大量繁殖，每年7—10月，遍布全湖，腐烂发臭。1997年，巢湖湖区总体水质持续超过Ⅴ类水标准，总磷、总氮严重超标。给安徽合肥市的供水，给人民生活和身体健康，都带来严重的影响。考察巢湖水体形成严重富营养化的原因，一是城市大量工业废水的排放，二是大量生活污水的流入，三是大量化肥、农药的流失进入等。巢湖的一个特点是，沿湖四周都是农田，化肥、农药的施用量越来越大，平均每亩施用已达80公斤。加之利用率又不高，流入湖中的数量越来越多，就成为巢湖水质磷、氮增加的一个重要来源。

滇池是我国西南地区最大的湖泊，被称为云贵高原的一颗明珠，是昆明市的城市水源地。近年来，也是由于人口的增长和经济的发展，沿湖地区的工业废水、生活污水等大量流入。其中的含磷、含氮量高，造成了湖中蓝藻等藻类的大量生长，使70%的水体都处于重富营养化状态。从80年代后期，滇池的水质开始恶化。1994年以来，水体一直为Ⅴ类水质。1998年以后，连续几年水质都是劣Ⅴ类。极大地危害了对城市的供水，也造成了大量鱼类的死亡，并且影响了旅游业的发展。美丽的滇池几乎已经丧失了水的各种使用功能。因此人们不断地发出"救救滇池"的呼声。专家们考察后也认为，滇池的问题严重，已经到了"生态癌"的阶段，抓紧治理已经刻不容缓。

此外，我国其他许多湖泊的情况也大体类似。例如云南的洱海。过去水质一直优良，景色秀美，是大理自治州的"母亲湖"，也是下关城区生活用水的来源。但是近年来，同样由于工业废水和生活污水大量向湖内排放，网箱养鱼和机动船增多，以及旅游船只大量增加，旅游垃圾、固体废弃物每年抛弃入海达2000吨等原因。水质自1996年开始变差，螺旋鱼腥藻等浮游生物大量繁殖。水质迅速由贫营养型变为中富营养型。大理市下关城区的自来水已经不能饮用，迫使居民千方百计到处寻找饮用井水。近年来的污染程度更为加重。在此情况下，大理州于1997年就下令取缔洱海水面的网箱养鱼和机动渔船；自1998年2月1日起，又决定洱海汇水区内一律禁止生产、销售和使用含磷洗涤用品，以控制洱海的富营养化问题。

当前湖泊的富营养化不但在我国出现，而且也已经是世界各国普遍出现的问题。例如北美洲的伊利湖早已经被发现是"提前老化"。日本的濑户内海，1/3的海域早已经完全没有生物存在，另1/3的海域也几乎没有生物生存。由于富营养化的污染严重，海域频繁发生"赤潮"，严重危害了渔业生产。例如1972年3月17—21日的一次严重"赤潮"，死鱼就达1428万尾，损失约71亿日元。对位于美国与加拿大交界的北美五大湖（包括伊利湖）的湖泊水体污染问题，美加两国很早就给予了高度重视。1972年美国总统和加拿大首相就共同签订了五大湖水质的协定。所采取的一个主要措施，就是规定了禁止沿岸居民使用含磷洗涤剂，从而有效地控制了湖泊富营养化的发展。

二 湖泊富营养化的实质是经济问题

当前世界普遍出现的湖泊富营养化问题，是一个生态环境污染的问题。但从根本上看，它的实质又是一个经济问题。深入剖析一下它的产生和发展过程，就可以看到：湖泊的富营养化问题，是人们发展经济的活动所引起。随着经济的发展，到了一定的阶段才产生。同时它的解决，也需要依靠人们在发展经济的过程中来完成。

研究湖泊富营养化的问题，首先应当看到，湖泊的富营养化，是人类经济发展到一定阶段的产物。人类社会的历史，是生产力不断发展的历史。人类社会早期，由于生产力的发展，人们懂得了饲养动物和种植植物，并且开始使用一些简单的生产工具，就出现了农业革命，建立了农业社会。在此基础上，也形成了长时期的农业文明。这是人与自然基本协调的文明。这时人类对自然的索取力度不大，人与自然的关系处在低水平的协调状态，其基本特点是"无争"。

发展经济和提高人民生活是生产力不断发展的动力。随着它的发展，以瓦特发明蒸汽机为标志，又出现了工业革命，建立了工业社会，由此又形成了高度的工业文明。这是人与自然对立的文明。在工业社会中，由于生产力迅速发展，人们的物质生活和精神生活都达到了前所未有的高度。但是由于发展经济没有"经济与生态协调"的思想作指导，随着先进科学技术在生产中的不断应用，日益加大了对自然生态系统的压力，破坏了生态系统的正常运行，就使经济本身不能可持续发展。这时人与自然之间关系的基本特点是"对立"，甚至发展到了"掠夺"。

在工业社会条件下，人与自然在生产力高水平下的不协调，影响经济的不可持续，已经表现在经济发展的各个方面。湖泊富营养化问题就是一个明显的反应。上述我国在经济发展中出现湖泊富营养化的情况已经向人们指出，它的实质是一个经济问题：它的出现是基于人们利用自然资源发展经济的动机，同时它的出现也是人类发展经济进入一定时期（即进入工业社会）的产物。对此应该从生态经济学的理论上进行一些分析。

生态经济学的理论认为，人们进行的经济活动，实质上是一个经济与生态相结合的活动。人们依靠发展经济为自己谋福利，但经济活动的进行必须以自然为基础。一方面要从自然界取用各种资源作为原材料，另一方面也要向自然界排放各种气体、液体和固体污染物，由自然界来消纳。这种人与自然之间进行物质交换的生态经济过程存在于一切生产方式，在农业社会中就已经存在。只是那时，由于人们发展经济的社会生产力水平很低，人口也不多，向自然界取用资源和排放污染的数量，即对自然界的压力和损害还不严重，因此自然界对人们也还没有明显的惩罚。但是当人类社会的发展进入工业社会后，由于社会生产力高度发展，先进科学技术在发展经济中不断应用，在没有"经济与生态协调"的思想指导下，就破坏了自然生态系统的正常运行。我国许多湖泊地区，由于大量使用含磷、含氮等的科学技术和产品，又没有采取相应的技术加以治理，把大量未经处理的城市生活污水和工业废水等排入湖泊，引起了藻类的大量繁殖，破坏了湖泊生态系统的结构和正常运行，就造成了严重的富营养化危害。

研究湖泊富营养化的问题，其次也应当看到，解决湖泊富营养化问题，也需要依靠人们发展经济的过程本身。以上人们看到，湖泊富营养化的出现是工业社会经济发展的必然。我国的生产力发展低于经济发达国家，湖泊富营养化问题的产生也晚于经济发达国家。当前人类社会的发展已经进入新的生态时代，各国经济的发展都必然要走向与生态协调。新的时代从经济与生态结合上，提出了我国治理和解决湖泊富营养化问题的必要性，同时也为我国治理和解决这一问题指出了正确的方向。

深入分析一下我国湖泊富营养化问题的形成过程，人们明确地看到，这一生态环境问题的产生，是由于人们在发展经济中，违反了自然生态规律，破坏了经济与生态协调造成的。因此治理和解决这一问题的途径，也在于人们发展经济的过程本身。据此，也就提出了人们应该从经济与生态的结合上，端正自己发展经济的指导思想和经济行为的客观必要性。对此也需要以生态经济学的理论为指导，对人们进行经济活动的实际载体有一个全面正确的认识。

长期以来，人们发展经济，一直都认为是在单纯的"经济系统"中进行的。它是在一定的地理环境和经济社会制度下，由生产力系统（包括劳动力、土地、资金等生产力要素）和生产关系系统所形成的有机组合。并通过整个社会再生产过程中的生产、交换、分配、消费等循环运动，创造出各种经济产品和服务，满足人们日益增长的需要。但是工业社会中，经济系统的运行不断破坏自然"生态系统"的平衡，频繁出现各种生态环境问题，从而使经济不能可持续发展的事实，终于使人们认识到，他们在"经济系统"中进行的经济活动，事实上并不是孤立的，而是必然要以一定的自然"生态系统"为基础。即它的运行实际上是在以经济系统与生态系统相互结合所形成的"生态经济系统"中进行的，生态经济系统才是人们进行经济活动的实际载体。因此它的进行，不但要受客观经济规律的制约，同时也要受客观自然生态规律的制约。在实际的经济发展过程中，当人们的经济指导思想和经济行为在适合经济规律要求和自然生态规律的要求时，经济与生态两者就能实现协调，经济就能可持续发展。反之，当人们发展经济的指导思想和行为，违反了自然生态规律的要求时，经济与生态的协调就会遭到破坏，经济的可持续发展也就成为不可能。

人们对客观存在的"生态经济系统"范畴的认识是一个极其重要的根本认识。人们认识了"生态经济系统"是自己进行经济活动的实际载体，及人类社会中，经济与生态必须实现协调发展和经济社会必然要实现可持续发展的客观规律性，也就明确认识到，必须在发展经济中，深刻检讨过去自己的错误经济思想和经济行为，从中找出影响和产生湖泊富营养化的主要原因。在此基础上，有针对性地建立起社会主义市场经济条件下，经济与生态结合的新经济机制和政策，切实端正自己的经济指导思想和经济行为。并且寻找从根本上改变自己经济生产方式和生活方式的新途径。这样才能从根本上解决湖泊富营养化的问题，从而切实实现经济与生态的协调发展和经济社会的可持续发展。

三　正确处理湖泊富营养化防与治的关系

当前我国的许多湖泊都存在水质富营养化的生态环境问题，也都在积极进行治理。这是完全必要的，而且也已经取得了很大的成绩。特别是应当看到，我国当前生态环境的严重破坏是多年以来破坏的积累，对经济社会的发展已经形成了严重制约。除了积极加强治理外，没有别的选择。因此今后还应该继续增加投入，坚持不懈地治理下去，为实现这些湖泊地区经济的可持续发展作出更大的贡献。

但是与此同时，也应该看到，我国当前进行环境治理，包括治理湖泊水质富营养化问题，也是很困难的。这里且不说我国的环境治理多年来欠账过多，治理的任务面广，工作量大。即就目前一些主要湖泊水质富营养化的治理来看，近年来的实践证明，其难度都是很大的。其中存在的一个问题是治理需要大量的资金，另一个问题是使排放污染主体（包括"点源"污染主体——企业和"面源"污染主体——广大农民）建立起乐于

积极治理污染的观念。以上述"三湖"治理水体富营养化的情况为例,人们看到:

第一,城市污染"点源"的治理,需要很大投入,是困难的。例如滇池的富营养化,经过对重点污染企业的加强治理,在1999年4月已经实现了这些企业的达标排放,对减轻湖泊富营养化危害作出了贡献。但是由于其他非重点企业的污染,以及居民生活用水污染等其他各种污染源的治理还很不够,因此湖泊富营养化的问题还远远没有解决。据报道,至2000年年末,滇池水质恶化的趋势并没有得到有效遏制。滇池是我国投资较大的湖泊治理工程。至2000年年末,就已经投入了近40亿元的资金。可以想象,普遍治理我国其他许多湖泊的"点源"污染,其难度将是很大的。

再如巢湖的治理。据有关报道,我国"九五"以来,巢湖流域治理水质污染已经投入了23.45亿元,包括对工业污染源、农业污染源等进行重点治理,并加快了污水处理厂建设,治理工作也取得了初步的成效。但是据2001年前5个月的监测,其水质富营养化的问题仍然很严重。其中城市"点源"污染的治理情况,2002年安徽省合肥市和巢湖市已经建立起的污水处理厂,其一期工程的日处理能力还只达到应处理量的40%左右。按照巢湖流域"十五"治理规划的要求,到2000年年底,应该建成的合肥市和巢湖市的污水处理厂规模,以及开展肥东、肥西、庐江、舒城等县级污水处理厂建设的前期工作,都因为建设资金不能到位,受到了很大的影响。

第二,农村污染"面源"的治理,则更为困难。在近年来治理"三湖"富营养化环境污染的过程中,以巢湖的情况为例,人们发现,来自"面源"和生活的污染是巢湖富营养化的最大负荷。1999年巢湖流域由于"面源"产生的总磷、总氮的排放量分别占到排放总量的40.3%和33.1%。另据报道,巢湖水质的污染,30%来自工业废水和生活污水,70%来自"面源"污染。但是治理面源污染的主体对象是广大农村和农民。一方面,他们的分布面广量大,污染源极为分散。不能像城市"点源"污染那样,可以进行集中治理。另一方面,广大农民由于所处的环境条件和文化水平等的限制,没有治理生态环境的意识,缺少保护生态环境的内在动力。再一方面,资金也无法筹措。因此对广大农村来说,像城市治理"点源"污染源那样进行治理，短时期来看，也根本不可能。从而就使人们感到这方面的治理"无从下手"。

分析一下治理环境污染的通常做法，人们看到，对已经产生的湖泊富营养化等环境污染，积极进行治理是完全必要的，不治理，污染就不能消除。但是与此同时，人们也看到，已经产生了污染，然后再去治理，这种做法终究是消极的。而且在实践中，其具体实施也是困难的。一方面，从市场的经营主体——企业来说，由于本身经济利益的局限，对于进行生产过程结束之后的再投资治理环境污染，在认识上是"分外"的、"不得已"的，甚至认为是"被强加"的，因而在态度上必然是被动的和消极的。有的企业由于筹集资金也很困难，甚至存在着"不治理等死，治理早死"的悲观消极情绪。另一方面，从市场的管理主体（国家）来说，每年要投巨资进行治理，负担是沉重的。在认识上也是"应急"的，"补救"的，事实上也是"不得已"的。而且年复一年地不断发展经济，又不断地产生污染，还要不断地投资治理，这实质上也就是过去长期以来"先污染，后治理"的处理生态经济问题模式的继续。因此尽管目前这样做确实还是必要的，但从正规、长远、治本来说，却不应该是我国治理和改善生态环境（包括治理湖泊富营养化）的最有效途径。长远、正确的做法，应该是"防重于治"，把治理和解决湖泊富营养化问题的主要着眼点和立足点放在发展经济的过程中，尽量避免或减少污染的产生；而不是放在生产过程结束之后，再去被动地大量治理。从而走上"事先、积极、主动、治本"的治理环境污染正确道路。

四 治理湖泊富营养化根本在于经济改革

从以上分析中，人们认识到，当前我国湖泊富营养化的出现，实质是一个经济问题。它的治理也需要人们在发展经济中，采取新的正确的经济指导思想和经济行为，并通过"以防为主"的积极途径来进行。这些就向人们指出，我国治理湖泊富营养化的问题，归根结底是一个如何更好地发展经济的问题，而不是单纯地就保护生态环境而治理生态环境的问题。这样也就向人们提出了任务：必须建立新的、能够促进实现经济与生态协调发展的经济指导思想，从根本上转变人们过去与自然生态系统运行相矛盾的经济行为，在尽量减少污染产生的基础上，实现经济的可持续发展。这实际上也就是向人们提出了进一步深化我国经济改革的要求。

通过深化经济改革，促进从根本上解决我国湖泊富营养化的环境污染，一个带根本性的问题，是正确认识和处理发展经济和保护生态的关系，建立我国资源利用的新方针。生态经济学的理论认为，资源是生态系统的组成要素，是发展经济的物质基础。利用资源是人们发展经济的基本经济行为。污染的实质也是资源。过去长期以来，人们发展经济中的一个根本问题是不能正确处理资源利用与保护的关系，只顾发展经济利用资源，不去考虑生态保护资源，从而就产生了环境污染等经济与生态不协调问题，使经济不能可持续发展。建立指导资源利用的新方针，在经济与生态协调的基础上，促进避免或减少湖泊富营养化等环境污染，就应该认真总结过去这方面的经验教训，把经济发展建立在可持续发展的基础上。

回顾过去，人们对待资源利用和保护的关系，主要存在着两种错误认识和做法：一种错误的认识和做法，是把资源的利用和保护两者对立起来，采取了"只利用，不保护"的资源利用方针。很明显，这是一个错误的方针。正是在这一错误方针的指导下，就使我国在发展经济中，造成了湖泊富营养化等严重的环境污染和生态破坏，使经济的发展不能持续。另一种错误的认识和做法，是把资源的利用和保护两者割裂起来，采取了"先破坏，后治理"的资源利用方针。很明显，这同样也是一个错误的方针。因为人们发展经济所利用的一切资源，无论是有生命的植物、动物和微生物等资源，还是无生命的光、土、水、气、热和无机质矿物等资源，都是自然生态系统的组成部分。它们也都依靠生态系统的存在而存在。在人们利用生态系统资源发展经济的过程中，生态系统的破坏容易，治理难。先破坏了生态系统再去治理，有的需要花费巨大的代价，有的则是根本不可能的。

当前我国经济社会的发展已经进入生态时代。以经济与生态协调的思想为指导，纠正过去的错误认识和做法，建立我国资源利用的正确方针，应该把资源的利用和保护两者内在地结合起来，采取"在利用中保护，在保护中利用"的新方针①。这样做，将使人们在发展经济中，注意保护资源。即把对资源的保护融合在对它的利用之中，使之在利用的同时就得到了保护。其结果，就能从"源头"上避免或减少污染的产生，使人们对生态环境的保护防患于未然。由此，也就使我国治理湖泊富营养化等环境污染的工作，从事后的治理转变为事先的防止，从被动的治理转变为主动的治理，从消极的治理转变为积极的治理，从而开拓出一个环境治理的新局面。

对于我国进行这方面的经济改革，在具体实践中，还应该明确认识以下两点：

第一，"在利用中保护，在保护中利用"的新方针，既是一个指导发展经济，合理利用资源的方针，同时也是一个指导治理环境污染的新方针。这是因为，合理利用资源发展经济和治理环境，本来就是一个事物的两个方面，它们本身就是息息相通的。污染（不论是液态、气态或固体形态）本质上就是资源，只不过是"不合理利用"的资源或是"放错了地方"的资源。而且合理利用资源和治理环境两者也都是为了可持续地发展经济和提高人们的生活。

第二，它既是一个指导长远削减环境污染的正确方针，同时也是一个指导当前治理已经存在的环境污染的正确方针。前者，建立和实施这一方针，能够从生产过程的经济发展"源头"上，避免或减少污染的产生，其作为我国长期积极治理环境污染的正确方针的意义和作用已如上述。后者，即就目前已经存在的湖泊富营养化等环境污染的治理来看，所采取的各种治理措施，也都应该尽量贯穿这一方针的要求，将之结合并纳入一定的发展经济和改善生活的经济过程中来进行，从而调动治理主体企业和农民等的积极性。这样做的实质是把单纯治理环境污染的过程转变为发展经济为主的过程；把企业和农民的被动治理过程转变为主动的治理过程；把国家的一个积极性变为国家、企业和农民的三个积极性。从而就会更有利于治理湖泊富营养化等环境污染的顺利进行。

---

① 见王松霈等《热带亚热带少数民族地区生态经济协调发展问题研究报告》（国家民族事务委员会委托课题），第74页。后编入赵延年主编《中国少数民族和民族地区九十年代发展战略探讨》，中国社会科学出版社1993年版，第493页。目前这一提法已在有关中央文件中被采用。

通过深化经济改革，促进从根本上解决我国湖泊富营养化的环境污染，也应当看到，这一经济改革将是一个全面的改革。这是因为，人们的经济活动都是在一定的生态经济系统中进行的。生态经济系统是一个有机联系的系统整体。其中经济系统与生态系统两个子系统之间是相互联系的，两个子系统中各自的多个组成要素之间，也都是互相联系和相互影响的。因此，"牵一发"就应该"动全身"。联系到治理湖泊富营养化的问题，只有对与之有关联的各种经济活动，都以经济与生态协调的思想为指导，进行改革，才能真正减少各种污染物的排放和真正地控制和治理环境污染。具体来看，进行经济改革，应该同时重视以下三个方面：

一是进行产业的改革。其做法是发展各种"绿色产业"，主要是生态工业和生态农业。简单地说，发展生态工业，就是要发展无污染或少污染的工业，就必然会减少各种污染物向湖泊的排放。发展生态农业，就要实行化肥和有机肥的合理搭配，就会减少大量化肥和农药向湖泊的流入。这就必然会减少湖泊富营养化污染的产生。

二是进行生产方式的改革。其做法是实行"绿色生产"。包括使用无污染或少污染的原材料，无污染或少污染的新技术、新工艺，生产出无污染或少污染的最终产品等。当前我国正在推行的"清洁生产"和"循环经济"等，都是进行生产方式改革的有效做法。

三是进行生活消费方式的改革。其做法是实行"绿色消费"。在实践中人们看到，我国湖泊的富营养化污染，在很大程度上是由于人们在日常生活中，使用了含磷洗涤剂，使大量的磷元素流入湖泊造成的。因此改变使用含磷洗涤剂的这种生活消费方式，就会大大减少对湖泊的富营养化危害。为此，发达国家如美国，早在20世纪60年代就已经开始致力于研究开发洗涤剂中可以取代三聚磷酸钠的物质，改变人们的生活消费品结构。目前我国也已开始进行人们生活消费中限磷和禁磷等规定。这既是一个促进人们实行"绿色消费"的问题，同时也是一个促进发展"绿色产业"的问题。以上三个方面的经济改革共同实施，就将有效地减少含磷污染物向湖泊中的大量排放。从而也就必然有效地控制我国湖泊的富营养化问题。

（原载《可持续发展研究》2003年第3期）

沿海地区农村生态经济管理

沿海地区农村生态经济管理和沿海地区城市生态经济管理一样，也是沿海区域生态经济管理的一个组成部分。两者之间的关系十分密切，并在其紧密结合中，共同推动着整个沿海区域生态经济管理目标的实现。沿海农村地区（如陆地、滩涂、近海海域等），和沿海城市一样，实质都是生态经济系统，它的存在和运行同样也要受客观经济规律和生态平衡自然规律的制约。但是沿海地区农村和沿海城市相比，又有其本身的特点。一是就其自然基础看，农村生态系统是一个完全的生态系统，它包含的生态系统要素（"生产者"、"消费者"、"分解者"和矿物质等）完全，因此它的整个生态系统循环可以在本系统内完成，并且可以与沿海城市生态系统运行过程结合，"协助"后者完成靠其本身不能完成的某些生态经济"任务"，例如多种自然资源的提供和城市废弃物污染的消纳等。二是就其发展水平看，目前我国沿海地区农村工业的发展还较低，突出表现的生态经济问题，主要还是在自然资源利用方面，环境污染问题相对还较轻。因此下面主要侧重沿海地区农村自然资源的生态经济利用，并兼及环境污染，研究一下当前比较突出的一些生态经济管理问题。

一 发展沿海地区生态农业

这是沿海地区农村生态经济管理的基本问题和基本工作。对此，首先要看到，发展生态农业是我国农业现代化的方向，也是我国沿海地区农业现代化的方向。什么是"生态农业"，简单、通俗地说，就是以生态经济学的原理为指导，建立起来的一种新型的现代农业生产方式。它要求按照生态经济系统本身运动的规律性，使用各种经济和技术措施。一方面既能保持和改善自然界的生态平衡；另一方面又能充分利用各种自然资源，取得最大的经济效益。它建立的根据是既符合经济规律的要求，又符合生态平衡自然规律的要求，从而把农业生产的经济效益建立在同时获得生态效益的稳固基础上，因此它是一种新型的先进农业生产方式。

从世界范围看，生态农业作为一种先进的农业生产形式提出，是在20世纪60年代末。它的提出是社会生产力不断发展的要求。从历史上看，世界农业的发展至今已经历了三个发展阶段：第一个阶段是原始农业。其特征是"刀耕火种"，生产力十分低下。这时人们从事农业，只知道单纯地利用自然，而不给自然以补偿。只是由于当时的农业生产力水平很低，对自然的破坏力不大，因此人们对自然生态系统的触动较轻。第二个阶段是传统农业。其特征是"铁犁牛耕"，生产力有了较大的进步。我国已经形成了精耕细作的优良传统，在人与自然的交换上，也懂得了要给土壤浇水、施肥，实行水分和养分的返还。但是由于还是人畜力操作，分工也不发达，生产力水平仍较低，能量和物质的补偿还只是封闭式地在农业内部进行，从农业以外输入的还很少。第三个阶段是现代农业，即人们所说的西方发达国家的"石油农业"。其基本特征是"机械化和化学化"，农业生产力大大提高，所需要的大量化肥、农药、油料、电力等（均为石油产品），也都要由农业外部来提供，从而使世界农业生产提高到了一个新的水平。以上世界农业三个阶段的发展过程，一方面是社会生产力逐步提高的过程，另一方面也是人与自然之间关系逐步走向背离的过程。西方现代"石油农业"的发展越来越显示出它的三个弊端，即世界石化能源急剧损耗、农村环境污染加重和农业生产成本迅速提高。为解决这个日益严重的生态经济问题，"生态农业"这一新的现代农业生产形式就应运而生。

生态农业是世界农业现代化的共同方向，也是我国农业现代化的发展方向。21世纪，我国沿海地区农村必然要走生态农业的发展道路，这既是一个共同的发展趋势，同时也是由于其本身的具体情况决定的。首先，我国沿海地区农村具有实行生态农业的客观必要性。第一，我国是人多地少的国家，沿海地区农村人口更加密集，发展农村经济必须珍惜利用每一寸土地，而不能有任何浪费。沿海地区发展生态农业，有利于对土地等农业自然资源的充分利用和节约利用。第二，我国沿海地区的农业比较发达，在原有现代农业生产方式之下，长期以来只重经济效益不顾生态效益，已经带来了很多生态经济问题，有的已经相当严重。实行生态农业可以扭转这一错误倾向，把沿海地区农业的发展放在同时注意两种效益的基础上。第三，我国沿海地区农业的生产力水平大都比较高。一些农作物高产地区，已有的农业科学技术，在提高单位面积产量上的作用已经接近饱和。如果近期没有新的突破，继续增产已很困难，而且有的还带来了环境污染。实行生态农业将挖掘出新的潜力，为我国沿海地区农业的继续增产和提高效益开辟新的途径。同时，我国沿海地区农村也具有实行生态农业的客观可能性。第一，我国具有有机农业的传统。我国传统的有机农业不等于生态农业，但是在生态经济原理上却是与生态农业相通的。从一定意义上说，有机农业是生态农业的低级阶段，生态农业是有机农业的继承和发展。我国沿海地区农村，许多地方的传统有机农业生产已经达到了较高的水平，为实行生态农业准备了良好的基础。第二，我国沿海地区历史以来，也有从事生态农业的长期初步实践。例如我国公元10世纪左右，在珠江三角洲一带就已经出现了"桑基鱼塘"的农业生产方式——塘埂栽桑，桑叶养蚕，蚕沙喂鱼，塘泥肥桑，完全符合生态系统"食物链"的物质、能量循环转换原理。这种农业生产经营方式一直延续至今，历久不衰，在国际上广受称道。

生态农业是具有更高生产力的现代农业，它的实行，与过去的农业生产方式相比，将为我国沿海地区农村带来新的生态经济效益。主要的途径是：第一，向太阳能和无机环境要效益。农业产品的一切能源都来自太阳能，构成一切农产品的物质都来源于农作物的无机环境。实行生态农业，无一例外地都要首先注意提高农业植物"第一性生产"的生产效率，即扩大"生产者"——绿色植物对太阳能和自然界各种无机物质的农业利用规模，包括绿化荒山和发展立体种植等。其核心作用是把原来不能被人们直接利用的更多的太阳能转化为生物能，把更多的无机物变为有机物，增加农产品产量，供给人们利用。第二，向生态系统的循环转换要效益。其核心作用是对已被绿色植物吸收的太阳能和自然物质，提高其再转化利用程度。具体途径是依靠生态系统内"消费者"（畜禽）与"生产者"（绿色植物）之间的食物依存关系，并适当延长生态系统的"食物链"，通过对自然界能量和物质的多次利用和循环利用，使植物有限的光合产物在农业生产上发挥最大的作用，为人们创造出更多的农副产品。第三，向生态系统的整体安排要效益。生态系统具有综合性和整体性的特点，它由各种生物要素和环境要素有机结合形成，各种要素相互依存和互相制约。实行生态农业，追求农业生产的更高经济效益，也都把农业生产看作一个生态经济系统整体，根据其具体环境因素和条件，因地制宜地合理安排农业生产结构和布局，促进农业生态系统实现总体优化，发挥聚合效应，从而获得生态经济系统整体最大的经济效益。

近年来，我国沿海地区农村，在可持续发展的方向指引下，因地制宜地通过多种途径发展生态农业，已经积累了不少成功的经验，并取得了很好的生态和经济效益。例如山东省莱州市神堂镇丁家村62岁的丁景春老人，根据生态农业原理，建立了一个生态果园。主要做法是实行果蛙结合：一方面继续发展当地的优势果树，另一方面贷款一万元发展养殖业，从我国南方购进20对美国良种蛙，成功地繁殖到5000多对。在此基础上又把它们有机结合起来，在地域上安排果蛙相间的生态经济结构和布局；在联结上组织人工生态系统"食物链"，实现它们之间物质、能量的良性循环转换，从而发挥了系统整体更大的效益。由于青蛙吃虫消灭了虫害，大量蛙粪上地不用化肥，从而保证了果品产量和质量，也降低了成本；而且由于生产出来的是"绿色产品"，又大大提高了果品的销售价格，因而取得了很高的生态经济效益。他的经验很快起到示范作用，周围不少果农都准备效仿。

二 合理利用海洋渔业资源

海洋渔业是海洋第一大产业，在沿海地区农村经济中也具有举足轻重的作用。但新中国成立以来，我国的海洋渔业长期存在着生态与经济不协调的问题，阻碍着海洋渔业和沿海地区农村经济的可持续发展。其主要矛盾是我国近海的渔业捕捞量大大超过渔业资源的增长量，持续出现越来越大的"渔业资源赤字"，从而给我国海洋渔业经济带来危机。

我国的海洋渔业产量有70%—80%来自近海捕捞。至20世纪80年代初，我国浙江省舟山渔场的近海渔业捕捞还供应首都北京所需渔产品的70%左右。新中国成立以来，我国海洋渔业捕捞能力快速提高。至20世纪末，已拥有海洋机动渔船25.2万艘，功率达796.7万千瓦。随之捕捞量迅速增长，对沿海地区农村经济的发展、保证城市渔产品供应和促进国民经济发展都起到了重要的作用。但是由于长期以来，人们缺乏生态经济学的理论指导，对海洋渔业生态经济系统的存在和运行特点不认识，在"有水就有鱼，增船就增产"的片面认识和经济利益驱动下，盲目无限地扩大近海捕捞能力和捕捞强度。具体表现在：①渔船和马力急剧增长。至20世纪末，我国146千瓦（合200马力）以下，只能在近海作业的机动渔船已有3万多艘，功率达272.3万千瓦；各种小型非机动渔船、渔筏、舢板等9万多艘，共19万多载重吨[①]；此外还有大量私人造船，我国沿海各地的"沙滩船厂"、"路边船厂"等到处可见，无手续、无船号、无登记的"三无"船只已无法统计。②捕捞队伍越来越大。目前我国沿海地区农村的渔业人口已增长到510多万人，主要以近海捕捞为业；还有各地区（包括非沿海地区）的开发捕捞队伍。③非法作业普遍存在。例如违反国家规定的底拖网作业越来越多，而且捕网的网眼越来越小等。所有这些，都对近海渔业资源形成了极大的压力，从而就造成了对其严重的破坏。

上述以捕捞能力为代表的海洋渔业生产力的畸形盲目增长，几十年来对我国近海渔业资源的破坏是十分严重的。其明显表现是：我国近海捕捞的单网鱼产量越来越低，渔获量的个体迅速变小，其品质结构也急剧退化。例如20世纪五六十年代，250—400马力的双拖渔轮，平均一网可以打鱼1900公斤左右，而同样马力的渔船一天只能捕上约440公斤[②]。渔获物方面，50—60年代，渤海春夏两季捕获的小黄鱼中，160—220mm体长者占70%—80%，而近年来捕获的多数都是幼鱼，平均体长都在160mm以下。鱼的品质结构方面，传统的优质鱼，由于长期捕捞过度，许多已经形不成鱼汛，捕捞量越来越少。就渤海的情况看，50年代，优势渔业资源为小黄鱼和带鱼，资源量为鱼类之首，在大部分海区都占春、夏、秋渔获总量的60%左右。而到80年代，秋季小黄鱼的比例就下降为不到1%，带鱼则已基本绝迹。至90年代，这些传统优质鱼已经排不上比例。从全

---

① 《中国海洋21世纪议程》，第26页。
② 《中国环境报》1998年6月25日。

国的情况看，渔获物中传统优质鱼类的比例只占 20% 左右，我国近海渔业资源衰退的严重情况可见一斑。

我国沿海农村渔业中的另一主要生态经济问题是近海海域环境污染，危害渔业资源。近年来这方面的问题和所造成的危害也已经到处可见。例如山东省胶东地区的重要渔业基地五垒岛海湾，在海中间有一片沙地，自古就盛产蛤蜊。前些年，海水一落潮，就能见到沙滩上裸露的数不清的蛤蜊。但由于污染，蛤蜊越来越少，生产的蛤蜊由于大量渔船使用柴油严重污染了海洋，也使其鲜味变淡，而柴油味道越来越浓，并且死蛤蜊也越来越多。同时这一地区，由于海洋污染越来越重，使得鱼类无法生存，原来的黄花鱼群也被迫洄游，不再来这里产卵。其他许多渔业资源也都在迅速地衰退。

我国近海渔业资源迅速衰退的事实，尖锐地说明了加强沿海地区农村生态经济管理的重要性。解决这一问题，首先要求我们认识鱼类的以下主要生态经济特点，并据此提出指导实现近海渔业可持续发展的生态经济措施：

1. 认识鱼类生态系统的有限性。海洋鱼类是海洋生态系统的生物要素。它与任何其他生态系统的要素一样，都具有有限性的特点。这一有限性表现在三个方面：①任何鱼类的个体数量都是有限的；②鱼类属于可再生资源，捕捞利用后还可以再生，但其再生能力也是有限的；③由以上两点决定，鱼类生态系统的承载能力也是有限的。鱼类生态系统有限性的特点，要求人们从事海洋捕捞必须认识和掌握鱼类资源利用的生态经济适度性。要看到，在现实渔业生产的生态与经济密切结合和制约中，不顾发展经济的资源保护是不能容许的；同时不顾资源保护的盲目发展经济也是行不通的。人们从事海洋捕捞所能实际获得的，只能是在兼顾利用和保护条件下，实现可能的最大经济效益，这就是生态经济的适合度。人们在这一适度性的基础上从事海洋捕捞，就能保证渔业资源使用后能够再生，从而可以取得长远最大的经济效益；超过了这一适合度，渔业资源就要遭到破坏，沿海地区农村的渔业生产就不能可持续地进行。海洋鱼类生态系统有限性的特点指导我们，第一，发展海洋渔业必须严格控制捕捞强度，把它放在鱼类生态系统的承受能力之内。第二，对于已被破坏的鱼类生态系统，应使之休养生息，恢复资源。这里需要提出的是，保护渔业资源并不都是消极的限渔限产。在渔业生态经济管理上一个重要的指导思想是，应该从多方面组织各种积极的生态平衡，而尽量避免消极的生态平衡。据此，使近海渔业资源休养生息的一个做法是大力发展海水（和淡水）养殖。这样做的生态经济学依据是，人们在认识和运用自然规律的基础上发挥主观能动性，建立新的人工生态系统，保证提供渔产品满足人们的需要，就可以使原来的渔业生态系统和资源得到休息和恢复。另一个做法是大力开辟外海渔场，开发利用新的鱼种资源。这样做的生态经济学依据是，在广阔的海洋中，鱼类生态系统的存在是多种多样的。当人们有了新的生产能力，并把原来近海相对过剩的捕捞生产力转向外海和远洋，在开发利用这些新的生态系统获得新的渔产品时，自然就给原有已遭破坏的渔业生态系统提供了休养生息的可能性。对于这些做法，我国自20世纪80年代以来，在海洋渔业中已经逐步采用：我国的海、淡水养殖已经有了十分迅速的发展，而且其产量已经超过了捕捞量，占有更大的比重；同时我国的外海和远洋捕捞业也已有了很大的发展。这些都对缓解我国近海渔业资源的巨大压力起到了重要的作用。但是随着我国人口的不断增加和经济的迅速发展，我国目前近海渔业资源的巨大压力并未解除，因此，它们在这方面的积极作用还应当继续大力发挥。

2. 认识鱼类生长的阶段性。海洋鱼类和其他任何生物一样，从出生到成熟、到繁育、到衰老和死亡，都具有明显的阶段性。由此也决定了，海洋渔业对它们的捕捞利用也应该有明显的阶段性特点。从这一特点出发，进行渔业捕捞要明确以下两个问题：一是渔业捕捞利用的对象应是产卵后的成鱼。不能是其小鱼、幼鱼，也不能是产卵前的成鱼。因为大量捕捉小鱼、幼鱼，会大大降低海洋渔业资源的经济利用效益；而大量捕杀产卵前的成鱼，就会使鱼类"断子绝孙"。二是要明确鱼类的最佳捕捞利用时间。鱼类的生长发育和成熟，在时间上有其内在的规律性，这就决定了渔业捕捞作业有明显的季节性特点。我国沿海渔民据此已经知道掌握了各主要经济鱼类的汛期，在合适的时间对之加以利用；同时也约定俗成地严格规定了各种鱼类的禁渔期，对其非成鱼和待产卵的亲鱼加以保护。但过去我国沿海地区在一个时期，一味追求"最大的渔获量"，曾经盲目地提出"变淡季为旺季"的错误口号，不分季节，不分汛期和平时，在不正确的时间，把不该捕捉的小鱼、幼鱼等一股脑都打捞上来。这种严重违背渔业自然规律的做法，自然要受到客观规律的无情惩罚。

3. 认识鱼类栖存的运动性。海洋鱼类生态系统是生物要素和环境要素的统一，海洋鱼类的生存和成长要依赖于一定的海洋环境条件。人们在长期利用海洋渔业资源的实践中，如上所述，已经认识了海洋鱼类的生长发育有明显的阶段性；与此同时，人们也已经明确认识到，海洋鱼类生长和发育具有明显的栖存地域性特点，而且两者又是密切结合的。具体表现在，海洋鱼类在整个生长发育过程中，都在进行着有规律的洄游运动，什么鱼、什么时间、在什么地点产卵、索饵和越冬都是有规律可循的。海洋鱼类栖存运动性的特点，又为指导人们更准确、有效地对渔业捕捞对象进行利用，提出了依据和要求。我国沿海广大渔民正是基于对海洋渔业栖存运动性特点的认识，长期都在认真执行着各种"禁渔区"的规定，既保证了海洋渔业资源的充分利用，又保护着海洋渔业资源不被破坏。但过去我国沿海地区一段时间，一味追求"最大的渔获量"，又提出了"哪里有鱼哪里捕"的错误口号，在任何有鱼的地方大肆搜捕，从而就造成了海洋渔业资源的毁灭性破坏。这种错误做法是必须坚决予以纠正的。

三 全面促进沿海农村经济可持续发展

沿海地区农村的实质是一个一个的生态经济系统，而生态经济系统都具有综合性的特点。沿海农村地区拥有多种多样的海陆资源，为广大沿海农村全面发展经济准备了有利条件。同时，它在发展中，也必然要遇到多种多样的生态经济问题。就当前我国沿海地区农村经济发展中以下常见的问题来看，有针对性地加强生态经济管理，不但是必要的，而且是十分迫切的。

1. 盲目的大面积围海

我国有漫长的沿海岸线，沿岸拥有大面积的农业良田和滩涂湿地，具有重要的经济价值和生态环境价值。近一个时期来，随着我国的改革开放，沿海岸线的水土资源更加宝贵，必须妥善地进行保护和珍惜地加以利用。但是我国沿海地区长期以来，却存在着严重破坏水土资源的生态经济问题，给我国沿海农村地区经济的可持续发展带来严重威胁。其中一个突出问题就是许多地区都在盲目地大规模围海造地，对沿海水土资源造成了严重危害。我国的盲目围海造地由来已久,新中国成立以后,早在20世纪50年代和80年代,就分别掀起了围海造田和发展养虾业两次大规模的围海热潮。使沿海自然滩涂湿地总面积约缩减了一半。湿地是沿海地区一种重要类型的生态系统和生态经济系统,拥有十分丰富的动植物和自然景观资源,并发挥着调节气候、储水分洪、抵御风暴潮和护岸保田等作用,协调着人与自然的关系,为沿海地区农村的经济发展提供生态屏障。它的破坏对沿海农村经济的发展已经带来了多方面的严重影响:沿海独特的滩涂自然景观不见了,重要经济鱼、虾、蟹、贝类生息、繁衍的场所消失了,许多珍稀濒危野生动植物绝迹了,而沿海地区的风暴潮灾害则大大增加,其危害程度也日益严重了。

大规模围海造地,作为片面追求眼前经济效益,而给沿海地区农村经济发展带来全局长远生态经济危害的活动,在20世纪50年代两次大规模发生后,几十年来,尽管程度不同,但一直没有停止。改革开放后,沿海地区经济发展加快,一些单位和个人在强烈经济利益的驱动下,推动沿海地区的盲目围海之风又起。它存在于沿海地区各处,有些所造成的生态经济危害已经十分严重。例如据报道,目前我国广东全省围海造地面积已经达到45万亩,珠江口海域更是围海的集中地区,其中仅番禺市每年就从大海中围出一万多亩用地。在这一大规模的围海造地中,虽然有一些是沿海建设的需要和难以完全避免的,但绝大多数都是在经济利益驱动下不顾生态破坏的短期行为。为了保护我国沿海宝贵的生态环境资源不被破坏,也为了给我国沿海地区农村经济的可协调持续发展,留下本来就应该有的生态经济空间,目前我国沿海地区愈演愈烈的大规模围海造的错误行为必须制止。

2. 严重的海岸侵蚀

海岸侵蚀是我国沿海农村地区的又一个严重生态经济问题,在实践中已经给我国沿海广大农村地区的经济发展和人民生命财产安全带来了巨大的危害。目前我国沿海(主要是沿海农村地区)的海岸侵蚀,从宏观来看,已经发生得比较普遍。其中长江以北比长江以南更为严重,最严重的是长江以北的江苏、河北、山东三省沿岸。从微观来看,目前我国沿海农村地区发生的许多海岸侵蚀,其严重危害程度触目惊心。我国沿海农村地区发生的许多海岸侵蚀,除其中少数是由于自然界本身的原因外,绝大多数也都是由于人们为了自身或小团体的眼前局部利益，而不顾长远和全局利益的短期经济行为造成的。因此其实质也都是生态经济问题，因此也必须通过加强沿海地区的生态经济管理（包括实行生态环境立法和执法）来解决。

近年来，我国沿海地区农村海岸侵蚀的发生日益频繁。分析其发生的原因，绝大多数都是由于一些单位和个人，为了追求自身最大的经济利益，与保护沿海海岸产生了矛盾。最常见的如在沿海岸边挖沙取石。一些典型事例清楚地说明了其对环境的严重危害程度。例如山东省蓬莱市登州镇西庄村，已有2000多年的历史。依山傍海，拥有一道白色沙滩，地美海丰人富，蓬莱市曾一度将之规划为第二海水浴场和旅游风景区。但是一个公司，由于追求自身的经营利益，长期在这一地区进行大量海水挖沙，致使该村一带的沿海海岸受到严重侵蚀。该村的土地自1985年以来，已经逐渐被侵蚀掉165亩；最终由于挖毁了登州浅滩的水下天然屏障，使其本身的水沙动态平衡状态不能维持；而当1990年春季两次大风和巨大海浪袭来时，就不可避免地使该村一些人家遭受了被海水吞噬的毁灭性生态经济灾难，教训是极为深刻的。

3. 片面的盲目引进

新中国成立以来，随着我国沿海地区农村经济的迅速发展，人们引进先进科学技术促进发展经济的积极性很高。但是由于缺乏生态与经济协调发展的意识，没有建立起必要的生态经济管理制度，因此在发展沿海农村经济的实践中，也出现了许多单纯盲目追求发展经济的片面性，反而给沿海农村经济的发展带来很大的生态经济灾难。其中20世纪80年代初期，在福建省东部沿海地区曾经盲目地大量引进"大米草"，就是一个典型的例子。

大米草是多年生草本植物，生长于潮水经常到达的海滩。原产于英国、法国，20世纪80年代初，我国闽东地区由美国引进。当时引进的根据是大米草根系发达，适应力和繁殖力强，国外推广用于沼泽地加固；引进的直接目的是用于保滩护堤，促淤造地，并可用作饲料，发展长毛兔等。当时引进扩展的速度很快，如宁德地区，每年增长4000—5000亩。由于大米草的繁殖力极强，随潮漂流，见土扎根，至1998年底，已迅速蔓延到 11 万亩，使闽东的大面积浅海滩涂被挤占一半。其后果是，贝类、蟹类等小海生物大量死亡，海带、紫菜等近海作物产量逐年下降，甚至逼死沿海的红树林；此外也使航道受阻，影响淡海水交换，使水质降低，诱发赤潮等。而用作饲料，由于其含盐过高、纤维过粗，也不受欢迎[1]，反而成为当地农村的一个包袱。对之，人们使用火烧、刀砍都难以消除。该地区飞鸾镇的农民群众，为保住仅存的一片二都蚶养殖基地，自筹资金，用了一年时间努力除草，最终也收效不大。以至最后当地政府愿意悬赏 20 万元求得根治大米草的技术。这一事件清楚地向人们说明，沿海地区农村发展经济，必须具有生态经济协调的意识，从国外引进技术必须慎之又慎。而经常注意加强生态经济管理，无疑则是十分必要的。

4. 迅速扩大的环境污染

我国沿海地区农村，几十年来，特别是改革开放以来，随着经济的迅速发展、对外交流的急剧扩大和人口的日益增加，环境污染问题也日趋严重，成为沿海地区农村可持续发展的一个重大障碍。仍以渤海海域的情况为例，根据 1995 年国家海洋局的监测资料显示，渤海承受着每年来自陆地的 28 亿吨污水和 70 万吨污物的严重侵害。在渤海水体中，污染物超标的海域面积达到 4.3 万平方公里，占渤海总面积的 56%[2]。之后又不断发展和加重。渤海的严重污染对沿海地区农村发展经济的影响是多方面的。以在辽宁省范围的情况为例，如污染已使辽东湾海域的经济鱼类资源面临枯竭；大连湾一些出产海参、扇贝和牡蛎的渔场已经先后荒废；锦州湾的部分海域已无底栖生物等。所有这些都将给沿海农村经济的可持续发展造成极其严重的威胁。因此人们担心地把渤海称为"死海"，不是没有根据的。目前由于渤海海域环境污染越来越严重，国家已经正式启动了"渤海碧海行动计划"，把治理渤海环境污染的工作摆上行动的日程；其他海域的污染治理问题，也将有计划地逐步进行安排。这本身就是海洋和沿海地区生态经济管理的一个组成部分。与国家积极行动进行治理的同时，沿海地区农村本身也应该积极行动起来，首先加强自身的生态经济管理，控制

---

[1] 《人民日报》1998 年 11 月 16 日。
[2] 转引自《文汇报》1998 年 6 月 12 日。

本身不产生或少产生污染；同时也要配合国家的宏观治理计划，安排自己的生产和经营活动，在宏观和微观协调的情况下，共同为实现沿海地区城市和农村的社会经济可持续发展贡献力量。

（原载《海岸带和海洋生态经济管理》，海洋出版社 2000 年版）

资源利用生态化与生态工业基本模式的建立

资源是发展经济的物质基础，合理利用资源是实现经济社会可持续发展的前提。当前人类经济社会的发展，从人与自然的关系上看，已经进入了新的生态时代。在此基础上，我国经济发展中，已经出现了明显的"经济生态化"发展趋势，同时也提出了"资源利用生态化"的要求。两者都是生态时代的必然产物。目前在我国工业中，"工业经济生态化"与工业"资源利用生态化"的发展趋势也都已经明显地显现。"资源利用生态化"是我国国民经济发展中的一个根本性的问题。它的提出，作为新时期发展经济的一个重要推动力，将指引我国国民经济和工业经济走向可持续发展的正确方向；同时也将指导正确处理我国经济和工业经济发展中的一系列重大战略和实际问题，使它们沿着可持续发展的道路稳步前进。

一 资源利用生态化是生态时代的根本要求

人类社会的发展，当前已经进入了一个新的时代，即生态时代。回顾历史，人类社会的发展是一个由低到高逐步前进的过程。随着生产力的不断提高，至今已经经历了从农业社会走向工业社会，又从工业社会走向当前的生态社会，这样相互联系的三个发展阶段。

人类社会的发展进入生态时代是不以人的意志为转移的客观过程。它的建立明确要求，发展经济必须以经济与生态协调为基本特征，以经济社会的可持续发展为方向。在此基础上，当代经济发展中，就出现了一个明显的"经济生态化"发展趋势。其特点是，人们发展经济，从经济思想到经济行为，一切都带有经济与生态结合的特色，并且明确指引着经济社会的可持续发展方向。它的这一特点体现了生态时代的基本特征，其出现也反映了生态时代的必然要求。

当前在我国的经济发展中，与"经济生态化"趋势的出现一致，也出现了一个明显的"资源利用生态化"发展趋势，越来越引起人们的注意。首先，人们看到，它的出现与"经济生态化"趋势的出现是同步的，两者都出现在新的生态时代。其次，两者都具有共同的生态经济内涵。即它们在经济发展中的存在和运行，都具有明显的经济与生态结合的特点，并且也都指向了经济社会可持续发展的方向。

认识"资源利用生态化"在当前我国经济中的存在和作用，首先要看到，它作为发展经济的一个重要趋势，将指引我国经济的发展走向正确的方向。对此需要深刻认识它的生态经济实质。我国长期发展经济的实践证明，人们发展经济是以自然生态系统为基础的。人们发展经济所利用的一切资源（包括有生命的植物、动物、微生物资源和非生命的光、土、水、气、热和矿物等资源），实质都是生态系统的组成部分。自然界的生态系统是由生命系统和非生命环境系统（包括它们的各种组成要素）互相结合形成的。它们在生态系统中互相作用，不停地进行着物质循环和能量转换运动，从而维持着生态系统的平衡稳定。当人们从生态系统中利用各种自然资源发展经济时，如果取之有度，能够维持生态系统的平衡和稳定，生态系统就会源源不断地向经济系统提供各种植物、动物、微生物和矿物等"原料"，从而就能实现经济的可持续发展。反之，经济的发展就不能正常继续下去。这一发展经济的规律性既表现在农业上，同时也表现在工业上。"资源利用生态化"的生态经济内涵，向人们指出，它是当代"经济生态化"趋势的一个重要组成部分。它的运行和"经济生态化"一样，也指向经济社会的可持续发展。因此它的出现也明确体现了生态时代的根本要求。

认识"资源利用生态化"在当前我国经济中的存在和作用，同时也要看到，它作为发展经济的一个重要指导思想，也将对我国可持续发展经济中的一系列重大实践问题，提供战略性指导。对此，需要对它在发展经济过程中的基础地位和作用有一个基本的认识。在现实的经济发展中，资源是发展经济的物质基础，利用资源是人们最基本的经济活动，也是进行生产的第一个环节。用"资源利用生态化"的思想指导发展经济,首先将指导建立我国发展经济的总体战略方针,即"经济与生态协调"的方针。这样就能使人们在一切经济领域,并且从开始利用资源的初始环节上,就重视经济与生态的协调,并贯穿于发展生产的全过程。从而就能最大限度地避免或减少对生态环境的破坏,防止各种严重生态经济问题的产生于未然。由此就能使我国经济的发展不至于重蹈过去"先破坏,后治理"的覆辙,而将之切实放在高效利用资源和保护生态环境的基础上。其次,它也将指导人们在发展经济的一系列重大战略问题和实际问题上,建立和采取符合可持续发展经济需要的经济思想和各种战略措施。包括建立合理利用资源的新方针,以及指导发展我国工业经济,建立生态工业的基本模式等。所有这些,都将有力地推动我国经济实现经济与生态协调发展和可持续发展。

二 资源利用生态化指导建立我国资源利用的新方针

在我国发展经济实践中,运用"资源利用生态化"指导思想,促进实现国民经济和工业经济的可持续发展,一个基础性的作用,是指导人们建立起利用资源的新方针。资源是发展经济的基础,也是发展工业经济的基础。过去长期以来,由于人们对自然资源本身的价值没有一个全面正确的认识,也由于人们在经济发展实践中没有能够正确处理资源利用与保护的矛盾,因此在发展经济和工业经济中,就造成了对自然资源的各种破坏。当前以"资源利用生态化"的思想为指导,建立我国利用资源的正确方针,促进国民经济和工业经济的可持续发展,首先就需要对这两个问题有一个基本的认识。

1. 建立"绿色财富"的新观念

长期以来,人们都在利用自然资源进行各种生产,包括工业生产。但是人们利用资源发展生产的实践已经证明,人对自然资源本身价值的认识是不正确的。长期以来,人们利用资源都是立足于单一的经济观点,忽视与自然的联系,本着狭隘的经济目的,不顾对自然的影响。在发展经济中,把自然资源视为本身没有价值的自然物。进行生产时,将其作为取之不尽、用之不竭的"原料",向自然界随意索取(如进行林产品加工时,随意砍伐大量的木材)。当进行经济核算时,也只是把取得"原料"(木材)的人工劳动耗费,包括木材的储存、保管和运输等费用,计入最终产品的成本和价值。这样就使人们在发展经济中,不注意对自然资源的节约和保护,从而就使工业生产不能长期可持续地进行。现实工业经济中存在的严重生态经济问题,使人们对自然资源本身没有价值的问题重新进行思考。在这方面,当前世界经济发展中出现的"绿色财富"的新范畴应该引起我们的重视。

"绿色财富"是适应新的时代要求建立起来,以资源本身的价值为基础的一个新概念,已经被用来作为衡量社会财富的基本标志。近年来世界银行曾组织专家重新研究了世界上哪些国家是最富有的问题。他们采取的衡量标准不是传统的国民生产总值(GNP),而是采用"绿色"标准,即把自然资源作为财富来看待,并进行衡量。世界银行的经济专家们一共对192个国家的"富有"状况和经济发展潜力进行了分析研究。他们比较的"自然财富"是广义的。具体内容包括自然资源、环境保护、教育、社会流动性,以及具有长远发展潜力的资源如矿产资源、农田和自然保护区等,这些资源的价值过去都是被忽略或者通常都是被低估了的。世界银行的专家们认为,用这个新的评价标准来评判富裕,其着眼点不只局限在金钱和投资的概念,而是突出了那些人口数量相对较少而文化素质高的国家;衡量国力增长的方法应该是既考虑飞速的经济增长,同时也考虑它的可持续发展。这样研究的结果是:世界上最富有的国家不是通常人们认为最富裕的美国,而是拥有1800万中产者,并且大部分土地是乡村的澳大利亚(人均资产为835000美元)。紧随其后的依次是加拿大、卢森堡、瑞士、日本和瑞典。美国排在了第十二位(人均资产为421000美元),最贫穷的国家是布隆迪、尼泊尔和埃塞俄比亚(埃塞俄比亚人均资产为1400美元)。新的生态时代,在经济社会可持续发展的要求下,从生态与经济的结合上,确立新的衡量财富的标准,将使人们对自然资源的价值有一个全面的认识,从而进一步提高人们保护与合理利用自然资源的自觉性。

2. 建立资源利用的新方针

在国民经济和工业的发展中,利用资源是一个根本性的问题。但是在实践中资源的利用和保护却存在着越来越尖锐的矛盾。切实解决这一问题，不但要使人们在经济与生态的结合上，深刻认识自然资源本身具有价值；而且还要在经济发展实践中，建立资源利用的正确方针，用以指导和规范人们的经济活动，从而把人们对资源的经济利用切实放在经济与生态协调的基础上。为此还需要对发展经济和工业经济中的资源利用和保护的矛盾问题有一个正确的认识。对此，生态经济学的理论认为，在实际发展经济和工业经济的过程中，资源的利用和保护是矛盾的统一。即一方面应该看到，资源的利用和保护两者在发展经济的实践中是存在矛盾的。这是因为经济发展对于资源的需求是无限的，而生态系统中资源的存量又是有限的。但是另一方面，它们又是能够实现统一的。这是因为可持续发展经济是人们的根本要求。人们发展经济不但要取得目前的利益，而且也要取得长远更大的利益。因此在利用资源的同时，也必须对资源进行保护。

对于在实践中如何建立资源利用的正确方针，指导人们做到既能有效地利用资源，又能妥善地保护资源，从而实现资源利用和保护的统一问题，我国过去在发展经济和工业经济的长期实践中，已经积累了正反两个方面的不少经验。对处理资源利用和保护的关系，存在着以下几种不同的看法和做法：

一种看法和做法是把资源的利用和保护两者对立起来。其中又有两种具体观点：一种是"只利用不保护"的观点。这是过去西方发达国家和我国，在没有经济与生态协调理论指导下，都长期采用的看法和做法；另一种是"只保护不利用"的观点。这是在我国，近些年当人们已经有了必须保护生态环境的认识，面对着长期以来遭受严重破坏的生态环境，又产生的另一种看法。很明显，这些看法和做法都是错误的。前者将导致生态环境的继续破坏，后者则将导致经济发展的停滞，而且事实已经证明，脱离了发展经济来保护环境，也是保护不住的。

另一种看法和做法是把利用和保护两者割裂开来。其中也有两种具体观点：一种是"先破坏，后治理"的观点，另一种是"边破坏，边治理"的观点。这些显然也都是不对的。因为在实际经济发展中，生态环境的破坏很容易，而治理则很难。有的治理需要花费极大的代价，有的则是根本不可能的。总结过去的各种经验，在经济发展实践中正确处理资源利用和保护的关系，建立我国资源利用的新方针，应当把资源的利用和保护两者内在地结合起来。要采取"在利用中保护，在保护中利用"的新方针。这样做，可以把对资源的保护融合在对它的利用之中，使之在利用的同时就得到了保护，从而把人们对生态环境的破坏防患于未然。

三 资源利用生态化指引建立我国生态工业的基本模式

在我国发展经济的实践中，运用"资源利用生态化"的指导思想，不但可以为我国发展国民经济和工业，建立资源利用的新方针，而且也将直接指导我国工业建立"生态工业"的基本模式，使我国工业切实沿着可持续发展的具体途径高效稳步地前进。

用生态经济学的理论指导认识这一问题，首先要看到，"资源利用生态化"的思想将引导我国工业经济走上"生态工业"的发展道路。"生态工业"是我国经济发展中的一个新事物，是工业的先进生产形式。它的产生是生态时代的需要。人类经济社会的发展进入现代，工业经济中越来越多地出现经济与生态不协调的问题，包括生态资源的急剧损耗和工业"三废"污染的日益加剧，破坏了自然生态系统的平衡，阻碍着工业经济的可持续发展。人们迫切要求有一种新的经济与生态协调的工业生产形式，来代替原有经济与生态不协调的生产形式，我国的"生态工业"就应运而生。

"生态工业"，简单地说，就是能够实现经济持续发展的工业。具体来说，它是以生态经济学的理论为指导，运用各种先进的科学技术，尊重经济规律和自然生态规律的作用，能够实现对自然资源的充分合理利用和对生态环境无污染或少污染的一种现代工业生产形式。它的存在，具有以下两个鲜明的特点：一是它具有当代生产力的高水平。"生态工业"是人类社会的发展进入新时代的产物，与当代先进的生产力相联系。其具体表现是：第一，它继承使用了工业社会中原有的各种高水平的生产力；第二，它采用了当代新的"绿色技术"，既能够有效地利用自然资源，又能够较少破坏生态或较少产生污染的新技术。二是它建立在经济与生态协调的基础上。由于它的出现体现了生态时代的基本要求，即符合实现经济与生态协调发展的需要，因此它就能够指引我国工业走向可持续发展的正确方向。近年来我国生态工业发展的实践，已经证明了它是现代高速、协调的工业生产形式，是工业发展的高级形式。因此也代表着我国工业的发展方向。

用生态经济学的理论指导认识这一问题，同时也要看到，"资源利用生态化"的思想也将引导建立我国生态工业的基本模式。

生态工业是一种现代先进的工业生产形式，它的核心作用是能够充分合理利用自然资源，促进实现工业的可持续发展。由于在实践中，人们实行生态工业所遇到的生态系统是多种多样的，即人们利用自然资源的具体条件是多种多样的。因此在不同地区、不同条件下发展生态工业，就必须因地制宜地采取不同的模式，而不能以一种模式不分地区和条件简单地照搬。加之我国又是一个大国，不同地区的自然经济条件各不相同，就更加强了各地、各种条件下，因地制宜选择生态工业具体模式的必要性。一个时期以来，我国遵循"资源利用生态化"的要求，在具体认识自然资源的生态经济特点的基础上，进行生态工业生产，已经积累了不少经验。并且也找到了一些合理利用自然资源，有效发展生态工业的具体形式。概括起来主要有以下四种利用资源的基本途径，由此也就形成了有效进行生态工业的四种主要类型：

1. 资源节约型生态工业。它的着眼点是看到资源的稀缺性特点，它建立的基础是资源的有限性。自然资源概括来说，包括可再生资源和不可再生资源。前者的有限性是相对的，后者的有限性是绝对的。自然资源有限性的表现是：①它在特定条件下存在的数量是有限的。②有些资源被人们利用了，依靠自然生态系统本身的能力还可以再生。但是它的再生能力也是有限的。③生态系统最终能够供给人们进行生产的消费数量也是有限的。随着我国人口数量的不断扩大和资源的不断消耗，这些资源的供给就会日益稀缺。资源的稀缺性特点，要求人们发展生态工业，应十分珍惜利用资源，并严格注意资源的节约。这种形式的立足点是资源利用的"节流"方面，其目标是建立资源节约型生态工业经济。

2. 资源开发型生态工业。它的着眼点是看到资源的多样性特点。与之伴随的是资源存在的地区普遍性。资源的存在依存于生态经济系统，而生态经济系统是到处存在的。因此资源也是到处存在的。但是各个地区的资源由于性质不同，种类不同，其组合与分布的状况也不同。因此又使资源各具特色。资源的普遍存在、多样存在和它们的各具特色，就为人们广泛发展生态工业，充分开发利用资源提供了条件。应当看到，资源的闲置不用，同样也是对自然资源的浪费。资源的多样性特点，要求人们在发展生态工业利用资源时，注意资源的全面开发利用。其立足点是资源利用的"开源"方面，其目标是建立资源开发型生态工业经济。

3. 资源综合利用型生态工业。它的着眼点是看到资源的共生性特点。自然生态系统具有复杂的系统结构。因此自然资源在生态系统中一般都不是以单一元素的形态孤立地存在，而是以混合物或化合物的形态而存在的。它们的存在可以是以某种资源为主，但同时又往往是多种资源的综合。因此，就是这些以某种为主的资源，例如某种矿产资源，其存在在许多情况下也是共生的，即在一种主矿石中同时也伴随存有着其他一种或几种对人类有价值的金属矿石。它们可以在开采和精炼的过程中，经过一定的冶炼和分离过程，同时被人们获取，成为社会的财富。资源共生性的特点又要求我们，在发展生态工业时，重视资源的综合利用。即在开采利用生产一种主产品时，同时也力求充分利用这些资源，生产出其他对人类有用的多种产品。这种形式的立足点是资源利用的"深化"方面。其目标是建立资源综合利用型生态工业经济。

4. 资源替代利用型生态工业。它的着眼点是看到资源的多用性特点。或叫作多宜性。即一种资源可以有多种用途。例如它可以作为生产某一种产品的原料，同时也可以作为生产其他产品的原料。由此引申，对人们有同一用途的产品，也可以由不同的原料（即不同的资源）生产出来。这种生态工业形式的建立，对充分利用多种资源，进一步丰富人们的生产和生活有积极的意义。特别是在当前某种资源已经遭受严重破坏，变得日益稀缺时，为了保护这些资源，使它们能够休养生息；而利用起某些相对丰裕的资源，来生产同样或相近的产品，代替满足人们的同样需要时，其作用就更为明显。并且要看到，在当代科学技术日益进步的条件下，资源的利用途径和代替利用途径还会越来越宽广。这里，资源的多用性特点又要求人们，在发展生态工业中，重视资源的代替利用。这是资源利用的"功能拓展"方面。其目标是建立资源替代利用型生态工业经济。以上四种生态工业类型，在我国不同地区或不同条件下，因地制宜地分别采用，都是行之有效的。扩大到一个较大地区或全国范围来看,根据各地的不同情况,因地制宜地综合采用多种形式,共同挖掘自然资源利用的更多潜力,对我国分区乃至整个国民经济实现可持续发展,其所起的促进作用将更是巨大的。

(原载《生态工业:原理与应用》,清华大学出版社 2003 年版)

用生态经济学理论指导
我国生态农业建设

生态农业是我国近十几年来出现的一个新事物,它的发展很快,目前其发展正方兴未艾。它的建立是以生态经济学的理论为基础。当前,以生态经济学的理论为指导,对深刻认识生态农业产生的客观必然性,在我国农业现代化中的重大作用,以及促进我国生态农业的顺利发展,有着重要的现实意义。

一 生态农业的发展体现了世界经济持续发展的要求

近20年来,在世界范围内,持续发展问题日益明确地提上了各国发展经济的日程,其背景就是经济与生态的严重失调。近代,人类经济社会的发展已经取得了巨大的成就。但是随着世界人口的迅速增长和社会的进步,人类社会对自然资源的需求急剧增加了。同时,随着社会生产力的提高,特别是科学技术的日益进步,人们利用自然资源的能力也大大增强了,这就极大地加重了对自然资源的压力。由于人们对人与自然之间的关系这一根本问题没有正确的认识,因此就形成了对自然资源的掠夺,从而出现了各种各样严重的生态经济问题。例如森林大量被毁,森林覆盖率迅速降低;土壤侵蚀、水土流失日益严重,草原和近海渔业资源遭到严重破坏,城市、工矿区的"三废"(废水、废气、废渣)污染日益严重等。这就向人们提出了危机的示警,从而向人类社会提出了持续发展的要求。

持续发展问题是当代的一个重大问题。这一思想被人们普遍接受是一个逐渐的过程。20世纪70年代初,"罗马俱乐部"提出了著名研究报告

《增长的极限》，首次明确地向人们揭示了现代经济发展中严重存在的人口、资源、环境失调问题，引起了人们对人类经济社会发展前景的普遍关注。之后在理论界展开了对人类未来和发展前途的所谓"悲观派"和"乐观派"的激烈争论。两种观点对未来和发展途径的看法不同，但所针对的问题是共同的。通过两派观点的长期论战，就使得这一问题越来越被世界各阶层人士广泛认识，在此基础上，就形成了人类经济社会必须持续发展的共识，并将作为当代经济社会发展的一个重大战略思想被各种不同类型国家共同接受。

持续发展的问题实质上是一个生态经济问题。破坏经济持续发展的核心是在经济运行过程中滥用自然资源，使得资源不能合理高效和永续利用。而任何自然资源（不论是可再生资源还是不可再生资源）都是生态系统的组成部分。它们或以生态系统的生物要素，或以其环境要素存在于生态系统，它们参加生态系统的物质循环和能量转换，在维持系统动态平衡稳定的情况下，源源不断地向人们提供各种农、林、牧、渔、矿等多种产品，并使许多资源消耗了还可以再生，从而使得农业自然再生产和经济再生产的持续进行成为可能。但是要看到生态系统的存在是有限的。任何生态系统及其中的任何资源要素的开发利用都有自己的阈限，当人类发展经济利用生态系统的压力超过生态系统的承载能力这一阈限时，生态系统的正常结构就会被破坏，其正常的物质循环、能量转换功能和系统的生态平衡就不能保持，资源消耗了就不能再生，生态系统就要受到损害，从而就使得生态系统的继续运转和人类经济社会的持续发展成为不可能。

生态经济学的理论认为，经济与生态的结合是当代经济社会发展的必然趋势。生态农业的形式就是适应这一趋势，为实现农业和国民经济持续发展的要求而产生的。当前，实现经济的持续发展，首先在农业领域内，有了突破，这一情况不是偶然的。这是由于农业与工业不同，具有以下两个方面的基本特点：（1）农业是直接与自然进行交换的领域。人类的一切生产都是人与自然界进行物质变换的过程，但是在各个国民经济部门中，只有农业的生产是完全直接与自然界进行物质交换的经济活动。农业生产的这一特点决定了一切农业生产都是直接利用生态系统，而一切生态系统的破坏在农业生产上的反映最明显，其影响也最直接。(2) 农业生产的对象是可再生资源。例如，植物、动物和微生物，都是可再生资源，土地的量（数量）是既定的，但它的质（土壤肥力）则是可以再生的。这些都是农业生态系统的组成要素，人们利用了生态系统还可以要求其不断再生。以上就从必要性和可能性上使生态农业作为经济持续发展的一种形式，首先在农业领域中突破成为客观的必然。

二　生态农业的发展指出了我国农业现代化的方向

世界农业的发展是一个由低级到高级的逐步演变过程。其发展已经经历了从原始农业到传统农业又到现代农业的三个阶段。现代农业是指现代经济发达国家的农业生产方式，其生产力已经高度发展，生产工具已经高度机械化，农艺技术已经高度科学化。由于它只是向自然索取，而不注意与自然生态系统本身运动的协调，因此也带来了农、林、牧、渔等自然资源急剧破坏、农业环境污染等一系列的严重生态经济问题。因此就要求有新的更有效的现代农业生产方式来代替。在此基础上，作为现代农业新的生产形式的生态农业就应运而生。

现代农业按其应有的意义来说，应当是具有现代生产力水平和能够反映现代发展经济要求的农业，即高度发展的农业和持续发展的农业。就这一要求来看，原有的现代农业生产形式只有高生产力水平，但不能持续发展，因此它只是片面符合现代农业要求的生产形式，而不是全面符合要求的生产形式。就其所代表的农业生产力来看，现代农业的生产力应当充分运用现代的农业社会生产力，并充分发挥农业自然生产力的作用。前者包括现代农业物质技术、农艺技术、管理技术等，后者指作为农业生产的自然基础而存在的农业生态系统，在自身运行中所产生并能为人所用的生产能力。原有的现代农业生产形式基本上只是重视了前者的作用，而忽视了后者的作用。因而尽管这一生产力是高度发展的，但它是片面的。

生态农业这一新的农业生产形式的出现为解决上述问题找到了一个有效的途径。其基本特点是：它建立在现代生产力的水平上，并实现了与生态系统运行的协调。它的出现使我国现代农业的发展走上了现代生态农业的新的发展阶段。

正确发挥生态农业的积极作用要明确认识现代生态农业生产形式与原有现代农业生产形式的联系和区别。为此要看到以下两点：

1. 现代生态农业是原有现代农业生产形式的继承。生态农业是现代经济的范畴，它建立在现代高度发展的农业生产力基础上。在实践中，它要全面运用现代农业的一切先进物质技术（包括农业机械、化肥、农药、塑料薄膜等）、一切先进农艺技术和先进管理技术。与西方某些经济发达国家实行"生态农业"，排斥使用农业机械、化肥、农药等先进物质技术的做法不同，这是由于我国人多地少，需要充分挖掘农业生态系统潜力，促进大幅度增产的具体国情决定的。那种认为我国提倡生态农业就是要排斥使用化肥、农药等先进物质技术，从而会引导我国农业退回到传统有机农业老路上去的看法是一种误解。我国的生态农业采用一切现代先进农业生产力的特点，使它明显地不同于传统低水平的有机农业。

2. 生态农业是原有现代农业生产形式的发展，生态农业是以生态经济思想为指导的农业。在农业生产实践中，发展什么生产，采取什么经济技术措施，这些措施的投放时间和投放量等，都要以农业生态系统的具体运行状况为基础。这样做就可以避免原有现代农业生产方式下盲目投入各种措施所造成的浪费和破坏。生态农业具有明显的生态经济意识，体现了它对原有现代农业生产形式的提高和前进，也正是这一点，就把它和原有现代农业生产方式明显区别开来。

实现农业现代化是我国农业发展的根本目标。农业现代化的核心问题是现代农业生产形式的选择，新中国成立以来的四十多年中，一直在探讨农业现代化的道路问题，但一直囿于西方原有的现代农业生产形式，因而也一直未能摆脱西方经济发达国家在现代农业发展中所存在的各种严重生态经济问题，生态经济学理论的提出，开阔了人们的视野，生态农业形式的出现为我国实现农业现代化指出了有效的途径。目前人类经济社会的发展已经进入了生态与经济协调发展的新时代，我国的农业现代化应该走生态农业现代化的道路，这是时代的要求。在此基础上，我国一定能够开创出农业现代化的新局面。

三 生态农业的发展要以生态经济学的理论为指导

生态农业这一现代农业的生产形式是在生态经济学的理论指导下产生的,它在实践中的应用也要用生态经济学的理论来指导,为此要明确以下两个方面的认识:

(一)要认识和运用三个最基本的生态经济范畴

1. 生态经济系统。生态经济学的理论认为,一切农业生产都是在一定的生态经济系统中进行的,它是农业生态系统与农业经济系统的统一。在这个统一的复合系统中,经济系统的作用是主导。因为人是整个生态经济系统的主宰,人们为了发展自身的目的组织经济系统的运动,影响和强化生态系统的运行;生态系统的作用是基础。因为经济系统的运行是建立在生态系统本身运动的基础之上的。农业生态经济系统中生态系统与经济系统紧密结合的这一特点,要求在设计和组织生态农业的实践中要同时重视经济规律和自然规律的作用,把人们的经济活动建立在符合生态平衡自然规律要求的基础上。

2. 生态经济平衡。生态经济学的理论认为,它是经济平衡与生态平衡的统一。由于农业本身就是人类组织运用生态系统的经济活动,同时现代科学技术的高度发展,又使人的影响遍及自然的各个角落,因此在农业生产实践中,人们所遇到的和需要对待的都已经是生态经济系统而不是纯自然的生态系统。相应地,人们在组织发展生态农业的实践中既要重视农业的经济平衡,又要重视农业的生态平衡,即要发挥统一的生态经济平衡对农业的指导作用。人们发展农业的长期实践已经证明,单纯重视经济平衡而不顾生态平衡,就会破坏发展农业的自然基础,这种情况无疑是应当避免的;而单纯强调保护生态平衡,不顾经济的平衡和发展,就会限制人们发展经济,这种自然保护主义的做法也是与发展生态农业的要求不相容的。

3. 生态经济效益。生态经济学的理论认为,它是经济效益和生态效益的统一,在农业生产实践中,人们获得的经济效益实际上都是生态经济效益,即经济效益和生态效益的结合。当人们发展农业采取的措施得当,经济效益和生态效益都是正向时,其获得的经济效益是两者的叠加;而当采取的措施不当，两种效益的方向相反时，其获得的经济效益则是两者的相减。在我国长期的农业生产中，常常由于采取的措施在取得一定经济效益时损害了农业生态系统，因此所获的经济效益实际上是上述两种效益相互抵消后的余值。而这一点长期以来却没有被人们所认识。因此在我国发展生态农业的实践中必须明确以获得最大的生态经济效益为目标，这将有利于克服重经济、轻生态的片面性，将其发展建立在争取全面最大经济效益的基础上。

（二）要明确认识农业生产的本质

农业生产的本质是什么，这是发展农业首先要弄清楚的根本问题。事实证明，正是由于人们长期以来没有深刻认识农业的本质，就使农业生产不能获得应有的更大效益，甚至反而使之遭受了巨大的损失。

对于农业生产，人们通常的认识是：利用生物的生长发育机能，通过人的定向培育，以获得物质产品的过程。经过具体分解，可以看到，它包括以下三个要点：

1. 它是人类有目的的经济活动。农业生产是人类最基本的生产活动，其目的是取得多种农业产品，满足人类自身生存、享受和发展的需要。它所栽培的农作物和饲养的畜禽都已经不是野生的植物和动物，而是人类经济活动的产物。农业生产的这一特点决定了它要受客观经济规律的制约。

2. 它是依靠生物自身生长发育机能进行的活动。农业与工业不同，其特点是生产的对象是有生命的植物和动物有机体。这些植物和动物本身都有自己生长发育的过程。人们进行农业生产只能依托这一过程而不能脱离这一过程，农业生产的这一特点又决定了它同时也要受客观自然规律的制约。

3. 它是人们发挥主观能动性指导进行的活动。人类不同于自然界的其他动物，不但能够利用自然，而且也能够有目的地改造自然。在农业生产中，人们可以在认识经济规律和自然规律的基础上充分发挥自己的主观能动性，充分挖掘自然界的潜力。

以上，农业生产的一个基本特点是，在植物和动物等生命体之间以及它们与周围环境之间，无时无刻不在进行着物质循环和能量转换，即它们都存在于一定的生态系统，在运行中保持着系统的生态平衡，从中向人们提供各种农产品，农业生产的这一基本自然特点指明，农业的本质是生态的农业。其依托进行经济活动的自然载体就是生态系统，它与人们组织运行的农业经济系统重合，就构成农业生态经济系统，这就是人们进行农业生产的实际场所。而生态农业正是反映了农业的这一本质特点和要求所建立起来的现代农业生产形式。在生态经济学理论的指导下，明确认识农业生产的这一本质，将有利于人们更自觉地发展生态农业，使之从目前初期不自觉的经验阶段，逐步走向自觉认识客观规律的高级阶段，从而为我国的农业现代化展现一个更广阔的发展前途。

（原载《生态农业研究》1993年第1期）

多种途径推动社会主义新农村建设
——五指山地区开发黎药遗产调查

我国幅员广大，历史悠久。不同地区的自然和人文状况复杂，民族和经济类型的分布多种多样。一些地方从解决本地的突出问题入手，因地制宜推动社会主义新农村建设，已经取得了成就。海南省五指山地区的黎族民众，从挽救开发濒临灭绝的黎族医药遗产出发，通过恢复和重建热带雨林，推动建设社会主义新农村，在促进解决重大生态问题和重大经济问题的基础上，实现了农村经济社会的可持续发展，取得了显著的生态、经济和社会效益，从而走出一条我国特色的建设社会主义新农村的道路。他们的成功经验为各地提供了重要启示。

一 挽救黎族医药宝贵遗产

海南省五指山是我国少数民族黎族的集中居住地，也是我国仅有的两块热带雨林中最大的一块（另一块是云南省的西双版纳）。过去由于长期的民族隔阂和交通闭塞，黎族人民利用丰富的热带雨林植物资源自我医治各种疾病，已经形成了一整套防病治病的成功经验。黎族有语言，没有文字。他们辈辈口授相传，积累下来治疗各种疾病（包括各种疑难重症）的秘方，并且把"药物"的疗效结合在人们一日三餐的"食物"当中。在黎族民众中基本看不到高血压、高血脂等常见病，也没有老年痴呆症。90岁以上的黑发老年妇女上山采药，担挑80斤重物下山的情况并不少见。黎族医药的防病治病效果十分显著。目前存在的问题是，这些掌握秘方的老奶奶们年事已高，青年人向往外出，不愿学习继承。一些愿意推广治疗方法的人们又受到从业者"没有技术职称"和"黎药不能审批开业"（汉族的中草药可以审批）等限制。我国宝贵的黎族医药遗产正面临着逐步萎缩以致消亡的危险。

海南省的44岁黎族女医生杨丽娜，出生于黎族医药世家，也受过西医的系统教育，有志于开发和保护黎族医药遗产和改变家乡少数民族山区农村的贫穷落后面貌。2000年，她毅然辞去在省会海口市医疗单位的稳定工作，放弃了比较优裕的收入和生活条件，回到五指山市，建立了海南黎族民间医药研究会。通过为家乡治病救人和脱贫致富的热情，水乳交融的亲情、族情，把有志于保护、发扬黎族医药遗产，并掌握秘方的人们组织起来，至目前已经收集黎药秘方300多种。自2005年4月末至2007年年底的两年半时间里，他们通过批准建立的门诊部，利用热带雨林的枝、叶、茎、藤等"草药"煎煮的汤剂，为人们治疗各种疾病（多数是省、市医院治不了、治不好和治疗费用太贵的疾病）共4940人次。其中2005年1222人次，2006年1742人次，2007年1976人次，求诊的人日益增多，并且已经取得了很好（以至"神奇"）的疗效。从经过他们治疗，在医院检查证明已经痊愈，并经过一个稳定时期的诸多病例来看，治愈的突出疑难重症包括尿毒症、肝硬化腹水、早期子宫癌，以至白血病等，充分显示了黎族医药的神奇疗效和当前抢救即将灭绝的我国黎族宝贵医药遗产的重要性和迫切性。

挽救濒临灭绝的黎族医药遗产，保护人民健康，本身就是以人为本、建设社会主义新农村的重要内容。特别是黎医黎药就产生于广大黎族农民群众之中，产生的直接目的就是保护广大农民群众的健康。所用的药物可以就地取材，而且医疗成本不高，向患者的收费低廉，很适合广大农民医疗保健的需要。例如该研究会的"药王"王大姐，1997年曾为五指山市振家村的林荣英（女）治疗尿毒症。当时患者全身浮肿，头发已经脱光，肚皮、手脚肿大，卧床喘息，不能言语和走路，肌酐的数值很高，排尿只有一点点。医院不能医治。经王大姐的50服黎药汤剂（每服3天）治疗，每一服都是王大姐亲自先尝，患者一周全身消肿，3个月痊愈。至今头发已经再生，能够下地干活，病情也没有反复。药费只有300元。由于患者经济困难，没有收费。患家送来一条鱼表示感谢。与此同时，保护热带雨林是当前我国和世界的头号生态保护问题，建设社会主义新农村，解决"三农"问题，又是全党全国工作的"重中之重"。在此基础上，五指山地区民众自发形成的挽救黎族医药遗产的重要行动，也直接与当前我国解决这两个重大生态经济问题的要求紧密结合起来，并为之提供了内在的动力。三者结合，从挽救开发黎族医药遗产开始，落脚于建设社会主义新农村，同时也推动了保护和重建热带雨林生态环境。以下的事实说明，它们相互结合与推动，所产生的现实作用和长远影响都是巨大的。

二 建设社会主义新农村

海南黎族民间医药研究会挽救和开发黎族医药遗产本身就是一个具有重大意义的行动。同时它的进行也直接推动了当地的社会主义新农村建设，从而成为我国解决"三农"问题重大行动的一个组成部分。对于它在这方面所起的作用，要看到以下两点：

（1）黎族医药形成的基础和初衷就是为了治病救人，首先是保护广大农民群众的健康。由此也就形成了黎族医药本身的一个鲜明特点：保护健康"治未病"和投医投药"治已病"相结合，以及在黎药利用上的"菜"、"药"合一。五指山的黎族民众，自古以来就懂得不少"药物"植物作为"食物"的保健防病作用，并把它们用于一日三餐。黎族农民上山劳动也都携带着用热带雨林"草药"自制的"药酒"，随时饮用，并且在一天的大强度劳动归来后佐餐饮用，次日就能解除疲劳。在黎族地区，人们一般较少生病，很少患高血压、高血脂、心脏病，没有半身不遂，也没有老年痴呆。黎族民间医药研究会挽救和开发黎族医药宝贵遗产的着眼点是以人为本，以广大农民群众的健康为本，本身就是建设社会主义新农村的一个最根本、最重要的内容。

（2）挽救开发黎族医药直接推动社会主义新农村的经济建设。海南黎族民间医药研究会自2000年建立以来，就诊人数日益增加，使用草药的种类和数量也在迅速扩大，直接增加了对仅有的，而且已经遭受严重破坏的热带雨林的压力。为了可持续地保证所需要的黎药药源和保护我国仅有的热带雨林，需要建立黎药种植基地进行人工种植。由于他们挽救开发黎族医药遗产，在治病救人的同时，也为了推动少数民族山区家乡脱贫致富，于是一个在他们家乡五指山市畅好乡草办村建立黎药种植基地和建设社会主义新农村的计划，很快就付诸实施。两年多以来，他们已经做了以下几个方面的工作：

（1）种植花梨木。它具有很高的药用和经济价值，而且生命力很强，容易成活。可以种在荒山荒坡上和农民的房前屋后，不占耕地。它的药用价值是：治疗高血压等有很好的疗效，并且"全身都是宝"，从顶到叶到根的各个部位都可以入药。它的经济价值是：5年可以长到碗口粗，第6年就可以大量剪枝出售。干枝售价每公斤30元，收入可观。它更大的经济价值是：五指山的"黄花梨"（"绛香黄檀"）是有名的珍贵品种。15—20年长大成材后，树芯（当地俗称"花梨格"）的直径可达20厘米，"千年不坏"，是制作高档家具的珍贵原料。在北京、上海和广州等大城市的市场售价很高。按目前当地的收购价估算，出售每株"花梨格"的收入就可以有2万—3万元。近3年来，海南黎族民间医药研究会结合在草办村建设"草药"种植基地，免费向农民提供种苗。2006年7000株、2007年1500株，2008年将提供1万株。今后准备扩展到每年2万株，发动全村农民都来种植，并逐步扩展到其他乡村。海南黎族民间医药研究会帮助农民种植花梨木脱贫致富的预期高收入，激发了农民群众的种植积极性。该村黎族农民杨海平，全家五口人，现在种植橡胶1000株（已开胶的有700株），加上种植少量水稻、玉米、槟榔和饲养猪鸡，全年收入共约1万元。一年来，在黎药研究会的帮助下，包括山上和房前屋后，已经种下花梨木150多棵。成材后，单出售"花梨格"一项，就可以收入450万元。又如黎族村民杨海东，38岁。他计算了一下，认为"20年能享受得到"，就带着"想盖二间楼房"的憧憬，在原计划种植橡胶的山地上，趁着下雨，抓紧种上了花梨木，争取有更大的经济收入。

（2）种植灵芝。"五指山灵芝"是著名的品牌产品。原来在热带雨林的遮阴环境中生长，现在热带雨林遭受破坏，草办村就搭棚遮荫种植。目前黎药研究会已经帮助他们选定了5亩无水不能种田的旱地，建立了"草办村妇女联合灵芝试验基地"，并帮助培训种植技术，利用五指山市扶贫办公室免费支持的6000株灵芝种苗，2008年初已经种下了2亩。产品全部由黎药研究会门诊部收购利用，每公斤干灵芝收购价600元。今后在高大乔木"花梨木"等旁种植，还可以有更好的生态环境，并可以节约修建大棚遮阴的成本，获得更好的产品和更大的经济收益。类似的情况，在今后热带大树成荫的条件下，还可以大量种植各种南药，例如益智、砂仁等。目前益智的市场收购价每公斤 16 元，砂仁每公斤 10 元，都能获得比较高的经济收益。目前黎药研究会进行"草药"扶贫，在安排种植结构上的一个考虑是"以短养长"，即用当年即可获得经济收益的"种植灵芝"，来支持长远可以获得巨大收益的"种植花梨木"，因此也就使草办村黎族农民脱贫致富、建设社会主义新农村的计划能够切实可行。

（3）组织黎药药材初加工，增加农村剩余劳动力就业。五指山的气候一年分为干湿两季，草办村种植和收获的各种"草药"植物产品越来越多，不耐存放，需要抢季节及时进行切片加工和风干晾晒。由于城区规定不准晒药并且为了减少往返运输，这些药材的初加工也需要就地在农村产地进行。按目前的初始种植规模，每批次加工至少需要 30 人（占草办村全村人口 220 人的 14%）。由此也就增加了草办村剩余劳动力的就业机会。

（4）开展黎药的深加工利用，进一步增加农民收入。目前草办村基地的黎药种植和利用正在向广度和深度扩展，生态环境也将逐步改善。以黎药"秘方"为基础开发投产的"黎家百草"药酒正在销售，已经提出了对竹藤草编一般包装物和黎族"黎锦"精包装物的新要求。其他利用黎药"秘方"生产各种黎族草药饮料等的深加工项目也正在酝酿实施。例如花梨木饮料具有降血压、软化血管、治疗骨膜炎的功效，花梨木树叶填装的枕头也有降血压的功效，等等，它们也都有比较高的经济附加值。今后，利用五指山负氧离子极高等难得的生态环境建设康复疗养院，并结合进行生态旅游等设想，也都有望成为草办村扩大发展农村经济，促进黎族农民进一步增加收入的现实。

新中国成立五十多年来，由于原来的热带雨林生态环境屡遭破坏，气候、水文、土质等条件日益恶化，加上军队的国防占地和人口不断增加，五指山市畅好乡草办村耕地越来越少。目前全村 220 人只有 60 亩水田作为"救命田"，收入主要依靠种植橡胶，由于受国际市场橡胶价格波动的影响，收入也低而不稳。3 年来，他们在黎族民间医药研究会挽救和开发黎族医药遗产的带动和帮助下，找到了发展农村经济、脱贫致富的突破口。一条新的、少数民族山区农村通过"黎药兴村、带动多种经营致富"，建设社会主义新农村的道路已经展现在他们面前。

三 恢复和重建热带雨林

黎族民间医药研究会挽救开发黎族医药遗产,一方面直接推动了黎族少数民族贫困山区脱贫致富、建设社会主义新农村,具有十分重要的经济和社会意义,同时也直接推动了我国恢复和重建热带雨林,具有十分重要的保护生态环境意义。热带雨林是"地球之肺",它为人类的生存提供必需的氧气,同时也是自然界宝贵的"基因库",在保护生物多样性上起着极为重要的作用。海南岛五指山地区拥有我国仅有的两块热带雨林中的最大一块,曾与南美洲亚马孙河流域的热带雨林、印度尼西亚的热带雨林并称为当代全球保存比较完好的三块热带雨林,被人们寄予希望。但是一个时期来也已经遭受了严重的破坏。因此认真保护这片热带雨林,对我国,以至对全世界经济社会的可持续发展,都具有十分重大而深远的意义。

海南省五指山市畅好乡草办村原来就位于热带雨林的环境中,但目前已经无法看到原来热带雨林的繁茂壮观景象。新中国成立以来,该村范围内对热带雨林的大破坏有三次:第一次是新中国成立初期,大量砍伐热带雨林种植橡胶。这次砍伐的客观原因是,应对帝国主义对初建立的新中国进行经济封锁禁运,自力更生种植天然橡胶,支持抗美援朝等经济政治上的急需。第二次是"左"倾错误思想指导下的大炼钢铁,包括见到大树就砍。第三次是"文化大革命"期间的"农业学大寨",砍掉了粗大的热带雨林树木,种植"飞机草"沤肥。黎族老年农民曾因热带雨林被砍光找不到"黎药"而落泪。目前,草办村原来的几人合抱的粗大树木已经全部消失,原来那种层峦叠嶂、水汽蒙蒙的热带雨林环境已经不复存在。村中老年人们回忆对比过去与现在的情况,指出草办村在生态环境恶化上的几个明显变化:一是原来高大多层次的热带雨林没有了;二是原来丰富多样的花草植物没有了;三是原来多种多样的动物没有了,鸟也没有了;四是水没有了,鱼也没有了;五是气候变热了;六是病虫害多了,旱灾增加了。由于生态环境的恶化,草办村的耕地质量越来越差,发展经济的门路也日益狭窄,逐渐成为贫困村,形成生态和经济的恶性循环。

草办村的黎族人民祖祖辈辈生活在热带雨林环境中,他们依靠热带雨林、熟悉热带雨林、热爱热带雨林,也迫切地希望恢复和重建热带雨林。

他们长期以来已经形成明确的"利用热带雨林,又保护热带雨林"的鲜明生态经济意识。这种意识在对"黎药"(即热带雨林)资源的利用和保护上表现得十分明显。也正是由于具有这种宝贵的"生态与经济协调发展"的意识,就使得黎族民间医药研究会挽救和开发黎族医药遗产的行动,通过扶植草办村脱贫致富、建设社会主义新农村,很自然地就与恢复和重建热带雨林的行动内在、有机地结合起来。对于黎族民间医药研究会的会员们所具有的这种明确意识,我在跟随他们深入热带雨林采药和深入黎寨的调查了解中,已经有以下的亲身体验。

首先,黎族人民有一种传统的"德"的观念。他们祖祖辈辈依靠热带雨林生存,具有鲜明的深深感谢大自然和爱护大自然的理念和感情。他们从小就教育子女要爱树、爱鸟、爱小兔,对植物不要滥加损伤。

其次,他们进入热带雨林采药和用药,已经形成了以下一些约定俗成的做法。

(1) 在热带雨林中采药,规定"不灭绝,要留根"。

(2) 采药后鞠上一躬,放上1元钱,"感谢大自然的恩赐"(表示真诚地对自然感恩)。

(3) 对稀缺的"药材"要自觉地"补种",目的是保证它们的再生和可持续利用。

(4) 门诊部用药"从不收购"。他们既不指名收购,更不做广告收购。过去曾有人透露了信息,黎族草药"雅××"具有消炎、止痛、止血的功能。海南制药厂公开收购,很快就造成了全村上山盲目哄采,几乎使之灭绝。他们牢记"2角钱一斤收购,就会造成群众性的掠夺式哄采,从而使这种热带雨林植物灭绝"的严重教训。收购药材时采用"会员制"的做法。目前该研究会已经组织吸收了28名会员,明确规定了他们的责、权、利。他们都出生在懂黎药的世家,分布在五指山农村各地。他们知道各种药材在何处生长,对药材能够准确地辨认,同时也能掌握"利用与保护统一"的原则,有计划地进行轮采利用。黎族民间医药研究会对一些特别贵重的药材,如"××藤",更是坚决不向外收购。必须使用时,专门安排会员去采来购买。正是由于他们长期严格地实行这些做法,在当前农村市场经济比较混乱的条件下,才保护住了当地仅有的热带雨林"药材",

避免遭受更大的破坏。

再次,他们正在结合建设社会主义新农村,有意识地恢复和重建热带雨林。

(1) 首先搭建热带雨林的高大乔木体架。他们在草办村建立黎药种植基地,首选是种植"花梨木"。这是因为它既有很高的经济收益,可以有力地推动草办村迅速脱贫致富;同时它又是热带雨林高大乔木的组成部分。其他列入首选种植的热带雨林高大乔木植物还有"牛××"(名称暂时保密)和"海南沉香"等,也都是既看重它们的较高经济价值,同时又看重它们在恢复和重建热带雨林上的重要生态价值。

(2) 积极寻找和挽救已经濒临灭绝的热带雨林植物品种。例如他们从过去熟悉某个树种的 90 岁的老奶奶所提供的信息中,找到了目前已经很少能够见到的"牛××",进行人工种植。现在他们在草办村逐步扩种的"花梨木",也是在五指山市水满乡的一个黎族医药世家老奶奶家中找到三株作为树种后,才能够进行繁殖和扩大种植的。目前他们也已经知道了大约 500 种海南特有的珍稀濒危热带雨林植物的名称。今后也将根据条件,结合发展农村经济,在利用中逐步进行恢复和重建,以保护海南岛热带雨林的生物多样性。

(3) 创造条件,遮阴种植,仿建发展热带雨林的"林下经济"。例如他们目前在草办村已经开始的搭建遮阴篷架种植"五指山灵芝",就是这一指导思想下的产物。一个时期以后,待各种原有热带雨林高大乔木成长起来,这些种植就可以在热带雨林大树的郁闭遮阴下进行。一个时期后,在草办村恢复和重建热带雨林的目标将有可能在一定程度上得到实现。

四 五指山民众的创造给人们的启示

五指山的黎族民众,自发地从挽救开发黎族医药开始,推动了当地社会主义新农村建设,也促进了恢复和重建热带雨林生态环境。3 年来已经描绘出一个粗线条的生态与经济协调,实现可持续发展的远景蓝图,并且在一定的范围内也已经初步见到成效。他们的做法遵循科学发展观指引的方向,符合全面建设小康社会和建设环境友好社会的要求,同时也为全国各地建设社会主义新农村提供了一个成功的经验。对如何建设社会主义新农村，什么是我国特色的社会主义新农村，怎样建设我国特色的社会主义新农村和依靠谁来建设我国特色的社会主义新农村等基本问题，都给予了明确的回答。

1. 建设社会主义新农村要体现我国特色

当前全国正在建设我国特色的社会主义新农村。我国社会主义新农村的特色是什么？当今我国社会发展所处的时代背景和草办村的具体实践经验告诉我们，建设我国社会主义新农村，最基本的一个特色应该是反映新时代的要求，并符合科学发展观指引的方向。我国当前所处的时代已经进入新的生态时代，它的基本特征是实现经济社会的可持续发展。其基础是实现生态与经济协调。科学发展观的产生也是新的生态时代提出的必然要求。科学发展观指出，我国建设社会主义新农村的首要任务是"发展"，但它应该是"以人为本，全面、协调、可持续的发展"。五指山畅好乡草办村近3年来在黎族医药研究会的支持和帮助下，建设社会主义新农村，把保护广大农民的健康作为最基本的出发点，明确体现了"以人为本"；在此基础上推动了发展农村经济和恢复重建热带雨林，又把解决"三农"这一重大社会经济问题和恢复重建热带雨林这一重大生态保护问题有机地结合起来，也明确地体现了"生态与经济协调"。草办村的村子很小，建设社会主义新农村的效果也还只是初步显现，但是它所代表的解决三个重大问题的有机结合，却明确地体现了生态时代的要求，并符合科学发展观指引的方向。由此也就突出显示了我国建设社会主义新农村的基本特色。

2. 各地建设社会主义新农村要走自己的路

从生态经济学和农村生态经济学的理论来看，全国各地建设社会主义新农村的实质都是建设"农村生态经济系统"。它由"农村经济系统"和"农村生态系统"两个子系统有机结合形成，因此同时要受"经济规律"和"自然生态规律"两个客观规律的制约。建设的方向是实现农村的"生态与经济协调发展"和可持续发展。这是我国建设社会主义新农村的"共性"，全国各地建设社会主义新农村都需要共同体现。但与此同时，我国各地的自然、经济条件不同，它们据以建立的"农村生态经济系统"也各不相同，因此它们又都有自己的"特性"。由此也就决定了我国各地建设社会主义新农村又要从各自的具体情况出发，突出自己的优势，避开自己的劣势；因地制宜地选择建设的突破口，充分发挥自己的潜力，走自己的道路，而不能够相互雷同。五指山市草办村建设社会主义新农村与黎族医药研究会的要求统一起来，从挽救黎族医药遗产这一问题上突破，采用"农工商一体化"（俗称"农业产业化"）的形式，通过发展农村市场经济，促进黎族农民脱贫致富。他们采用"农工商一体化"，发展农村市场经济，与其他许多地方的做法是相同的。但是他们选择挽救黎族医药遗产作为突破口，以黎族医药研究会作为"农工商一体化"生产、加工、销售链条的"龙头"的做法，则与其他多数地方的做法不同。而正是这些不同，就为他们建设社会主义新农村提供了现实的前进动力，挖掘了当地的生态经济潜力，由此也就使他们建设社会主义新农村取得了实际的成效。

3. 建设社会主义新农村要依靠广大民众的积极性和创造性

建设社会主义新农村的实质是重新建设农村生态经济系统，它是人的有意识、有目的的生态经济活动。科学发展观强调"以人为本"，也向人们明确地指出，建设社会主义新农村的目的是"为了人"，同时它的实现也要"依靠人"。五指山市草办村近3年来建设社会主义新农村的具体实践对此已经提供了很好的证明。我从1989年退休前后到现在，7次深入五指山热带雨林和黎寨进行调查研究，亲眼看到和亲身感受到黎族民众中蕴藏的建设社会主义新农村的巨大积极性和无限创造力。他们对黎族医药遗产的热爱，对过去热带雨林生态环境的依恋，以及对脱贫致富的向往，等等，都已经形成了他们千方百计地收集黎药"秘方"、寻找濒临灭绝的热带雨林植物物种，以及规划实施建设社会主义新农村和恢复重建热带雨林的巨大动力。广大农民群众的积极性和创造性是建设社会主义新农村的根本推动力量，他们的积极性和创造性是无限的。充分发挥各地农民群众的积极性和创造性，是我国建设社会主义新农村取得成功的根本保证。

4. 发挥典型的作用，需要国家和社会的支持和帮助

当前我国经济社会的发展是在新的生态时代条件下进行的，它肩负着建设生态文明的重大任务。海南省五指山市草办村在黎族医药研究会的支持帮助下，建设社会主义新农村，把挽救黎族医药宝贵遗产、建设社会主义新农村和恢复重建热带雨林三个重大任务内在统一地承担起来，促进实现生态与经济协调发展和可持续发展。它的出现符合科学发展观指引的方

向，适应生态时代的要求，本身就是建设生态文明的一个组成部分。它的出现对于推动和引导全国社会主义新农村建设具有十分重要的典型意义。但是这一典型产生在少数民族贫困山区，目前主要依靠民众组织黎族医药研究会和基层贫困农村的弱小力量进行。面对着建设工作的千头万绪，他们所遇到的困难是巨大的。海南省是我国第一个生态省，海南黎族民间医药研究会支持下的草办村社会主义新农村建设是海南省进行生态文明建设的一个突出重要典型，也是全国建设社会主义新农村的一个突出典型。它的建设也与各个部门的工作密切相关，因此它的继续进行和取得成就，也迫切需要国家、各级政府、各个部门以及全社会多方面的支持和帮助。只有这样才能使之顺利地发展和成熟，并提供经验，在海南省和全国的社会主义新农村建设中，发挥其有力的促进作用。

（原载《社会主义新农村建设研究》，社会科学文献出版社 2009 年版，曾获第五届中国社科院离退休人员优秀科研成果三等奖）

长江是一个生态经济系统

今年夏季，我国长江、嫩江、松花江流域严重水灾的特点：一是受灾广，二是成灾快，三是损失大。今年大部分灾区的降雨量并未达到1954年同期的最高水平，而干流却出现了历史最高水位和最大流量，并很快形成大灾。长江经济带等地区在我国对外开放中越来越重要的经济地位以及长江洪水灾害日益严重、抗灾代价巨大的严酷现实，要求我们必须从生态与经济的结合上认识洪水灾害的根源，并寻求治本的对策，力争防灾减灾于未然。现在以长江为例，提出一点看法：

（一）治江要治本。长江之水不是孤立存在的，它与上游山区的森林和中下游的湖泊共同存在于一个长江流域生态系统，互相依存。新中国成立以来长江上游地区的森林（特别是原始森林）持续遭受乱砍滥伐，森林覆盖率由新中国成立初的30%—40%，下降到现在的10%左右。四川全省森林资源消耗量为生长量的2.67倍。长江上游森林的急剧减少，使水土流失面积迅速扩大。长江流域水土流失面积，20世纪50年代为36万平方公里，现在增加到56万平方公里，年土壤侵蚀量达22.4亿吨。这样，遇雨上游不能截流，中下游淤积泄洪不畅。加以洞庭湖、鄱阳湖等湖泊围垦种粮，水体急剧缩小，不能蓄水调节。在此情况下，成灾和成大灾是必然的。今后防治长江水患，加强治水是必要的，但必须同时看到它的根本在于治山、治湖，要害是治林，这才是长治久安之策。

（二）管水要管人。洪水表面是自然灾害，本质是个经济问题。人的经济活动在经济系统中进行，但又以自然生态系统为基础。实质上，由生态系统和经济系统交织结合形成的生态经济系统是一切经济活动的载体。因此人的一切经济活动都要同时受经济规律和生态平衡自然规律的制约。长期以来，人们只顾追求经济利益，而不顾对生态的破坏，乱砍滥伐森林，盲目围湖种粮，采取的是各种短期行为；获得的是片面的眼前经济利益；破坏了生态系统的正常运行，结果又给经济的发展造成了巨大的损失。因此，长江洪水灾害如此严重，更主要的还是人为的原因。

（三）发展经济必须有正确的指导思想。长江的严重洪灾给了人们深刻的教训，它再一次沉重地警示人们必须与自然和谐相处，生态平衡自然规律的作用必须受到尊重。发展经济必须用生态与经济协调的思想来指导，坚持可持续发展的正确方向。长期以来的那些受眼前、局部经济利益驱动，乱砍滥伐森林，造成严重水土流失的错误行为必须立刻制止，今后也不容许再发生。而且要退耕还林，大力封山育林和植树造林，使遭受严重破坏的森林植被尽快恢复与扩大起来，保持水土，实现经济效益和生态效益以及目前经济效益和长远经济效益的内在统一。盲目围湖造田等形成的危害，也要通过退田还湖等措施来予以纠正。目前广大灾区正在重建家园和规划安排生产，这又是一个关键的决策时刻。必须以生态经济学的理论为指导，树立生态与经济协调发展的指导思想，在规划建设中把经济建设与生态建设统一起来，并坚决实行，使过去一个经济与生态不协调的长江流域变成一个经济与生态协调的长江流域，做到青山常在，绿水长流，根除洪水灾害，实现可持续发展。

（原载《中国绿色时报》1998年9月18日）

保护森林是治理大江水患之本

1998年6月至8月间，我国长江、嫩江、松花江流域出现了历史上罕见的大洪水。巨大的自然灾害给我国经济建设和人民生活造成了巨大的损失，灾后，全国上下，从最高领导到人民群众，对以长江水灾为标志的大江流域灾害的成因进行客观的剖析，对人们在发展经济的指导思想和经济行为上存在的问题进行冷静的思考，并在总结过去经验教训的基础上，对今后兼顾中下游地区，全面协调、可持续地发展流域经济的方向和途径作了深入的探讨。

一 大江水灾敲起保护生态的巨大警钟

1998年夏季，我国长江、嫩江和松花江等大江同时交叉出现全流域性的严重水灾，其水位之高，来势之猛和灾害之大前所未有。以致出现了我国抗洪记录上的几个历史之最：一是洪水水位最高。至8月中旬，长江干流湖北宜昌以下河段全线超过历史最高水位。17日沙市水位达到45.22米，为历史最高。该市超警戒水位共持续57天，为历史最长。二是洪涝灾情最重。截至8月22日，从全国来看，共有29个省（区、市）遭受了不同程度的洪涝灾害，受灾人口2.23亿人，死亡3004人（其中长江流域1320人），农作物受灾面积3.18亿亩，各地估报直接经济损失1600多亿元。三是投入物资最多。截至8月19日，国家防总共调拨编织袋7373万条、麻袋570万条、冲锋舟550艘、橡皮船2345只，以及大量的救生衣、救生圈、编织布、塑料薄膜和沙石料等，总价值达2亿多元，为历史抗灾之最。四是出动的兵力（包括投入救灾的人民解放军、武警部队官兵、民兵和预备役人员，及出动的飞机、直升机、车辆、舟艇等）最多。五是这次抗洪救灾各界的捐助也最多。这次大江大灾耗费了我国的大量人力、物力和财力,也震动了我国上下,包括中央高层领导,以及全国人民的心灵。以江泽民同志为首的党中央领导同志们多次亲临抗洪抢险前线,广大军民总动员,取得了这次抗洪斗争的胜利。这次抗洪是一次伟大的动员,它表现出党中央的正确领导,表现出我国社会主义制度的优越性和广大人民的巨大凝聚力;这次抗洪是一次伟大的胜利,它保护了我国改革开放以来经济建设的巨大成果,使我国避免遭受更大的损失,这一成就受到了国际社会的高度称赞。但是这次洪涝灾害也留给全国人民深深的反思。它促进了我国从上到下,对如何理顺发展经济与保护生态环境的关系重新进行思考,必将对我国今后在社会主义现代化建设中实现社会经济的可持续发展产生重大影响。

二 大江严重水患的成因剖析

对于这次以长江流域为主的大江严重水灾成因进行分析,人们首先看到大江水患的发生有以下三个突出特点:一是灾多了。以长江为例,据不完全统计,历史上城陵矶—江阴间,共有162个年份发生特大水灾,其中12世纪以前平均28年一次,12世纪以后平均不到6年一次,近百年来为4—5年一次,到民国期间,不到两年就溃决一次[①]。新中国成立后,四川省的情况,50年代发生水灾4次,70年代发生8次,80年代则年年都有发生。二是灾大了。1998年以长江为主的大江严重水灾所形成的上述几个"最高"、"最重"和"最多",就是一个明显的例证。三是成灾容易了。1998年的洪水,就长江流域大部分灾区的情况看,降雨量并没有达到1954年同期的最高水平,而干流却出现了历史最高水位和最大流量,因而很快形成大灾。

随之对这次大江严重水灾的成因进行深入分析,人们进一步看到,大江水患出现以上发展趋势不是偶然的,它的形成从林、土、水之间的关系上呈现出以下三个具有规律性的表现:一是从林水之间的关系上看,长江、嫩江和松花江的上游都是我国的主要林区,而这些林区,包括长江上中游林区、大兴安岭林区、小兴安岭林区和长白山林区,无一例外都遭受

---

① 彭镇华:《长江流域水患的思考和对策》。

了严重破坏。二是从林水土之间的关系上看，这些大江的上游山区，无一不是水土流失十分严重。就长江的情况来看，50年代的水土流失面积为36万平方公里，至90年代初，则达到56万平方公里，即增长了56%[①]。三是从山江湖之间的关系上看，大江上游山区的森林破坏严重所造成的水土流失，必然要形成大江中下游的河床抬高和湖泊的严重淤积，造成泄洪不畅，遇大水就必然形成大灾。这个方面，洞庭湖自新中国成立以来，湖内累计淤积泥沙40多亿立方米，加之围湖使蓄水容量进一步急剧缩小，从而使长江洪水很快形成大灾的事实，就是一个最好的例证。上述的大江洪灾与上游林区的严重毁林同步，与上游山区的水土流失急剧增长同步，和与严重水土流失所造成的中下游河道严重淤积和湖泊严重淤塞同步，说明了我国大江严重水灾的不断发生和日益严重不是偶然的和孤立的。在林土水的密切联系中，森林具有涵养水源和保持水土等巨大的生态保护功能。森林是陆地最大的生态系统，在我国各个大江流域的生态系统水循环总过程中的作用举足轻重。大江上游森林的大量破坏和严重水土流失的形成，使1998年的大江严重水灾成为必然。这一巨大损失的沉痛经验教训，使人们又一次地认识到，大力加强森林培育和保护，对于从根本上防止和减轻大江洪水灾害的绝对重要意义。

三　大江是一个生态经济系统

1998年我国的大江抗洪斗争已经胜利结束，但同时寻找今后避免大江严重灾害治本之策的问题已经提上了议事日程。进入21世纪，长江经济带等地区在我国对外开放中越来越重要的经济地位，和大江洪水灾害本身愈益严重和抗灾代价巨大的严酷现实，更使得这一要求十分迫切。为使这一问题得到根本的解决，首先需要从理论的高度上对大江的生态经济本质有一个深刻的认识。

生态经济学的理论认为，大江的实质是一个生态经济系统，它由生态系统和经济系统两个子系统有机结合、交叉渗透形成。据此，治理大江灾害（仍以长江流域生态经济系统的情况为主），针对现实中的实际问题，

[①]《中国环境报》1998年8月18日。

需要正确处理以下三个生态经济关系：

一是生态与经济的关系。人们利用资源在长江经济系统中发展经济，但同时必须以长江自然生态系统的存在和顺利运行为基础，因此同时要受经济规律和生态平衡自然规律两种客观规律的制约。长期以来，人们对长江的生态经济系统本质没有认识，只顾片面地大量砍伐森林发展经济，而不顾保护森林生态系统，其结果是破坏了发展经济的自然基础，造成了长江的严重洪水灾害，反过来又给经济发展带来了巨大的损失。

二是林与水的关系。在生态系统中，林是重要的生物要素、水是重要的环境要素，它们互相依存、相互制约，共同维持着生态系统的平衡稳定，并承载着相应经济系统的顺利运行。长期以来，由于经济实力的限制，我国在林和水两个方面的投入都还是不够的。其中特别是，由于人们，特别是一些领导层，对大江的生态经济系统本质缺乏认识，和发展经济上某些急功近利思想的存在，因此对更多表现为无形、长远和以生态效益为主，从而往往不自觉地作为"软任务"来看待的林业，在重视和投入的迫切程度上就显得更加不足。这次长江等流域的严重洪灾，清楚地说明了进一步加强林业建设，保护生态环境的重要性。在此基础上，应该突出提高对森林在陆地生态系统中的主体作用和在根治长江等大江水患中的基础作用的认识，和对水利建设一样，重点予以加强，从而在更积极的意义上促进其预防为主这一不可替代作用的切实发挥。

三是上中下游的关系。从生态经济学的理论来看，大江流域的上游、中游和下游都是其不可分割的有机组成部分，它们相互联系，共同构成一个统一的流域生态经济系统整体。但同时，由于它们各自所处的地域位置不同，因此对根治大江水患来说，在其共同的合力中各自所发挥的具体作用又不完全相同。其中上游山区，以林为主，突出发挥涵养水源和保持水土的基础作用，并辅以筑坝建库，控制水的流量，保护着系统的平衡稳定。中游，主在加强堤坝建设，平垸清障（其间也有林的作用，下同），防御洪水。下游，则重在拓宽和疏通河道，畅通排洪。正是基于这一认识，近期中国科学院的百名专家对根治长江水患已经提出了一个"上蓄、中防、下排"的整体治理措施构想，这是完全正确的。其核心立意之可贵，就在于首先看到并重视发挥大江上游山区"森林水库"留存雨水、保持水土的巨大作用，积极防灾、减灾、化灾于未然；在此基础上，同时发挥中游和下游的有力防洪、排洪作用，即发挥整个生态经济系统全流域的作用，使长江的可能洪水灾害得到免除或最大限度地减小。这是一种更全面、更积极、更有效，利益最大而损失最小的根治长江洪水水患的指导思想和做法。与过去存在的一些认识和做法对比，那种不自觉地从绝对意义上把上游山区林业建设排除于治理长江生态经济系统水患之外的割裂整体的认识和做法是不对的，同时那种从相对意义上只看到中下游的眼前、有形、显效抗灾和排洪作用，而忽视上游建设和保护森林的长远、无形、隐效的防灾、减灾功能，但却是治本之策的作用也是不全面的。我国社会主义经济是可持续发展的经济，实现生态与经济协调是它的基本特征。以生态经济学的理论为指导，根治以长江为主的大江水患，必须树立大江流域是一个生态经济系统的观念，在统筹兼顾的思想指导下，进一步认识林业建设和它在根治大江水患中的基础和重要作用，在全面规划和具体实践中，把它的应有巨大作用切实发挥起来。

（原载《98洪水聚焦森林》，中国林业出版社1999年版）

用生态经济学的理论指导西部林草植被建设

当前我国正在实施西部大开发战略，并提出把生态环境保护和建设作为开发的根本性措施。我国的西部大开发是在人类社会的发展进入21世纪新的生态时代的历史背景下提出的，因此它的发展绝不能再走西方经济发达国家过去开发时走过的"先破坏，后整治"的老路，而必须在一开始就坚持可持续发展的方向。这是我国西部大开发避免形成生态环境大破坏的稳妥之路，是取得现实最大经济效益的可靠之路，在此基础上，也将走出一条以西部促全国的具有我国社会主义特色的实现社会经济可持续发展之路。我国的生态经济学是适应新时代实现可持续发展的需要建立起来的一门新兴边缘学科，我国西部在林草植被建设方面也已积累了大量正反两个方面的经验。用生态经济学的理论研究这些问题并提供借鉴，对我国在生态与经济协调的基础上实施西部大开发战略具有重要的现实意义。

一　我国生态经济学的建立为西部林草建设提供了理论基础

生态经济学是人类社会进入新时代的产物。人类社会随着生产力的不断发展，先后经历了农业革命和工业革命，建立了农业社会和工业社会。工业社会为人们提供了更高的社会生产力和高度物质文明和精神文明，但同时也产生了严重的生态经济矛盾，阻碍着社会经济的可持续发展。当前人类社会的发展正在进行着更深刻的生态革命和进入21世纪的生态社会，并且正在建设着更伟大的生态文明。新的生态时代和普遍存在生态经济矛盾的新实践，迫切需要有新的理论进行指导。

我国的生态经济学是与近30年来世界环境与发展运动的实践同步形

成的。20世纪60年代末，针对世界日趋尖锐的生态经济矛盾，首先出现了以罗马俱乐部为代表的"悲观派"和以美国学者赫尔曼·卡恩等人为代表的"乐观派"关于人类社会发展前途的一场大讨论。1972年联合国在瑞典首都斯德哥尔摩召开的"人类环境会议"把保护环境的思想变为人们保护环境的实际行动。1992年联合国又在巴西里约热内卢召开了"环境与发展"会议，明确把环境与发展统一起来，并提出"可持续发展"的目标。我国的生态经济学就是在这一时代背景下，为解决我国的生态经济矛盾和实现社会经济的可持续发展而建立的。

我国生态经济学是由生态学和经济学交叉渗透形成的一门边缘交叉科学。它以生态与经济结合为特征，以生态与经济协调发展理论作为自己的核心理论，并为社会经济的可持续发展提供理论基础。实行西部大开发，以生态经济学的理论为指导加强林草植被建设，要建立3个新的思维：①生态与经济双重存在的思维。西部是一个由生态系统与经济系统结合形成的统一的生态经济系统，它是进行林草植被建设的载体。其运行要受经济规律和生态平衡自然规律两种客观规律的制约。②生态与经济协调发展的思维。西部林草植被建设和经济发展，要受经济平衡和生态平衡两种平衡的左右，它们共同形成统一的生态经济平衡，这是推动西部生态经济发展的动力。③社会经济可持续发展的思维。开发西部和加强林草植被建设要求得到最大的经济和生态两种效益，即最大可能的生态经济效益，这是西部开发和林草植被建设的目的。在此基础上才能实现西部的可持续发展。

二 我国西部林草植被建设面临的突出生态经济矛盾

西部是我国的主要林区和草原地区，新中国成立50年来，随着经济的不断发展，生态环境已经遭受了很大破坏。当前进行林草植被建设面临着许多生态经济矛盾，需要在总结过去经验的基础上认真借鉴。对此首先要用生态经济学的理论为指导，建立一个基本认识，即西部林草植被的保护、建设和利用是不可分离的。我们是在现实的经济发展中，而不是在实验室的条件下进行林草植被保护和建设，因此经济对生态的影响无时无刻不在。我国广大林（草）地区的生态经济问题都是在经济发展的实践中，受经济发展的影响产生的；因此也必须要在经济发展的实践中，通过正确处理经济与生态的关系来解决。这是我们研究西部林草植被建设，总结经验和制定政策的基本出发点和立足点。就此回顾我国西部几十年来林草资源建设和利用中存在的主要生态经济问题，集中表现在以下5个方面：

1. 资源的利用方向问题

我国西部林、牧地区，由于人口的迅速增长，长期以来都存在着林粮矛盾和林草矛盾问题。由于片面强调"以粮为纲"，要求林草地区也实行粮食自给，在林区就出现了到处毁林开荒"一切砍光"的严重生态环境破坏；牧区在"牧民不吃亏心粮"的口号下，20世纪60年代就出现过2次草原大开荒高潮。其生态经济实质都是对自然资源采取了错误的利用方向。即不去利用林、草，而去开垦种植粮食，其结果必然造成了林、草资源的巨大破坏。

2. 资源的利用程度问题

典型的例如云南西双版纳大量砍伐热带雨林种植橡胶。1949年，天然橡胶是我国工业和国防的急需物资，在当时帝国主义封锁的条件下也必须自己生产。西双版纳是我国仅有的具有热带气候条件适宜种胶的地区之一。在这里砍掉一部分热带雨林种植橡胶是不可避免的。但西双版纳又是我国仅存有热带雨林的少数地区之一，急需珍惜和保护。但是当时对此没有认识，热带雨林砍得过多，一方面，带来了本身破坏所造成的不可弥补的损失；另一方面，热带雨林的生长层峦叠嶂，水气朦胧，本身也为橡胶的生长提供了必需的湿度条件。热带雨林砍伐过多的地方也就使得橡胶生长成为不可能。类似的典型问题也存在于我国广大草原上。普遍出现的问题是超载过牧。由于一味扩大放养牲畜头数，超过了草原提供饲草所能承受的限度，因此也带来了草地生态系统的严重破坏。

3. 资源的利用方式问题

我国西部林草地区长期以来普遍采取粗放经营的经济增长方式，其特点是实行外延性扩大再生产。在资源利用上的特点是对产品重数量，轻质量和效益；重采伐，轻营造；以及重畜轻草和对草原只利用、不建设等，使林、草生态系统的压力越来越大，而产品的质量和经济效益却越来越低。从而就对我国林草植被的保护和建设产生了不利的影响。

同时，我国西部林草地区长期以来也存在着严重掠夺林草资源的错误利用方式，而且屡禁不止，更对林草资源造成了毁灭性的破坏。其中最突出的问题是草原上的滥挖甘草和滥搂发菜。由于甘草是宁夏的红、黄、蓝、白、黑"五宝"之一，发菜与"发财"的字样谐音，在中国香港、澳门、台湾地区和东南亚华侨中很受欢迎，都具有比较高的经济价值，因此就推动着越来越多的人成群结队、不顾后果地去乱挖滥搂。据统计，1992年仅盐池、同心两县由于乱挖甘草而损失的牧草就相当于72万只羊全年的饲草量；近10年来由于大规模地滥搂发菜之风愈演愈烈，我国约有1333万平方公里草原已经遭到严重破坏。在林区的一些资源利用上也存在着类似的情况。

4. 人在利用资源中发挥主导作用问题

利用林草资源是人的有目的的经济活动，但是长时期以来，人在利用西部林草资源中的主导作用却没有正确发挥，反而在各种程度上成为阻碍林草植被建设的阻力。这方面的问题既存在于广大人民群众方面，也存在于各级领导方面。前者的一个突出问题是农民长期以来没有造林的积极性。我国自20世纪50年代以来，国家一直重视林草植被建设，也年年给予巨大的投入。但是广大农民只种树，不管护；只管种，不管活；只有国家的一个积极性，没有农民的另一个积极性。因此年年造林不见林，全国的森林覆盖率提高不快，所获得的实际生态经济效益甚微。后者的一个突出问题是各级领导没有造林种草的积极性。由于林草建设（特别是造林）具有生物生长周期长的特点，与各级领导的5年（短期）任期责任制之间有矛盾；加以国家对各级领导干部的政绩考核也都是纯经济的指标，与生态效益的取得不挂钩。因此在各级领导的工作日程上就把林草植被建设视为软任务，从而使之不可能迅速发展。

5. 管理、观念和理论的束缚问题

我国传统经济理论认为林草资源是自然物，没有经过人类劳动的过滤，因此没有价值。在这样的理论认识指引下，人们对森林资源乱砍滥伐可以不负任何经济责任，随便浪费使用也可以不支付任何经济代价。从而既不利于从经济上鼓励人们去造林种草，也不利于从经济上限制人们对林草资源的浪费、滥用和破坏，最终不利于林草地区社会经济的可持续发展。

我国林区和草原地区长期以来也存在着一些脱离实际的管理措施和传统思想观念，对林草植被建设和保护起着阻碍的作用。突出的例如我国西部牧区在管理措施上，过去长期一直沿用农区一贯使用的"牲畜年末存栏头数"指标来考核草原林草经营的成绩。但年末正是冬季缺草季节，这样做就必然广泛地出现了牲畜"夏壮、秋肥、冬瘦、春死"的悖谬现象。既不利于草原的利用，也不利于草原的保护。在传统观念上，西部草原地区历史上存在着一种"以牲畜头数多代表富有"，甚至以之来夸富、比富的观念，推动着人们极力扩大和保留牲畜饲养头数，而不考虑草地资源的有效利用，因而也不利于对林草资源的保护。其对林草植被建设和保护的阻碍以致破坏作用也是十分明显的。

三 从人与自然的关系上继续深化经济改革

上述我国西部地区长期以来存在的各种生态经济问题是当前西部大开发和大规模进行林草建设的障碍。这些问题都是在人们发展经济的实践中，由于缺乏生态与经济协调的意识，违反了客观生态经济规律所引起的。为了切实解决这些问题，首先需要以生态经济学的理论为指导，明确认识以下两点：（1）造成这些问题的关键是人的不正确经济思想和经济行为。人在生态系统中是一个生物要素，但在生态经济系统中则是整个系统的主宰。由于人的认识有局限性，因此他们的认识和作用并不都是正确的。（2）解决这些问题的关键是继续深化我国的经济改革。过去20年来我国运用邓小平改革理论，从人与人的关系上改革不适应生产力发展的生产关系和上层建筑，已经取得了巨大的成就。当前适应新时代实现可持续发展的要求，应当继续运用邓小平理论，从人与自然的关系上进一步改革不适应生产力要求的生产关系和上层建筑，即要用改革的思想解决以上存在的各种生态经济问题。在切实发挥人的主观能动性的基础上，改变西部林草植被资源长期以来保不住、造不起和退不下的状态，真正把林草植被建设好，争取获得西部大开发的更大成就。

1. 改变不合理的资源利用方式

我国西部林草资源利用中存在的错误利用方向、错误利用程度和错误利用方式等问题，其共同特点都是不合理利用自然资源，破坏了生态系统的正常运行，因而使经济不可能持续发展。分别来看：

毁林、毁草种粮是对林、草生态经济系统选择了资源利用的错误方向。其实质是不认识或否定了任何生态经济系统都具有本身特性的基本特征。正确的方向应该是充分开发利用林、草生态经济系统本身主导资源的林、草优势，而不是丢弃了这一优势，甚至不惜破坏生态环境去发挥它的种粮劣势。对此，首先应当严格控制西部人口的增长。其次要稳妥地解决粮食问题。要规划种植好"基本农田"，严格控制陡坡开荒；更要用好当前中央"以粮代赈"等新的经济政策，缓解粮食压力，搞好林草植被建设，并逐步退耕还林、还草。

西双版纳大量砍伐热带雨林种植橡胶和草原地区普遍存在的超载过牧问题，实质都是不认识生态经济系统中各组成要素之间具有相互关联性的特点。在实践中超限度地开发利用一种资源，破坏了资源要素之间维持系统生态平衡的必要比例，就要破坏生态经济系统。解决的办法，要认识和掌握开发利用生态经济系统资源的"生态经济适宜度"，把开发利用的程度放在生态经济系统允许的范围内。

我国林草地区过去长期采用粗放型经济增长方式，不利于资源的利用和保护。要转变到采用集约型经济增长方式，重视内涵扩大再生产上来。对林草生态经济系统，既要重视产品数量，又要重视产品质量和效益；既要利用，又要建设。至于西部地区存在的滥挖甘草和滥搂发菜等完全错误的资源利用方式，其实质是对生态经济系统的掠夺。它从根本上否定了生态经济系统有限性的基本特点，必然要给生态系统带来毁灭性的灾难。这种野蛮的做法必须坚决制止。最近，宁夏农学院的专家们已经试验人工种植发菜成功，这将是从生态与经济的结合上解决市场商品供应渠道。

2. 改革不适应的经济组织形式

西部地区长期以来存在的农民和各级领导没有造林积极性的问题，实质是人在生态经济系统中的主宰作用没有正确发挥的问题。人作为自然的人，是生态系统的一个组成要素，其地位和作用与其他动物要素相同。但人作为社会的人，则是整个生态经济系统的主宰。他能发挥自己的主观能动性，建立和管理生态经济系统，为人们谋福利。但在社会主义市场经济条件下，人的主观能动性要以自身的物质利益为基础。农民过去造林只管种、不管活，是由于产权不明晰，人的造林主观能动性不能发挥。一些地区创造实行了农户承包治理小流域的做法，之后又有股份制、拍卖荒山使用权等做法，即通过实行各种生态经济责任制，在生态与经济的结合上明晰了造林的产权，从而调动了广大农民的积极性，使造林获得成功。

各级领导没有植树造林积极性的问题，核心的一点，是对其政绩的考核采用的是一个片面的标准和短期的标准：单纯考核领导干部的经济政绩，而不考核其生态政绩；只考核其5年任期的短期政绩，而不考核其产生久远影响的长期政绩。实现经济效益与生态效益结合、目前利益和长远利益统一，是实现生态与经济协调发展和可持续发展的要求。为了从组织制度上避免领导干部的短期经济行为，我国（包括西部）对各级领导的政绩考核办法必须改革。近年来世界银行采用"绿色标准"对世界192个国家的"富有"程度重新研究和排序，其标准重视"自然财富"，强调"经济发展潜力"。结果澳大利亚排在了首位，而美国只排在第12位。采用"绿色"标准是21世纪各国经济发展的共同趋势，也为我国改革领导干部政绩考核标准指出了方向。

3. 发展经济理论，改进管理和观念

加强林草植被建设，推进西部大开发，既要改革不适应可持续发展要求的生产关系，也要改革不适应可持续发展要求的上层建筑。我国传统经济学认为林草资源没有价值的理论是在过去时代生态与经济的矛盾没有凸显的具体条件下形成的。当前已经进入新的生态时代。理论来源于实践，又用于指导实践。对此，一方面我们要对原有的某些经济理论观点作进一步的全面认识、研究和理解；另一方面也要对之进行新的研究，推动它的继续发展，并提出新的理论，使之更切合指导当前新实践的需要。

我国西部林草地区存在一些不利于林草植被建设和保护的管理措施和传统思想观念，阻碍着经济的可持续发展。在管理上，例如牧区使用"牲畜年末存栏头数"指标考核草原经营成绩，使草原植被遭受破坏。其实质是严重脱离了自然生态的实际。近年来，许多地区已经进行改革，逐步采用按照牲畜周转年度进行统计和考核的做法。在观念上，存在"以牲畜头数多代表富有"的传统观念，也不利于自然资源的有效利用和保护。其实质是严重脱离了我国的社会主义市场经济实际。对此,也要逐步帮助提高商品经济意识,把人们的观念和经济行为引导到发展社会主义市场经济,实现西部生态与经济协调发展上来,为全国实现社会经济的可持续发展作出贡献。

(原载《西部林草植被建设理论与实践》,中国林业出版社 2001 年版)

积极利用资源推动我国森林公园的大发展

森林公园在我国是近年来才出现的一个新事物。它的出现是生态与经济协调发展的新时代的要求，是我国生态经济持续发展总体的一个组成部分。它的形成和发展也从一个侧面为我国森林的发展指出了前进的方向。森林公园的发展和管理实质上是一个生态经济问题，它既要求对以林为主的森林生态系统进行保护，又要求对这一系统进行利用，要求两者实现正确的结合。当前以生态经济学的理论为指导，明确认识我国森林公园发展的客观规律，包括它的产生和迅速发展的客观必然性，推动它实现持续发展的正确指导思想和它在实践中应采取的正确经营方针，具有重要的理论意义和现实意义。

一 我国的森林公园要有一个大的发展

在世界上，美国是森林公园发展较早的国家。它于1872年建立了第一个国家公园——黄石国家公园，其中有大面积的主体森林，这是最早的名副其实的森林公园，近几十年来，森林公园在世界各国不断涌现，发展迅速，已经逐渐形成一个广泛的发展潮流，例如日本从1960年开始扩大森林公园的面积，至20世纪80年代末，已把占国土面积15%的林地划为森林公园，供人们游览、休憩。澳大利亚的森林公园发展很快，是目前全世界国家公园、森林公园最多的国家，全国共有243处，面积1500多万公顷，森林公园不但在经济发达国家中迅速发展，而且也在发展中国家迅速发展，例如泰国目前已有森林公园14处，肯尼亚等国的森林公园也都有了比较快的发展。据不完全统计，目前全世界已有近百个国家兴建了近千处国家公园和森林公园，面积2.2亿多公顷，占世界总面积的1.74%。

我国与世界的这一发展潮流相一致，近年来，森林公园也有了很快的发展。据统计，在过去的10年里，我国已经批准的森林公园就有300多处，分布在全国28个省、自治区和直辖市。这些森林公园修建了大批宾馆、旅社、餐厅和商店设施。在注意保护森林的同时，获得了相当可观的经济效益。

当代世界范围内森林公园的迅速发展不是偶然的，它是当代世界经济迅速发展的必然产物，其发展的核心是体现了生态与经济协调发展的时代要求。

随着现代经济的发展，现代科学技术不断采用，社会生产力不断提高，给人类社会带来了高度的物质文明和精神文明，但也同时出现了经济与自然的各种不协调，人类的错误经济思想和经济行为造成的滥用自然资源和破坏生态环境的问题到处出现，它反过来又给社会经济的进一步发展造成了严重的阻碍，现代社会经济发展的突出矛盾，给现代化社会经济的进一步发展提出了新的要求，实现生态与经济的协调已经成为当今时代发展的基本特征。生态与经济的协调发展作为一种巨大的动力推动着社会经济各方面的协调迅速前进，同时也推动着世界范围内森林公园的迅速发展。从其具体发展过程来看，这一推动主要表现在以下三个方面：

（1）随着各国经济的发展，人们的生活水平提高了。这一提高首先是物质生活水平的提高。但这一提高相对来说是有限的。随之而来的是精神生活水平的提高，这一提高相对来说则是无限的。当人们的物质基本需求得到了一定程度的满足后，他们的着眼点就会转向精神的需求，其中一个重要的方面就是对美好自然环境的享受。目前对大自然的享受已经成为现代人生活水平提高的一个组成部分，到森林公园旅游和休憩已经成为一种新的时尚。

（2）随着经济的发展，世界城市化的水平也不断提高。近十年来各国城市化的发展逐步加快，人口高度集中。在城市，特别是一些大城市中，高楼林立，绿地减少，环境污染加重，人们在紧张的市场经济竞争和越来越快的生活节奏中。工作之余见到的仍是一片喧嚣和污染的闹市环境，这就增加了人们对大自然的向往，因此就普遍出现了一种"回归大自然"的要求，这是在社会经济发展和人民生活水平提高的情况下所提出的体现社会一种进步的要求。正是这种要求推动着各个国家的人们在节假日扶老携幼，带着食品和帐篷，大量地涌向各个森林公园。

（3）随着经济的发展和人们利用自然发展经济的经验积累，人们对充分合理利用森林资源的认识逐步提高了。人们开发利用森林资源一般都经历了这样的过程：先是单一过量地砍伐利用其木材资源；随着出现了生态的严重破坏，又转向重点强调保护；之后又批判了为保护而保护的"自然保护主义"观点，走上了保用结合，多方面利用森林资源的生态与经济协调发展的道路。其中森林作为旅游资源的潜力也被开发出来，这样森林公园作为发展经济中的一个具体产业形态就日益成形。

环顾世界经济的发展，瑞典的森林资源利用具有典型的意义。瑞典是人民生活水平和森林拥有量都比较高的国家，人均林地达到 2.8 公顷，1950—1980 年，人民的物质生活水平在各年里都有不同程度的提高。它的城市化发展很快，全国 85% 以上的人居住在城市和郊区，其雇佣法规定一周工作 40 小时，每年至少有 5 周假期，因此瑞典人有足够的金钱和闲暇时间，全国 80% 以上的人可以乘小轿车旅游。在此情况下，瑞典的森林资源利用中已经出现了"消遣林"的新概念。通过对全国成年人口的普查测算：瑞典人均每年在森林中的消遣次数，1963 年为 18 次，1976 年为 28 次，现在的次数更是有增无减。世界诸多国家（包括我国），森林公园发展的速度不尽相同，但是它的迅速发展趋势是共同的。我国的森林公园面临的将是一个更大发展的趋势，我们应该做好各种准备，首先是思想认识和经营管理方面的准备，迎接这一更大发展的到来。

二 树立积极保护和积极利用的指导思想

森林公园，从最简单的含义来说，是以森林为主体的公园，森林是陆地最大的生态系统，对整个经济的发展是有十分重要的屏障和支撑作用，因此必须重视对它的保护。同时森林本身又是一种自然资源，在国民经济的发展中具有多方面的价值，其中作为"公园"，就是对它利用的一个重要方面。因此从森林公园本身的内在关联上看，对森林的保护和利用就是密切结合的。

森林公园在社会经济发展的实践中，一方面是一个生态问题，同时也是一个经济问题，它是森林产业经营的一个重要组成部分。因此它实际是一个生态经济问题。森林公园的实质是一个生态经济系统，它由以林木群落为主体的生态系统和以林业经营为主体的经济系统两者相应交叉渗透融合而成，共同组成一个复杂的生态经济统一整体。它同时具有生态和经济两方面的特征，因此它必须兼备保护和利用两种功能。

但是在一个时期以来的发展实践中，在人们对于破坏森林的危害和必须保护森林生态系统的重要性认识逐步加深的条件下，对于应不应该和能不能够同时积极开发利用森林公园生态系统，在认识上并不十分明确。而这种认识上的模糊又是和人们对于森林自然保护区的保护和利用问题的认识不明确联系在一起的。

自然保护区和森林公园是有联系而又有明显区别的两个概念。设立自然保护区的根本目的，在于保护自然生态系统，特别是使那些珍贵和濒危的物种和基因不被毁灭。因此自然保护区的保护是绝对的。但就是自然保护区，长期以来在国内外也存在着保护和利用的争论。在我国目前国家经济力量不足的情况下，看来对自然保护区严格实行保护，在确保其主体不被破坏的情况下，同时对其边缘和某些自然产出物进行适当利用，将是可能的发展趋势。要看到，人们设立自然保护区的出发点是要在人们尽量不干预的情况下保存各种自然生态系统。但是在社会经济和科学技术高度发展的今天，那种准确意义上的纯自然生态系统基本上已经不复存在，自然保护区的"保护"，本身就是加进了人的意志和行为。森林公园的情况就更加不同，它本身就是保护和利用的结合体。对森林公园中的森林，无疑是必须保护的，因为它是整个森林公园的基础。同时对森林公园中的森林又是必须利用的，因为它又是森林产业的一个重要组成内容。对于森林公园中的森林资源应当明确树立保护和利用的指导思想，在它的经营管理中应当明确提出一个"积极保护和积极利用"的经营方针，并据此建立一系列的管理制度和措施。

在森林公园的经营管理实践中明确树立这一指导思想，要从生态经济学的理论上认识"积极生态平衡"的问题，并以之为依据。在生态经济学中，根据生态平衡对人类社会经济发展的不同影响，将之区分为积极的生态平衡（就是有利于人类社会经济发展的生态平衡）和消极的生态平衡（就是不利于人类社会经济发展的生态平衡）。显然人们需要的是前者。在实践中，对森林每次利用的同时都带来了森林生态系统原有组成状况的改变（就是"破坏"），但同时也就出现了一种新的生态系统平衡状态。由于人类必须发展经济，因此其中一些由于利用而造成的变动（即某些"破坏"）是不可避免的。只要这种新形成的生态系统能够继续维持良好的生态平衡状态，这时的生态平衡就是积极的生态平衡，在这种状态下的森林公园经营就能既获得良好的经济效益，又获得良好的生态效益，这样的森林公园经营就是成功的。

自然，在这里同时要从生态经济学理论上认识一个"生态经济适合度"的问题。人们要利用森林资源发展经济，其目标是取得最大的经济效益；同时人们也要保护森林资源，其目标是保存最大的生态效益。但是在现实的经济发展中，两个方面的最大效益都是不可能得到的，人们在实践中只能得到两者共同允许的数值，即最大可能地现实生态效益和经济效益。这就给人们规定对森林资源保护和利用相结合的一个数量界限。达到而不超过这个界限，森林资源就可以被人们充分利用，又不至于破坏生态平衡，这就是生态经济的适合度。在此限度内，人们完全可以充分发挥自己的表现能动性，多方面利用自然资源来建设和经营森林公园争取更大的经济效益和社会效益，而不必担心带来生态效益的破坏。

三 实行以营林为基础，旅游为主导，全面发展的经营方针

森林公园是一个生态经济系统，任何一个生态经济系统都具有结构综合性的特点。生态经济系统结构的综合性又决定了系统功能的综合性，因此森林公园的经营应当走综合发展的道路。

近年来我国林业的发展已经由过去的单一经营木材走向综合经营，林业和森林公园都出现了明显的营林目标多元化趋势。以我国虞山森林公园的发展为例，它的前身是国营虞山林场，位于历史文化名城常熟市，距阳澄湖不远，具有比较好的森林、气候和其他自然、人文景观等条件，但是过去长期把自己困在单一种树砍树、封闭经营的狭小圈子里，森林的多种功能没有开发，地上、地下的多种资源没有利用，路子越走越窄，有时穷得连工资都发不出去。后来他们转向了综合经营，首先调整了树种结构，实现了针叶树种和阔叶树种相结合，速生丰产树和乡土树种相结合，成片

造林和零星栽植相结合，人工林和天然林相结合，使过去的单一林地变成了树种丰富、林相各具一色的"万木园"，既增加了经济价值，又增强了观赏价值。其次也调整了产业结构，扩大了经营内容。结合造林，整修了齐梁古刹兴福禅寺的环境，开发了盆景和历史人文景观，保护培育了观赏动物，发展了森林旅游业；同时也利用本身的多种林果茶等产品搞起了加工业，发展了多种商品生产。近年来每年接待中外游客100多万人次，已建成了名副其实的森林公园，取得了很好的经济效益、生态效益和社会效益。

营林目标多元化的趋势指出了森林公园的经营方向，森林公园的资源和开发利用的具体特点决定了其经营管理应当采取以林为基础，旅游为主导，全面发展的方针。

首先，森林是基础。森林公园和一般的城市园林相比，有其自身的特点。它拥有大面积的森林，并担负着一定的生态保护职能，是典型的、较大的以林为主的生态经济系统。例如我国的第一个国家森林公园张家界，面积约20万亩，拥有广阔的原始、次生森林，植物有93科，517种，比整个欧洲拥有的林木种类多出一倍以上，并包括了许多珍贵林木，如红榧、滇楸等。正是这样，使之具有了作为森林公园的基本特征。同时，也正是这一森林基础和自然景观的存在，与相应的某些历史人文景观相衬托，为森林旅游业的发展提供了基础，并以其本身和孕育的其他多种物质资源，为诸如建材、加工等业的发展提供了条件。

其次，旅游是主导。当前，世界各国森林公园的旅游业都在很快地兴起。这是适应现代化经济发展带来的人们向往大自然的需要而发展起来的具有广泛前途的一项新的绿色事业。它以森林公园所拥有的丰富多彩的各种旅游资源，适应着人们多方面的需要，包括闲暇游览、休养身心和对青少年进行热爱和保护大自然的教育等。目前它的作用已日益显现，例如美国的黄石公园拥有大面积的森林、灌木丛、草原和大量的野生动物，还有各种独特的间歇喷泉等自然景观，每年吸引着全世界数百万人前来游览、观光。日本把森林公园作为提高青少年情操，教育、文化艺术和健康水平的场所，全国每年去森林公园旅游的大约有8亿人次。澳大利亚的皇家公园设施齐全，多年来已经成为人们旅游的热点等。在此基础上，森林公园也给世界各国带来了巨大的经济效益。例如在肯尼亚的森林公园内设有树顶旅馆和乘热气球在空中观看野生动物的项目。每年由此获得的外汇收入占国家外汇总收入的20%。我国的张家界森林公园1991年的收入已达到1300万元,是未建园前的58倍,1992年的收入达到2700万元,1993年可超过3000万元,当地居民的收入也在几年内翻了几番。森林旅游业给森林公园的经营指出了广阔的前景。

最后,全面发展各种产业。森林公园如前所述,是一个具有综合结构和多种功能的生态经济系统,因此必须走综合发展的道路。前已述及,我国的虞山森林公园和其他森林公园的发展也已经历了一个从单一木材生产走向多种经营的实践历程。从世界和我国的总体情况看,营林目标多元化的趋势,其完整的发展过程是:从树木利用到全树利用,到全林利用,又到数个生态系统的利用,就此来看,我国森林公园的多种产业全面发展还有极大的潜力。目前,我国各地森林公园在以林为基础,大力发展旅游业的同时,也带动开发利用本身的多种自然资源,推动林区各种产业都有了不同程度的发展,为我国森林公园展现了一个更广阔的发展前景,我们应当为它的不断发展和完善而继续努力。

(原载《全国森林公园建设和森林旅游学术研讨会论文集》,林业部森林旅游与森林公园学会内部出版,1993年11月;《生态经济》1994年第4期)

论畜草生态经济平衡

我国拥有广阔的草原，但是其在国民经济发展中的作用并没有得到应有的发挥，反而遭到很大破坏。畜草平衡是我国草原畜牧业发展的一个根本性的问题。以农业生态经济学的理论为指导，重新认识我国草原畜牧业发展的曲折历程，从积极地处理畜草平衡入手，将有利于促进我国草原畜牧业的协调迅速发展。

一　畜草平衡是一个客观生态经济规律

我国的一个基本国情是人多耕地少，人口不断增加，耕地继续减少，粮食产量自1984年后，已经几年徘徊在同一水平。据中国农业科学院和商业部粮食综合司对我国粮食增产潜力的测算，到1990年和2000年，在达到预期产量计划的情况下，由于人口增长，人均占有粮食也只能保持在1984年400公斤的水平。[①] 这就指出了充分利用我国草地资源对缓解我国粮食问题，促进农业经济全面发展的重要性和迫切性。

新中国成立以来，我国利用草地资源发展畜牧业已经取得了不少成绩，但也存在着很多问题。总的情况是：资源不多，利用很差，破坏严重，影响深远。

先就资源拥有状况看。我国是一个草原大国，草原面积47.9亿亩，占国土面积的1/3，为耕地的3倍，总量与澳大利亚、苏联、美国的草原面积相近。但是从质量和人均占有来看，我国又是草地资源贫乏的国家。其中可利用草原面积为33.7亿亩，占70%。有30%的草原不能利用。同时我国有庞大的人口，人均可利用草原面积只有3亩，远远低于世界平均

---

① 转引自员旭江《关于草地牧业战略的思考》，《中国草地》1989年第1期。

占有 11.4 亩的水平。草原在我国发展国民经济中的重要地位和我国对草原资源的拥有具体状况决定了必须对有限的草原资源珍惜利用和有效利用。

再就资源的利用状况看。我国对草原的利用效益很差，与自然条件大体相同的美国相比，其草原畜牧业每年可提供牛、羊肉 180 亿斤，占全国肉类总产量的 70% 左右，而我国只占 10%，相当于美国的 1/20。从经营水平看，我国每百亩草场获得的畜产品单位，只为澳大利亚的 1/10，美国的 1/27[①]。更值得注意的是，我国大面积草原已经遭受破坏，退化、沙化、碱化严重，鼠害猖獗。全国近 50 亿亩草原中，20 世纪 70 年代中期，退化面积为总面积的 15%，到 80 年代中期，已发展到 30%，退化速度每年达 1000 万亩[②]。内蒙古草原是我国草原畜牧业的主要基地，近几十年来 70% 的草原出现了不同程度的退化。由于退化、沙化严重，单位面积产量已经降低了 1/3 以上。四川西北部是我国的五大天然牧场之一，1.8 亿亩草原也遭受严重破坏。其中，鼠害虫害面积已达 4033 万亩，占草地总面积的 22%，受害最严重的石渠县，不少地方每亩鼠洞已达 200—300 个。同时退化、沙化也日益严重。据不完全统计，仅阿坝州沙化的草地就有 50 万亩。

由于我国草原遭受越来越严重的破坏，过去经常描绘的"风吹草低见牛羊"的诗情画意景象已经逐渐消失，广大草原应有的经济效益不能发挥。同时草原和森林一样，具有保持水土、防风固沙、涵养水源和调节气候等各种生态功能。由于草原的破坏，也影响了其生态效益的发挥，从而给经济发展和人民生活带来了各种灾难。例如，我国由于草原大面积沙化，造成北方沙线迅速南移。1977 年联合国在肯尼亚首都内罗毕召开的世界沙漠化防治会议上，已经把我国首都北京划在了将要沙漠化的防治范围内。

草原的大量破坏，实质上是一个生态经济问题。草原畜牧业是广义农业的一个重要组成部分，其实质与种植业相同，都是人与自然进行物质交

---

① 转引自《五十亿亩草原在呼救》，《科技日报》1989 年 1 月 25 日。
② 同上。

换的过程。人的草原畜牧业经营活动一刻也离不开草场这一自然物质基础，但是人在畜牧业上与自然之间的关系摆得并不正确。长期以来，人们利用草原进行畜牧业生产，存在的主要问题表现在两个方面：一是在生产中只是一味地追求牲畜头数和畜产品产量，而不顾草原的产草状况和它的自然承载能力。因此在放牧强度日益提高的情况下，急剧增大了对草原的压力，使之超出了草原的正常负担可能。二是在生产中只是单纯地利用草原而不建设草原。因此在日益加大的放牧压力下，草原的自然承载能力变得越来越脆弱。以上两个方面集中表现为发展畜牧业的经济需求日益增加和草原的自然供给愈益减少之间的矛盾，其结果就出现了畜草的严重不平衡。这一矛盾的实质是草原畜牧业发展中经济与自然的矛盾，它反映了经济规律与自然规律两种客观规律要求的不协调，它的产生根源是人们在发展畜牧业中，对草原经营利用的盲目性。加上长期以来我国发展经济又存在着"左"倾错误的影响，就使草原的经营利用严重违反了生态平衡自然规律的要求，反过来又受到这一自然规律的无情惩罚。

畜草平衡是发展畜牧业中的一条客观生态经济规律，它的存在和作用不以人们自己的意志为转移。畜牧业生产首先是人类有目的的一种经济活动，因此它的运行要受客观经济规律的制约，同时它的生产对象——牲畜和这些对象赖以生存的饲草又都是有生命的动植物有机体，因此它的运行又必然要受生态平衡自然规律的制约。畜牧业生产和其他农业生产一样，都是经济与生态密切结合的过程，因此在畜牧业生产领域中，和在其他农业生产领域一样，也都客观存在着经济规律与生态平衡自然规律相结合而形成的客观生态经济规律。正是这种客观规律在现实的畜牧业生产中，具体指导着生产过程的运行。

畜草平衡作为一条客观生态经济规律，体现了以下三个层次的生态经济关系，并具体制约着草原畜牧业的发展：

1. 它体现了草原畜牧业生产目的和条件的统一。发展草原畜牧业，增加牲畜头数，从而增加各种畜产品产量是目的，但是它必须以相应增加饲草的产量为条件，否则畜牧业的扩大再生产就不能进行。畜牧业经济再生产本身运行关系中的这一特点，指明了畜草平衡规律的客观性，它要求在发展畜牧业中，始终把饲草的生产放在与牲畜生产同等重要的地位来考虑。

2. 它体现了草原畜牧业中经济再生产和自然再生产的统一。畜牧业生产和其他农业生产一样，都以经济再生产和自然再生产密切交织为基本特征。各种牲畜和饲草都既是自然生物和再生产，又是经济产品和"原料"的再生产，畜牧业中经济再生产与自然再生产相交织的这一特点又要求人们在发展畜牧业中，既重视草畜物质交换的经济过程，又重视其物质交换的自然生态过程，使之建立在经济和自然相互协调的基础上。

3. 它体现了草畜之间具体序、量和比例关系的协调。在草原畜牧业中，牲畜的生产要以草类的生产为基础，其实质是在植物第一性生产基础上的动物第二性生产。在自然和经济的物质循环和能量转换关系中，其顺序不能颠倒。而且它们之间所体现的这一物质和能量循环转换过程，客观上也存在着一定的数量和比例，由此也就从定性和定量的结合上，客观地决定了畜草平衡生态经济规律的具体要求。在现实的草原畜牧业生产中，正是畜草之间这一定向的数量和比例的具体规律性制约着具体畜牧业生产的进行。它们之间的这一关系具体表现为以下三种情况：（1）草大于畜。说明自然资源利用不足。当草原的产草量远大于现有放牧牲畜的饲用需要时，将造成草原生态经济生产力要素的巨大浪费。（2）畜大于草。说明对草原自然资源的过度利用。不顾草原的自然再生能力，长期继续强化利用，将造成草原自然资源的严重破坏。我国目前许多地区的草原利用正是这种情况。（3）畜草平衡。这是草原畜牧业生产经营的理想状况。它从经济与生态，并在具体要素定性、定向和定量的结合上，为我们发展草原畜牧业提供重要的具体指导，从而使草原畜牧业生产经营的边际生态经济效益达到最高。

二 畜草不平衡的实质是掠夺生态经济系统

我国长期以来，对广大草原不能充分有效地利用，甚至遭受巨大破坏，从而使草原畜牧业不能迅速而稳定地发展，其根源在于对草原畜牧业生产经营对象的本质认识得不正确。草原就其自然本质来看，是一个生态系统。其中，草类作为系统的植物第一性"生产者"，各种牲畜作为第二性的"消费者",与系统中的"还原者"——微生物和各种环境要素一起,共同组成一定的生态系统"食物链",不停地进行着物质循环和能量转换运动,维持着生态系统的平衡稳定,向人们源源不断地提供各种畜牧业产品。再就草原畜牧业的经济本质来看,其运动是在一定的经济系统中进行的。草、畜作为系统的重要组成部分,在不断的经济循环中平衡、稳定地维持着它们的再生产,从而使畜产品持续向人们提供成为可能。在实际的畜牧业生产中,经济系统与生态系统的运行交织在一起,共同形成统一的生态经济系统,实际的畜牧业生产就在这种复合的草原生态经济系统中进行。

草原作为生态经济系统,具有如下的主要特点,从而客观地决定了草原畜牧业生产经营的具体要求:(1)整体性。任何地区范围的草原,客观上都作为一定的生态经济系统整体而存在的,因此任何范围的草原畜牧业生产经营都必须以生态经济系统整体为对象来进行。其目标应该是追求生产经营的整体优化,而不应单独突出牲畜一项;即不能不顾牧草生产和系统其他要素的状况,孤立地盲目扩大牲畜饲养头数。(2)综合性。由于草原生态经济系统是多种因素的综合,牲畜与牧草以及其他各种因素之间息息相关。因此,草原生产必须是以牲畜产品为主的多目标经营,其中牧草应是重要的经营对象之一。根据目前实践经验,已经提出"立草为业",把牧草同时作为畜牧业综合经营的对象之一,说明了这一特点的具体要求。(3)协调性。草原生态经济系统中的各要素是相互依存和互相协调的。在畜草平衡的生态经济关系上要明确看到以下两点:一是草畜之间的有序性,牲畜饲养要以牧草的生产状况为基础。二是牧草的可再生性。作为可再生自然资源,牧草被牲畜采食利用后还可以再生,但其再生要以不破坏系统的生态平衡关系的阈限为度。草原作为生态经济系统的这一特点,又决定了草原畜牧业生产经营必须做到草畜平衡,使系统协调发展。上述这些要求为草原畜牧业生产经营提供了重要的指导思想。我国草原畜牧业长期以来经营效益不高,甚至遭受破坏,其根本原因就在于不认识其生产经营对象——草原生态经济系统的本质,违背了它的上述基本特点所提出的具体要求。

新中国成立以来,我国草原畜牧业的发展,经历了一个掠夺生态经济系统的过程。其集中表现是畜草之间的不平衡，其原因有许多方面：

1. 人口的迅速增长。自 20 世纪 50 年代以来，我国的人口严重失控。人口总数从新中国成立初期的 5.4 亿人猛增到今天的 11 亿人，翻了一番还要多些。而草原的面积不但没能增加，反而减少。这一庞大的人口，为了解决衣食等基本生活需要，直接、间接的巨大压力压在草原上，使其利用强度不断加大，有限的草原无法倒场休息，实行养用结合，这是造成草原破坏的基本原因。

2. 错误的生产方针。我国迫于解决庞大人口所带来的粮食问题，在"左"倾错误思想指导下，在农业上长期片面强调"以粮为纲"的生产方针，而放弃以致否定了多种经营、全面发展。甚至把粮食与林牧、渔业生产对立起来，并且提出了"牧民不吃亏心粮"的口号，因而出现了大面积滥垦草原、毁草种粮的错误行为。据不完全统计，自 50 年代末以来，我国先后开垦草原种粮已达 1 亿多亩，产粮的经济效益很低，却带来了生态平衡的巨大破坏，导致大面积草原的退化、沙化、碱化严重。至今重粮轻牧、毁草种粮的影响仍然继续存在。例如，内蒙古克什克腾旗西南部天然草原过去各经营系统建场放牧，经济发展和自然资源的保护状况都很好。近年来有的牧场又大面积开垦草原种植小麦，与当地发展畜牧业发生了尖锐的矛盾，并明显地出现了草原沙化和水土流失等问题。

3. 粗放的经营制度。我国草原畜牧业的生产经营方式落后。新中国成立 40 年来，人口和各种畜产品已经有了成倍和若干倍的增长，而草原畜牧业经营仍然沿袭几千年以来粗放经营、靠天养畜的生产方式，重放牧、轻建设，重产出、轻投入，对草原只取不予，只是单纯地利用自然，而不改造自然。这种重畜轻草的指导思想必然带来"超载过牧"的后果，从而使畜草的比例失去平衡，据统计，我国 20 世纪 50 年代初各种牲畜不足 3000 万头，现在已发展到近 1 亿头。在此情况下，产草量却大幅度下降。与 50 年代末相比，全国产草量普遍下降 30%—50%。草原经营粗放，只利用不建设，必将使我国草原畜牧业的发展难以继续。

4. 不完善的生产责任制形式。我国牧区通过第一步经济改革，实行了以牧民家庭经营为主的牲畜、草场双承包责任制。不少地区的做法是牲畜归户所有，草场归集体所有，并由集体负责使用和管理。这一改革调动了广大牧民的牲畜饲养积极性，促进了畜牧业的发展。但是这种草原管理体制仍然存在着牲畜户有户养与草场集体使用和集体管理之间的矛盾，造成畜草脱节，一方面是牧民增加牧畜头数，扩大放牧的积极性大大提高；另一方面则是牧民使用集体的草场吃"大锅饭"，他们普遍不关心草原的管理和建设，并且出现了围占抢占草场；强行放牧，滥予放牧等掠夺式经营的做法，造成草场的严重超载过牧，从而对草原资源造成了危害。

5. 盲目性的管理办法。我国对牧区的计划、统计和对干部政绩的考核管理，长期以来单纯使用牲畜饲养头数指标，即把草原经济的发展完全等同于饲养牲畜头数的多寡。从而促使草原畜牧业生产单纯片面地追求牲畜年终饲养头数，而不顾经济效益，更不顾对草原资源的破坏。这就必然出现秋季草盛膘肥不及时屠宰，获得较多的肉类等畜产品；年终严寒缺草，反而继续大量喂养，造成经济效益低下、牲畜大量死亡的悖谬现象。实行这种盲目性的管理办法，使得我国草原畜牧业中长期存在着大量牲畜"夏壮、秋肥、冬瘦、春死"的现象；同时大量牲畜的长时间无效喂养，也徒然增加了牧草的沉重负担，造成了对草原的进一步破坏。

6. 价格和流通的制约。牲畜及其产品的流通和价格，对畜牧业的发展有促进和制约的作用。我国的畜产品流通和价格长期以来与草原牧业的特点和要求不相适应，从而使畜草关系不能协调，并成为破坏草原资源的一个因素。例如，我国藏北牧区，地域辽阔，交通不便，畜产品的流通渠道不畅。每年9月是这一地区的肉食生产最佳季节，牛羊膘情好，肉的品质也高。但是，由于屠宰加工和储藏运输等条件跟不上，就使畜产品的生产加工过程要拖到当年11月以后，不能及时进入流通领域。这时的牲畜已进入冬瘦期，饲草困难，不仅降低了畜牧业的经济效益，而且也加重了畜草矛盾，从而形成对草原的更大压力。同时，这一地区的畜产品价格也不合理，有的地方越是偏远，收购价格越低。这就促使牧民不愿及时宰杀统一交售畜产品，而宁愿较长时间地留存活畜，等待机会在当地容量有限但是比较有利的易货贸易中进行交换。

目前，藏北地区向社会提供的畜产品中。牛羊肉只占总产值的21%[①]。这种牲畜长期无效饲养的情况无疑也加重了草原资源的负担。

7. 传统思想观念和经济理论上的缺陷。我国牧区长期以来缺乏商品经济意识，不重经济效益，而存在着以饲养牲畜头数多为富有的传统观念，因而常常单纯地追求扩大饲养牲畜头数。这无疑将增大对牧草的压力，形成对草原资源的负担。同时我国的原有经济学理论，认为草原是天然的自然资源，没有经过人的劳动过滤，因此没有价值。在这种经济理论的指导下，人们对草原的利用不加珍惜。他们无限制地大量放养牲畜，随意滥用草原。即使严重超载过牧，损害了草原资源也不负任何责任，不需要从经济上进行补偿。这种不完全的经济理论指导，也是促进畜草更加不平衡，使得草原继续破坏的一个原因。

以上种种情况，说明我国草原畜牧生产存在着严重的畜草不平衡，长期以来沿用着一种掠夺性的经营方式。而造成这种状况又有多方面的原因：其中既有生产上的原因，也有管理上的原因；既有生产关系的原因，也有生产力和上层建筑的原因。其影响涉及草原畜牧业经济再生产的生产、分配、流通、消费全过程，同时也进而影响到草原畜牧业中牲畜和牧草生产的自然过程本身。

用生态经济学的理论为指导，可以看到，上述多种原因造成的多种破坏集中于一点，就是破坏了草原生态经济系统。草原生态经济系统具有整体性、综合性和协调性的特点，是一个有机联系的统一整体。人们经营利用草原采用单一牲畜目标，不顾草类和整个系统的状况，孤立经营经济系统而不顾生态系统，以及多种原因引起的生态与经济不协调，都直接与草原生态经济系统的这些特点相违背，因此引起整个系统从超载——退化——更大的超载这一恶性生态经济循环是必然的。

用生态经济学的理论为指导，也可以看到，草原生态经济系统的多种破坏，都是由于人的各种错误认识和行为引起的。人是生态经济系统的主宰，人的错误行为能够破坏草原生态经济系统，他们也能够在生态经济学的理论指导下，充分发挥自己的主观能动性，自觉地调节自己的经济行

[①] 《西藏日报》1989年1月4日。

为，来调控整个草原生态经济系统，使之从恶性循环走向良性循环，推动我国草原畜牧业协调迅速发展。

三 用积极畜草平衡的思想指导草原畜牧业发展

当前我国的草原资源已经受到了很大的破坏，但是仍然具有很大的潜力，用生态经济学的理论为指导，自觉调控草原生态经济系统，挖掘这些潜力是畜牧业生态经济研究的任务。在实践中，真正做到这一点，需要有正确的指导思想，并且有正确的对策和做法。

（一）要树立积极畜草平衡的指导思想。针对当前草原畜牧业中存在的突出问题，应该明确以下两个方面的重要认识：

1. 正确处理草原资源利用和保护的关系。针对当前草原生态经济系统已经受到很多破坏，对之进行必要的保护是当务之急。但是人们经营草原生态经济系统是为了发展经济，因此它的根本目的还是利用。草原畜牧业的经营对象是草原生态经济系统，基于它本身的特点，在系统已经遭受破坏的情况下，只有进行必要的保护，才能维持其正常的生态经济结构和功能，才能保持系统的生态经济平衡，草原畜牧业经济的发展才能继续。同时草原畜牧业经济的发展也不能中断和停顿，因此两者的结合点应该是在利用中的保护和在保护下的利用。这将是指导草原畜牧业恢复发展，并保持畜草生态经济平衡的正确思路。

2. 区别草原的两种生态平衡。当前我国草原生态平衡已遭破坏，保护是必需的。但是对保护生态平衡量的认识却不应当是消极的。从人类利用自然的角度来看，保护草原生态平衡可以区分为两种情况：一种是消极的生态平衡，即要人们迁就草原牧草生长的低水平现状，或简单地要求恢复到过去草原未破坏或较少破坏的状况，这就要停滞以致大大缩减畜牧业生产，显然这种做法不能适应我国发展草原畜牧业的迫切需要。另一种是积极的生态平衡，即在积极发展畜牧业生产中保护草原的自然生态平衡，其做法是充分利用草原的内在潜力，积极发展牧草生产，在产草量迅速增加的基础上，在更高的层次上达到新的畜草平衡，并使整个草原生态系统的生态平衡得到保护。很明显，这将是我国当前发展草原畜牧业应该采用的正确指导思想。这种思路的一个基本点是，人类既要适应自然，又要改造自然。人类在大自然面前不应该是无所作为，而应该在自觉认识生态平衡自然规律的条件下，使自然为人们发展经济的目的服务。

（二）要选择发展草原畜牧业的正确道路。即以上述积极草原生态平衡的思想为指导，改变过去靠天养畜的做法，走建设养畜的道路。对此：

首先需要认识建立人工草原生态系统的必要性和可能性。

生态经济学的原理告诉我们，草原不是纯自然的生态系统，而是一个生态经济系统。它的形成和存在不简单是自然界对人类的赋予，而是参与了人的劳动和智慧，因此其实质是一个人工生态系统。生态经济学中人工生态系统这一客观经济范畴的建立，解放了人们的思想，使人们在人与自然之间的关系上进一步具体明确了以下两点：一是人在生态经济系统中的双重地位。就其自然属性来看，人与其他生物一样，是生态系统的一员，就其社会经济属性来看，人又是整个生态经济系统的主宰。二是人在自然规律面前可以有所作为。人不能违反自然规律和改变自然规律的作用，但是人可以创造条件，建立新的生态系统，更好地运用自然规律。这些就使人们看到，他们可在认识自然规律的基础上，充分发挥自己的主观能动性，调控自然生态系统，建立各种有效的人工生态系统，使之为人们的利益服务。这也就为人们选择采取建设养畜的正确道路提供了生态经济理论上的依据。

其次，在实际生产中，采取这一做法，一个重要的现实问题是正确认识并处理好以草定畜和建设养畜的关系。对此，一方面应该看到，以草定畜是畜草平衡生态经济规律的具体表现。草原生态经济系统和其他各种生态经济系统一样，都具有有限性的特点。一定的草原生态经济系统，牧草的生产量是有限的，因此所能放养的牲畜也必然是有限的。加之草原及其利用存在着牧草季节产量的不平衡，冬夏草场面积的不平衡和放牧利用时间的不平衡，就更进一步加大了以草定畜数量的客观限制性。长期以来，正是违反了以草定畜的这一具体要求，从而破坏了草原自然资源，形成了超载过牧——草原退化——超载过牧加重的恶性循环。以草定畜的具体公式从数量上规定了草原的放牧强度与合理的载畜量，为实现草畜平衡提供了保证。

另一方面，也应当看到，建设养畜是积极畜草平衡的必然要求。这里需要强调的是，以草定畜，规定性不应是消极的，它在实践中体现的生态平衡应该是积极的生态平衡。即只有在建设养畜基础上的畜草平衡才能最充分有效地利用草原资源，在饲草增加的基础上，最有效地发展草原畜牧业生产。

上述两个方面的结合，就向人们指出，我国发展草原畜牧业必须改变长期以来粗放经营的做法，采取集约经营的方式。和农业（种植业）的情况一样，由粗放经营走向集约经营是草原牧业发展的必然趋势。我国农业几千年来即已建立了精耕细作的优良传统，使耕地得到了充分利用。这是由历史上我国农区人口多、耕地少的具体条件所决定的。今天我国牧区地广人稀的状况已经逐步改变，单位草原载畜量已经迅速提高，走向集约经营也是历史发展的必然。近年来，我国一些牧区实际上已经开始了从粗放经营向集约经营的转变。如藏北牧区自 20 世纪 70 年代末到 80 年代，在草原经济发展中的两件大事引人注目：一是 1977 年到 1984 年草原上掀起的人工种草"热"，二是自 1984 年发展起来的草原围栏建设，都取得了显著的生态经济效益。又如青海牧区的贵南县，从 1979 年开始，坚持 10 年草原建设，全县在退化草场上建起了 33 万亩人工草场，围建天然草场 53 万亩，并灭治草原鼠虫害，使牧草产量不断增加。据测定，天然围栏草场和人工草场比天然草场鲜草产量分别提高了 3—6 倍，在今年受灾的情况下，保证了仔畜成活率，牲畜头数和商品率比正常年份都有较大幅度提高。海北州大规模进行草原建设，9 年来畜牧业已获得连续丰收，基本上实现了草原建设与牲畜发展的速度同步，草原建设速度超过了退化速度，扭转了恶性循环局面，这些地区的实践都明确地指出了广大牧区集约经营、建设养畜的正确发展方向。

（三）要促进草原畜牧业发展的全面协调。以积极畜草平衡的思想指导发展畜牧业，在积极进行草原建设，加强物质基础的同时，还要从多方面入手，促进畜牧业经济发展的全面协调。这是因为草原生态经济系统本身就是一个多因素、多相关的有机联系整体。为此，在实际工作中从客观上应该重视以下三方面的问题：

1. 自觉控制人类自身的再生产。草原畜牧业的本质是人和自然之间的物质交换。人口的迅速猛增长对有限的草原自然资源形成了日益加剧的压力。明确认识生态经济系统承载能力有限性的特点，从协调人畜关系上，有计划地限制我国庞大人口的继续增长是从宏观上缓解对草原破坏的积极战略措施。

2. 实行对草原畜牧业再生产全过程多环节的全面管理。草原生态经济系统是一个多因素相交织的有机联系整体，因此，必须有针对性地从多方面多环节采取综合管理措施，这样才能避免单项任务突出等对系统所形成的破坏，而实现整个生态经济系统运行的全面协调。为此，应该认真总结历史上正反两个方面的经验教训，例如从生产方针上坚持多种经济全面发展，防止草原的继续滥垦破坏；以生态经济学的理论为指导，采取恰当的草原生产责任制形式，改革管理考核指标体系，并完善价格和收购政策，把广大牧民的生产积极性引向保护草原、建设草原，充分合理利用草原，制止对草原资源的破坏，以及改变牧区传统的思想观念，使之有利于促进实现畜草平衡，将之纳入更适合草原商品经济发展的轨道等。近年来的实践中，我国牧区各地从多方面采取措施进行综合改革，已经取得了明显的生态经济效益。例如青海省玛沁县雪山乡针对过去单纯考核牲畜头数指标带来的问题，改革考核管理办法，把牲畜的总增率、出栏率和商品率列为畜牧业生产的重要指标，推动了草原畜牧业从头数畜牧业向效益畜牧业的转变，大大提高了生态经济效益，保护并充分利用了草原自然资源。内蒙古阿鲁科尔沁旗针对过去无偿使用草原造成的滥用破坏，实行了草原有偿使用制度，按规定的合理载畜量收费使用草原。对违反规定严重超载，造成草原严重退化、沙化的要加倍收费，从而从经济利益上把草原的使用和保护协调起来，对实现畜草平衡，扭转生态经济的恶性循环，使之走向良性循环起了重要的促进作用。他们的经验都给我们从畜牧业再生产的全过程出发，进行综合性的全面管理，提供了重要的启示。

3. 着眼于大系统的生态经济平衡。草原畜牧业是开放性的生态经济系统，它不停地与系统外进行着物质循环和能量转换。因此从客观上来看，它与农区的畜牧业一起，又形成了更大的畜牧业生态经济系统。从积极畜草平衡的意义上扩大利用草类资源，一个十分重要的问题是挖掘这种宏观畜牧业生态经济系统的潜力。草原畜牧业和农区畜牧业各自具有自己的资源优势，前者有丰富的夏季草场，增产潜力大，可以多养生产母畜、多繁殖仔畜；后者有丰富的作物秸秆等农副产品，可以进行牲畜的育肥生产。两者通过商品交换互通有无，就可在专业化、社会化、商品化生产的基础上充分发挥各自的自然资源潜力，在一个统一的宏观的畜牧业生态经济大系统中，实行合理的资源分工和社会分工，从更大的范围内实现更广泛的畜草生态经济平衡，这种做法将为更充分地利用我国的畜草资源，迅速发展牧业提出更广阔的发展前景。

（原载《中国草地生态研究》，内蒙古大学出版社 1989 年版）

辽宁省大洼县西安农场养殖场生态经济建设

西安农场养殖场是1986年国家环保局全国十个生态农业建设试点之一。经过几年来的建设，获得很大成效。1989年9月经全国和东北地区专家组成的评委会鉴定，基本评价是设计思想正确，工艺流程合理，建设质量高，取得了显著的经济，生态和社会效益，达到国内的同类先进水平。其基本做法是：针对过去冲洗猪舍大量粪尿废水肆意流淌，形成大量资源浪费和严重污染环境等问题，通过试验研究，合理安排生态系统的"食物链"，核心是采用"三段净化，四步利用"的措施，扩大并提高了太阳光能利用率和物质的转化效率，使自然资源得到充分利用，并控制了环境污染。其具体流程是：第一步，将冲圈的含有高浓度有机质的大量猪粪尿污水（每年约90万公斤），排入水葫芦池进行第一段吸收净化。第二步，从水葫芦池引入细绿萍池进行第二段吸收净化（根据当地条件，均以七天为佳）。通过两种水生植物的不同喜肥特点，比较彻底地净化了水质，并为农场提供了大量水生饲料（水葫芦，细绿萍），按氮素计算，约307万公斤，节约精饲料47万公斤。第三步，将已经两段净化并繁殖出大量浮游生物的污水引入鱼蚌提供饲养饵料。至此，污水已经变成了清水。第四步，将鱼塘排放的清水再引至水稻田做灌溉用水，进行利用。在此基础上，1988年该养殖场的总产值达到130万元，为1984年76万元的1.7倍；人均创产值1万元，人均收入达2600元，比1984年提高了1.17倍。同时为社会提供了生猪、水稻、水生饲料、鱼、蟹、珍珠等多种农产品，并为本省市县和吉、黑两省提供水葫芦、细绿萍10万余公斤。西安农场养殖场的生态农业研究建设，为北方水资源较充足地区发展以畜牧业为主的水乡养殖类型生态农业提供了一个有效的途径，在实践中和理论上都有重要意义。目前，他们的经验已经在全县 14 个点开始推广，全国各地来参观学习的达 2 万余人次，在社会上已经产生了较大的影响。

（原载《生态经济通讯》1989 年第 10 期）

用生态经济学理念指导发展低碳区域和产业

发展低碳区域和产业是生态时代的要求。生态经济学是适应生态时代的需要,指导实现生态与经济协调的科学。生态经济学的理论认为,人的一切经济活动都是在一定的"生态经济系统"中进行的。它由"生态系统"和"经济系统"两个系统结合形成,同时要受自然规律和经济规律两种客观规律的制约。在现实生活中,人们的经济活动是以区域为载体,并以产业为基础和组成结构运行的,例如低碳城市和低碳产业,两者互相依存和互相促进。低碳区域和低碳产业都是生态与经济协调的产物,用生态经济学理论指导它们的发展,要树立协调的理念、发展的理念和改革的理念。下面具体就低碳城市和低碳产业的情况作一些分析。

一 发展低碳区域和产业是生态时代的要求

当前人类社会的发展已经进入新的生态时代,其任务是解决工业时代遗留的生态与经济矛盾,实现两者协调,并在此基础上实现经济社会的可持续发展。低碳区域(包括城市)和低碳产业的出现都是生态时代实现生态与经济协调的要求。据此,指导它们的发展首先要树立生态与经济协调的理念。就低碳城市的发展情况看,其产生是世界城市化发展进程和现有城市发展模式演进的必然结果。源头上,城市产生于政治和经济的需要。统治者筑城为了防御国内外的反抗,市集的出现是社会分工和商品经济发展的产物,城市从建立开始就是一个与自然生态系统运行不协调的社会经济系统。当代,20世纪60年代后,世界生态与经济的矛盾日益明显,城市生态与经济不协调的问题也愈益显现。之后,随着世界二氧化碳等温室气体排放的日益加剧，建设"低碳城市"的问题就迅速提上世界各国的重要议事日程。我国目前正处在城市化的加速发展时期，城市建设规模迅速扩大，城市人口急剧增加，又是沿用以煤和石化能源为主的发展经济模式。其能源的高消耗是必然的，二氧化碳等温室气体的高排放是必然的，城市的高污染是必然的，由此"低碳城市"的出现也是必然的。

用生态与经济协调的理念指导发展低碳城市，从其所起的作用上，要看到低碳城市是经济社会低碳化的主体。这是因为城市是人口和生产的高度集中地，排放的二氧化碳等温室气体数量巨大，由此，它在促进整个经济社会低碳化上的作用和潜力也巨大。据学者研究，全球城市面积仅占地球表面积的2%，但全球却有一半以上的人口居住在城市，城市温室气体排放也高占全球温室气体排放的75%。我国有46%的人口居住在城镇，85%的能源消耗和二氧化碳排放也来自城镇。城市是全球碳排放的主要来源，也是节能减排实现经济社会低碳化的主要潜力所在。由此，它在整个社会解决温室气体排放和气候变化问题上，肩负着低碳化任务主体的作用这一点是十分明确的。

当前用生态与经济协调的理念指导发展低碳城市，从其实质上也要看到低碳城市的实质是"生态经济市"（或"生态与经济协调市"）。我国当前还处在发展低碳城市的初始阶段，人们对它的概念和内涵还存在着各种不同的认识，并且与目前已经存在的指引城市发展目标的各种提法也存在着各种认识上的交织与含混。近三十年来，我国各个部门和地区从本身的特点和需要出发，顺应新时代的发展趋势推进城市的可持续发展，已经提出了各种鼓励先进城市的称号，例如建设花园城市、园林城市、森林城市、卫生城市、健康城市、循环城市、生态城市、环境保护模范城市等，其核心反映的都是经济社会与自然生态相结合的共同发展趋势，这种趋势实质上就是生态时代实现生态与经济协调的发展趋势，因此它们的实质无一例外都是属于"生态与经济协调城市"的范畴。而且多年来，人们也把这些概念都集中归纳在"生态市"的共同范畴之内。但是从生态时代的本质特征来看，"生态与经济协调市"应该是更准确的概念。上述各种对当代先进城市的称号，包括"低碳城市"在内，也都是"生态经济市"（或"生态与经济协调市"）的一种具体表现形式。对于"生态市"，我的观点是，已经约定俗成，在实际工作中可以继续沿用。但是对它的实质和内涵则应该进行"生态与经济协调"的全面正确认识和理解，以避免在理论上和实践中可能产生的某些误解和误导。

二　在发展中建设低碳城市和低碳产业

用生态经济学的理念指导发展低碳区域（城市）和产业，不但要树立生态与经济协调的理念，而且要树立发展的理念，即在发展中建设低碳区域（城市）和产业的理念。低碳城市就其表面含义说，是指以低碳排放为基本特征和发展方向的城市，它要求城市降低能源消耗和二氧化碳等温室气体排放的水平。但是我们却不应该因此就采用放慢或停止发展城市经济的办法来建设低碳城市。对此要看到，低碳城市和低碳产业是一个积极的范畴，而不是一个消极的范畴。在现代经济社会发展中，城市化是世界发展的必然趋势，也是我国发展的必然趋势，城市经济的迅速发展无疑是必要的和重要的。21世纪是发展的世纪，同时也是保护的世纪。正确处理发展和保护的关系问题始终贯穿在整个世纪的过程中。当前发展低碳城市，人们不应当把发展和保护两者对立起来，而应该把它们放在各自应有的位置上使两者协调统一起来。对此，近四十多年来的世界环境与发展运动过程和联合国1972年与1992年召开的两次相关大会及其主旨的转变，首先给人们以明确的启示。

人类社会的发展进入20世纪60年代末，世界范围内明显出现的生态与经济不协调状况引起人们的忧虑。先是以罗马俱乐部为代表的"悲观派"观点和以美国一些学者为代表的"乐观派"观点关于人类社会发展前途的一场大讨论，为世界环境与发展运动的兴起做了舆论上的准备。1972年联合国在瑞典首都斯德哥尔摩召开的"人类环境会议"，又把这一舆论变成世界保护环境的实际行动。但是会后二十年，各国都做了大量保护环境的工作，但世界的生态破坏并没有停止，人们生存的环境还在继续恶化。联合国为解决这一问题，于1992年在巴西的里约热内卢又召开了"环境与发展会议"。这次大会的一个重大前进就是把环境与发展（核心就是把"生态与经济"）紧密结合起来。由此并提出"可持续发展"的指导思想指导人们的行动。这次大会的召开，把人们从"为保护环境而保护环境"却保护不住生态环境的道路上拉回来,转而走上了"在发展中保护环境"的正确道路。

对这一问题,生态经济学的理论认为,"环境问题的实质是经济问题"。人在地球"生态经济系统"中生存,其中"生态系统"作为"环境"(指自然环境)是"经济系统"的依托,它是自然的客观存在。而现实社会中的"环境问题"则是一个社会经济的概念,是指人与自然之间的关系:人的错误经济指导思想和经济行为破坏了自然生态系统的正常运行,自然反过来又阻碍了经济社会的发展。人在发展中所面对的矛盾是"发展经济与保护环境的矛盾",其实质是"如何发展经济"的问题。由此,"环境问题"也必须依靠人们在发展经济中端正自己的经济指导思想和经济行为才能解决。

与联合国上述认识的转变相一致,我国的"科学发展观"对这一问题也做出了明确的科学论述。它提出"以人为本,全面协调,可持续发展",其中突出强调"发展是它的第一要义"。科学发展观是马克思主义同当代中国实际和时代特征相结合的产物,它根据生态时代实现"生态与经济协调发展"的核心要求,并总结四十多年来我国和世界保护环境的正反两方面的实践经验,也突出强调了发展的根本重要性。并且同时也强调提出科学发展必须在统筹人与自然之间关系等"五个协调"的基础上才能够实现,由此也就明确指出了我国必须坚持"在发展中建设低碳城市和产业"的正确道路。

生态经济学是适应生态时代实现生态与经济协调的科学,它的学科理论与科学发展观的基本理论也内在相通(分别对应其各个核心要义:"科学发展观的第一要义是发展"、"它的核心是以人为本"、"它的基本要求是可持续发展"、"它的基本途径是全面协调",另有文章论述)。在正确处理当代"发展和保护的关系"问题上它与联合国和科学发展观的认识相一致。在当前发展低碳城市和产业的实践中,具体运用生态经济学的理念指导,我建议:与指导整个国民经济的发展一样,也应该建立和遵循"经济是主导,生态是基础"的新的总体指导思想,以生态与经济统一的认识指导人们的经济行动。对此,一方面应该看到,发展经济与保护环境两者都是十分重要的,两者的有机结合构成我国新时代发展经济的新的总体指导思想。另一方面也应当看到，两者在发展中的地位和作用又不是等同的。其中"发展是硬道理"。我国的经济实力需要增强，人民的生活需要提高。由此把"发展经济"放在首先和主导地位是肯定的。但同时，经济的发展又必须以自然生态系统的正常存在和顺畅运行为依托。由此把"保护生态"放在重要的基础地位也是肯定的。在实际工作中，贯彻这一指导思想要反对两种错误倾向：一是长期以来存在的"只顾发展经济，不顾破坏生态"的错误倾向；二是在人们都认识了必须保护生态环境的基础上又产生的"为保护生态环境而保护生态环境，阻碍发展经济"的错误倾向。使两者的作用相辅相成，从而更有力地保护环境和可持续地发展经济，最终更好地促进我国生态文明建设的实现。

三 在改革中建设低碳城市和低碳产业

建设低碳城市和低碳产业，不但是一个发展的问题，同时也是一个改革的问题。生态经济学也是一门指导发展和改革的科学。因此，用生态经济学的理念指导发展低碳区域（城市）和产业，在树立协调的理念、发展的理念的同时，也还要树立改革的理念，即在改革中建设低碳城市和产业的理念。从生态与经济的结合上看，其最基本的生态经济根源在于城市是一个不完全的生态系统：就生态学的意义上说，一是城市的"生产者"和"消费者"不完全，城市生态系统必须从系统外（即从农村生态系统）输入大量的食物和农畜产品工业原料；二是"分解者"不完全，城市本身排出的大量生产和生活废弃物，依靠本身也不能"还原"消化；三是非生物环境要素也不完全，如城市生产和生活所需的大量能源和矿物原材料，也都必须依赖外系统来提供。城市生态系统的结构不完全，必然也带来其功能的不完全。加之长期以来人们发展和管理城市的经济思想也不正确，于是就提出了从人与自然的关系上继续深化经济改革的客观要求。

结合当前的实践看，我国实际上正在进行着两种经济改革。一种是遵循客观经济规律的要求，从人与人的关系上进行的改革。这一改革已经进行了三十多年，取得的成就令世界瞩目。其核心是解放被束缚的社会生产力，促进经济的迅速发展。另一种是遵循客观自然规律的要求，从人与自然的关系上进行的改革。这一改革在实践中已经自发地存在着，但是还没有被更多的人所认识。其核心是解放被束缚的自然生产力，促进经济的可持续发展，继续深化这一改革，将把我国经济社会的发展放在既符合客观经济规律，同时也符合自然规律要求的基础上，从而取得更大的成就。它的继续进行是生态时代的客观要求，也是历史发展的必然。当前在发展低碳城市和产业的过程中，要把它明确提到我国发展和改革的重要议事日程上来。

当前用生态经济学的理念指导发展低碳城市，一个带根本性的改革是以生态与经济协调的思想指导，调整低碳城市的生态经济产业结构、发挥它的生态经济功能和深入挖掘它的生态经济潜力。这是一个关系到我国经济增长方式和生活方式转变的重大改革，具有重大和深远的生态经济意义。当前国内外发展低碳经济已经积累了多种途径的经验，例如能源低碳的途径、生产低碳的途径、生活低碳的途径和碳汇减碳的途径等。下面结合这些经验和途径，以我国具有重大节能减碳潜力的一些产业为例，对从人与自然的关系上继续深化改革的问题作一点具体研究。

1. 建筑产业。当前我国正在经历着一场史无前例的建筑业大发展。据统计，在原有450亿平方米建筑面积的基础上，每年新增加的建筑面积为20亿平方米。建筑业和工业、交通运输业是我国能源消耗最高的三大产业，其中建筑业的能源消耗又占了大头。面对如此巨大的能源消耗和节能潜力，建筑产业从人与自然的关系上继续深化经济改革大有可为。近年来我国节能低碳的各种建筑也不断涌现，其中"生态住宅"和"健康住宅"的形式更引人注目。当前我国已经出现的"生态住宅"多种多样，但是存在着指导思想认识上不准确和单纯追求形式等各种问题，需要改进。"健康住宅"是我国在总体解决了温饱问题以后，人们进一步关注提高健康水平出现的新事物。它把人们对人与自然之间关系和谐的要求更深化了一步，由此也就为发展低碳城市的低碳建筑产业展现了更广阔的发展前景

2. 交通产业。从人与自然的关系上继续深化经济改革，与城市的生产方式和生活方式改革全面相关。当前国内外在这方面关注度越来越高的一个问题是减少小汽车迅速增加带来的高度碳排放和造成的交通拥堵。并据此调整出行和产业结构。其中使用自行车出行已经成为各国积极倡导的现代生活和健康时尚。我国是有广泛使用自行车出行优良传统的国家。但是

随着对片面"交通现代化"出行方式的错误追求，各地使用自行车出行的比例已经逐渐变小。目前，浙江省杭州市打造公共自行车服务系统，调整交通产业和出行结构的做法引起了人们的广泛重视。该市从 2008 年 3 月开始，截至 2012 年年底，已拥有公共自行车 69750 辆、租赁服务点 2962 个，日均租用量达 25.76 万人次。按年均租用量 8700 多万人次测算，相当于一年内减少了 12 万辆小汽车出行，大大减少了二氧化碳的排放和城市交通的压力。杭州市也被英国广播公司旅游频道评为"全球 8 个提供最棒的公共自行车服务的城市之一"。

3. 农业产业。现代城市生态系统越来越高的不完全性，提出了实行城乡一体化建设的客观必要性。与此同时，农业是最明显的"经济再生产与自然再生产相交织"的产业。我国许多地方已经实践的"向大自然要效益"的各种有效做法值得人们注意：

（1）向太阳能和无机环境要效益。这是"绿化大地"提出的生态经济依据。其着眼点是提高太阳能和无机环境要素的利用率，使过去人们不能直接利用的自然能量和物质转化为可以被人们直接利用的自然能量和物质。其具体途径：一是外延的扩大，例如绿化荒山、植树种草；二是内涵的扩大，例如实行间作、套种。这一做法的核心是对自然能量和物质的"直接利用"，是挖掘生态系统新生产潜力的"开源"方面。

（2）向生态系统的循环转换要效益。这是"循环经济"提出的生态经济依据。其着眼点是努力提高已经获得的生物能和有机物质的利用效率。例如根据生态系统"食物链"原理，组织各种农副产品"生产加工链"进行的"农业产业化"经营。这一做法的核心是扩大对太阳能和自然界无机物质的"间接利用"和"深度利用"，是挖掘生态系统新生产潜力的"节流"方面。

（3）向生态系统的整体组合要效益。这是"产业结构调整"提出的生态经济依据。其实质是以生态经济学的理论指导，发挥人的主观能动性，重新安排和建立新的、更有效的"人工生态系统"。这一做法的核心是对一定太阳能和自然界无机物质的"重新配置利用"，是挖掘生态系统新生产潜力的"整体重组"方面等。

4. 静脉产业。城市生产、生活所产生的大量"废弃物"需要处理消纳，它们又是"资源"，需要回收利用。当前在垃圾消纳和回收利用上都有增产和节能低碳的巨大潜力。就垃圾的消纳来看，目前世界和我国多采用"大型集中"的形式，其着眼点在于：它是发达国家的经验，是先进生产力的代表。但与此同时，以高科技为基础的"小型分散"处理方式也日益进入人们的视野，它的优点也日益引起人们的重视。从我国的国情和全面取得更大的生态经济效益出发，在两者的对比中可以看到："大型集中"的形式规模大、效率高、其作用是肯定的。但是在实践中它也存在着以下弊端：它占地（特别是耕地）多、运输量大、污染集中强度排放危害重。加之又多使用柴油车耗油更多，长途飘洒产生新的污染、选址与当地居民的矛盾尖锐，与快速发展的城市规划也难适应，今天设在城郊荒野，明天就会坐落在城市的中心难以处理等。从而成了一种较高能耗、较高污染、较高碳排放的模式，与发展低碳城市的要求相抵触，这些方面的缺点需要改进。而建立在高科技基础上的"小型分散"的处理方式在这些方面则有相对的优势。就已经见到的比较成熟的高科技小型生活垃圾消纳处理设备的情况看，首先，它建立在高科技的基础上。具有比较高的处理垃圾能力。同时，它具有源头处理就地消纳与小型分散适应性强的特点，因此可以很少或不占用耕地，不用中转堆放，可以大量减少运输；处理过程产生的污染数量小，便于消释，也不产生由于长途运输而造成的新的污染；而且选址建设与当地居民和城市迅速发展规划变迁之间也不会造成尖锐的矛盾或留下隐患。由此在我国的具体国情下，它也就成为一个具有较大优势的处理形式。我国是一个幅员辽阔、自然经济条件复杂的国家。"大型集中"的垃圾处理方式不能一概否定，而"小型分散"的处理形式则应给予足够的重视和大力加强。两者结合，相辅相成，在"大型小型并举，小型分散为主"的基础上共同构成有我国特色的城市垃圾处理体系。如此将在实践中出现"大型集中设备引路、小型分散设备因地制宜遍地开花"的局面，这有可能是更为有利的选择。

5. 城市森林碳汇产业。当前人们对森林在改进城市生态中的作用认识越来越深刻。但是把城市森林碳汇作为一个产业来看待还没有提上人们的议事日程。做研究工作有时是需要"冒叫一声"的。我国已故著名经济学家许涤新先生曾经说过他在上海曾经"冒叫过一声"建立生态经济学，并一开始就指定我负责这一学科的研究和组织创建工作，至今三十多年，生态经济学已经成为一门蓬勃发展的科学。今天发展林产业已经成为人们的共识。人们对森林的生态经济作用的认识也已经经历了四个逐步深入的过程，即从开始时利用一根"立木"，到利用"全树"，又到利用"全林"，之后再认识到利用整个"森林生态系统"。目前，森林进入城市和积极发展森林碳汇的问题也已经列入人们的议程，而且在实际工作中碳交易也越来越频繁。上个月我应邀在杭州市参加了太湖文化国际论坛，讨论"加强国际合作，共建生态文明"。世界上一些国家的总统和政要参加，全国政协主席俞正声出席大会讲话。我在会上也作了一个与今天内容相类似的发言并受到了重视。大会期间，请国家有关方面对会议的碳排放做了核算，共计的碳排放量为99吨，同时也在井冈山地区植造了碳汇林15亩，实现了碳排放与吸收的碳中和。从当前经济形势的发展来看，城市森林碳汇作为低碳区域（低碳城市）的一个新兴重要产业出现，可能已经是指日可待了。

（本文是作者2013年6月在国家发展和改革委员会、住房和城乡建设部、深圳市人民政府主办的首届深圳国际低碳城论坛上的论文和同名发言）

论人居环境生态化

人居环境生态化是当今人类进入新时代需要深入研究的主题之一。在当代的经济发展中，人居环境生态化已经是一个明显的发展趋势，在房地产业内也已基本形成了共识。但是总的来说，人们的认识还不够深刻，行动还不够有力；以及对如何把方向的优势化作市场优势等许多问题，都还需要进行深入的研究。今天就这个机会，准备从以下方面对这个问题提出一些看法，和大家共同探讨。

一　生态时代指出人居环境生态化的发展方向

当前人居环境建设必须要走生态化的发展道路。这是人类社会的发展进入新的生态时代的必然要求。它指出了我国和亚洲房地产业的共同发展方向。

1. 人类社会的发展进入新的生态时代

纵观人类社会的发展，从人与自然的关系来看，至今已经历了三个发展阶段。第一是农业社会阶段。人类的祖先，最早过着茹毛饮血和穴居野人的生活。由于社会生产力的发展，人们开始懂得了动物饲养和植物种植，并开始使用一些简单的农业生产工具。农业生产力的发展推动了农业革命，建立了农业社会。并且创造了长期的农业文明。这是人类社会发展史上第一次大的飞跃。在农业社会中，生产力的水平很低，人口也不多。人对自然界的伤害不大，自然界也没有对人类做出惩罚。第二是工业社会阶段。人类社会的发展进入18世纪80年代，以英国科学家詹姆斯·瓦特发明蒸汽机为标志，社会生产力的大发展推动了工业革命，建立了工业社会，并且创造了光辉灿烂的工业文明。这是人类社会发展史上第二次大的飞跃。在工业社会中，科学技术不断进步，促进社会财富不断增长。但是由于人们没有生态与经济协调发展的意识作指导，日益强大的发展经济的力量损害了自然界的生态平衡，就造成了经济社会的不可持续发展。第三是生态社会阶段。也就是当前人类社会所进入的阶段。这时一种新的、具有更高水平的社会生产力，即"绿色技术"，已经形成和发展起来。它的基本特征是既有很高的生产能力，又能够协调人与自然之间的关系。也正是由于这种新的生产力的推动，当前也正在进行着一场新的革命，即生态革命。从而推动人类社会从工业社会走进新的生态社会，并且正在孕育形成新的更高的生态文明。这是人类社会发展史上第三次大的飞跃。新的生态社会建立的根本目的是解决工业社会中严重存在的经济与生态的矛盾，从人与自然的根本关系上实现两者的和谐。

2. 全球可持续发展指导思想的形成

新的生态时代实现人与自然关系的和谐，需要建立新的指导思想，就是可持续发展的指导思想。它的产生来自经济社会发展实践，并且经历了一个逐步形成的过程。人类社会的发展进入20世纪60年代末，人口、粮食、资源、能源和环境等生态环境问题都已经明显地显现。人们纷纷寻找解决问题的出路，由此开始了近三十多年来的世界环境与发展运动。首先，出现了以"罗马俱乐部"为代表的"悲观派"观点和以美国的赫尔曼·卡恩和朱利安·西蒙等为代表的"乐观派"观点，关于人类社会发展前途的一场大讨论。前者认为当代世界经济的发展，任由现在的趋势继续发展下去，地球上的增长在100年中就要达到极限，因此主张实现"零增长"。后者则针锋相对地认为全世界正面临着"无限繁荣的机会"。之后两种观点又有所接近。这是世界环境与发展运动的舆论准备阶段。在此基础上，联合国于1972年在瑞典首都斯德哥尔摩召开了"人类环境会议"，把保护生态环境的意识落实到保护生态环境的实际行动。这是世界环境与发展运动的实际行动阶段。之后在长达20年的保护环境行动中，各国政府和人民都做了大量保护环境的工作。但是世界生态环境的破坏并没有停止，人类生存的环境还在继续恶化。为此，联合国于1992年又在巴西里约热内卢召开了联合国"环境与发展大会"。大会的一个重要前进是提出，环境保护与人类经济社会的发展密切联系不可分割，脱离了经济的发展来保护环境也是保护不住的。因此明确提出把环境与发展（也就是把生态与经济）密切结合起来，从而把大会也定名为"环境与发展"会议，并且提出以"可持续发展"作为世界共同的正确指导思想。这就开始了世界环境与发展运动的环境与发展行动统一阶段。三十多年来，世界人民从认识到行动，从"保护环境"到"环境与发展结合"的"环境与发展运动"实践过程，就是生态时代"可持续发展指导思想"的孕育和形成过程（同时也是为这一指导思想提供理论基础的生态经济学新学科的产生和建立过程）。生态时代要求实现经济社会的可持续发展，就为亚洲和我国人居环境建设指出了明确的发展方向。

3. 世界"经济生态化"发展趋势的出现

生态时代实现可持续发展的要求具体表现在经济社会发展实践中。人们看到，当代经济的发展已经出现了一个明显的"经济生态化"发展趋势，它的表现存在于经济发展和人们生活的各个方面。例如在城市建设上，越来越强调尊重自然。在产业发展上，越来越强调"绿色产业"和"绿色产品"。如汽车制造业努力发展"绿色汽车"，建筑业发展"无公害建筑"和"生态建筑"，包括"生态住宅"、"生态庭院"、"生态公厕"；建材业发展"生态建材"，农业中发展"生态农业"、"生态林业"、"生态畜牧业"和"生态渔业"：商业中开发"绿色市场"、创建"绿色名牌"和采用"绿色包装"。日本的商人甚至已经把田野、山谷和草地的新鲜空气制成"空气罐头"；美国的商人也周游世界，用立体声录下了千百条，小溪、小瀑布和小河的"潺潺流水声"，高价买给久居闹市的人们享受。再如邮电业也在发展"绿色邮政"，出版印刷业也在发展对环境无污染或少污染的"绿色出版系统"等。

"经济生态化"的发展趋势不但明显地表现在经济和生产的发展上，同时也明显地表现在人们生活的衣食住行上。例如在吃的方面，人们强调"绿色食品"；在穿的方面，追求"生态时装"；在住的方面，要求"生态住宅"；在行的方面，控制小轿车的数量，呼吁多骑自行车等。此外"经济生态化"的趋势还渗透到人们生活的各个方面。包括追求使用绿色居室、绿色装修、绿色采暖、绿色照明、绿色家电、绿色办公室、绿色粉笔、绿色圆珠笔，参加生态旅游、住生态宾馆，以及出生植树、死亡后骨灰撒入大海等。

综观以上，在当前生态时代条件下，可持续发展指导思想的形成、生态经济学新学科的建立和"经济生态化"发展趋势的出现，三者的同步产生不是偶然的。可持续发展指出亚洲和我国人居环境建设的方向，"经济生态化"引导了它的发展潮流，生态经济学理论指导着它的实践。共同推动人居环境向着生态化的方向健康发展。

二　世界许多国家房地产市场向本质方向的回归

房地产业是我国的重要产业和国民经济的重要支撑。当前它的发展方兴未艾，正面临着繁荣发展的大好形势。目前它的市场竞争日趋激烈，开发商在尖锐的市场竞争中进行市场炒作也使出了各种招数，包括炒作概念、赠送、打折、联谊等。这是市场经济发展的必然，目前这方面也还存在着赚大钱的空间。

但是也向人们提出了一系列问题：例如当代房地产业发展的本质方向是什么？什么是其产品的本质特征？当代房地产业的优势在哪里？以及如何把它的本质优势化为商品和市场优势，使自己在日益激烈的市场竞争中立于不败之地？等等。对于这些问题，我个人的看法是：当前我国房地产业的发展方向是"人居环境生态化"，产品特征是发展"绿色住宅"（或"生态住宅"）。在党的科学发展观指引下，它将是今后政府政策倾斜的一个重要指向和人民群众关注的焦点，因而将是房地产业的一个重要定位，同时也将是更大更长远的市场优势所在。下面分别从我国政府的政策指向、世界人居环境建设的发展趋势以及我国房地产市场本身运行的三个方面，作一些分析。

1. 我国经济改革正向人与自然协调的方面深化

我国自1978年党的十一届三中全会后，在邓小平理论指导下，实行经济改革。二十多年来，我国经济改革的核心是针对长期以来，特别是"文化大革命"期间，在经济发展中忽视以致否定了客观经济规律的作用，从而不能取得应有经济效益的问题进行的。其基本内容是改革不适合社会生产力发展要求的生产关系和上层建筑，促进解放社会生产力，从而推动了我国经济的迅速发展。这是我国在邓小平改革理论指导下取得的巨大成就。

当前人类社会的发展已经进入生态时代，我国经济社会的发展也进入一个新的时期，其具体特征就是实现经济与生态协调发展和可持续发展。新的生态时代对我国经济的发展提出了新的要求，同时也赋予我国经济改革新的任务：这就是一方面，我们要遵循客观经济规律的要求，从人与人的关系上，继续改革一切不适合社会生产力要求的生产关系和上层建筑，进一步解放被束缚的社会生产力，促进经济的迅速发展。另一方面，也要遵循客观生态平衡自然规律的要求，从人与自然的关系上，改革一切不适合自然生产力要求的生产关系和上层建筑，解放被长期束缚的自然生产力，促进经济的可持续发展。这是我国在新的历史时期，运用邓小平改革理论的新拓展。从人与自然的关系上继续深化改革，是21世纪我国经济发展的必然要求。目前虽然还没有正式提上日程，但是在经济发展实践中早已自发地悄悄进行着。预计在不久的将来，它必将成为国家政策倾斜的一个重要指向，从而给绿色房地产开发带来巨大的利益。

2. 世界绿色人居环境建设正在兴起

放眼世界房地产业的发展，人们看到，绿色人居环境建设正在到处兴起，并且已成为发展潮流。虽然目前它的发展还在初期，并不完备。但是从以下列举出的一些侧面和事例，已经大体可以勾勒出它的明显走向，从而给人以启示。例如：

（1）荷兰积极建设与自然协调的人居环境。首先荷兰人爱花。大街小巷处处有花摊，家家有花园，户户有盆景。其次他们爱整洁。家家户户窗明几净，门庭街道经常用水冲刷，不留尘土。此外，他们也爱阳光。只要不下雨，总可以看到三五成群的老人坐在街心公园和马路边的长椅上晒太阳聊天。荷兰自20世纪90年代以来，由政府大力提倡，积极实行建设"环保屋"计划。其主要特点是：屋顶铺草皮。四壁利用太阳能发电和提供热水。排水管用陶瓷替代塑胶，引雨水冲洗厕所。室内设置湿度、扬尘、化学品、放射性毒素等测量计，建筑材料使用循环再造物料，避免混凝土及乙烯烃等化学材料，在荷兰，建造这种"环保屋"，成本比建造普通房子高10%，但可以节约1/4能源，并且能减少居住者过敏及支气管等病痛，对人体健康很有好处。因此仍然受到众多家庭和企业的欢迎。

（2）日本人努力亲近大自然。日本的经济发达，人口稠密，工业化污染严重。因此在许多人的生活中已经形成了一种摆脱工业污染，远离城市喧哗和努力接近大自然的"生活生态化"倾向。20 世纪末，日本全国的登山俱乐部大量涌现，钓鱼者的队伍已经占日本总人口的 1/3。日本的新生代更是积极向往大自然，他们夏天开车出去兜风，到野外宿营，去海边游泳、冲浪。冬天积极参加滑雪，每年第一场大雪之后，日本各地的滑雪场就挤满了年轻人。此外，日本的城市家庭也时兴到郊区租田种菜，已经使东京等城市郊区的出租农地供不应求。

（3）摩纳哥、尼日利亚重视人居环境绿化。例如摩纳哥的首都摩纳哥城，特别是它的蒙特卡洛区。所有的建筑物，不仅在窗台和阳台，就连房顶上也种了大片的树木，维护人居环境的空气新鲜和温度适宜。只是对这些树木都进行精心修整，使它们不会长得太高，以抵御地中海海风的袭击。又如在非洲尼日利亚出现的绿色生态墙。该国的原首都拉各斯，是一个因用植物做围墙比较普遍而著称的城市。无论是城市高耸的楼房，还是居民住宅、别墅，都在建筑物前面栽满各种美丽的花卉作物等，以铁丝制作的壁墙为依托，上面爬满了各种藤蔓植物。这种具有环保作用和观赏魅力的绿色围墙被人们称作"生态墙"，逐渐风靡世界，到处被人们效仿。

（4）英国、德国建立生态办公楼。例如位于英国约克郡沃特恩德的一座生态办公楼，建筑面积 5000 平方。其特点是：①楼内有"自我通风"结构，能够大大降低二氧化碳的数量；同时由于减少使用了空调设备，也减少了氯氟碳的排放，从而有利于保护臭氧层。②房顶、屋顶和墙壁使用绝热材料。③使用的硬木来自欧洲和美洲的温带森林，而不是热带雨林。④房屋建在新开辟的或原建筑使用的地基上，节约土地。⑤不使用有害人体健康的物质，包括石棉和含铅油漆。⑥热水只在需要时才供应，免去了储水塔。⑦照明使用轻巧的荧光灯泡，它是高能效和不闪烁的光源。⑧辟有专门的吸烟室。又如德国 1994 年在柏林建设的"第一座生态办公大楼"。正面安装了一个面积为 64 平方米的太阳能电池板来代替玻璃，造价不比玻璃贵。其屋顶的太阳能电池负责供应热水。大楼的屋顶设储水器，收集和储存雨水。先用雨水浇灌屋顶的草地，渗透下去的水又回到储存器，然后流到大楼的各个厕所冲洗马桶。楼顶的草地和储水器，能够局部改善大楼周围的气候，并减少楼内温度的波动。

（5）世界小姐竞选也回到健康美丽的大自然。例如1997年的世界小姐竞选活动，就一改往年的惯例，选择在非洲的一个鲜为人知的小岛上举行。这里的特点是远离城市的喧嚣，没有霓虹灯闪烁的繁华。人们看到的是青山、白云、流水和绿色丛林。它所宣扬的是崇尚环保、休闲、健康的主题，代表了人们追求人居环境生态化的发展倾向。

3. 我国房地产市场正向其本质内容回归

当前我国房地产市场的发展，与世界绿色人居环境建设的方向一致，也正在向着其本质内容（即"绿色建筑"）的方向回归。推动这一趋势出现的基本动力，一是生态时代实现经济与生态协调发展和可持续发展的必然要求，二是我国社会主义房地产市场的越来越走向成熟。对于后者要看到以下三点：

（1）政府的管理逐渐成熟。一个时期来，随着实践经验的逐步积累，我国政府驾驭社会主义市场的能力正在逐步提高，政策逐步完善，管理也逐步成熟。在此情况下，我国的房地产市场正在从无序竞争逐步转变到有序竞争，从盲目竞争逐步转变到理性竞争。这就有利于克服各种非本质竞争因素的干扰，使房地产市场能够在公平竞争中突出显示自己的本质方向。而政府引导房地产市场向其本质内容回归的指向和力度，在"科学发展观"已经建立、我国经济改革也将向人与自然协调的方向深化的条件下，将会表现得更加明显。

（2）消费者的行为逐渐理智。分析一下当前购房者的需求结构变化趋势，人们可以看到：第一，"基本需求"趋向理智（即房地产业常说的"主动的需求"）。人们对"居者有其屋"的认识正在扩展。"住房的所有权和使用权分离"这一认识的建立，使"居者"解决住房问题的思路从单一买房扩展到租房，从而有利于他们减缓烦躁的心情，面对比较平静的市场，更理性地选择适合他们目前和长远需要的房屋商品。第二，"被动需求"得到抑制。主要是指一段时间来的旧城改造大量拆迁。由于领导者总结不正确的经济指导思想和群众的坚决抵制，而逐渐退减到比较适度的规模。第三，"改革需求"和"发展需求"趋向生态化。前者包括农民进城、发展卫星城等形成的购房需求。后者主要指人们在满足了"居者有其屋"的基本需求后，为了改善居住条件所形成的"居者优其屋"的更高需求。这两种需求都将越来越强调人与自然和谐和有利于人体健康，从而都明显地指出人居环境生态化的方向。

（3）企业的行为逐渐规范。当前我国的社会主义市场正在从初步建立走向逐渐成熟。与此同时，世界和我国经济中，人居环境生态化的发展趋势也显示得越来越清楚。在此情况下，房地产企业明显地看到：一方面，继续运用各种非本质的促销手段，发挥作用"赚大钱"，维持"不可持续市场繁荣"的空间将越来越小。另一方面，发挥绿色房地产的本质优势，在市场经营中创造利润，实现"可持续市场繁荣"的空间会越来越大。与此同时，随着我国社会主义市场经济的不断发展，房地产企业对自己保护生态环境的社会责任的认识也将越来越清晰。他们逐渐意识到房地产企业经营中产生的影响生态环境的各种"外部不经济性"损失，最终还是要由企业本身来消化。所有这些，都在推动我国的房地产企业经营向着人居环境生态化的本质方向回归。

三 运用生态经济学理论建立房地产开发的新思维

当前国内外人居环境生态化和我国房地产市场向其本质内容回归的发展趋势，指出了我国房地产业前进的主流方向。在我国经济发展实践中进行绿色房地产开发，并从开发中切实取得应有的生态、经济和社会效益，还需要用生态经济学的理论，指导人们建立新时代房地产开发的新思维。对此要看到以下三点：

1. 发展绿色房地产要建立新的思维

长期以来，我国在经济建设中存在着大量生态与经济不能够协调发展的案例，以致出现了不少的生态灾难。这些问题，除了如火山、地震、海啸等主要是由于自然界本身的强烈运动所引起，目前人力还不能控制的灾难外，绝大部分问题都是由于人在发展经济中错误的经济指导思想和经济行为所造成的。它们的发生机制和具体过程是：人们在经济系统中，为了眼前和局部的经济利益，片面理解经济规律的作用，采取不合理的方式，开发利用生态系统自然资源。由于超过了自然生态系统的承载能力，破坏了自然界的生态平衡，反过来就使经济社会不能可持续地发展。大量的严重生态经济问题教育了人们，使他们认识到，我国发展经济中的各种生态经济问题都是由于人们在发展经济中，自身的错误经济指导思想和经济行为造成的。因此问题的解决也必须依靠人们端正自己的经济指导思想和经济行为本身。由此也就提出了必须建立生态时代的新思维，用以指导我国经济工作（包括房地产开发活动）。这些新思维是：①生态与经济双重存在的思维。这是指导绿色房地产开发的基本思维。②生态与经济协调的思维。这是它的核心思维。③经济社会可持续发展的思维。这是它的目标思维。

2. 生态经济系统是房地产开发的实际载体

生态经济学理论不但指导人们建立起指导绿色房地产开发的新思维，也指导人们认识了进行绿色房地产开发的实际载体。生态经济学理论认为，人们发展经济的活动，包括房地产开发的活动，实质上都是在由生态系统和经济系统有机结合形成的"生态经济系统"中进行的。人们在"经济系统"中组织和运用各种社会生产力要素，在特定的生产关系下，生产各种经济产品，满足人们的需要。但它同时又必须以自然"生态系统"的存在和运动为基础。生态系统由"生命要素"和"环境要素"组成，前者包括植物（"生产者"）、动物（"消费者"）和微生物（"分解者"）；后者包括光、热、土、水、气和各种矿物质。这些都是人们发展经济的原材料和生产、生活条件。在生态系统中，这些自然要素以绿色植物的光合作用为基础，组成生态系统的"食物链"，不停地进行着物质循环和能量转换运动，维持着系统的平衡稳定和资源再生，从而不断地向人们提供发展经济需要的各种原材料和生产、生活条件，使经济社会能够持续发展。如果生态系统和生态平衡遭到破坏，经济社会的发展就不能持续。房地产开发的实际载体是生态经济系统这一基本认识的建立，使人们找到和找准了进行房地产开发的正确着眼点和落脚点，即发展"绿色建筑"（主要是"绿色住宅"）生态经济系统。并且明确了它的运行必须同时受经济规律和生态平衡自然规律两种客观规律的制约，它的经营目标是追求经济、生态和社会效益。

3. 建设协调、高效的绿色住宅人工生态系统

自然生态系统和生态平衡自然规律都是自然界的客观存在。人不能改变客观自然规律的作用。过去相当长的一段时期，人们在发展经济的过程

中，正是由于违反了客观存在的生态平衡自然规律的作用，进而受到了自然规律的惩罚。但是，人在自然规律面前又不是无能为力的。人不能改变自然规律的作用，但却能发挥自己的主观能动性，创造条件，建立新的"人工生态系统"，在切实尊重和充分发挥自然规律作用的基础上，为人们创造更多的生态经济效益。当前"绿色住宅"开发的实质就是人们力求建设高水平的人工生态系统。在这里，"绿色住宅"的实质是人们对生态经济系统认识及其建设得以新的启示。也就是在实际工作中，按照生态经济系统的特点，指导"绿色住宅"（人工生态系统）建设的进行，这将是使它可以实现协调、高效的有利途径。其主要特点有：

（1）整体性。生态经济系统的整体性特点决定了"绿色住宅"的整体性特点。因此开发建设"绿色住宅"应该具有"整体优化"的观念。当前在我国的房地产开发实践中，发展"绿色住宅"有各种各样的提法。不少开发的"绿色住宅"都是突出其生态特点的某一个方面，例如有的强调"依山"，有的强调"傍水"；有的突出"绿化"，有的突出"临湖"；有些提出发展"园林住宅"、"水景住宅"、"阳光住宅"、"山水住宅"。还有的只是突出宣传"绿化率"和"绿地率"。甚至有的只是在房屋建成后，简单地种上一点花草作为点缀，就称为"绿色住宅"等。所有这些，都只是强调某个单一的生态特色，从而限制了生态经济系统的综合生态经济优势发挥。建设"绿色住宅"应当立足于建设整个系统。不但要看到一个或几个系统要素的作用，而且要看到所有要素结合为一个整体的作用；不但要考虑房屋内部建设，还要考虑外部环境，以至整个小区的建设等。目前在我国房地产建设实践中，有的建设单位已经提出了很好的思路和做法。例如天津万科在开发东丽湖生态区的建设中，就提出不是简单地挖一个湖，而是做一块湿地，发展芦苇、野生植物、水禽等，营造一个生态系统，逐步实现它的良性循环，这在绿色住宅的营造上是一个比较大的前进。

（2）协调性。生态经济系统的协调性特点也决定了"绿色住宅"的协调性特点。因此人们开发建设"绿色住宅"也应该具有"协调优化"的观念。在我国"绿色住宅"的开发建设实践中，它的协调优化表现在各个方面，既包括空间的协调，也包括过程的协调。前者主要指居室和室外环境建设的协调；后者主要指整个开发建设的各个环节，包括从选址到设计，到施工，再到装修装饰，直到验收入住，都要符合绿色环保标准。为此，就需要强调建筑装饰材料和产品的绿色标准化、家具产品的绿色标准化，以及施工过程的绿色标准化等。其要求应该大体类似我国开发绿色食品即要求"从土地到餐桌"的全过程"绿化"和建立的各个环节的绿色标准。最后还需要经过国家权威或授权单位的考察验收。对照来看，一个时期在我国"绿色住宅"开发中存在的：有些项目只管建楼造景，对社区外的环境不闻不问；有的楼盘，红线内的规划很好，但周边的土地开发失控，使整体自然景观遭到破坏；以及前几年曾经在房地产界流行的一句话："坚决盖楼，寸土不留"等。这些认识和做法，都是不协调的。

（3）普遍性。除上述外，生态经济系统的普遍性特点又决定了"绿色住宅"的普遍性特点。由此人们开发建设"绿色住宅"还应具有"多方面优化"的观念。对此需要看到以下几种情况：①无山无水也可以优化。即不在山水资源得天独厚的地方也能建设好的"绿色住宅"生态经济系统。②好的"绿色住宅"并不一定是华贵的。这是因为"绿色"的本质是自然，而不是"华贵"。即便是购买力高的"成功人士"，他们对住所的本质需求也还是在一天紧张的拼搏之后，回到住所能够享受到的温馨、放松、健康和舒适，而不是形式上的气派与豪华。③各种等次、价位都能创造出"绿色住宅"精品。对此应当看到，当人们对住房需求的注意力和追求逐步更多地转向健康和亲近自然，房地产"精品"的概念和"等次"的内涵也都会发生变化。开发和购买"精品"绿色住宅也将不再受目前追求"精品"住宅必然要遇到的开发者"高投入"和消费者"高价位"的"瓶颈"限制；从而使房地产开发商能够从各种"等次"的住房商品中都可以获利，而相应"等次"的"绿色住房"也可以进入普通的百姓家中。当前时代在前进，国家的改革和政策正向人与自然和谐的方向倾斜，人们的情操和对住房的要求也都在悄然发生变化。从生态经济的认识上看问题，生态经济系统是到处存在的，同时不同的生态经济系统又各有优势，生态经济系统的特殊性就蕴含在它的普遍性当中。因此，开发商建设"绿色住宅"应该因地制宜、因时制宜和因具体条件制宜。这样开发商将会扩展他们的视野，或借山造势、借水造势、借林造势、借坡造势、借某些人文特点造势等，而不会在房地产开发中再不顾一切地上来就搞"推平头"式的"七通一平"一刀切，而置毁掉某些宝贵的特色自然资源于不顾。也不会再不顾国情的实际状况大量引进洋草皮，从而给新的住宅建设带来多种生态经济问题。这样就会把生态经济系统的各种自然优势变成了市场优势，在开发中同时获得经济、生态和社会三种效益，从而实现人民、国家、开发商和社会的共赢。

四 发展生态住宅和健康住宅是人类步入生态时代的迫切要求

进入生态时代，发展"生态住宅"的问题已经逐渐引起了人们的关注。近一段时间以来，发展"健康住宅"的问题也提上了人们关注的日程。对于发展"生态住宅"的问题，上面已经作了一些分析。下面对两者的联系，并侧重就发展"健康住宅"的问题作一些研究。

1. 人居环境影响人体健康问题严重

目前这方面的问题主要表现在以下三个方面：

（1）室内污染严重。据报道，它的来源主要有三个方面：①建筑材料和室内的化工产品。例如人造板、胶合板、泡沫绝缘材料制作的办公用品、家具、化纤地毯、塑料制品、油漆等，都不同程度地释放有毒有害气体，如甲醛等。②现代办公设备及家用电器使用时释放的有害气体造成空气污染，以及电磁辐射和噪声等。③人体本身的排泄物。包括排出的二氧化碳和产生的其他排泄物等。这些问题的存在引起了人们的重视。国内外的专家们提出，18世纪工业革命带来的煤烟污染是第一代污染；19世纪汽车工业发展带来的光化学烟雾污染是第二代污染；而自20世纪中叶开始，进入21世纪还在继续的室内环境污染则是第三代污染。

（2）高楼建筑环境堪忧。存在的问题：一是高层住宅影响人的健康。日本医学界连续发表研究报告指出，高层住宅影响孕妇健康，阻碍儿童发育，而且发现住高层的人，患贫血病的增多。二是高层办公的"大楼综合征"。据国际健康建筑公司的科学家们20世纪90年代初期，对美国、欧洲、加拿大和澳大利亚的许多企业、银行、大学和政府机关的高层建筑调查，有一半人都不同程度地存在这方面的问题。三是高楼风暴。据报道，

1982年，美国纽约有一位名叫凯特的女工程师在街道上行走，突然摩天大楼之间产生了瞬间的大风，把她凭空卷起，又重重地摔在地上，摔坏了腿骨，并且留下了脑震荡的后遗症。

（3）室外环境不利于健康。最突出的例子就是2003年非典型性肺炎传播期间的我国香港"淘大花园"居住小区。根据调查了解，之所以在该小区迅速传播，非典型性肺炎一个突出的问题就是楼与楼之间的距离太近。在E座7号楼和8号楼之间的小天井之间的距离只有1.5米，空气横向流动缓慢，只能够上下流动，因此就大大增加了楼层之间的交叉感染机会。此外，我国城市的住宅和住宅小区建设，长期以来大都采取居住密集和商住混建的形式。就广州市的一些情况看，一层饮食店排出的废水杂物堵塞了整栋楼的下水道。菜市场也招来了满街苍蝇。同时广州人又爱吃"消夜"。楼下饭店和小食摊众多食客的谈唱喧哗声、空调机和抽风机的大声轰鸣，以及大量排出的油烟热气向上蒸腾等，就使二层以上的居民深夜无法入睡。据统计，1996年第一季度，该市环境保护局受理的有关空气、噪声、废水污染投诉中，饮食单位名列第一，占48.1%，比位居第二的工厂高出一倍多。这些被投诉的饮食单位绝大多数建在民居环境里。而居民对噪声污染投诉的71%也是来自饮食店。可见，其对人们健康造成损害的严重性。

2. 人居建筑与人体健康的关系受到人们关注

人的一生80%以上的时间是在室内度过的，因此室内环境影响人们健康的问题早就引起国际上的关注。"室内环境品质"对人体健康影响问题的研究早就提上了日程。1983年世界卫生组织也提出了"病态建筑综合征"的概念，引起了人们对这方面问题的重视。与此同时，我国也很重视这方面的研究。近年来，根据调查，我国的室内污染已经很严重，室内的空气比户外要脏10倍。这一数据引起了人们的震惊。随之，大城市中兴起的"居室装修热"又引起了人们的关注。据报道，我国每年室内的装饰装潢工程总值已经达到800亿元，其中居民住房装修就达300亿元，此外是外商高档写字楼和宾馆的装修130亿元，农村的各类装修250亿元，公共建筑及商业设施改造装修70亿元。这样大规模的装修中很多都是"过度装修"和"错误装修"，给室内环境造成严重污染。北京市的大样本调查证明，装修的居室可吸入颗粒物、细菌、氨、甲醛四种污染物都严重超标，对人体健康的危害都十分严重。与此同时，专家们特别提出，雨季装修造成的污染对人体健康影响更为严重。当前人们很关注人居建筑对健康的影响：一个突出的表现是近年来我国内地到海南海口市、三亚市买房的人逐渐增多，主要的着眼点就是海南岛的清新空气和优美健康的人居环境。由此，三亚市的房价从"非典"暴发前的每平方米 700—800 元上升到"非典"暴发后的每平方米 2000—3000 元。另一个突出表现是"非典"暴发后，人们从香港"淘大花园"的教训中，得出了一个"健康购房"的新理念，从过去单纯追求居住面积大转向追求居室的通风、隔音、采光等健康性能和周边有利健康的环境，由此很快就出现了一个人们争购社区低密度，南北通透，空气流动性好的多层板楼的购房新高潮。最近国外一个"白领"，带着一盆仙人掌上下班的事例引起人们的兴趣。这位先生整整几周的时间，天天带着一盆仙人掌去办公室、进图书馆，又把它带到家里的书桌上。结果发现治好了长时间困扰他的现代化办公"高楼综合征"。他的"成功"经验耐人寻味，同时也给房地产企业发展"生态住宅"提出了思考。

3. 发展生态住宅和健康住宅是当今人类的迫切要求

当前发展"生态住宅"和"健康住宅"的问题都已经提上我国房地产开发的日程。其中"生态住宅"的概念提出在先，主要的着眼点是充分合理利用资源能源，减少环境污染，实现人与自然的和谐，从而实现经济的可持续发展。"健康住宅"的概念提出在后，主要的着眼点是通过人与自然之间关系的协调，保护人的健康。对于如何认识两者的实质和正确看待两者的关系，目前有不同的认识。例如有的意见认为"健康住宅"是高于"生态住宅"的一个新的发展阶段；有的意见则认为人们对建筑的需求是从"健康建筑"才发展到了"生态建筑"的。但是在实践中，强调保护生态环境和强调保护人的健康又常常是交织在一起的。以下国内外的实践都说明了这一点。

国外，北欧早就出现了"生态住宅"热。例如瑞典，一个时期以来，每年都要新建许多公寓楼和办公楼。但在那些装饰一新的建筑里，人们不会闻到刺鼻的装饰材料味道，却能看到各种绿色植物和具有自然气息的摆设。其建设的指导思想是充分利用自然资源，不破坏生态平衡，采用无毒无害建筑材料，隔热节能，并尽量减少废物的排放，室内的空气质量、热环境、光环境和声环境都必须满足居住者健康舒适的要求。对于建设生态住宅所使用的建筑材料，北欧5国于1989年就实施了统一的环保标志进行认证。其中，丹麦已经明确规定了建材的"健康"标准，并要求出售的建材产品在使用说明书上除标出产品质量标准外，还必须标出健康指标。瑞典则要求室内建材必须实行安全标签制，制定了有机化合物室内空气浓度的指标限值。近年来，北欧国家利用这些绿色建材已经在各地建设了许多生态住宅示范项目。例如，丹麦1984年底在奥胡斯市建成了"非过敏住宅建筑"示范工程，1992年在首都哥本哈根建设了斯科特帕肯"低能耗住宅小区"等。国内，一方面，我国许多"生态住宅"建设，特别是近期以来的"生态住宅"建设项目，大都已经强调了有利人体健康的特色。另一方面，就是强调"健康住宅"不同于"生态住宅"的意见中，其"健康住宅"的概念，除强调有利人体健康外，也没有一个意见不同时提出保护生态环境和实现人与自然的和谐。

  从以上国内外的实践来看，我的认识是，"生态住宅"和"健康住宅"的本质相同，是一个事物的两个方面。这是因为，它们产生的历史背景相同。两者的提出都是生态时代实现人与自然和谐，从而实现经济社会可持续发展的需要。党的科学发展观提出了实现"以人为本，全面、协调、可持续发展"的目标。其中，必须实现可持续发展和必须促进人的健康都是必然的应有之义。据此，发展"生态住宅"必须能够提高人的健康水平。同时发展"健康住宅"也必须包含着人与生态环境的和谐一致。在现实社会中，人与自然不协调对经济不可持续发展和对人体健康的影响是同时发生的。但是人对它们的明确感知和把它们提上议事日程在时间上却有先后。这是因为人们在将要出现生态危机面前，首先感知到和最先把它提上日程的必然是最迫切需要解决的生存问题，其次才是提高健康水平问题。今天两个概念都已经提出，在我国当前的人居环境生态化建设中就应该把它们内在地有机结合起来。至于名称，可以目前分别继续沿用，也可以在今后的实践中逐渐统一形成。当前的关键是，在现实的房地产开发中，要用生态与健康统一的观念对人居环境生态化建设的方向进行全面正确的指导。目前，广州光大花园的"大榕树下，健康人家"的提法给我留下深刻的印象。其中体现的现有"生态住宅"和"健康住宅"含义的有机融合，应该说是比较准确的。

（本文系作者2006年6月在联合国人居环境发展促进会、亚洲城市发展促进会等单位联合主办的"2006亚洲房地产峰会"中"亚洲人居环境建设发展论坛"上提交的论文和演讲稿）

建立现代适度消费模式

消费是一个十分广泛的概念，它的状况与社会生活的各个方面，包括与生态环境的状况密切相关。消费又是经济生活中的一个重大问题，它的状况与整个社会生产和亿万人民的生活水平和消费质量有紧密的联系。广义的消费包括生产消费和生活消费两个方面，生产消费指生产过程中工具、原料、燃料和活劳动等的消费；生活消费是指为满足个人生活需要而消耗的各种物质资料和精神产品。人们常说的消费一般都是指生活消费，这里主要就生活消费与生态环境的关系和建立什么样的消费模式问题，谈一点看法。

一 消费是我国社会主义经济中的一个重大生态经济问题

首先从生产与消费的关系来看，我国是社会主义国家，社会主义生产的目的是为了满足广大人民日益增长的物质和文化生活需要。从这个意义来讲，社会主义生产的最终目的就在于消费。其次从社会主义社会再生产的运行总过程来看，社会主义的再生产过程包括生产、分配、流通和消费四个环节，它们环环相扣，互相制约。一方面，生产是它的起点，消费是它的终点。社会产品经过分配，到流通，最后又到消费，满足了人们的需要，也实现了它的价值。另一方面，由于社会主义再生产是一个循环往复而又逐步提高的过程，第一轮消费的完成，同时也就推动了下一轮生产的开始和生产水平的进一步提高。因此，从总的来看，生产和消费又是互相推动的，其中，一是生产对消费具有主导作用，有什么样的生产就会有什么样的消费，即生产决定消费；二是消费对生产也具有反作用，即消费状况和它所产生的各种新要求又决定着生产的进一步发展方向和规模。在实际经济的运行中，正是这一消费反作用于生产的运行机制，从消费方面导致了各种生态经济问题的产生。

分析一下实际经济运行的实质,可以看到,人们的一切生产和消费活动都是在一定的生态经济系统中进行的,它由生态系统和经济系统交织复合形成,其中经济系统的存在和运行以自然生态系统的存在和运行为基础和条件。人们在经济系统中进行的生产,要从生态系统中取用自然资源,生产过程中产生的"三废"要污染生态环境;而人们的消费行为又具有指导生产的反作用,其中正确的消费行为可以正确地规范生产,使经济系统与生态系统的运行协调,使生产取用自然资源和排放"三废"维持在生态系统本身运行许可的范围之内;而其中不正确的消费行为将错误地引导生产,使经济系统与生态系统的运行产生不协调。当前实际生活中存在的大量不正确消费行为,促使生产不必要地超量滥用自然资源和严重污染生态环境,因而产生了许多严重生态经济问题,从而制约了社会经济的可持续发展。对此,1992年在里约热内卢召开的联合国环境与发展大会所制定的《21世纪议程》中,专门设置一章,提出要"改变消费形态"。其中强调指出,"全球环境持续退化的主要原因是不可持续的消费和生产形态造成的",对此,"应当特别注意不可持续的消费所产生的对自然资源的需求,以及配合尽量降低耗损和减少污染的目标,有效使用这些资源",并且明确提出,"所有国家均应全力促进建立可持续的消费形态"。我国在率先制定的《中国21世纪议程》白皮书中,也明确提出要"引导建立可持续的消费模式","中国不能重复工业化国家的发展模式,以资源的高消耗,环境的重污染来换取高速度的经济发展和高消费的生活方式",而"只能根据自己的国情,逐步形成一套低消耗的生产体系和适度消费的生活体系,使人民以一种合理的消费模式步入小康阶段"。这些规定,指出了避免消费中产生严重生态经济问题的重要性,同时也为我们建立现代合理的消费模式指出了正确的方向。

二 正确认识消费现代化的标志

社会主义社会的奋斗目标是人民生活的富裕,因此人们争取生活的提高是必然的,消费的逐步扩大也是必然的。改革开放以来,随着我国经济的迅速发展,人民群众收入水平的提高,人们都在逐步提高消费水平,并且都向往着消费的现代化。但是究竟什么是现代化的消费？我们应当建立一个什么样的现代消费模式？现代消费的主要标志是什么？就不是每个人都能说清楚，各人都会有不同的看法，并且其中还会有许多模糊的认识，甚至还存在着不少的误区，例如：

一是以西方的消费方式为标准。认为西方的经济已经实现了现代化，西方的消费方式也就是现代化的消费方式，因此在消费方式上就跟在西方的做法后面亦步亦趋。目前，最突出的一个事例就是在出行现代化上盲目向往、追求和片面鼓吹大量发展私人小汽车。殊不知，现代西方的这一消费方式本身已经明确表现了在严重污染生态环境上的很大弊端，而我国国情又具有人口多、土地少，城市用地紧缺和人们居住密集等特点。很明显，盲目大量发展私人小汽车不是我国消费现代化的正确方向。对此，联合国的《21世纪议程》中就已经明确指出："发展中国家应在其发展过程中谋求达成可持续发展的消费形态，并避免形成在工业化国家的那些一般公认为过分危害环境，无效率和消费的消费形态。"对于这一点，我们应当有一个清醒的认识。

二是以铺张浪费为荣。认为现在收入多了，消费应该提高了，手头也不要那么"吝啬"了，甚至认为大手大脚才能表现出现代化消费的时尚。于是吃饭时大吃大喝、剩酒剩菜、办事时铺张浪费等。一些人在使用公款进行吃喝消费时，更是忘乎所以地极尽铺张浪费之能事。应该看到，这与现代化的消费根本是毫不相干的两回事，而是一种可耻的大手大脚的"大少爷"作风。并且其直接的后果是浪费自然资源，有的还污染环境，其实质也是一种不可持续发展的错误消费方式。

三是以片面的优点作为价值取向：对于一种消费方式，只看到它在某一个方面有积极的可取之处，就认为它是一个现代化的消费形式，而不去全面衡量它的整体得失。目前一个最明显的例子就是一段时期以来到处风行使用的一次性木筷：从表面上看，它比街头小贩使用的筷子有比较卫生的一面。但是却忽视了它极大地浪费木材，破坏生态环境的另一面。我国是一个人口众多，按人平均自然资源拥有量较少的国家。人民生活消费方式的选择，必须考虑节约资源而不能浪费资源。对此，如不正确加以引导，必将导致生态资源的很大破坏。很显然，这也不是消费现代化应有的标准。

真正的消费现代化要反映时代的要求，当前人类社会的发展，从人与自然的关系来看，已经经历了农业社会、工业社会，即将进入 21 世纪的生态化社会。珍惜资源、保护环境，实现可持续发展，是时代的要求，是人类社会共同的发展方向，因此也应该成为现代化消费的基本标志。人类社会的每一个时代都有自己独特的社会文明。与过去的农业社会和工业社会相对应，有农业文明和工业文明；与当前面临的生态化社会相对应，也应该有当代的生态文明；现代化的消费是当代生态文明的一个重要组成部分，它的形成必须体现重视保护生态环境的基本特点，它的实行也必须把人们的消费引向社会经济可持续发展的方向。

三　建立现代适度消费模式

现代消费模式是现代消费思想的具体化，它的建立将正确地规范人们的消费行为，使之符合我国现代社会经济发展的需要。我国的现代消费模式应该具体反映时代的特点和我国的国情，具体来说应该具备现代和适度两个基本特点。首先，它应当是现代的消费，其内容要反映现代物质消费和精神消费的高水平，而不是停留在过去某个时代的较低水平上。其次，它应当是适度的消费，其消费水平的提高幅度又必须与我国的自然资源和经济发展水平相适应，即要摆在它们许可的范围之内，而不能任意超过。据此，我国的现代适度消费模式应该具有以下三个方面的具体内涵：

1. 它是丰足的消费。即在我国现代经济发展的水平下，要达到最大可能的消费满足。这是我国现代适度消费模式的物质标准。

2. 它是高尚的消费。即我国的现代消费应当是符合社会主义道德标准和具有高尚风格的消费，而不能是庸俗的和低级趣味的消费。这是我国现代适度消费模式的精神标准。

3. 它是可持续的消费。指我国的现代消费模式，既能保证人们今天的现代高消费水平，又能够保证人们明天的现代高消费水平。即要在保证各种现代高消费的物质产品能够实现再生产的基础上，保证人们的现代高消费水平能够长期持续进行。这是我国现代适度消费模式的环境标准。

在我国的现代适度消费模式中，上述三个标准是相互联系，缺一不可的。其中，前两个标准代表我国消费所达到的现代水平（包括物质水平和精神水平），后一个标准反映我国消费所具有的可持续能力，它们的同时存在与相互制约，共同构成我国的现代适度消费模式有机整体。对于其中的前两个标准，我们是已经比较熟知和已经具有较多了解的，而对于后一标准，即可持续的标准，则必须要进行大力普遍的宣传，使人们对此有一个深刻的认识。这在当前我国生态与经济协调的意识还不够强，自然资源利用中的浪费很大，在生产和消费中所造成生态环境问题较多的情况下，大力强调这一标准就更为必要。

当前在实践中宣传和实施现代适度消费模式的一个重要问题是，必须坚持"量力消费"的原则。"量力而行"是人们在实践中正确处理人与物质世界关系的基本准则。这一原则在生产建设上适用，在生活消费上也适用。它与我国消费现代化的要求不但不矛盾，而且是完全符合的。"量力消费"作为一个反映时代的概念，具有两个方面的基本含义：一是量经济水平之力，二是量资源环境之力。我国是人口大国，也是按人平均资源量少的国家。以我国的具体国情和国力为基础，适度消费无疑是我国现代消费模式的必然选择。这里，量力不等于吝啬，也不等于低水平，与"寒酸"更是完全不同的概念。

当前在实践中宣传和实施现代适度消费模式的另一个重要问题是，必须大力转变人们的传统消费观念。过去长期以来，由于人们没有生态与经济协调的思想作指导，在消费的各个方面都形成了一套根深蒂固的不正确的消费思想和做法，不利于保护生态环境，也不利于消费本身的长期持续。当前人类社会的发展正处在从工业社会向生态化社会的转折，从人与自然的关系上正在经历着一场深刻的生态革命过程，一种反映时代要求的新的消费形态正在形成。表现在实际生活中，从衣食住行和婚生丧葬等各个方面，从消费思想到消费行为，都在朝着保护生态环境的方向进行改革，一些新的消费思想和消费行为已经出现。例如生态服装的逐步流行，绿色食品的日益受人们青睐，生态建筑和生态建材的被选择，无污染和少污染交通工具的被采用，以及深葬、海葬等习俗的转变等，都反映着人们的传统消费思想和消费模式正在逐步改变。但是从总的来看，目前大多数人的思想还没有跟上这一发展的潮流。人的思想意识是客观实践的反映，它经过人的认识升华后，成为正确的指导思想，又用来指导实践。我国可持续发展消费思想和现代适度消费模式的建立是当代保护生态环境实践的要求，当前我国各级领导者、生态环境理论和实际工作者以及宣传出版工作者的一个时代任务就是要大力宣传现代适度消费模式的观念，使之成为人们的文明和时尚，促进我国现代适度消费模式的建立。当前在我国建立现代适度消费模式实质是用现代可持续发展的思想指导进行移风易俗，改革不适应社会主义生产力和经济基础的上层建筑的一项重要工作。它的进行，通过促进合理调整我国的产业和产品结构，将有力地推动我国社会经济的可持续发展，因此大力宣传建立现代适度消费模式是我们当前的一项光荣责任。

（原载《生态经济》1998 年第 4 期）

五

生态经济学研究的扩展

环境与健康——探索健康管理实践和理论的一个新领域

环境与健康是当代经济发展和健康管理中的一个重大实际问题,也是生态经济学和医学科学中的一个重大理论问题。当前随着我国经济的迅速发展和大多数人温饱问题的解决,提高人的健康和加强健康管理问题已经提上了国家和社会的重要议事日程。其中,环境与健康是一个全新的重要领域,需要从理论与实践的结合上认真进行研究。

一 环境与健康问题的提出是生态时代的要求

环境与健康问题是当代的一个重大问题和新问题。随着人类社会生产力的不断发展,经过了漫长的农业社会,进入工业社会后,现代科学技术的迅速发展创造了前所未有的高度物质文明和精神文明。但由于没有"生态与经济协调发展"的思想作指导,破坏了生态环境,就使经济社会不能可持续发展。经济与生态的矛盾推动了"绿色技术"新兴生产力的出现。其特点是既能促进经济更快发展,又不破坏生态环境,从而推动人类社会的发展又进入新的更高的生态社会。

人类社会从工业社会到生态社会的发展过程,实质是经济社会与生态环境从"对立"走向"协调"的发展过程。其核心机制是建立了"可持续发展"的指导思想。针对20世纪60年代末以来,人类社会发展中出现的生态与经济不协调,严重阻碍经济社会不能可持续发展的问题,联合国于1972年6月在瑞典的首都斯德哥尔摩召开了"人类环境会议",动员和组织人们行动起来保护生态环境。但是经过了整整二十年的努力,全世界生态与经济的矛盾并没有消除,整体生态环境的状况还在继续恶化。其根本原因是环境保护与经济的发展脱离,为保护环境而保护环境是保护不住生态环境的。因此,联合国于1992年6月,又在巴西的里约热内卢召开了联合国"环境与发展会议"。其特点是把环境与发展(即把生态和经济)紧密结合起来。大会的一个突出贡献是提出了"可持续发展"的思想指导人们的行动。从此就使人类社会经济的发展进入经济社会与生态环境协调发展的新阶段。在我国,生态环境破坏带来的巨大影响,在经济上和在人体健康上,是同时存在的。但我国是一个发展中国家,关注这方面的问题必然是首先放在发展经济和解决温饱问题上。目前,经过了三十年的改革开放,我国的经济迅速发展了,人们的收入和生活水平迅速提高了。国家和民众关注生态环境与经济社会的矛盾就逐渐从经济领域扩展到非经济领域。环境与健康的问题也就必然提上了重要的议事日程。

二 重视环境对健康的影响

20世纪末,联合国组织编写的一份调查报告指出:环境因素是导致人类生病和死亡的主要原因。美国康奈尔大学的科学家也提出了一个估计:"现今全球大约40%的死亡病例应归咎于生态环境因素。"目前,人们已经看到,生态环境影响人体健康的问题已经到处皆是。可以从以下两个角度来看:

1. 多方面的环境问题影响人的健康

其中包括食品遭受污染带来的影响、小汽车污染带来的影响、热污染带来的影响、室内外人居环境污染带来的影响、秋收环境污染带来的影响、气候变暖带来的影响等。对于食品污染影响健康,1998年中国医学科学院放射医学研究所等单位所作的一项调查表明,食品中铅、镉、汞的全国平均含量有的已经达到限量的一半或更高,从食物总体上向人们敲响了健康的警钟。人居环境污染对健康带来的影响,最突出的例子是2003年非典型肺炎传播期间的香港"淘大花园"居住小区。当时造成该小区非典型肺炎迅速传播,集体感染,给人们健康带来严重危害的一个主要原因,是小区的建设和布局不合理。其主要传播区E座7号楼和8号楼之间的距离太小。空气横向流动缓慢,只能够上下流动,因此就大大增加了楼层之间交叉感染的机会。

2. 环境对人的健康有多方面的影响

其中包括环境影响思维，影响生育，影响儿童体质和发育，影响职业，影响兵源等。环境影响儿童体质和发育，突出的如日本20世纪50年代的水俣病汞中毒发作后，患病孕妇生下的婴儿不少因为脑受损害而出现先天性麻痹性痴呆（头小、眼睛缺陷、反应迟钝等）。

当前环境与健康问题已经引起了国内外的普遍重视，同时也出现了关注这方面问题的各种新思路。例如瑞典大力发展"生态食品"。英国、德国、美国建设"生态办公楼"。日本人走向海滨，亲近大自然。尼日利亚建设绿色"生态墙"。原西德人提倡吃"环境餐"。荷兰风行住"环保屋"。日本有了专门的午睡店以及法国重视狗粪困扰巴黎的问题。荷兰人爱花、爱整洁、爱阳光。西班牙崇尚自然养生。日本家庭时兴到郊区租田种菜。丹麦、日本、荷兰等都兴起了"自行车热"。世界许多城市，包括纽约、巴黎、东京、开罗、曼谷、平壤、汉城等，都提倡步行。甚至1997年的世界小姐竞选活动，也一改往年的惯例，远离了大城市的喧嚣，没有了霓虹灯闪烁的繁华，而选择在非洲的一个鲜为人知的小岛上举行。那里的特点是青山、白云、流水和绿色丛林。所显示的崇尚环保、休闲和健康的主题。在此基础上，国内外也出现了各种直接关注环境与健康的具体措施。例如2002年上半年我国国家海洋局根据所进行的海水浴场环境质量监测，首次公布了我国各主要海水浴场的"健康"名单，积极保护人的健康。20世纪80年代末期以来日本的一些医院，纷纷采用森林疗法治病。利用不同树木释放出来的含有芳香气味的各种物质，对症有效地杀灭病菌，具有较好的疗效。美国也利用颜色治病。例如他们发现，红色、黄色可以引起病人的希望、欲望、兴奋和活动，增强抗病能力；白色、浅蓝色、淡绿色可以使病人心情镇静、安适，有助于恢复健康。对于高热病人、孕妇、感冒、青光眼、高血压、低血压等患者，也都具有对症治疗和缓解症状的颜色。此外，我国新疆的吐鲁番，利用当地的高温资源，进行"夏日沙疗"，医治人们的风湿、皮肤病。苏联的塔吉克共和国有一种"花香疗养院"，美国还开设了一座"笑疗医院"，都是利用环境治疗疾病的。

三　建立学科，培养人才，发展环境健康产业

生态时代的新实践使人们认识了环境与健康问题的存在，同时也提出了建立环境健康管理学新理论、培养健康管理人才和发展环境健康产业的新要求。

1. 建立环境健康管理学新学科

任何科学都是实践需要的产物。环境健康管理学新学科的建立，首先是当前环境与健康实际问题的广泛存在和对之进行理论指导的迫切要求。对此上述大量实际问题的存在已经作了清楚的说明。其次，环境健康管理学新学科的建立，也体现了科学本身发展的趋势。古代的科学建立在当时比较简单的经济社会实践基础上，人们对自然和社会的一切认识都包括在一门综合的"哲学"中。随着经济社会的发展和实践的需要，才逐步分化形成了各种学科，例如生物学、物理学、化学、医学、经济学、社会学、法学等，并且分成为自然科学和社会科学两大门类。之后，学科的发展越分越细。但是随着经济社会的继续发展和解决实际问题的需要日益复杂，又出现了学科之间相互结合，形成新兴边缘交叉学科的新趋势。例如，经济学与生态学结合就出现了生态经济学。同样，当前又出现了经济学中的生态经济管理学与医学中的健康管理学相互结合的新趋势。一门新的既属于生态经济管理学，又属于医学管理学的环境健康管理学分支学科也就应运而生。由此，一个由经济科学工作者和医学科学工作者共建新兴环境健康管理学新学科的新形势也已经形成。

2. 培养健康管理人才

当前我国环境与健康实践的发展和环境健康管理学新学科的建立，相应也提出培养大量具有这方面素养的健康管理师人才的迫切需要。2005年11月，我应邀参加了由人事部全国人才流动中心和中国健康教育协会共同组织，由北京世健联管理咨询中心承办的健康管理师人才资质培训与评价项目论证会，卫生部前领导和有关领域的院士、专家、教授参加。与会者共同肯定了当前大量培养健康管理师人才的必要性和迫切性。并明确提出，专业人才的培养应该有明确的"环境标准"，要把具有"环境健康"知识作为一种必备的专业知识。其培训教程中，也应该把"环境与健康"

作为一个重要内容。随后又应邀进行"环境与健康"这一新课程的讲授、尝试编写教材，长期坚持下来。学员们学习这门课程的热情很高。之后又应邀参加了北京市一单位由卫生部某部门授权培养健康管理师的授课。在原有统编教材没有这方面内容的情况下，增加了"环境与健康"部分，也受到学员们的欢迎。以上情况说明，当前我国经济社会的发展需要大量培养健康管理师人才，以及把"环境与健康"作为培养标准和课程的一个重要组成部分，这些都是值得肯定的。据此也建议，在卫生部授权组织的健康管理师人才培训讲义中，考虑把这方面的内容增加进来。

3. 发展健康产业

我国环境与健康管理的实践提出了建立环境健康管理学新学科和培养健康管理人才的任务，同时也提出了发展健康产业（包括环境健康产业）的迫切要求。环境健康产业是一个新兴的朝阳产业，它的发展与我国社会主义现代化生态经济建设的多方面要求紧密结合，具有很大的潜力和广阔的发展前景。一个突出的事例是海南省五指山市黎族民间医药研究会及其附属的门诊部。黎族少数民族集中居住在五指山地区，地处我国仅有的两块热带雨林中最大的一块。热带雨林是"地球之肺"和人类宝贵的"医药物种资源库"。当地居民利用和保护丰富的热带雨林植物资源，积累了一套自我医治各种疾病（包括一些疑难杂症）的秘方，效果十分显著。黎族有语言，没有文字。掌握秘方的老奶奶们年事已高，年轻人向往外出不愿学习继承。我国宝贵的黎药遗产面临着萎缩和逐步消亡。黎族女医生杨丽娜同志，为开发和保护黎药遗产，并改变家乡少数民族山区农村的贫穷落后面貌，毅然辞去在大城市的稳定工作，回到五指山市，通过深厚的亲情、族情，把掌握秘方的人们组织起来。两年的时间，用热带雨林资源草药为人们治疗各种疾病，已经获得了良好的疗效。与此同时，他们在家乡农村通过建立"草药"种植基地（实际是恢复和重建热带雨林）；其中包括市场价值极高的"花梨木"等，从而把抢救发扬黎药遗产、保护和重建热带雨林生态环境、山区少数民族生态脱贫致富和建设社会主义新农村等内在地结合起来。勾画出了一幅发展环境健康产业的建设蓝图，具有很高的生态、经济和社会效益。建议国家、地区和医药卫生部门给予有力的支持。

新的时代提出大力加强环境健康管理的新任务，由此也提出了加强环境健康管理学新学科建设、大力培养健康管理师人才和大力发展环境健康产业的迫切要求。在以市场为纽带，生产、教育、科研三者互相结合，实现"产、学、研"相互促进的基础上，一个崭新的环境健康管理学新学科将会迅速地建立起来，一个环境健康管理蓬勃发展的新局面也必将呈现在人们面前。

（本文系作者亲身经历，自2005年应邀参加卫生部和人事部有关单位设置健康管理师职位的论证会和开设"环境与健康"课程开始，生态经济学的研究和指导作用已经明显地向经济以外更广阔的领域扩展。本文是作者结合生态经济学和医学的研究，写出的第一篇文章。原载第四届中国健康产业论坛暨中华医学会健康管理学分会首届年会论文汇编，2007年11月；《中华医学信息导报》2008年第23卷，第23期）

建立发展环境健康管理学

环境健康管理是进入 21 世纪在我国出现的一个新事物。它的产生是我国经济社会的发展进入生态时代的必然要求。我国是一个发展中国家，长期以来忙于解决温饱和发展经济，健康管理问题被忽视。近年来，随着健康问题提上日程，环境健康管理和环境健康管理学的问题也逐步提了出来。目前，我国的环境健康管理学还处在初步创建的阶段。它的研究对象、任务、内容、学科体系、学科归属，以及如何运用环境健康管理学的理论具体指导环境健康管理实践等问题，还都需要广泛深入地进行研究。环境健康管理学在学科归属上，既是医学科学中健康管理学的一个分支，也是经济学中生态经济管理学的一个分支。这里仅从一个社会科学研究工作者的视角，对建立和发展我国环境健康管理学的问题谈一点初步认识，作为跨学科的交流。

一 环境健康管理学的建立是生态时代的要求

"环境健康管理学"又称为"生态健康管理学"。其实质是反映自然生态与人的健康之间的关系。环境的本质和基础是自然生态系统，这里的"环境"又特指自然环境。因此"生态健康管理学"和"环境健康管理学"在实质和内涵上是相同的。前者，"生态健康管理学"是它的实质反映；后者，"环境健康管理学"是它的形象表现，并且容易被人们通俗地运用。当前我国环境健康管理和环境健康管理学的问题已经提上日程。它在当前我国经济社会发展中的出现不是偶然的，这是人类社会的发展进入新的生态时代的必然要求。

1. 人类社会的发展进入新的生态时代

人类社会的发展受生产力发展的推动。回顾历史，人类社会早期，经过"采集渔猎"和"穴居野人"的生活阶段后,随着社会生产力的发展从"铁犁牛耕"到"蒸汽机的发明",又到"绿色技术的出现",从人与自然的关系上看,推动人类社会依次从"农业社会"发展到"工业社会",又发展到现在的"生态社会"。人类社会发展的这一进程,从时代交替上看,反映了从"农业时代"走向"工业时代",又走向"生态时代"的连续演进。具体从经济上看,是物质财富迅速增长的过程;从人与自然的关系上看,则是两者从发展低水平的"无争"到发展高水平的"对立",又到发展更高水平的"和谐"的逐步演变过程。工业社会,特别是后工业社会中,生产力的高度发展却带来自然生态严重破坏,从而使经济社会不能可持续发展的严酷现实,推动了生态革命和生态社会的建立。随之,一个建设生态文明的高潮也已经到来。在实践中,"可持续发展"新的指导思想的建立,推动了我国生态经济管理学的建立。随之,我国的健康管理工作也逐步提上了党和国家的重要议事日程。所有这些,就推动了我国的环境健康管理学应运而生,并为它的迅速发展开辟了道路。

2. 环境健康管理学的提出是一个逐步的过程

一切科学的产生都来源于实践的需要。生态时代到来的新实践,推动了生态经济管理学的出现,同时也推动了环境健康管理学的产生。应该说,在我国的经济社会发展中,进行生态经济管理和环境健康管理的客观要求是同时出现的。即工业社会中"生态与经济"这一基本矛盾,对经济不能可持续发展和对健康不能可持续发展所造成的影响,以及推动实现两者可持续发展的要求是同时存在的。但是人们在实践中却看到,在我国,环境健康管理学的提出是在21世纪初,即比生态经济管理学的提出晚了20年。对此人们应看到,我国是一个发展中的大国,经济发展落后,并且还有数量极大的贫困人口存在。尽快解决温饱和迅速发展经济是当务之急。因此环境健康管理的问题就迟迟没有提上日程。

党的十六届三中全会提出了"以人为本,全面协调,可持续发展"的科学发展观。在明确指出"发展"是它的"第一要义"的同时,也明确提出并强调了"以人为本",并以此作为发展的目的和根本的推动力量。恩格斯早已经指出,人的需要区分为生存的需要、享受的需要和发展的需要。对此人们在实践中已经看到，其中生存的需要是基本的，而健康的需要又是基本中的基本。这是因为，只有保护好人的健康，才能谈得上人的生存。在人生存的基础上，也才谈得到人的享受和发展。正因如此，在我国人民群众的温饱问题已经基本解决和我国经济实力有了较大增强的基础上，我国的环境健康管理和环境健康管理学的问题也就必然提上了国家和人们的重要议事日程。

在我国的经济社会发展实践中，环境健康管理滞后于生态经济管理，在以下事实上表现得十分明显。回顾过去，世界范围内，后工业社会中产生的尖锐的生态与经济的矛盾，所引发的人口、粮食、资源、能源和环境五大爆炸性问题，在20世纪60年代末就已经明显地凸显出来了。其中，人们观察其对经济社会发展所造成的严重影响，都看到了30年代以来在经济发达国家中出现的"八大公害"环境事件。它们是：1930年比利时的"马斯河谷烟雾事件"、1943年美国的"洛杉矶光化学烟雾事件"、1948年美国的"多诺拉烟雾事件"、1952年英国的"伦敦烟雾事件"、1935年开始到1956年日本的"水俣病事件"、1955—1972年日本富山县的"骨痛病事件"、1961年日本四日市的"哮喘病事件"和1968年日本九州大牟田市的"米糠油事件"。这些事件的出现震惊了全世界。

剖析一下这些事件的产生，例如其中的比利时"马斯河谷烟雾事件"。1930年12月1—5日，在该国马斯河谷工业区，两侧高山耸立，当中分布的许多重型工厂排放的有毒硫氧化物气体，由于气候反常形成逆温层，不能排散，造成严重污染，一周内有60人死亡，几千人呼吸道发病。又如英国的"伦敦烟雾事件"，1952年12月5—8日，由于工业燃煤，居民也用烟煤取暖，形成有毒气体。伦敦本来就是著名的"雾都"，毒气经久不能排散，4天中的死亡人数较常年同期多4000千人。事件后2个月内，还陆续有8000人病死等。再如日本20世纪前半期的水俣病。汞中毒发作后，众多人的健康受到危害死亡。患病孕妇生下的婴儿不少也因为脑受损害而出现先天性麻痹型痴呆，其主要症状是头小、眼睛缺陷、反应迟钝等。今天来看，"八大公害"的严重危害，明显的都是对人体健康的危害。但是当时却都是作为环境对经济和社会发展的严重影响提出来引起人们注意的。现在，我国经济社会的发展已经进入新的生态时代。科学发展观已经提出"以人为本"的重要指导思想。同时，我国温饱问题已经基本解决，国民经济的实力也已经有较大程度的增强。在此基础上，提出加强环境健康管理和建立环境健康管理学是必然的。

二 环境健康管理的载体是"生态经济社会系统"

当前我国环境健康管理学的建设问题已经提上日程。它的研究对象、任务和内容是什么，这是进行环境健康管理学研究首先必须明确认识的重要问题。对此，本文提出：

1. "生态经济社会系统"是健康管理的载体

生态经济管理学的理论认为，人的生存不是孤立的，而是在一定的经济、社会和生态关系中存在的。其中既包括"人与人的关系"，也包括"人与自然的关系"。在"人与人的关系"中，人与人的"经济关系"是基本的关系，同时也包括由此衍生的人与人的"社会关系"。据此，人的活动，从衍生扩展的意义上说，是在由"生态系统"、"经济系统"和"社会系统"三个子系统互相结合形成的"生态经济社会系统"中进行的。其中"生态系统"是形成"人与自然的关系"的基础，"经济系统"和"社会系统"是形成"人与人的关系"的基础。与此相适应，人的健康也是在这个统一的"生态经济社会系统"中存在的，并同时要受生态、经济和社会三个子系统存在和运行的影响和制约。由此，人们就能明确看到以下三点：

（1）环境健康管理的实际载体是"生态经济社会系统"。因此，人的健康不是孤立存在的，它的状况要受经济、社会和生态多方面因素的影响。由此进行健康管理也要在与这些因素影响的密切结合中进行。相应也就决定了，在健康管理学的学科体系中，就会有生理健康管理学、食物（或营养）健康管理学、体育健康管理学、心理健康管理学、环境健康管理学等分支学科的存在。

（2）环境健康管理学是研究"生态经济社会系统"中，人的健康与自然生态系统存在和运行之间关系的科学。其实质是从健康方面反映人与自然的关系。这也就把它和其他科学，以及其他健康管理学区分开来，从而也就构成了环境健康管理学的研究对象。

（3）环境健康管理学的建立推动人对"健康"本身认识的进一步扩展和深化。近年来，人们对"健康"的认识已经有了一定的扩展。这就是从过去只把人的健康区分为"健康"和"不健康"两个层次，又进一步提出了一个"亚健康"的新概念，从而把它区分为"健康"、"不健康"和"亚健康"三个层次。原来的"不健康"，是指人的躯体生理系统"本身"的结构缺陷或功能失调所引起的人的生理不协调状态。后来提出的"亚健康"，则是指由于"人与人的关系"（即经济和社会关系）不协调所产生的影响人体健康的状态。"亚健康"这一新概念的提出，反映了人对"健康"的认识从"人的躯体本身"扩展到了"人与人的关系"领域。这是人对"健康"认识上的一个飞跃，对实行健康管理和建立发展健康管理学具有重要的意义。今天"环境健康管理"的问题又提了出来。我的看法是，它的提出将促使人们对"健康"的认识，又进一步扩展到"人与自然的关系"领域，从而使人对"健康"的认识更加全面和进一步深化。这是进入生态时代人对"健康"认识上的又一个飞跃，同样对健康管理和建立发展健康管理学具有重要的意义。在此基础上，很可能也会有一个反映人的"健康"新层次的新概念，诸如"次健康"、"第二亚健康"或其他某个新的提法产生出来，从而将推动"健康管理"、健康管理学，甚至整个医学，都会出现一个更广阔、更深入的大发展局面。

2. 环境健康管理学的研究任务和广泛内容

对于一个新兴学科来说，明确了它的研究对象是这个学科得以建立的基础。人们明确认识了它的研究对象，同时也就明确认识了它的基本任务、研究内容和主要研究范围。由于环境健康管理学是研究人的健康与自然生态系统存在和运行之间关系的科学，人们首先就看到，人的健康与自然生态系统运行之间的关系包括正反两个方面：一是正面的关系，即生态系统促进和有利于人的健康方面；二是反面的关系，即生态系统制约和不利于人的健康方面。这里需要看到的一点是，由于当前生态破坏和环境污染严重，对人的健康存在着许多不利的影响，因此常常被认为环境对健康只是一个不利的因素。这种看法是被人误解的和片面的。全面认识生态环境与人的健康的关系，首先应当看到，生态环境对人的健康的影响既存在着制约和不利的方面，同时也存在着促进和有利的方面。而且促进和有利的方面是基本的。人在自然生态系统的环境中产生，也在生态系统的环境中长期存在和不断发展。单只这一点就可以说明，生态环境对人的健康具有有利的方面是基本的。其次也应当看到，当前人的生存环境遭受严重破坏，绝大多数都是人为造成的，其中许多也能够通过人们改变自己的错误经济指导思想和错误经济社会行为使之得到解决，从而使它对人的健康的制约和不利的影响，逐步得到控制，并使它的促进和有利人的健康的一面能够得到有力的发挥。这也就使人们看到，环境健康管理学是一门积极的科学，而不是一门消极的科学。

上述人们对人的健康与生态系统之间关系的这一全面认识的建立，也就使人们明确认识了环境健康管理学的基本任务和研究内容。这就是，一方面，研究环境对健康的有利方面，充分发挥它的积极有利作用，促进提高人的健康水平；另一方面，也要研究环境对健康的不利方面，尽量规避它对人的健康造成的负面影响。而且其中一个更重要的方面，就是环境健康管理学不但要使健康管理"适应环境"，努力避开已经破坏的生态环境对健康带来的负面影响，同时还要在认识自然规律和经济社会规律的基础上，充分发挥人的主观能动性"改造环境"，使之从不利于健康的因素转变为有利的因素。对此人们看到，有些事情是依靠健康管理人员如健康管理师，本身就可以做到的。例如建议调整和改进人的居室和居住环境，包括建议避免过度装修、有害装修所带来的甲醛等有毒物质严重超标的危害，和有选择地配置室内的花卉植物，使之有利于健康而不是有害于健康等。有些事情涉及大环境改变的问题，单靠健康管理人员和健康管理师无能为力。对此也可以，而且也应该向国家和有关方面提出建议，促进这些问题的解决。使之既有利于保护人的健康，又有利于我国环境问题的根本改善，这也才是更积极的健康管理学。

三 利用改善环境促进人的健康

科学来源于实践。我国环境健康管理学的产生是我国经济社会的发展进入生态时代的必然要求。科学又用于指导实践。我国建立环境健康管理学的根本目的就是用于促进广大人民的健康。以健康管理学的理论为指导，结合我国的环境健康问题实际，进行环境健康管理，需要从以下两个方面入手：

1. 绿色环境有益人的健康

"绿色环境"是指没有遭受人的破坏和污染，或遭受破坏和污染又经过治理，能够促进和有利于人的健康的生态环境。对于绿色环境有益于人的健康，在现实的经济社会生活中，一个最明显的例子，就是以森林为代表的绿色环境对人体健康的有利作用和影响。据科学家们研究，森林绿色环境促进健康的作用主要表现在以下六个方面：（1）它可以吸收二氧化碳，释放氧气；（2）它可以吸收有害气体，使空气净化；（3）它可以分泌杀菌素，具有抗菌作用；（4）它可以过滤、吸收放射性物质，消除噪声；（5）它可以调节小气候，有利人的健康；（6）它可以增加空气中的负离子，有益于人的长寿。因此绿色植物被称为"天然制氧机"、"空气净化器"、"天然过滤器"、"天然灭菌器"等。

具体来看这些作用。例如吸碳呼氧。根据测定，一个成年人每天约吸收 0.75 公斤氧气，呼出 1 公斤二氧化碳。一公顷阔叶林在生长季节，通过本身的光合作用，每天就可以消耗 1 吨二氧化碳，产生 0.73 吨氧气。又如抗菌净化。在绿化覆盖面达 30% 的地段，春夏植物生长期，可使空气中的苯丙比下降 58%，二氧化硫下降 90% 以上，并可以吸收滞留在空气中的大量尘埃，尘埃正是多种病原菌的携带者。此外，如增加负离子，据报道，森林上空的负离子浓度为每立方厘米 2000—3000 个，公园上空为 800 个，工厂附近为 200—400 个，在人多密闭的房间内只有 25—50 个。负离子被称为大气中的"长寿素"，可以促进人的心肺功能，增进新陈代谢，提高免疫能力；并具有镇静、镇咳、平喘、降压等治疗作用。根据这些，有的综合研究表明，在优美的绿色环境中，人体皮肤的温度可以降低 1—2.2 摄氏度，脉搏每分钟减少 4—8 次，血流缓慢，呼吸均匀，心情舒畅，对于心脑血管病、高血压、神经衰弱以及呼吸道疾病都有良好的辅助治疗作用。长期生活在林区的人，慢性病与传染病都很少，人的寿命可以延长 8 年。

以上研究，联系到健康管理，由于绿色环境对人的健康具有各种有益的作用，因此，20 世纪 80 年代末期以来，日本的一些医院纷纷采用"森林疗法"治疗疾病。其做法是利用树木本身释放出来的含有芳香气味的萜化合物质,有效地杀灭病菌。而且不同的树有不同的物质。例如枞树释放的物质,对金黄色葡萄球菌、百日咳杆菌有抑制作用;槲树对结核杆菌、伤寒菌有杀灭作用;尤加利树,则对流感病毒是克星。医生按照不同的病症把病人分别放在不同的树丛中,结果都能具有较好的疗效。

2. 重视环境对健康的负面影响

当前世界和我国的环境遭受严重破坏,对人体健康带来巨大的负面影响,这是健康管理不得不面对的严酷现实。由此也就为环境健康管理和环境健康管理学提出了艰巨的任务。在实际生活中,环境对健康的负面影响可以从以下两个方面来看:

一是多方面的环境问题影响人的健康。其中,包括食品遭受污染带来的影响、小汽车排放污染带来的影响、热污染带来的影响、湿度带来的影响、室内外人居环境污染带来的影响、秋收环境污染带来的影响、气候变暖带来的影响等。对于食品污染影响健康,1998 年中国医学科学院放射医学研究所等单位所作的一项调查表明,豆类中汞的平均含量已达限量的82%,蔬菜中的铬也接近限量的一半。由于我国大多数地区农药使用不当,工业污染严重,食物中的铅、汞等有害元素污染都普遍存在。对于热污染带来的影响,典型的例子是日本东京。据日本《朝日新闻》报道,20 世纪 90 年代末,东京圈密密麻麻地居住着 3000 万人口,而且混凝土的高楼热得快凉得慢。再加上大量的冷暖器和汽车电车所产生的热量。在林立的高楼群中散不出去,又加上高热量不能散发带来的湿度下降,就给人的健康带了巨大的危害。对于湿度影响健康,过去人们不大注意。国外的研究表明,湿度对人体健康的影响举足轻重。一是潮湿的空气会使人生病。霍普金斯医疗中心的测试显示,极度潮湿会产生头晕、胃痛、痉挛、复视及视力模糊等症状。二是湿度影响人的自控力。90 年代初,美国对 5 个州从事 11 种工业生产的 1500 名雇员进行调查,在相对湿度提高 80% 时,工业意外事故增加 1/3。芝加哥的调查表明,当湿度上升时,人们会烦躁不安,打字员的出错率增加 10 倍,社会犯罪行为也相应增多。三是湿度影响美容。如空气干燥时皮肤会粗糙、干裂、嘴唇起皮,甚至出血。而当湿度过大时,皮肤又会油光、浮肿。四是湿度会影响寿命和出生率。潮湿季节，人口死亡率增加，出生率减少，婴儿容易早产等。

二是环境对人的健康有多方面的影响。其中包括环境影响思维，影响生育，影响儿童体质和发育，影响职业，影响兵源等。例如环境中的多种因素都会影响思维，如光线、温度、音响、空气质量、不同颜色等。环境影响生育，例如我国一个时期，杀虫剂和滴滴涕、敌敌畏等农药的使用，污染物进入人体，对男性生殖机能产生了危害；二氧化硫、二氧化碳、乙烯以及汽车尾气、麻醉物质的慢性侵袭，也会使男性性功能减退。环境影响儿童体质和发育，突出的是第二次世界大战，日本广岛、长崎两颗原子弹爆炸后，不少孕妇都产下了畸形儿。又如日本东海大学医学部的一位讲师调查了 1000 名出生在横滨市的婴儿，研究的结果是，产妇剖腹产和足位产等异常分娩率，随着高层住宅层次的增高也逐渐增高。这个研究报告提出后引起了轰动。环境影响职业，突出的例子如 2002 年，我国河北省高碑店市白沟镇一些个体箱包厂打工者，由于在生产中使用含苯的黏合剂，有十几个人因为苯中毒患了再生障碍性贫血，其中 6 人很快死亡等。

当代由于环境对健康的影响日益加重，20 世纪末，联合国组织世界资源研究所、联合国环境规划署、联合国开发计划署和世界银行，共同编写了一份题为"世界资源：1998—1999"的调查报告，严重警示人们：环境因素是导致人类生病和死亡的主要原因。其中也指出，"当前发达国家和发展中国家都面临着环境问题的威胁，例如美国就大约有 8000 万人的健康受空气污染的威胁。在世界的贫困地区，与环境有关的疾病每年夺去 1100 万儿童的生命"。并且指出，"当前将近 100 个发达和发展中国家仍在使用含铅汽油，其中的污染物会导致人类大脑的永久损伤"，等等。由此提出的看法是：将环境保护"视为公共卫生战略中最重要的组成部分，以保证 21 世纪人类健康地发展"。

上述的这些事实，都使人们深刻地认识到环境对人的健康带来的巨大危害。当前在世界和我国，一个"环境健康"的新概念正在形成。"只有自然环境的安全健康，才有人类的安全健康"的认识也越来越多地被人们所接受。面对这一重大任务，我国的环境健康管理和环境健康管理学在利用环境和适应、改善环境，维护和提高人的健康上将大有作为。同时也预示着我国的环境健康管理和环境健康管理学，将有一个巨大的发展和前进。

（本文系作者在第一届健康管理西部探索与实践研讨会上提交的论文，2009年8月）

遵循生态经济规律,发挥共同但有区别责任原则的作用

"共同但有区别的责任原则"是国际环境法的一个基本原则。它在1992年联合国于巴西里约热内卢召开的"环境与发展大会"上,就解决国际"环境与发展"问题得到了切实的应用。近年来它的作用范围正在逐渐扩展,但所发挥的指导实践效果并不理想。社会经济的实践是综合的,学科的作用也是交叉的。用生态经济学理论探讨这一原则的应用,将有利于促进这一重要原则作用的有力发挥。

一 共同但有区别责任反映客观规律的要求

联合国1992年召开的"环境与发展大会"正式批准了《联合国气候变化框架公约》,同时也提出使用"共同但有区别的责任原则"指导解决这一重大环境问题。《公约》中阐述了"共同但有区别责任原则"的概念。并且指出:"地球气候的变化及其不利影响是人类共同关心的问题。"同时也指出:"历史上和目前全球温室气体排放的最大部分源自发达国家。"因此,明确要求各国在保护全球环境中,要"承认气候变化的全球性"。一方面各国对保护共有的地球环境要承担"共同的责任",另一方面也要就各国对地球生态环境的资源使用和污染排放情况及保护的"能力和经济社会条件"承担"有区别的责任"。这是一个公平的原则,也是一个切合实际的原则,因此在大会上得到了共同的确认并作为一个需要共同遵守的原则确定下来。

联合国1992年召开的里约"环境与发展"大会至今已整整20年,这一原则的实施呈现了两个明显的发展趋势:一是它的使用范围日益扩大;

二是它的执行困难重重，实际收效并不理想。

首先，从其实施的范围看，人们运用这一原则处理"环境与发展"问题的视野，已经从处理国际问题扩展到处理国内问题；应用的领域已经从处理气候变化问题扩展到处理一切和环境与发展有关的问题；同时其着眼角度也已经从作为国际法的一个原则扩展到作为处理一切经济社会和管理的普遍原则。目前，我国实际上使用这一原则的人群已经包括了从国家领导人到广大人民群众，使用这一原则的地区已经包括了省、市、县、乡（镇）、村以至农户等一切地方。同时对它的运行和关注，不但包括了各种实际工作，而且也包括了学术研究领域。实践的发展说明了这一原则的正确性和人们使用这一原则的普遍性。这是二十年来世界和我国运用这一原则取得的一个重大成就。这一局面的出现不是偶然的，它说明这个原则是处理"环境与发展"问题的一个普遍适用的原则，它的广泛使用反映了当代客观规律的要求。

其次，从其实施的结果看，二十年来它在促进解决"环境与发展"问题实现"可持续发展"上的效果却并不理想。其中，从它率先被采用的处理国与国之间的关系方面看，由于一些发达国家拒不履行应该向发展中国家提供资金和技术援助等责任，致使这一原则的作用不能实现。出现这一问题的原因是这些发达国家片面强调各自本身的短期利益，不顾全世界的长远共同利益，违背它们已经承认了的当代"共同责任"造成的，问题出现的原因不在"共同但有区别的责任原则"本身。最后从这一原则目前使用的更大范围看，它的实施效果也不理想。出现这一情况有多方面的原因。目前在我国实践中已经突出显示的主要原因是人们对当前解决"环境与发展"问题上所应该承担的"共同责任"与自己应该承担的"有区别的责任"是什么认识还都不清楚。这一问题的存在也不是由于"共同但有区别的责任原则"本身，而是由于人们对当代"环境与发展"的客观规律认识还不清楚造成的。因此，当前在实践中切实发挥这一原则的作用，关键是要使人们对什么是自己所应该承担的"共同责任"和自己应该承担的"有区别的责任"有一个明确的认识。

二 当代的共同责任是实现生态与经济协调

生态经济学是适应当代解决"环境与发展"问题的需要而产生的新兴科学,在研究和处理这一重大问题的实践中与"共同但有区别责任原则"的运用密切相关。用生态经济学理论探讨"共同但有区别的责任"问题,首先需要明确认识人们在当代"环境与发展"问题上的"共同责任"是什么?对此,联合国1972年和1992年两次大会的召开过程给予了清楚的回答。

1972年联合国为解决当代已经明显出现的环境破坏制约经济社会继续发展的问题,在瑞典首都斯德哥尔摩召开了"人类环境会议",其着眼点(实际上就是提出人们的"共同责任")是保护环境。这次大会后的20年,各国积极响应联合国的号召,在保护环境上都作了很大的努力,也取得了不少成绩。但是全球的生态破坏并没有停止,人们生存的环境还在继续恶化,并且越来越严重地限制经济社会的继续发展。针对这一情况,联合国于1984年组织了由挪威首相布伦特兰夫人牵头,各国21位著名专家学者参加的"世界环境与发展委员会",经过900天的调查研究,于1987年发表了著名的《我们共同的未来》研究报告,提出了"环境与发展相结合"及"可持续发展"的概念,从实践中明确认识到,环境与发展两者是紧密联系不可分割的,脱离了发展经济,单纯为保护环境而保护环境是保护不住生态环境的。据此,联合国于1992年又在巴西的里约热内卢召开了"环境与发展大会",这次大会的一个重大前进就是把"环境与发展"(核心就是"生态与经济")两者密切结合起来,并且把这一指导思想上的重要转变明确地标注在大会的名称上。同时也提出了"可持续发展"的目标,指引人们行动的方向。

联合国的两次大会,从"保护环境"到"保护环境与发展经济相结合",是人们在1972年联合国会议召开后20年保护环境的实践中取得的一个突破性认识。正是在这一认识转变的基础上,1992年的里约热内卢联合国"环境与发展大会"明确了"生态与经济协调"的指导思想,并就处理气候变化问题提出了实行"共同但有区别的责任原则"。同时人们也看到,当代"生态与经济协调"指导思想的酝酿形成过程,实际上也就是生态经济学这一新兴学科的孕育、建立和发挥作用的过程。三者的同步出现说明了人们对当代"环境与发展"客观规律认识的逐步提高，同时也找到了解决这一问题的正确途径：其中"生态与经济协调"指明了当代社会发展的方向和人们应该承担的"共同责任"，"共同但有区别的责任原则"为实现"生态与经济协调"提供重要的手段，生态经济学则为促进实现"生态与经济协调"从而实现"可持续发展"提供理论指导。三者结合将形成解决当代"环境与发展"重大问题的巨大力量。

三 在实践中明确认识当代有区别的责任

用生态经济学理论探讨"共同但有区别的责任"问题，其次也需要明确认识人们在当代"环境与发展"问题上的"有区别的责任"是什么？对此1992年联合国"环境与发展大会"后20年各国的实践也作出了回答。其中，中国的实践为此也提供了经验。

中国1972年在周恩来总理的批示下组团参加了联合国"人类环境会议"，开始了我国的环境保护。之后的20年，响应联合国会议的号召也做了大量保护环境的工作，并取得了很大的成绩。但是同样也仍然存着生态环境破坏越来越严重的问题。其原因从运用"共同但有区别的责任原则"看，首先在"共同的责任"上，前期认识不明确和后期继续存在的惯性认识遗留（和世界各国一样）是一个原因。与此同时，人们对"有区别的责任"认识不清楚也是一个重要的原因。由此我国的生态环境破坏难以制止，环境保护部门的工作困难重重，以致近年来他们不得不提出环境保护需要"转型"的要求。对此，他们提出要实现"三个转变"，即（1）从重经济增长轻环境保护转变为保护环境与经济增长并重；（2）从环境保护滞后于经济发展转变为环境保护和经济发展同步；（3）从主要用行政办法保护环境转变为综合运用法律、经济、技术和必要的行政办法解决环境问题。

明确人们对"有区别责任"的认识，需要看到"生态与经济协调"是一个统一的生态经济规律，其中"生态"与"经济"两者的作用是紧密联系而不能截然分割的。它的这一指导作用既表现在指导人们认识当代"环境与发展"重大问题的"共同责任"上，同时也表现在指导人们认识自己"有区别的责任"上。其中，前一方面的作用已经被20世纪联合国两次大会对当代"共同责任"的认识逐步明确所证明。后一方面的作用，从我国过去四十年"环境与发展"的实践中也给予了重要的启示。对此，人们看到，我国环境问题长期难以解决的一个关键是经济部门与环境保护部门"有区别的责任"关系不协调。经济部门的职责是发展经济；环境部门的职责是保护环境。在当前复杂的社会经济发展中，行政管理的机构分工是无可非议的。但是这一绝对的部门职责分离却在统一的"生态与经济协调"关系中，把"发展经济"和"保护生态"两者割裂以致对立起来。在此情况下，经济发展部门是"放火者"，环境保护部门是"消防队"。随着经济的迅速发展，环境保护部门的工作越来越被动，以致形成"疲于奔命"。由此出现环境保护滞后于发展经济，不能实现两者"并重"、"同步"是必然的，不得不使用"行政办法"是必然的，我国走上西方生态环境"先破坏，后治理"的老路也是不能避免的。

在实践中切实解决这一问题，应该从发展经济的源头上把"发展经济"和"保护环境"的责任内在地统一起来。对此要看到，当前在经济发展实践中人们所遇到的"环境问题"绝大部分实质都是"经济问题"。它由人们发展经济中采用了不正确的经济指导思想和经济行为所引起，同时也要依靠人们端正自己的经济指导思想和经济行为才能解决。就此意义上看，经济部门是发展经济的任务主体，同时也应该是保护生态环境的任务主体。因此要明确规定它具有发展经济和保护环境的双重责任，并以此作为其"有区别的责任"与环境保护部门从总体全面上主导保护环境的"有区别的责任"区分开来。这样做，我国长期存在的经济部门和环境保护部门相互分离甚至对立的局面就能从根本上改变，在我国经济发展中发展经济与保护环境"并重"、"同步"，以及"以经济手段为主，综合运用经济、技术、法律和必要的行政手段解决环境问题"的设想也就必然能够实现。

2012年6月，联合国在1992年6月"环境与发展大会"召开后整整又是20年的时刻，又是在巴西的里约热内卢，召开了"里约+20"峰会——联合国"可持续发展大会"，目的还是为解决"环境与发展"问题寻找切实有效的途径。会上对应20年前联合国提出的《我们共同的未来》重要文件，又提出了一个《我们期望的未来》重要文件，并且重申了必须继续坚持"共同但有区别的责任原则"。联合国秘书长潘基文先生殷切地要求早日能够解决这一问题,希望我们"不能让我们的后代再去召开什么'里约+40'甚至'里约+60'的会议了"。我们应该加强研究和实践,为此也承担起我们各自的"有区别的责任"。

四 生态经济学在实现可持续发展中的任务

生态经济学服务于实现当代"可持续发展"的要求,既承担着实现"生态与经济协调"的"共同责任",同时又承担着自身具体的"有区别的责任"。从总体上看,它所承担的具体重大责任有以下三个方面:

1. 为当代"可持续发展"指导思想的建立提供理论基础

生态经济学的这一时代任务是通过它的核心理论"生态与经济协调理论"来实现的。生态经济学中这一核心理论的建立,主要在于它体现了生态时代的基本要求。即它的提出符合生态时代实现"生态与经济协调"的方向;它的运行以生态社会中"生态与经济不协调"和实现"协调"的矛盾运动为动力,它的发展以"生态与经济协调"基础上实现生态社会的"可持续发展"为目的。

对于生态经济学(通过它的"生态与经济协调"核心理论)为可持续发展指导思想的建立提供理论基础的作用机制,从"生态与经济协调"和经济社会"可持续发展"的关联上要看到以下两点:

(1)"生态与经济协调"是实现"可持续发展"的基础和前提。这是因为只有在生态与经济实现协调的情况下,经济的发展才能够继续进行。没有生态与经济的协调,就没有经济发展的持续。

(2)可持续发展的实现要建立在生态与经济协调的基础上。对此应当看到,"生态与经济协调"包括纵向和横向两种协调,"可持续发展"的具体内涵也有狭义和广义的两个方面。狭义的可持续发展通常是着眼于纵向的生态与经济协调。而广义的可持续发展则必须同时包括纵向的生态经济协调和横向的生态经济协调(这也是"可持续发展"本来全面的含义),而其中横向生态经济协调又是作为纵向生态经济协调的基础存在的。生态经济学为当代"可持续发展"指导思想的建立提供理论基础的"有区别的责任",是它在理论上的根本重要责任。

2. 贯彻"科学发展观"指导实现可持续发展

生态经济学能够承担这一时代任务,关键在于它的学科理论与科学发展观的基本理论内在相通。"科学发展观"提出要实现"以人为本,全面协调,可持续发展"。从我三十年来研究提出的生态经济学学术观点看,主要对应表现在以下方面:

(1) 对应"科学发展观的第一要义是发展"。生态经济学提出:"生态经济系统"是人们经济活动的实际载体,其中"经济系统"的活动是主导。

(2) 对应"科学发展观的核心是以人为本"。生态经济学提出:人在生态经济系统中具有"自然的人"和"社会的人"双重属性,作为"社会的人",决定了人在生态经济系统中的主导地位。

(3) 对应"科学发展观的基本要求是可持续发展"。生态经济学提出:人类社会的发展进入新的生态时代,生态与经济的矛盾是当代的基本矛盾,其运行必然指引可持续发展的方向。

(4) 对应"科学发展观实现的基本途径是全面协调"。生态经济学提出:"生态与经济协调"是生态社会的基本特征,也是实现可持续发展的基础和前提。

生态经济学与"科学发展观"在基本理论内涵上的息息相通,说明了生态经济学是能够贯彻科学发展观,具体指导实现可持续发展的科学。生态经济学的这一"有区别的责任"是它在指导我国"环境与发展"实践中的根本重要责任。结合以上,正是由于生态经济学新兴学科所承担的理论上和实践中这两方面的重要任务和责任,20世纪80年代初,它在我国一出现,就受到党和国家的高度重视,也受到实际工作和社会各界的普遍欢迎,并受到国际上的关注。

3. 指导从人与自然的关系上继续深化经济改革

这是当前我国经济发展实践中,生态经济学的一个重大现实任务和责任。回顾过去的30年,我国在邓小平理论指导下,从人与人的关系上进行经济改革,促进国民经济发展,已经取得了巨大的成就。其着眼点是遵循客观经济规律的指引,改革一切不适合社会生产力要求的经济关系,解放被束缚的社会生产力,促进经济的迅速发展。现在我国社会的发展已经进入新的生态时代。放眼今后的三十年，我国还应该从人与自然的关系上继续深化经济改革，促进国民经济进一步发展。其着眼点是遵循客观自然规律的指引，改革一切不适合自然生产力要求的经济关系，解放被长期束缚的自然生产力，促进经济的可持续发展。其实质是同时遵循经济和生态两种客观规律的指引，把我国经济的进一步迅速发展，放在能够最大限度地挖掘经济系统和生态系统两方面巨大潜力的基础上。这是我国在新的历史时期运用邓小平改革理论的新拓展，也符合科学发展观指引的正确方向。生态经济学作为一门新兴学科的建立，一方面承担着当代促进实现"生态与经济协调发展"和经济社会"可持续发展"的共同任务与"共同责任"；另一方面也从自身的角度承担着上述具体任务和"有区别的责任"。在与多方面负有"共同但有区别责任"的责任者共同努力下，将能够为我国以至全球实现"生态与经济协调"和"可持续发展"作出更大的贡献。

（本文是作者将生态经济学研究和指导作用扩大到法学领域的文章。系第二届中欧社会生态与法律比较论坛上提交的论文，2012年11月14日，原载《生态经济通讯》2012年第12期）

自然美是建设美丽中国的基础

党的十八大提出设生态文明,努力建设美丽中国的时代任务。从美学与生态经济学的结合上,要看到建设美丽中国的三个基本问题和相关特点。

一 "美丽中国"是自然美和社会美的统一

建设美丽中国要求实现的美是"现实美",它是"自然美"和"社会美"的结合与统一。深刻认识这一问题要看到它的三个特点,并树立三个新的理念:

1. 它反映生态时代的要求。因此要树立"生态与经济协调"的观念。生态时代的任务是解决工业时代生态与经济不协调的基本矛盾,实现两者的协调。人类社会的发展从农业时代走向工业时代,又走向今天的生态时代,就是由体现自然美的"生态"和体现社会美的"经济"两者的关系从"无争"到"对立",又到"协调"的具体发展过程。

2. 它体现全局的美。因此要树立"整体美"的观念。生态经济学的理论认为,人的一切经济活动都是在一定的"生态经济系统"中进行的,它由客观存在的自然"生态系统"和人的活动形成的社会"经济系统"结合形成,因此它的美也是以整体美的形式出现的。

3. 它是运动中的美。因此要 树立"发展的观念"。在实践中,建设美丽中国是在运动中进行的。生态时代的生态与经济协调也是在运动过程中实现的。我国建设美丽中国的成就是发展和改革的成就。因此,它的美的成就也是在运动中实现的。

二 "自然美"是"社会美"的基础

这是建设美丽中国的唯物论。这一认识的建立向人们指出在发展经济社会实践中，切实保护生态环境的客观必要性。深刻认识这一问题需要看到：

1. "自然美"是客观存在的。建设美丽中国要获得全面的美，其中既要获得社会美，也要获得自然美。但是两者在实践中的产生基础和途径却完全不同。其中，自然美是自然本身就已经存在的，而社会美则是在人的主观意志主导下才形成的。两者的根本不同就在于自然美是第一性的客观存在，而社会美是第二性的客观存在。

2. "自然美"是"社会美"的基础。在现实的经济社会发展中，社会美是客观存在的。但是它的美不是凭空产生的，而是直接、间接都在一定的自然美基础上形成的。我国小康社会要实现生产发展、生活富裕和生态良好。其中，生态良好就是生产发展和生活富裕实现的基础。因此，社会美和自然美两者的又一个根本不同点就在于自然美存在的基础性和社会美形成的再塑性。现在实践中一些粗俗的旅游人造景观，脱离了自然美的基础，也就谈不上具有任何社会美，只是给人以丑的感受，最终都要被拆除淘汰。

3. 切实保护生态环境。在实践中，自然美的第一性和社会美第二性特点决定了必须认真保护生态环境的客观必要性。特别是在当前生态环境已经遭受严重破坏的情况下，这一必要性就表现得更加明显。九寨沟的自然美世界称道。但是一旦破坏了就不能恢复。1992年世界自然保护联盟的专家曾提出当时九寨沟的13.9万名游客已是极限。但到了1998年就上升到38.5万人，之后还在增加。切实保护自然美的任务已经是刻不容缓。

三 "自然美"要走向"社会美"

这是建设美丽中国的辩证法。这一认识的建立又向人们指出了，自然美要在社会主义现代化建设中合理应用。深刻认识这一问题需要看到：

1. 自然美需要利用。自然美是宝贵的自然资源。人类最基本的经济活动也是利用自然资源。但是人对自然资源的认识和利用一直都存在着片面性。过去长时期认为自然资源取之不尽，采取掠夺利用的方式，造成资源枯竭。当前人们认识了保护生态环境的重要性，又产生了为保护而保护生态环境，阻碍经济发展的认识和做法。自然美的资源必须保护，但也必须利用。建设美丽中国既需要自然美，也需要社会美。在我国"五位一体"的社会主义现代化建设总体布局中，生态文明建设要融入经济建设、政治建设、文化建设和社会建设的各方面和全过程，就体现了自然美在建设美丽中国中的积极利用。

2. 自然美要在保护下利用。建设美丽中国，对自然资源及其蕴含的自然美要充分利用，但更要合理利用。其中最根本和当前最需要注意的一条就是要在保护下利用。道理很简单。自然资源，特别是其中的不可再生资源，其存在的数量是有限的，用一点就会少一点，枯竭了就不可能再生。当前对稀缺和濒危自然资源采取的建立自然保护区措施，把所在区域划分为保护的核心区、缓冲区和实验区三个层次，就是对自然美在保护下进行适度合理利用的一个做法。

3. 在保护与利用的融合中利用自然美资源。充分合理利用自然美建设美丽中国，需要总结过去人们在利用自然资源上的各种错误做法，对此要看到把利用和保护对立起来的做法，包括只利用不保护和只保护不利用，都是错误的。把利用和保护割裂开来的做法，包括"先利用后保护"和"边利用边保护"的做法也都是不对的。正确的认识和做法应该是建立"在利用中保护，在保护中利用"的资源利用新指导思想，把对自然美的保护融合在对它的利用之中。使之在利用的同时就得到了保护，这样做，对促进自然美在建设美丽中国中的积极合理利用是有利的。

（本文是作者将生态经济学研究和指导作用扩展到美学领域的一篇文章。系太湖文化论坛："树立核心理念，建设美丽中国"上提交的论文，2013年9月14日）

六

建设生态文明

用生态经济学理论推动生态文明建设

党的十八大报告第一次单独成篇论述了"生态文明"建设,并且首次提出建设"美丽中国"。报告强调"建设生态文明,是关系人民福祉、关乎民族未来的长远大计",并且把建设"生态文明"提高到中国特色社会主义建设事业总体布局的高度,即从原来的经济建设、政治建设、文化建设、社会建设"四位一体"拓展到包括"生态文明"的"五位一体"。怎样认识"生态文明"在当代提出的重大意义,以及在我国经济社会发展实践中怎样建设生态文明是一个重大的理论和实践问题。

一 生态时代提出建设生态文明的要求

"文明"是人类社会一切物质与精神成果的总和,《辞海》的解释是指"人类社会的进步状态"。"生态文明",简单地说,就是人类遵循生态经济客观规律所取得的一切物质与精神成果的总和。

生态文明是一个历史范畴。一方面它出现和形成于当前的生态时代,另一方面它也是人类社会历史上一切物质与精神成果的继承和发展。

对于它的形成,人们看到,人类社会的进程,在漫长的采集渔猎原始阶段后,随着社会生产力的不断发展,已经经历了由低到高的三个时代,并相应形成了三个文明。这就是以"铁犁牛耕"为标志的社会生产力推动了农业革命,建立了农业社会,进入农业时代,形成了长期的农业文明;以蒸汽机的发明为标志的社会生产力推动了工业革命,建立了工业社会,进入工业时代,形成了近300年的工业文明;20世纪60年代以来,以"绿色技术"为标志的社会生产力又推动了新的生态革命,建立了现在的生态社会,进入新的生态时代,从而推动了生态文明建设高潮的到来。

对于它的继承和发展,人们看到,工业时代创造的社会生产力是巨大的，但是由于存在着"生态与经济不协调"的基本矛盾，在推动经济高速度发展的同时，破坏了自然生态系统的平衡，阻碍着经济社会的可持续发展。生态时代的建立以"生态与经济协调"为基本特征，因此它既能够继承工业时代和过去人类社会发展生产力所取得的一切成就，同时又能够指引可持续发展的正确方向，从而就能够创造出比工业时代更高的物质和精神文明建设成就。生态文明所具有的这一特点，就使人们明确地看到了以下两点：（1）生态文明是一个先进的范畴，它是人类社会历史上一切文明成就的结晶，是人类所创建的最高的文明；（2）建设生态文明是一个能动的范畴。它积累了人类建设和推动社会前进的巨大力量，能够充分挖掘经济系统和生态系统两个系统的潜力并实现他们之间的协调，从而形成指引生态社会不断前进的动力。党的十八大遵循当代经济社会发展客观规律的要求，把建设生态文明列入我国现代化"五位一体"的战略结构，必将调动起13亿人民建设生态文明的积极性，指引我国经济社会朝着可持续发展的方向迅速取得巨大的成就。

二 科学发展观指引建设生态文明的方向

科学发展观是马克思主义同当代中国实际和时代特征相结合的产物，是马克思主义关于发展的世界观和方法论的集中体现，对新形势下实现什么样的发展、怎样发展等重大问题作出了新的科学回答。

科学发展观是指导我党和我国全部工作的强大思想武器，也必然指引我国建设生态文明的正确方向。党的十八大又一次明确阐述了科学发展观的主要内涵"以人为本、全面协调、可持续发展"，并以四个"必须"的提法明确指出它的几个核心要点，即它的第一要义是发展、核心立场是以人为本、可持续发展是基本要求，全面协调是根本方法。运用科学发展观指导建设生态文明，分别来看：

1. 它的第一要义是发展。明确指出建设生态文明要把发展放在第一位，即要建设"积极的生态文明"，而不是"消极的生态文明"。据此，在实践中处理当代"生态与经济"的基本矛盾中，继续过去长期存在的那种"只顾发展经济，不顾破坏生态环境"的"忽视和否定自然规律"的认识和做法自然是不对的；但是现在如果走向另一个极端，采取"为保护而保护生态环境，阻碍发展经济"的"自然保护主义"的认识和做法也是不对的。

2. 核心立场是以人为本。明确指出建设生态文明的目的是"为了人"，即生态文明是人类的文明，是"为了人的文明"。对此，党的十八大报告明确强调"建设生态文明，是关系人民福祉、关乎民族未来的长远大计"。据此，那种认为建设生态文明就是"为了保护自然"或简单地认为是"保护生态环境"的认识和做法也是不全面的。

3. 基本要求是可持续发展。明确指出建设生态文明所要求的发展是可持续的发展，即要改变过去只顾追求当代发展经济速度的发展方式，建立起兼顾和保护后代继续发展经济能力的发展方式。据此，建设生态文明要使我国经济社会的发展从经济社会的发展方式上有一个根本的转变。

4. 全面协调是根本的方法。明确指出建设生态文明需要通过实现全面协调的方法来实现。即要把建设生态文明建立在各方面关系协调，包括局部和局部、局部和全局，以及目前和长远利益协调统一的基础上。据此，在实践中必须坚持统筹兼顾的做法。这是建设生态文明的必由之路和成功的保证。只有这样才能使生态文明建设取得理想的结果。

三　用生态经济学理论推动生态文明建设的实现

生态经济学是适应生态时代实现"生态与经济协调"和"可持续发展"的需要而建立的一门新兴边缘交叉学科，并与"科学发展观"的基本理论内在相通。因此，它是一门能够直接反映生态时代的要求和能够切实贯彻科学发展观，促进实现可持续发展的科学，从而也就是一门能够推动生态文明建设具体实现的科学。中国的生态经济学是中国社会科学院首创（著名经济学家许涤新先生倡导），于1980年提出建立的。本人从一开始就被指定负责这方面的研究和组织推动工作，至今已经过了32年的创建发展全过程。

发挥生态经济学理论指导生态文明建设实践的作用，就本人的研究工作看，30年来提出的生态经济学术观点与科学发展观的要求完全一致，并与它的核心基本理论内涵直接相对应：

1. 对应"科学发展观的第一要义是发展"。我提出了以下生态经济学术观点：

（1）"生态经济系统"是人们经济活动的实际载体。人的一切经济活动都是在一定的"生态经济系统"中进行的。它由"经济系统"和"生态系统"两个子系统相互结合形成，其中"经济系统"的活动是主导。这就决定了，促进发展是生态经济学的主要任务。

（2）生态环境问题的实质是经济问题。现实中的生态环境破坏除火山、地震、海啸等主要由于自然界本身的剧烈变动所引起，目前人的力量还不能控制外，绝大多数都是人为的。即由人们发展经济破坏了自然界的生态平衡而产生，同时也要依靠人们正确发展经济来解决。其实质是如何发展经济的问题。

（3）建立"积极生态平衡"理论范畴。对此要看到，在现实发展经济中，破坏生态平衡是不可避免的。因此在生态经济学理论上，要建立和区别"积极生态平衡"和"消极生态平衡"。其中，有利于发展经济的是前者，不利的是后者。据此，对现实经济发展中"破坏自然生态平衡"的现象要具体分析来决定其取舍，而不应一概地斥之为"破坏自然"而予以否定，避免"为保护而保护生态环境"的另一个错误倾向束缚住人们发展经济的手脚。

这些理论和范畴的建立，决定了生态经济学是一门积极的科学，据此，以生态经济学理论指导生态文明建设，应该建立"经济是主导，生态是基础"的发展国民经济新的指导思想或战略方针，使我国当代在发展经济中，既能有力地扭转过去长期以来存在的"只顾发展经济，不顾破坏生态环境"，从而不能可持续发展经济的错误倾向。同时也能够有力地避免在纠正过去"忽视保护环境"的错误条件下又产生的"为保护环境而保护环境"，从而阻碍发展经济的另一种错误倾向。在此基础上，引导我国经济社会发展和建设生态文明朝着科学发展观指引的正确方向积极稳步前进。

2. 对应"科学发展观的核心立场是以人为本"。我提出了以下生态经济学术观点：

（1）人在生态经济系统中居于主导地位。人在"生态经济系统"中的地位具有双重性。即人是自然"生态系统"的组成要素，同时也是"生态经济系统"的组成要素。但是人在两个系统中的地位却完全不同。一方面，在"生态系统"中，人是作为"自然的人"而存在，其地位与其他动物没有区别，都只是系统的物质和能量的承担者。而另一方面，在"生态经济系统"中，人是作为"社会的人"而存在，是人根据（或"加入"了）人的意志建立起这个系统。因此，人就是整个系统的主导，并以自己发展经济的意识主导着这个"生态经济系统"的运行方向。据此来看，发展经济，从而建设生态文明，必须贯彻"以人为本"的指导思想是肯定的。

（2）人对生态经济系统的作用具有双重性。人在"生态经济系统"中居于主导地位，但是在实践中，人对"生态经济系统"的主导作用却并不都是正确的。他的主导作用需要通过人的发展经济的指导思想和经济行为来实现。当人的发展经济的指导思想和经济行为既能符合客观经济规律的要求，同时也能符合客观自然规律的要求时，就能主导经济的发展走向正确的方向。相反，当人们发展经济的指导思想和经济行为违反了客观自然规律的要求时，就会给自然生态环境造成破坏，从而给经济发展造成损失。

（3）发展经济的目的是为了人，正确发展经济也要依靠人。生态经济学的学科归属是社会科学的经济学，它所面对的一切生态经济现象也都是经济现象。因此，生态经济学建立的最终目的就是为了人。与此同时，在现实生活中，发展经济切实为人们谋得福祉，也都需要通过人的正确指导思想和正确经济行为才能实现。由此也就决定了，在发展经济中人们必须端正自己的经济指导思想和经济行为，使之既遵循"为了人"的正确方向，又铭记"依靠人"的社会责任。

以上这些理论观点和理论范畴的建立，又决定了生态经济学是一门"为了人"的科学。据此，对当前在国内外比较普遍存在的"以自然为中心"的观点就需要从实际出发进行深入的分析。这一观点认为，过去长期以来人们把人作为自然的"主人"，而把自然作为人的"从属"，为了人的利益而对自然进行任意剥夺，从而损害了自然的认识是错误的。因此，就提出要"以自然为中心"而以人为"从属"来加以纠正。对此应该看到，总结过去的错误提出重新摆正"人与自然的关系"是正确的，但是却不能由此又走向另一个极端。在现实的经济发展中，人的主体地位和"为了人"的根本目的不能，也无法动摇，同时对自然的重要基础地位也不应该否定。人与自然的关系应该是和谐共存的关系。社会科学是为了人的科学，生态文明也是人类社会发展的文明。在现实的经济发展中，要把发展经济是"为了人"的客观要求和"依靠人"自觉保护环境的客观需要结合起来。这样才能为可持续发展和建设生态文明提供切实的保证。

3. 对应"科学发展观的基本要求是可持续发展"。我提出了以下生态经济学术观点：

（1）人类社会的发展进入新的生态时代。人类社会的发展，已经从农业社会、工业社会走入现在的生态社会新时代。相应的，人对人与自然之间关系的认识，也经过了相对应的三个发展阶段，即从农业时代发展的低水平和人与自然的"无争"，走向工业时代发展的高水平和人与自然的"对立"，又走向生态时代发展的高水平和人与自然之间关系的"和谐"。由此就提出了生态时代建设"和谐社会"的新任务。

（2）解决"生态与经济的矛盾"是当代的基本任务。这是工业社会基本矛盾在生态时代的遗留。它造成了生态环境的严重破坏，从而给当代经济社会的发展带来严重后果。解决这些矛盾，使经济社会能够继续发展是当代发展的当务之急。

（3）生态社会指引可持续发展的方向。生态社会是针对解决工业社会中"生态与经济不协调"的基本矛盾建立的，其目标是实现"生态与经济协调"，并进而实现经济社会的"可持续发展"。这也正是生态时代提出的基本要求。

以上这些学术观点的建立，也决定了生态经济学是一门"实现可持续发展"的科学。"可持续发展"指出我国经济社会发展的正确方向，也指出建设生态文明的根本目标。目前在我国，人们对实现"可持续发展"的目标总的来说是有了认识。但是认识得并不牢固，实行起来又比较模糊。其具体表现是常常又被单一追求"保护环境"的目标所代替。其结果是既没有保护住生态环境，又不能实现可持续发展。1972年联合国召开的"人类环境会议"，强调提出"保护环境"的目标。但是之后20年世界范围内保护不住生态环境的现实，促使联合国重新思考，于1992年又召开了"环境与发展"会议，把"环境与发展"（核心就是把"生态与经济"）结合起来，提出了"可持续发展"的正确目标指导人们的行动。这一目标的提出是完全正确的。但是，由于没有提出具体实现这一目标的途径和多年来人们认识和行动上惯性的影响，致使之后的又一个20年来，人们关注的着眼点和行动主要还是停留在单纯"保护环境"上，致使环境至今仍然未能得到保护，同时经济社会的可持续发展也仍然未能很好地实现。真正扭转这一状况，关键在于对"可持续发展"的方向要有一个明确坚定的认识，并引领各级领导和民众切实从实现可持续发展出发（同时把保护环境寓于发展之中）。由此才能够真正实现联合国20年前就提出的"可持续发展"的正确目标，并使建设生态文明的目标真正落到实处。

4. 对应"科学发展观的基本方法是全面协调"。我提出了以下生态经济学术观点：

（1）"生态与经济协调"是实现"可持续发展"的基础和前提。生态时代指出可持续发展的方向，而"可持续发展"又必须依靠"生态与经济协调"来实现。其理论依据是：①"生态与经济协调"是实现可持续发展的前提。只有在生态与经济实现协调的情况下，经济的发展才能够继续进行。②"生态与经济协调"是"可持续发展"实现的基础。这是因为，"生态与经济协调"包括纵向的协调和横向的协调，"可持续发展"的具体内涵也有狭义和广义两个方面。狭义的可持续发展通常是侧重纵向的生态与经济协调发展，而广义的可持续发展则必须同时包括纵向的生态经济协调和横向的生态经济协调，而其中横向生态经济协调又总是作为纵向生态经济协调的基础而存在的。

（2）"统筹人与自然和谐发展"是全面协调的基础。科学发展观指出，实现"全面协调"必须实现"五个统筹"。它们是"统筹城乡发展、统筹区域发展、统筹经济社会发展、统筹人与自然和谐发展、统筹国内发展和对外开放"。由此也为实现可持续发展提供了基本方法。这是因为，在"五个统筹"中，"统筹人与自然和谐发展"反映"人与自然的关系"，其他四个统筹反映"人与人的关系"。由于在现实社会中，人与自然的交换活动是最基本的活动，这就决定了"人与自然的关系"是经济社会发展中的最基本关系。因此，"统筹人与自然和谐发展"就成为实现其他四个"统筹"的基础，从而也就必然成为实现各种经济社会关系全面协调的基础。

（3）生态经济学是为可持续发展指导思想的建立提供理论基础的科

学。其理论依据是：生态经济学是为了适应生态时代实现"生态与经济协调"的基本需要而建立的新兴科学，它的核心理论就是"生态与经济协调"理论。而"可持续发展"指导思想的形成也正是建立在"生态与经济协调"的基础上。因此生态经济学通过自己的核心理论，为可持续发展指导思想的建立提供理论基础是明显可见的。

  以上这些学术观点的建立，又决定了生态经济学是一门"促进生态与经济协调"的科学。由此也就使人们清楚地看到发展经济和建设生态文明过程中，采取各种措施促进实现"生态与经济协调"的重要性。但是人们在现实的经济发展中却看到，人们对实现"生态与经济协调发展"的注意是远远不够的。1992年的联合国"环境与发展"会议总结过去20年的实践经验，把当代经济社会发展的目标从单一"保护环境"明确转移到实现"可持续发展"，历史功绩是很大的。但是没有向人们明确指出实现这一目标所应该遵循的正确途径。因此，各国人们的努力仍然都还停留在单一保护环境上，实际上走的仍然还是一条"为保护环境而保护环境"的道路。对此应该看到，联合国提出保护环境的功绩是很大的，但是只提出需要"过河"的目标，却没有找到"船或桥"的过河途径，就仍然使"可持续发展"的目标不能实现。2012年联合国"里约+20"可持续发展峰会的召开，人们对之寄予厚望。但是令人遗憾的是，这次大会也还只是强调了发展"绿色经济"的目标性号召，而仍未提出实现可持续发展的具体途径。这也就使联合国秘书长潘基文在会议上提出的"希望今后不要再让我们的子孙去开什么里约+40，或里约+60会议"的愿望得不到保证。对此，当代的理论和40年来的实践都已经明确指出，实现"生态与经济协调"是实现经济社会"可持续发展"的基础，这也就是达到"可持续发展"过河目标所需要的"船或桥"，同时这也正是建设生态文明成功的核心和保证。由此，为切实承担起新时代赋予我们的"实现可持续发展"的伟大使命，必须以生态经济学的理论指导，遵循科学发展观指引的方向，明确认识和紧紧抓住实现"生态与经济协调"这个核心，从多方面做好工作。并在切实实现"生态与经济协调"的基础上，进而实现经济、政治、文化、社会、生态的总体全面协调，这样做将使我国建设生态文明的事业能够真正地得以实现，并为世界生态文明建设的实现作出更大的贡献。

（本文是作者在中国社会科学院有关单位召开的"生态文明建设与美丽中国"论坛上的论文和主题发言。其中根据自己的研究，论证生态经济学与科学发展观的基本理论内在相通，与其核心基本理论内涵的要求完全一致，并能直接相对应的规律性，提出：中国生态经济学是一门能够直接反映生态时代的要求，切实贯彻科学发展观，促进实现可持续发展的科学，从而是一门能够推动生态文明建设的科学的新观点。中国社会科学院《要报》选用，供中央领导参考）

深化经济改革　建设生态文明

环境问题是当代的重大问题，其实质是经济问题。如何正确处理生态与经济的关系是问题的核心，也是解决环境问题的根本途径。党的十六届三中全会提出了科学发展观，为我国解决环境问题指出了正确的方向。党的十七大又首次在全国党代表大会的政治报告中提出了建设生态文明的任务，说明全面深刻地解决环境问题已经提上了全党和全国的重要议事日程。在此情况下，研究如何明确认识环境问题的实质，以及如何在现实的经济社会发展中切实解决环境问题，并促进全面建设生态文明，具有重要的理论意义和现实意义。

一　环境问题的实质是经济问题

当代的"环境问题"具有特定的含义，是指"人与自然之间的矛盾日益尖锐，并阻碍着经济社会的持续发展"。它的突出显现是在20世纪60年代末。作为后工业社会的产物，它首先出现在西方经济发达国家，之后也出现在各个发展中国家。世界经济发展的历史事实说明，环境问题的实质是经济问题。它在人们发展经济的过程中形成，也随着人们发展经济的过程而发展，并且日益尖锐。同时它也将在人们发展经济的过程中最终得到解决。深刻认识环境问题，需要看到以下三点：

1. 生态与经济的矛盾是当代的基本矛盾

环境问题的实质是生态与经济的矛盾。世界发达国家的经济发展到了20世纪60年代末，人口、粮食、资源、能源和环境等生态与经济不协调的问题已经严重地显现出来。它的进一步尖锐将会动摇人类社会发展的自然基础，从而使经济社会不能持续地发展下去。生态与经济矛盾的普遍存在和对人类社会发展的严重影响，引发了近三十多年来的世界环境与发运动。首先是出现了以"罗马俱乐部"为代表的"悲观派"观点和以美国的赫尔曼·卡恩和朱利安·西蒙等为代表的"乐观派"观点，关于人类社会未来发展前途的一场大讨论。这是世界环境与发展运动的舆论准备阶段。在此基础上，联合国于1972年在瑞典首都斯德哥尔摩召开了"人类环境会议"，把保护生态环境的意识落实到实际行动。这是世界环境与发展运动的实际行动阶段。经过了整整二十年的长期保护生态环境实践，联合国于1992年又在巴西的里约热内卢召开了"环境与发展会议"，把环境与发展紧密结合起来，并提出了"可持续发展"的正确指导思想。由此又进入世界环境与发展运动的环境与发展行动统一阶段。世界环境与发展运动近三十多年的长期实践，从认识到行动，从单纯"保护环境"到"环境与发展相结合"，明确地肯定了生态与经济的矛盾是当代社会发展中的基本矛盾；指出了环境问题在发展经济中产生，也要在发展经济中才能解决。同时也提出了解决当代环境问题的正确指导思想，并指出人类社会进一步发展的正确方向。这是人们在认识和行动上的一个重大飞跃。生态与经济的矛盾是当代基本矛盾这一认识的明确，为人们解决环境问题提供了认识论的基础。

2. "生态经济系统"是环境问题的实际载体

生态与经济的矛盾是当代的基本矛盾这一认识的建立，为解决环境问题指出了方向。"生态经济系统"这一范畴的建立，则为解决环境问题指明了其据以存在的客观实体。环境问题是在现实经济发展过程中出现的，它依存于一定的经济实体而存在，也要在一定的经济实体中来解决。这个实体是有边界的，人们通常称之为"经济系统"。但是长期以来，人们对环境问题所在的实际经济载体认识不正确，就成为环境问题产生和不断发展的根源。现实经济发展中，迅速发展经济却带来生态环境不断破坏的严重经验教训，引起了人们的重新思考。我国生态经济学的倡导者许涤新先生提出了发展经济必须与生态环境相结合的思想。我们据此，并借鉴生态学研究对象是生态系统的理论，提出了经济发展的实际载体是"生态经济系统"的概念。认为人的一切经济活动都是在一定的生态经济系统中进行的。它由生态系统和经济系统两个子系统有机结合形成，因此也要受自然生态规律和经济规律两种客观规律的制约。在实际经济发展中，人的经济活动直接在经济系统中进行，但同时也必须以自然生态系统的存在和正常运行为基础。现实经济发展中出现的一切环境问题都是经济与生态（或经济系统与生态系统）运行的不协调所引起的，因此也必须通过重新调整两者的关系才能解决。"生态经济系统"这一理论范畴的建立，为解决环境问题找到了实际的出发点和落脚点。

我国于20世纪80年代初提出"生态经济系统"理论范畴。从"经济系统"到"生态经济系统"，是人们认识和改造当代世界在认识论上的一个深化。其关键是承认自然生态系统作为经济系统自然基础的客观存在。其作用对经济学家和广大经济工作者来说，是明确认识到经济系统对自然生态系统的作用和生态系统对经济系统的反作用。同时也正是这一点，使我国为环境保护服务的多个学科，包括生态学、环境科学和生态经济学，在共同以生态系统为基础的这一共同点上，走向了联合。

3. 生态经济学是为解决环境问题服务的科学

生态与经济的矛盾是当代的基本矛盾。当代新的经济发展实践呼唤着新的经济学理论进行指导。我国的生态经济学作为由社会科学的经济学和自然科学的生态学交叉结合形成的新兴边缘交叉科学就应运而生。

（1）它与当代环境与发展运动同步形成。我国的生态经济学是已故著名经济学家许涤新先生于1980年提出建立的。1972年世界环境与发展运动以联合国"人类环境会议"的召开为标志，进入全球保护环境的实际行动阶段。会后各国政府和人民在保护环境上都做了大量工作，但是生态的破坏并没有停止，人类的生存环境还在继续恶化。为此，联合国于1992年又召开了联合国"环境与发展大会"。大会的一个重要进步是提出环境保护与经济的发展密切联系不可分割，脱离了经济的发展来保护环境是保护不住的。因此明确提出把"环境与发展"密切结合起来（实际上就是把"生态与经济"密切结合起来），从而把大会也定名为"环境与发展"会议，由此也就开始了世界环境与发展运动的"环境与发展行动统一"阶段。世界环境与发展运动的实践经过整整20年，人们的认识从单一"保护环境"到"环境与发展相结合"（即实现生态与经济的统一），是人们对环境问题的实质认识深化的过程，同时也是为其服务的生态经济学新兴学科的孕育形成过程。

（2）它为可持续发展指导思想的建立提供理论基础。1992年联合国"环境与发展大会"的一个重大历史成就是提出可持续发展的指导思想，指导人们保护环境的实际行动。可持续发展指导思想提出的任务是解决工业社会延续下来的生态与经济不协调的矛盾，其关键是实现生态与经济协调。生态经济学的建立也是针对解决生态与经济矛盾的需要，并以"生态经济协调"理论作为自己的核心理论。这就决定了它是为可持续发展指导思想的建立提供理论基础的科学。生态经济学（通过它的"生态与经济协调"核心理论）为可持续发展指导思想的建立提供理论基础的作用具体表现在：第一，"生态与经济协调"是实现"可持续发展"的基础和前提。因为只有在生态与经济实现协调的情况下，经济的发展才能够继续进行。即生态与经济协调了，经济的发展才可能持续；没有协调，就没有持续。第二，可持续发展的实现要建立在生态与经济协调的基础上。对此需要看到，"生态与经济协调"包括纵向的协调和横向的协调，"可持续发展"的具体内涵也有狭义和广义两个方面。狭义的可持续发展通常是强调纵向的生态与经济协调发展，而广义的可持续发展则必须同时包括纵向的生态经济协调和横向的生态经济协调，而其中横向生态经济协调又总是作为纵向生态经济协调的基础而存在的。

二 在发展经济实践中建设生态文明

党的十七大把建设生态文明的任务第一次写进全国党代表大会的政治报告中，说明我国全面建设生态文明的阶段已经到来。对于如何在环境保护中全面建设生态文明，需要对以下三个问题有比较明确的认识：

1. 建设生态文明是生态时代的必然要求

生态文明是一个历史的范畴，它随着人类社会的发展进入新的生态时代而形成，也随着生态社会的发展而不断发展。回顾人类社会的发展，在漫长的采集渔猎原始阶段以后，随着社会生产力的不断发展，已经历了三个时代，并相应形成了三个文明。首先是以"铁犁牛耕"为标志的社会生产力的发展，推动了农业革命，建立了农业社会，在此基础上形成了长期的农业文明，这是人类社会发展历史上的一次大飞跃。之后，以蒸汽机的发明为标志的社会生产力的大发展，又推动了工业革命，建立了工业社会，在此基础上又形成了近二百多年的工业文明，这是人类社会发展历史上的又一次大飞跃。20世纪60年代以来，以"绿色技术"为标志的社会生产力的进一步发展，又进一步推动了新的生态革命，建立了现在的生态社会，在此基础上一个生态文明建设的高潮也正在到来。这是人类社会发展历史上的一次更大飞跃。人类历史上三个革命、三个社会以及三个文明的依次出现，是社会生产力逐步发展的过程，也是人类社会的文明程度逐步提高的过程。生态文明是人类历史上一切社会形态下各种文明成就的总继承，同时又是生态社会形态下文明成就的新发展。生态文明的形成是人类社会的必然。在此客观要求的推动下，1982年我国提出建立生态经济学的初期，在当时中国生态经济学会（筹备委员会）召开的一次农业生态经济研讨会上，现在年近百岁高龄的叶谦吉教授，就提出随着社会的发展进入新的阶段，要重视生态文明建设的问题。之后，中国生态经济学界对这一问题又进行了不断的研究。生态文明既是历史上一切文明成就的结晶，同时也是指导现实生态社会不断前进的动力。我国的经济发展和生态环境保护工作，都应当站在建设生态文明的高度，使之有新的更大前进。

2. 科学发展观指出建设生态文明的方向

党的十六届三中全会提出了"以人为本，树立全面、协调、可持续的发展观，促进经济社会和人的全面发展"。科学发展观的提出对指导我国现代化建设全局有重大的意义。它的建立也汲取了我国建设生态文明的成就，同时又为我国全面建设生态文明指出了方向。

第一，科学发展观的建立，为建设生态文明指出了明确的目标，即实现经济社会的可持续发展。可持续发展指导思想的建立是扭转工业社会生态与经济矛盾日益尖锐的需要，也是生态文明的一个基本内容。它的建设过程将指导我国取得保护生态环境和全面、协调、可持续发展经济的各种成就，同时也将极大地丰富生态文明建设本身。

第二，科学发展观的建立，为建设生态文明指出了明确的途径，即应该在发展经济（和社会）的实践中进行。科学发展观明确提出，发展才是硬道理，是党执政兴国的第一要务。特别是我国是一个发展中国家，发展无疑是第一位的任务。脱离开发展经济，为建设生态文明而建设生态文明的认识和做法是不可取的，也是行不通的。

第三，科学发展观的建立，为建设生态文明指出了作用的机制，即实现全面协调，核心是生态与经济协调。生态文明建设的任务是根本扭转经济社会发展中生态与经济的尖锐矛盾，使之转入两者协调。协调的机制是生态时代的根本机制。科学发展观不但提出了建设生态文明的机制，而且也明确提出了运用这一机制，促进生态文明建设的主要领域，这就是实现"五个统筹"，即统筹城乡发展、统筹区域发展、统筹经济社会发展、统筹人与自然和谐发展、统筹国内发展和对外开放。"统筹"就是"协调"，"五个统筹"就是协调我国经济社会发展中的五个重大关系。概括起来是"人与人的关系"和"人与自然的关系"两类重大关系。由于"人与人的关系"是在"人与自然的关系"基础上建立的，因此在"五个统筹"中，统筹人与自然的发展又是实施其他四个统筹的基础。科学发展观指出的这一生态经济机制和它在实践中的具体运用，将直接指导我国可持续发展经济和建设生态文明的实现。

第四，科学发展观的建立，也为建设生态文明指明了根本目的和根本动力。这就是建设生态文明必须坚持"以人为本"。因为发展经济、保护生态环境，以及建设生态文明，所有这一切，归根结底都是为了人，而且它的实施也要依靠人。"以人为本"是建设生态文明的根本出发点，也是它的根本落脚点。

3. 在发展经济实践中建设生态文明

生态文明是一个理论与实践密切结合的概念。对于"文明"，《辞海》中的解释是指"文化，如物质文明，精神文明"，是"人类社会的进步状态"。对于"生态文明"，目前学术界正在结合我国环境保护和建设的实际进行研究。例如潘岳认为，"生态文明，是指人类遵循人、自然、社会和谐发展这一客观规律而取得的物质与精神成果的总和"[1]。王如松认为，"生态文明，是指物质文明、精神文明与政治文明在自然与社会生态关系上的具体表现"[2] 等。

---

[1] 潘岳：《社会主义与生态文明》，《中国环境报》2007年10月19日。
[2] 王如松：《和谐社会亟待建立生态文明》，《中国环境报》2007年10月22日。

总的来说，可以明确两点：①生态文明是生态时代的范畴，是指生态时代条件下，以人与自然和谐为基础，所形成的一切物质和精神建设成就的总和。②它是现实经济社会中物质和精神的成就概括升华形成的。

对于人能不能在实践中建设生态文明的问题，回答应该是肯定的。因为生态文明是人类的文明，也是人类活动创造的文明。对此，极端自然中心主义的主张是不对的。它将引导人们停滞经济的发展和在建设生态文明上没有作为。同时极端人类中心主义的主张也是不对的，它已经引导人们只顾发展经济而导致生态的严重破坏。相对来说，现代人类中心主义美国哲学家诺顿和美国植物学家墨特的生态伦理观点可能比较接近实际。例如诺顿提出，"既肯定满足人的意愿，又反对破坏人与自然协调"。墨特认为，"人开发自然和利用其他生物是自然的，但他们能区别开哪些开发利用方式是进步的还是退步的"，"人的健康既取决于社会组织，也取决于生态支持系统的健康"。① 以上从理论与实践的结合上看，人不但能够建设生态文明，而且也必须通过人在实践中充分发挥主观能动性来建设生态文明，都是肯定的。

对于怎样在经济发展实践中建设生态文明，朴素地说，一是严格端正人的认识和行动。要自觉地做有利于建设生态文明的事，不做不利于建设生态文明的事。要看到，人对生态的"霸权"是不文明的行为。二是以可持续发展的思想指导，点点滴滴地做好经济发展和环境保护实际工作。对此要看到，生态文明是一个新事物，它的建立没有既定的模式，要靠人们在实践中去创造。而且它的建立又是一个长期积累，从不成熟到逐步成熟，又不断发展提高的过程。我国的生态文明包括了古代的"天人合一"思想和"桑基鱼塘"循环经济模式；也包括现在和今后人们创造的各种成功做法的概括提高，而且还要吸收国外的好经验。它的发展完善永无止境。因此，应当建立"生态文明正在建设中"的现在进行时的认识，来指导人们的建设行动。要避免"为建设生态文明而建设生态文明"，甚至为创建"政绩"而"大建"生态文明等问题的出现。生态文明既是理想的，又是现实的；既是高度的，又是平凡的；既是抽象的，又是具体的。一定

---

① 余谋昌：《生态哲学》，陕西人民教育出版社 2000 年版，第 142—145 页。

要树立踏踏实实做好实际工作，从点点滴滴的实际工作成就中建设生态文明的指导思想，把伟大的建设目标和朴素的建设行为结合起来。那些单纯形式主义的做法是建设不成生态文明的。

三 解决环境问题的出路在于深化经济改革

当前我国正面临着解决环境问题，建设生态文明的重大任务。生态文明既是发展经济和解决环境问题成就的结果，又是继续推动解决环境问题的动力。深化经济改革指出我国经济继续前进的方向，同时也指出解决我国环境问题的根本出路。以科学发展观为指导，立足建设生态文明，从人与自然的关系上继续深化经济改革，将为我国解决环境问题，实现可持续发展提供正确的道路。

1. 我国正在进行两种经济改革

我国自1978年党的十一届三中全会后，实行经济改革。近三十年来促进国民经济迅速发展，已经取得了世界瞩目的巨大成就。这一改革的核心是针对长期以来，在经济发展中忽视以致否定了客观经济规律的作用，从而不能取得应有经济效益的问题进行的。其基本内容是从人与人的关系上，改革不适合社会生产力发展要求的生产关系和上层建筑，促进解放被束缚的社会生产力，从而推动经济的迅速发展。这是我国在邓小平改革理论指导下取得的巨大成就。与此同时，我国实际上也在进行着另一种经济改革，即生态经济改革。它的核心是针对长期以来，在经济发展中忽视以致否定了客观自然生态规律的作用，从而不能取得应有生态效益的问题进行的。其基本内容是从人与自然的关系上，改革不适合自然生产力发展要求的生产关系和上层建筑，促进解放自然生产力，从而推动经济的可持续发展。它的提出是进入生态时代条件下，新的经济发展实践提出的新要求，是我国运用邓小平改革理论的新拓展。在现实的经济发展中，两种改革是紧密交织在一起的，但是后者的存在和作用还没有被人们所认识。1988年10月，应新华社记者的要求，我曾把初步产生的这方面的想法写进《生态经济观点要进入经济建设和改革》并提供给《新华社内参》。之后在应邀出版的专题录像带和发表的文章中，几次又提出了"生态经济的思想要进入改革"① 等观点,并向国家发改委提出过书面建议。目前,继续深化改革和建设生态文明的重大任务都已经提上了我国的重要议事日程。应该从"人与人的关系"和"人与自然的关系"的全面结合上,把"经济改革"和"生态经济改革"两种改革有机地结合起来,使之在促进我国现代化建设和建设生态文明上作出应有的更大贡献。

2. 生态经济改革的关键是转变人的经济思想和经济行为

进行生态经济改革的目的是从根本上改变经济社会中生态与经济的矛盾状态,使之转向全面协调。实现这一转变的关键是促进人的经济思想和人的经济行为有一个根本的转变。对此,从实践中人们看到,现实经济发展中所存在的环境问题,其中除一部分是由于自然界本身的运动所引起,例如火山、地震、海啸等,主要由于自然界本身的运动所导致,人的力量目前还不能控制外,绝大部分都是由于人的影响,即人的错误经济指导思想和错误经济行为造成的。具体来说,就是"只顾发展经济,而不顾保护环境"的片面发展经济的指导思想和经济行为所导致。深入分析其产生的原因,要看到,人在生态经济系统中的地位具有双重性,其作用具有双向性。

生态经济学的理论认为,人是生态系统的一个组成要素,同时也是生态经济系统的一个组成要素。但是人在两个系统中的地位和作用是完全不同的。在生态系统中,人作为"自然的人"而存在,其地位和作用与其他动物没有任何区别,都只是生态系统中的一个生命要素和"食物链"运行环节中的一个物质和能量承担者。而在生态经济系统中,人是作为"社会的人"而存在,其地位和作用就是整个系统的主导。他可以发挥自己的主观能动性创造条件,改变和组建新的生态经济系统,使之为人们的需要服务。对于他的主导作用,人们又看到,其作用的结果并不都是正向的。如果他的主导作用(即他的经济思想和经济行为)符合客观经济规律和自然生态规律的要求时,就能引向生态与经济协调,从而导致可持续发展。反之,违反了客观自然生态规律的要求时,就将造成生态环境的破坏,从而使经济不能实现可持续发展。据此,以生态与经济协调的思想指导,从根本上扭转人的错误指导思想和错误经济行为,使人们在正确的思想指导

---

① 参见王松霈《从人与自然的关系上深化经济改革》,《生态经济学报》2006 年第 4 卷第 3 期。

下，以正确的行为进行经济活动，就成为进行生态经济改革的关键和最重要的环节。

3. 深化生态经济改革，全面建设生态文明

当前我国需要进行的生态经济改革具有三个明显特点：（1）它是深化的改革。即从原来的单一经济领域深入到生态与经济结合的领域。（2）是积极的改革。即通过发展经济达到新的生态与经济协调，而不是停滞发展经济，消极地回到原有生态平衡状态上去。（3）是全面的改革。即改革的范围包括了经济社会发展的一切方面，以及他们发展的全过程。由此可以看到，我国进行生态经济改革的过程实际上也就是全面建设生态文明的过程。其内容概括起来，主要包括：

（1）建立新的指导思想。主要是正确处理三个层次的基本关系，建立三个新的指导思想和指导方针：

一是正确处理人与自然的关系，建立"人与自然的和谐观"。据以建立新的指导思想。历史以来，与三个社会和三个文明的依次出现相适应，人们认识和处理人与自然的关系也经历了三个发展阶段：先是蒙昧阶段。人对自然的干扰破坏不大，两者处在低水平的协调状态。之后是对立阶段。工业社会生产力大发展，但没有生态与经济协调的思想作指导，两者处在"对立"，以致掠夺的状态。现在是和谐的阶段。社会生产力继续发展，又有了可持续发展的思想作指导，从而实现了经济社会的全面、协调、可持续发展。

二是正确处理经济与生态的关系，建立"经济与生态的协调观"。据以建立"经济是主导，生态是基础"的发展经济总方针。在现实的生态经济系统中，经济与生态是并存的，但它们的地位和作用并不是并列的。发展是硬道理，经济是主导。但必须同时认真保护生态这个基础。

三是正确处理资源利用与保护的关系，建立资源"利用和保护的统一观"。据以建立"在利用中保护，在保护中利用"的资源利用新方针[①]。我在1989年提出的这一新提法，已经在有关中央文件和江泽民等领导人

---

① 参见王松霈等《热带亚热带少数民族地区生态经济协调发展问题研究报告》（国家民族事务委员会委托课题），第74页。后编入赵延年主编《中国少数民族和民族地区九十年代发展战略探讨》，中国社会科学出版社1993年版，第493页。

在指导工作的重要讲话中被采用。之后，也被在 2002 年联合国"约翰内斯堡会议"上总结的"寓环境保护于经济建设之中"的提法所印证。

（2）深入改革经济体制。主要是从经济与生态的结合上，明确认识我国社会主义市场经济体制所具有的生态经济内涵。我国的经济体制改革，从传统的计划经济转变到社会主义市场经济，遵循客观经济规律的要求，发挥了市场在配置自然资源中的基础性作用，已经取得了很大的成就。但是单纯经济规律指导下的社会主义市场的作用具有明显的自发性。还不能解决企业"内部经济性"与"外部不经济性"的矛盾所引起的各种环境问题。这就需要通过深化生态经济改革，建立起新的生态经济型的社会主义市场经济体制，使之实现生态与经济的协调发展，而不是继续停留在单纯经济型的市场经济体制上。

（3）克服短期经济行为。目前这种行为普遍存在于我国经济发展的各个方面。例如农业上的用地不养地、林业上的乱砍滥伐、畜牧业的超载过牧、渔业上的酷渔滥捕；以及在目前单一考核发展经济成效的情况下，一些地区的干部，为了追求所谓的"政绩"，所产生的"只顾发展经济而不顾保护环境"，甚至"只顾发展经济而不惜破坏环境"的短期行为等。所有这些都需要通过深入进行生态经济改革来纠正，把它们引导到目前利益和长远利益兼顾，实现生态与经济协调发展的正确轨道上来。

（本文系作者在复旦大学环境经济研究中心第八届年会暨学术研讨会上的主旨报告，2007 年 12 月 15 日）

深化改革建设生态文明

党的十八大报告提出"五位一体",把建设生态文明提高到中国特色社会主义建设事业总体布局的高度。建设生态文明是生态时代提出的必然要求,应该遵循科学发展观指引的方向,运用生态经济学理论,通过从人与自然的关系上深化经济改革来实现。以下谈两个观点。

一 生态经济学是指导发展与改革的科学

21世纪是发展和改革的世纪,生态经济学也是促进发展和改革的科学。中国的生态经济学是已故著名经济学家许涤新先生于1980年倡导建立的,从一开始我就被指定具体负责这一新兴学科的研究和组织创建工作,至今已经历了32年的发展过程。生态经济学是适应生态时代的要求,改变工业时代遗留的"生态与经济不协调"状态,促进实现两者协调,并在此基础上实现"可持续发展"。同时,它的学科理论又与"科学发展观"的基本理论内在相通。由此就决定了生态经济学这一新兴边缘科学的新时代特征和促进发展与改革的学科性质。建设生态文明的实质是把人类社会发展的一切文明成就进一步建立在既体现人与人之间关系的和谐,同时又体现人与自然之间关系和谐的更高水平上。因此,它的发展和改革特点是明显的,它的进行需要在生态经济学理论指导下,具体体现生态时代的要求和切实贯彻科学发展观指引的方向也是明显的。

二 从人与自然的关系上深化经济改革建设生态文明

当前我国实际上正进行着两种经济改革。一种是遵循客观经济规律的要求,从人与人的关系上进行的改革。这一改革已经进行了三十多年,其核心是解放被束缚的社会生产力,促进经济的迅速发展,已经取得了巨大的成就。另一种是遵循客观自然规律的要求，从人与自然的关系上进行的改革。这一改革在实践中已经自发地进行着，但是还没有被更多的人所认识。其核心是解放被束缚的自然生产力，促进经济的可持续发展，即把我国经济社会的发展放在既符合客观经济规律，同时也符合自然规律要求的基础上，从而取得更大的成就。继续进行这一改革是生态时代的客观要求，是历史发展的必然。进行这一改革的过程实际上也就是建设生态文明的过程。人们应该在自觉认识的基础上，把它明确地提到我国发展和改革的重要议事日程上来。

从人与自然的关系上深化经济改革是一个全面的改革，也是一个基本的改革。作为全面的改革，要看到人们的一切经济活动都是在统一的"生态经济系统"中进行的。因此要用"生态与经济协调"的思想指导，改革一切不适合自然生产力发展要求的思维方式、生产方式、生活方式和行为方式，全面规范人们"只顾发展经济，不顾破坏生态"的错误经济指导思想和经济行为。为此要：

1. 建立新的思维方式：包括"生态与经济双重存在"的思维（基础思维）、"生态与经济协调"的思维（核心思维）和"可持续发展"的思维（目标思维）。并在此基础上建立起一系列新的观念，包括人与自然的和谐观、经济与生态的协调观、目前利益和长远利益的兼容观、和生态、经济、社会效益的统一观。

2. 建立新的经济战略指导思想。即"生态与经济协调"的指导思想。为此应该建立新的"经济是主导、生态是基础"的发展国民经济战略指导方针和"在利用中保护，在保护中利用"的新的资源利用指导思想。后者在20世纪80年代提出后，已经被江泽民等领导人在指导工作的重要讲话中多次采用，在实际工作中也已经被广泛地使用。

3. 建立新的经济体制和发展模式。即建立新的"生态经济型社会主义市场经济体制"，并且从我国60年来由"数量速度粗放型经济"到"经济效益集约型经济"，再到"生态经济效益集约型经济"的不断变革中，探索建立"生态经济效益集约型"经济模式的具体途径。

4. 建立新的经济制度和管理措施，克服各种短期经济行为。包括制止农业中的"用地不养地"，林业中的"乱砍滥伐"、畜牧业的"超载过牧"、渔业的"酷渔滥捕",以及现行单一经济考核标准下,干部追求片面"政绩"的短期经济行为。

从人与自然的关系上深化经济改革作为基本的改革,则要看到,在中国特色社会主义事业"五位一体"的总体布局中,经济建设、政治建设、文化建设、社会建设和生态文明建设是一个有机联系的统一整体,其中经济建设是政治建设、文化建设和社会建设的基础,而生态文明建设又是经济建设的基础。因此从人与自然的关系上继续深化的经济改革又必然会推动政治改革、文化改革和社会改革的进一步深化,并融入这些改革的各方面和全过程。20 世纪 80 年代,本人曾经提出了一个"生态经济要进入改革"的学术观点,引起《新华社内参》的重视。2005 年,作为对"十一五"规划的建言,我又提出了一个"从人与自然的关系上深化经济改革"的建议提给国家发展与改革委员会参考。今天重提这一观点,希望能够发挥生态经济学的作用,为大力建设生态文明作出贡献,推动中国特色"五位一体"的社会主义建设事业达到一个更高的水平。时间有限,言不尽意。谢谢大家。

(本文系作者在 2013 年 1 月 12 日国际生态发展联盟、北京大学、北京工业大学、北京绿色动力环保技术研究院主办的"北京生态文明建设研讨会"上的主题演讲摘要)

全球共建生态文明

一 时代的要求，共同的使命

当前世界面临着严重的生态危机。它的存在具有三个特点：一是普遍性。它存在于各个国家经济社会发展和人民生活的各个方面。二是人为性。除火山、地震、海啸等主要由于自然因素变动，目前人的力量还不能左右外，绝大多数都是由于人的错误经济社会活动所造成。三是严重性。它的发展趋势不能控制，越来越严重危害各国经济社会的发展和人的健康。

时代的发展提出解决这一问题的客观要求。人类社会的发展由社会生产力推动。在漫长的原始采集渔猎阶段后，已经经历了三个时代：一是以"铁犁牛耕"为标志的社会生产力推动了农业革命，建立了农业社会，进入农业时代，创建了中国几千年的农业文明。二是以"蒸汽机的发明"为标志的社会生产力推动了工业革命，建立了工业社会，进入工业时代，创建了近300年高度发展的工业文明。三是以"绿色技术"为标志的社会生产力推动了生态革命，建立了现在的生态社会，进入新的生态时代。它的任务是解决工业时代遗留的"生态与经济不协调"的矛盾，实现两者协调和可持续发展，并在此基础上创建新的生态文明。

生态文明是人类社会一切物质和精神成就的总和。建设生态文明具有两个明显的特征：（1）它是过去各个时代物质和精神文明成就的继承，而且建立在新的生态与经济协调基础上，因此是人类社会的最高文明。（2）它是全人类的共同创造。各国人民生活在同一个地球上，处于同一时代，面对同一问题，因此新的生态文明也需要由各国人民共同来创造。生态经济学的理论认为，地球是一个统一的"生态经济系统"，它由生态系统和经济系统两个子系统结合形成，同时要受自然规律和经济规律两种客观规律的制约。人在这个系统中的地位具有双重性。作为"自然的人"它只是"生态系统"的一个组成要素，和其他动物没有区别。而作为"社会的人"他就是整个"生态经济系统"的主导。在现实的经济社会发展中，正是人的错误经济指导思想和经济行为破坏了全球生态环境，同时也就需要人们共同努力端正自己的经济思想和行为扭转这一破坏，使之走向生态与经济协调和建设生态文明的共同方向。

对于世界各国需要加强合作，共同承担建设生态文明这一重大时代使命，应该从生态经济学的理论上进一步看到它们之间在经济社会活动和建设生态文明上的密切相关性：

一是单项经济社会活动的生态经济相关性。在全球这个生态经济大系统中，各项经济社会活动的物质流、能量流、信息流和价值流，都是时刻流动和息息相通的。一个明显的例子是1859年，澳大利亚墨尔本动物园引进了24只欧洲家兔供人们欣赏。遭遇大火，幸存的兔子逃到野外迅速繁殖。五六十年后，野兔遍布了半个澳洲大陆，与羊群争夺牧场和食料，使澳大利亚的养羊业几乎衰落了一百年。

二是整体经济社会活动的生态经济相关性。对此首先要看到，经济社会活动总体中的经济活动、政治活动、文化活动、社会活动和生态活动是有机联系的"五位一体"复杂结构。它们之间，前四者体现人与人的关系，其中经济活动是政治、文化和社会活动的基础；后者"生态活动"体现人与自然的关系，又是经济活动的基础。其次深一步也要看到，文化活动有狭义和广义之分。狭义指各种具体的戏剧、舞蹈、画展等活动；广义是指人们对经济社会各种活动认识的总体概括、提高和升华。目前从各个角度对"文化"的定义至少有二百多种，许多也都倾向于这种认识。以上无论从经济社会活动的单项还是整体上，国际之间的生态经济相互关联性都是客观存在的。从广义文化的高度形成生态时代各国合作建设生态文明的共识，以经济活动为基础，以实现生态与经济协调和可持续发展为方向，全面整合进行经济、政治、文化、社会和生态等方面的国际合作，将形成一个巨大的力量，推动全球生态文明建设迅速前进。

二 在发展中建设生态文明

当代建设生态文明，不但要明确认识它的重要意义和加强国际合作进行建设的必要性，而且要明确认识建设生态文明的正确道路和具体途径。在近四十多年来的世界环境与发展运动中，人们首先为寻找建设生态文明的正确道路经历一个曲折的过程。对此，联合国 1972 年和 1992 年召开的两次相关大会及其主旨的转变给人们以启示。

人类社会的发展进入 20 世纪 60 年代末，世界范围内生态与经济不协调的矛盾已经明显地显现。以罗马俱乐部为代表的"悲观派"观点和以美国一些学者为代表的"乐观派"观点关于人类社会发展前途的一场大讨论为世界环境与发展运动的兴起做了舆论上的准备。1972 年联合国在瑞典首都斯德哥尔摩召开的"人类环境会议"，又把这一舆论变成世界保护环境的实际行动。这次大会召开后 20 年，各国都做了大量保护环境的工作，但是世界生态破坏并没有停止，人们生存的环境还在继续恶化。联合国为解决这一问题，于 1992 年在巴西的里约热内卢又召开了"环境与发展会议"。这次大会的一个重大前进就是把环境与发展（核心就是把"生态与经济"）紧密结合起来。由此并提出"可持续发展"的指导思想指导人们的行动。

联合国这两次大会召开的重大历史功绩是找到了解决世界生态破坏和建设生态文明的正确道路，即把人们从"为保护环境而保护环境"却保护不住生态环境的道路上拉回来，转而走上了"在发展中保护环境"和建设生态文明的正确道路。联合国 1972 年提出认真保护生态环境的思想和行动号召是重要的，而 1992 年联合国提出并明确的"在发展中保护生态环境"的道路其意义更是深远的。

深入研究这一问题，人们看到，联合国实现这一指导思想转变的生态经济学理论依据是"环境问题的实质是经济问题"。生态经济学的理论认为，人在地球"生态经济系统"中生存，其中生态系统作为"环境"（指自然环境）是经济系统的依托，它是自然的客观存在。而现实社会中的"环境问题"则是一个社会经济的概念，是指人与自然之间的关系。人的错误经济指导思想和错误经济行为破坏了自然生态系统的正常运行，自然反过来又阻碍了经济社会的发展。人们在发展中所面对的矛盾是"发展经济与保护环境的矛盾",其实质是"如何发展经济"的问题。由此,"环境问题"也必须依靠人们端正自己的经济指导思想和经济行为才能解决。

中国40年来进行环境保护的实践经验说明了在发展中保护环境和建设生态文明的客观必要性。中国自1972年参加联合国"人类环境会议"后,从无到有开展了环境保护工作,40年来取得的成就是巨大的。但是由于一直遵循"从保护环境出发保护环境"的指导思想,而且1992年联合国"环境与发展"大会后,和世界各国一样,一直也没有转变到"在发展中保护环境"的指导思想上来。就使实际工作中发展经济与保护环境分离,各经济部门承担着"发展经济"的任务,忽视保护环境。他们是"放火者",而且破坏环境之火越烧越大。而环境保护部门承担着"保护环境"的任务,却无力规范各经济部门的经济行为。他们是"消防队",只能跟在各经济部门后面救火,长期疲于奔命。不得已提出"我国环境保护工作必须转型"的强烈呼声。而且这不单是中国环境保护的情况,也是世界各国环境保护工作的共同情况。扭转这一困境,必须从"为保护环境而保护环境"的惯性认识和做法中解脱出来,切实走上"在发展中保护环境"和在发展中建设生态文明的正确道路。

当前中国政府已经提出了一个指导实现可持续发展的重要战略指导思想,即"科学发展观"。它根据生态时代实现"生态与经济协调发展"的核心要求,并总结四十多年来我国和世界保护环境的正反两方面实践经验,提出"以人为本,全面协调,可持续发展"。其中,突出强调"发展是它的第一要义",也明确指出中国必须坚持"在发展中保护环境"和建设生态文明的正确道路。

据此,我建议中国应该建立"经济是主导,生态是基础"的新的指导思想指导人们的经济社会行动,并与各国进行交流。在当前生态时代条件下,发展经济和保护环境是一个有机联系的整体。其中发展经济与保护生态两者都是十分重要的。我国的经济实力需要增强,人民的生活需要提高。由此把"发展经济"放在首先和"主导"地位是必要的。但同时,经济的发展又必须以自然生态系统的正常存在和顺畅运行为依托。由此把"保护生态"放在重要的"基础"地位也是肯定的。两者相辅相成,将有力地推动保护环境、可持续地发展经济和建设生态文明的实现。

三　在改革中建设生态文明

建设生态文明是生态时代的新事物，同时也要在批判和发展工业文明的基础上来实现。因此它不但是一个发展的范畴，同时又是一个改革的范畴。它的实现也必须遵循"在改革中建设生态文明"的具体途径。进入21世纪以来，在中国大地上萌芽出现的"从人与自然的关系上深化经济改革"新事物，为此也提供了有益的经验。

当前中国实际上正在进行着两种经济改革，一种是遵循客观经济规律的要求，从人与人的关系上进行的改革。这一改革已经进行了三十多年，其核心是解放被束缚的社会生产力，促进经济的迅速发展，已经取得了巨大的成就，引起全世界的注目。另一种是遵循客观自然规律的要求，从人与自然的关系上进行的改革。这一改革在实践中已经自发地存在着，但是还没有被更多的人所认识。其核心是解放被束缚的自然生产力，促进经济的可持续发展，即把我国经济社会的发展放在既符合客观经济规律，同时也符合自然规律要求的基础，从而将取得更大的成就。继续进行这一改革是生态时代的客观要求，是历史发展的必然。从人与自然的关系上深化经济改革的过程实际上也正是建设生态文明的过程。人们应该自觉地认识，并把它明确提到我国发展和改革的重要议事日程上来。

在深化经济改革中建设生态文明，首先要转变人们发展经济的指导思想。即建立"生态与经济协调"的指导思想。这是因为"生态经济系统"是人们一切经济活动的实际载体，只有在生态系统与经济系统运行协调的基础上，人的经济活动才能顺利进行。同时"生态与经济协调"也是生态时代的核心要求。生态时代的根本任务就是为了解决工业时代生态与经济不协调的基本矛盾，使生态与经济走向协调。而这也就为实现可持续发展提供了基础和前提。

从人与自然的关系上深化经济改革，同时也要看到，它是一个全面的改革。人在"生态经济系统"中生存和发展，"生态经济系统"具有明显的系统性、综合性和协调性特点。生态文明是历史上一切文明成就的总和，它全面概括了人与人的关系和人与自然的关系，并要把"生态与经济协调"的思想融入经济、政治、文化、社会建设的各方面和全过程。为此，它必然要求全面改革一切不适合自然生产力发展要求的思维方式、生产方式和生活方式，全面规范人们的片面经济指导思想和经济行为。主要有：

1. 建立新的思维方式：包括"生态与经济双重存在"的思维（基础思维）、"生态与经济协调"的思维（核心思维）和"可持续发展"的思维（目标思维）。并在此基础上建立起各种新的思想观念，包括人与自然的和谐观、经济与生态的协调观、目前利益和长远利益的兼容观以及生态、经济、社会效益的统一观。

2. 建立新的资源利用指导思想，即"在利用中保护，在保护中利用"的指导思想。本人在20世纪80年代提出的这一学术观点，已经被江泽民等国家领导人在指导工作的重要讲话中多次采用，在实际工作中也已经被广泛地使用。

3. 建立新的经济体制和发展模式。即建立新的"生态经济型社会主义市场经济体制"，并且从我国60年来的经济类型变革，即由"数量速度粗放型经济"到"经济效益集约型经济"再到"生态经济效益集约型经济"的不断变革中，探索建立"生态经济效益集约型"经济模式的具体途径。

4. 建立新的经济制度和管理措施，克服各种短期经济行为。包括制止农业中的"用地不养地"，林业中的"乱砍滥伐"、畜牧业的"超载过牧"、渔业的"酷渔滥捕"，以及现行单一经济考核标准下各级干部追求片面"政绩"，造成生态破坏的短期经济行为等。

从人与自然的关系上深化经济改革是一个基础性的改革。它的实施也必然要带动中国特色社会主义事业"五位一体"结构中政治、文化、社会等诸多方面的改革。20世纪80年代，本人曾经提出了一个"生态经济要进入改革"的学术观点，引起了新华社"内参"的重视。2005年，作为对"十一五"规划的建言，我又提出了一个"从人与自然的关系上深化经济改革"的建议送交国家发展与改革委员会参考。今天重提这一观点，希望能够发挥生态经济学在建设生态文明上的作用，推动中国特色"五位一体"的社会主义建设事业达到一个新的更高的水平。

（原载《生态经济通讯》2013年第6期）

七

生态经济学深入民众走向世界

生态经济学浅谈

一 我国生态经济学的建立

任何科学都是实践的产物，我国生态经济学的诞生适应了经济社会发展的客观要求。近半个世纪以来，我国的人口急剧增长，生产力迅速提高。经济发展的巨大压力冲击着自然生态系统，对自然生态系统带来了巨大的破坏。其表现是多方面的：在农业上，耕地被滥用，数量迅速减少；用地不养地，土地质量大大降低。林业上，乱砍滥伐森林，使林木的砍伐量大大超过生长量，出现了巨大的森林"赤字"。畜牧业上，草原开垦种粮，超载放牧，引起大面积草原退化、沙化。渔业上，酷渔滥捕，近海渔业资源急剧衰退。我国水土流失十分严重，黄土高原大面积荒芜，黄河大量冲刷，下游严重淤积，长江也有变成第二条黄河的危险。在工业和城市的发展中，"三废"大量排放，严重污染环境，等等。所有这些都说明了传统经济学研究的局限性。当前已经进入了经济社会与生态环境协调发展的新时代，适应这一需要，一门新兴的经济科学——生态经济学就应运而生了。

我国生态经济学的产生也反映了当代学科之间相互渗透结合，形成新兴边缘学科的发展趋势。其产生的根源还在于解决实际问题的需要。在我国，生态经济学和经济生态学的同时提出，都适应了这一要求。经济学与生态学和环境科学学科之间的这种渗透结合，既有利于学科间的相互借鉴，也有利于它们更好地发挥各自的学科特长。我国生态经济学建立15年来，一直重视向生态学和环境科学学习，并在目标完全一致的情况下，共同开展合作研究，包括共同建立中国的生态经济学，这种合作有利于解决我们共同面临的问题。

生态经济学的建立，也对经济学的发展产生了很大的影响。当今各国的经济学都在增加生态环境经济的内容，这已成为经济学发展的一个共同趋势。我国在这方面主要存在以下三种观点：一是经济学形成了一个新的分支——生态经济学；二是经济学要加入、运用生态经济学的思想进行改造；三是经济学的学科体系要扩展，其主要组成部分应包括：（1）主要研究生产关系的政治经济学；（2）主要研究生产力的生产力经济学；（3）深入自然过程研究经济问题的生态经济学。21世纪是生态的世纪，可持续发展是21世纪经济社会发展的主题。生态经济学的发展在即将到来的21世纪必将发挥越来越大的作用。

二 生态经济协调发展理论

我国生态经济学理论研究的一个重要成果是生态经济协调发展理论的提出和扩展。它使人们把经济规律和自然规律的要求统一结合起来，从而使人们在这方面的认识和行动从必然王国走向自由王国。这一理论具有丰富内涵，主要有：

1. 生态与经济双重存在的理论。人类的一切经济活动都在一定的生态经济系统中进行，其中的经济系统和生态系统都是客观存在的。经济活动对生态系统产生影响，同时受生态系统的制约。

2. 经济为主导，生态为基础的理论。统一客观存在于共同生态经济系统中的生态系统和经济系统，就其对发展经济的不同作用来看，经济系统的运行是主导。人们必须发展经济来解决贫困和提高人民的生活，因此经济发展是第一位的。但同时生态系统的运行又是基础。人们发展经济的一切活动又必须在自然生态系统运行正常的基础上才能顺利进行，否则经济发展本身就要受到制约，甚至要出现危机。经济为主导、生态为基础的理论，使人们认识到：保护自然生态平衡就是保护经济发展的基础，就是保护生产力。

3. 积极生态平衡的理论。自然生态平衡应该区分为积极的生态平衡和消极的生态平衡。有利于人类经济社会发展的生态平衡是积极的生态平衡，反之则是消极的生态平衡。由于生态平衡是动态存在的相对平衡，因此在发展经济的过程中，自然生态平衡是可以被打破的，当人们打破了一个旧的生态平衡，同时也就建立了一个新的生态平衡。只要这个新的生态平衡能够维持生态系统的正常运行，又有利于经济的发展，这个平衡就是积极的生态平衡。积极生态平衡理论的建立，有利于人们在尊重生态平衡客观规律的基础上，充分发挥主观能动性，积极创造条件，建立各种对人们有利的人工生态系统，而不被一些凝固、消极生态平衡的思想束缚住自己的手脚。因此，生态经济学是促进的科学，而不是"促退"的科学。

4. 经济、社会、生态三个效益统一的理论。在实际生活中，一切经济社会过程，归根结底都是生态经济运动过程。在此过程中，生态经济系统是载体，生态经济平衡是动力，生态经济效益是目的。生态经济效益在实践中，必然广延成为统一的经济、社会、生态效益，正是这个目标推动着经济社会的可持续发展。

三　推动我国生态经济学的继续发展

环境与发展是人类的共同事业。我国的生态环境保护和生态经济学的发展，与世界环境保护事业的发展基本上是同步的。1972年联合国在瑞典的斯德哥尔摩召开了人类环境会议，随之我国开始了环保工作，并将环境保护列为我国的一项基本国策。我国的生态经济学也相应发展起来。1992年联合国在巴西的里约热内卢召开了环境与发展会议，明确把环境与发展联系在一起，并提出了《21世纪议程》这一共同的行动纲领。与此相一致，我国率先制定了《中国21世纪议程——中国21世纪人口、环境与发展白皮书》，把我国21世纪经济社会的发展引向可持续发展的新阶段，从而给我国生态经济学的发展提出了新的任务和更高的要求。

实现"九五"计划和2010年的奋斗目标，有大量的生态环境经济问题需要研究，对生态经济学研究也提出了更高的要求。我国的生态经济学研究工作，成绩要肯定，但是也存在着许多缺点和不足。例如对生态农业研究得多，对生态工业研究得少；对生产领域研究得多，对流通、分配和消费领域研究得少；定性研究得多，定量研究得少。特别是对基层和具体生产过程，还缺乏一套比较成熟的指导的可操作手段，从而限制了生态经济学作用的更大发挥。这些都需要在今后的工作中加以解决。

我国的环境与发展事业是一个伟大的事业。生态经济学研究要更大地发挥作用，需要处理好以下几个方面的关系：

1. 理论与实际的关系。我国生态经济研究中，理论学术研究和实际问题的研究都需要加强。为经济建设服务是生态经济学的根本任务，也是学科发展具有生命力的关键所在。我国社会主义经济建设为我国生态经济学的发展提供了广阔的场所，生态经济学研究要树立实践第一的观点。继续把为实践服务作为主攻方向。

2. 继承和发展的关系。许涤新、陈岱孙、钱学森、马世骏、侯学煜、曲格平等同志，对我国生态经济学的建立和发展都作出了重要的贡献。可持续发展思想的建立又给生态经济学的发展提供了新的生长点。为此，生态经济学要有开拓创新的观点，在继承的基础上，研究探索新的问题和规律性。

3. 个体和群体的关系。生态环境经济事业是个群体的事业。一个单位、一个人，力量再大也是有限的。在新的发展阶段，要继续尊重和团结众多生态经济科学工作者共同研究，并继续加强与自然科学工作者的团结合作，共同研究我国的生态经济问题。

4. 国内与国外的关系。环境与发展是全球的事业，中国的生态环境经济学研究是世界生态环境经济学研究的一个组成部分。我国的生态环境经济学研究要与国外这方面有关单位开展合作，互相借鉴；要置身世界生态环境经济学研究的前沿，借鉴国外的经验，加强我们的研究。为我国和世界生态环境保护事业作出更多的贡献。

（本文是《北京日报》约写的一篇普及生态经济学知识的文章，发表时做了如下的编者按：十四届五中全会提出把实现可持续发展作为一个重大战略，因此必须注意生态与经济相互协调、环境与发展相互统一。这也为一门新兴学科——生态经济学提供了广阔的研究领域。我国生态经济学是在已故著名经济学家许涤新同志的积极倡导下发展起来的，至今已整整15年了。为使读者了解这一学科，现发表谨供参考。原载《北京日报》1996年1月4日）

生态农业——中国持续农业发展的道路

一 生态农业指出我国农业持续发展的方向

当今世界经济（包括农业经济）的发展中出现了人口、粮食、资源、能源、环境等重大生态经济问题，持续农业已成为世界各国共同努力的方向。中国最近十年来对生态农业问题进行了研究。根据我的初步研究，生态农业指出了我国农业持续发展的道路。

生态农业是现代农业的高级形式。它是生态经济学理论指导下的农业。它继承了目前现代农业生产形式的一切科学技术成就，又克服了这种现代农业生产形式带来的破坏生态平衡的问题。它强调人和自然之间关系的协调：一方面充分利用自然资源，为人类提供多种多样的农副产品，满足人们生活和发展经济的需要；另一方面又不破坏自然资源和生态环境，使农业可以持续发展。

二 建湖县生态农业的七种主要形式

中国地域广阔，生产条件差异很大。各地已经创造了许多种生态农业的具体做法。从我研究江苏省建湖县的情况来看，该县从1983年开始发展生态农业，六年间已经找到了七种有效的生态农业形式：

1. 林粮复合模式

这是一种以林为主、林粮结合的生态农业模式。主要是在种植粮食产量不高的高坡荒地和水田种植林木，在前期林间空地上间种粮食，并用粮食养猪，猪粪上地做肥料。充分利用了太阳光和土地，在经济上用经营周期短的农、牧业的收入养经营周期长的林业。这种做法把林业、农业、牧业联结起来，在生产上和经济上都实现了良性循环，生态效益和经济效益都比较好。例如该县的恒济乡，地势低洼、容易受涝，过去种粮种棉产量都不高。改为营造速生林，并且间种粮食发展畜牧业，5年间造林8140亩，林木覆盖率由6.8%增加到11%，并获得农业、牧业的多种收益，也改善了生态环境。

2. 稻鱼共生模式

这是水田地区以水稻为主，稻鱼结合的一种生态农业模式。在水稻田中养鱼，可以减少鱼池占地，也为鱼提供了各种天然动、植物饵料。鱼可以给稻田松土，可以吃掉田中杂草，鱼的排泄物也可以肥田，得到生态效益和经济效益。例如该县近湖乡东冯村的村民王兆和，全家6口人，16亩田。1987年单种水稻，产稻谷8000公斤，纯收入2300元。1988年在稻田中养鱼，产稻谷8500公斤，少用了农药、化肥，减少了成本和环境污染；同时还多产鱼801公斤。扣掉成本，纯收入为4803元，比原来提高一倍多。

3. 禽、鱼、蚌共生模式

这是水域地区以水产品生产为主体、多种生产相结合的一种生态农业模式。做法是：水中养鱼、水面养鸭，同时吊养珍珠蚌。它采用立体养殖的方式，充分利用了有限的水域资源。同时这些生物之间组成了有效的人工生态系统"食物链"，进行着良性的物质循环和能量转换。其中鸭、鹅的排泄物能培育大量的浮游生物，供给鱼类食用；鱼类的粪便形成肥水，供给蚌做养分，生态效益和经济效益都很好。如该县庆丰乡的董徐村，1985—1988年在全村180亩总水面中，利用115亩内河水域实行这种模式，在保护水域环境不受破坏的情况下，提供了大量的农产品，三年共得到纯利润159.68万元。

4. 种、养、沼结合模式

这种形式利用沼气的能源转换，把种植业和养殖业结合起来，实现生态系统更有效的良性循环。上述董徐村的381户村民中，有265户从1983—1988年采用这种形式：把生产的粮食和副产品喂猪、喂鸡；猪的排泄物入沼气池，所产生的沼气用作照明和生活燃料；所产生的沼液用来喂猪，沼池渣水做肥料上农田，形成了生态系统的良性循环。6年中生产了大量农产品，解决了农业的照明和燃料问题，生态环境状况也良好，并得到纯收入402.09万元。

5. 桑、蚕、猪、沼、鱼结合模式

例如该县庆丰乡刘庄村的农民马崇武，经营桑园 3 亩，鱼塘 2.5 亩。1984 年分别种桑养蚕和养鱼，未组织生态系统的物质循环和能量转换，生态效益低，经济效益也低。纯收入共只有 928 元，组织了生态良性循环后，1988 年，桑蚕收入和养鱼收入都增加了几倍。加上办沼气，施用沼肥促进粮田增产，和节约化肥、饲料、燃料等支出，全年纯收入达到 9873 元，同时充分利用了农村的废弃物，也避免了土壤污染。

6. 苇鱼结合模式

当地有丰富的荡滩水面和芦苇资源。该县把它和养鱼（蟹）巧妙地结合在一起，形成一种生态农业模式。做法是投入饲草饲料喂鱼养蟹，鱼蟹产生的粪便肥水，可以培育浮游生物给鱼类食用，也可以做苇草的肥料。同时荡滩中丰富的水草和螺、蚬等也可做鱼蟹的饵料，形成了良性的生态循环。该县荡中乡的李庄村 3000 亩荡滩，原来没有开发利用，只能收割少量天然苇草，每亩纯收入只有 21 元。自 1983 年实行这种模式，至 1989 年，平均每亩荡滩获得鱼 25 公斤，蟹 1.3 公斤，苇柴 400 公斤，纯收入为 156.1 元。比过去提高 6 倍多。

7. 种、养、加结合模式

这是原来生态农业形式的扩大。把农产品的一些加工业也结合在一起，进一步提高了自然资源的利用程度，并提高了其经济效益。例如该县蒋营乡油米厂，主要任务是为本乡加工粮食和油料。他们利用加工中的大量副产品做饲料，自 1987 年办起了生态养殖场，养猪，每年卖出 1800 头。并且办了 60 个（总量为 1200 立方米）的沼气池，装配 30 千瓦的发电机组，供给生活烧饭、照明，也为饲料加工提供动力。同时利用沼气发电建起了 145 米深水井的自来水厂，改善了当地的吃水条件，又腾出河道来投入饲料养鱼。实现了生态良性循环，经济效益也很好。

该县实行上述几种生态农业模式共 134900 亩。6 年间开发利用了土地、水面、荡滩资源，建立了农田林网，林木覆盖率由 2.51% 上升到 6%，大量使用有机肥，合理使用化肥、农药，土壤有机质含量提高，环境污染减轻；产量、产值、纯收入、劳动生产率、土地生产率都有了大幅度的提高，同时生态环境也有了改善，因而使农业持续发展的能力有了加强。

三 我国生态农业的一些特点

目前世界范围内对生态农业的概念、内涵和特点认识很不一致。就我的研究来看，从我国的特点出发，生态农业应该具备以下特点：

1. 有明确的生态经济意识

它用生态经济学的理论为指导。主要是把农业看作是一个生态经济系统。这里要看到以下两点：

（1）生态经济系统是由生态系统和经济系统两个子系统结合而成。进行农业生产既要考虑经济规律的作用，争取最大的经济效益；同时又要考虑生态平衡自然规律的作用，争取较好的生态效益。要使两种效益相加而不是抵消，在两方面结合的情况下去争取最大的农业产量和经济效益，更不能以牺牲生态效益为代价去得到暂时的经济效益。

（2）要按照农业生态系统本身运行的规律性投入各种农业技术和经济措施。过多过少都是浪费，同时还会给农业资源和环境带来不利的影响。

2. 使用先进的农业技术

与西方有些人主张的"生态农业"不同，不是不使用化肥、农药和各种机械，而是要使用一切现代的农业科学技术。中国人口多、人均自然资源量少，必须使用先进科学技术、迅速发展农业生产，而不能使农业停滞甚至后退。只是要使这些先进技术的使用更加合理、有效，而不带来对农业环境的破坏。

3. 是集约型的农业

包括以下两个方面：

（1）生态农业要求有大量的投入，但要用好投入。世界各国发展农业没有一个不是对农业进行了大量投入的。我国对农业投入很少，而且越来越少的状况极不正常。实行生态农业绝不是不要农业投入，而是要把大量的农业投入按照生态平衡规律的要求，使用得恰到好处。而不致形成投入大浪费也大，甚至投入大破坏也大的问题。

（2）它要求充分利用自然资源，又要节约、合理地利用自然资源。其中包括合理组织人工生态系统"食物链"，对各种农业"废物"进行充分利用。

4. 是广义的农业

中国的生态农业首先必须重视搞好粮食生产的生态农业建设，解决庞大人口的吃饭问题。同时也要积极发展林、牧、渔业等多种农业生产。只有综合发展才能充分发挥农业生态系统的功能，有利于保持生态平衡。同时也才能提供多种产品，更有利于解决农业和粮食问题。

5. 发展与保护结合

生态农业是发展型的，绝不是为保护环境而使农业生产停滞下来。同时它又是协调型的，在发展中要保持经济和生态的协调。否则不但会影响下一代的发展，也会影响这一代的发展。生态农业强调的是在发展中保护，在保护中发展，使发展得到持续，水平更高。

（本文系作者在温洛克农协会：持续农业讨论会上提交的论文，1991年4月）

海洋生态和渔业

近几年来，人们越来越多地谈到了生态平衡的问题。自然界的各种生物和它们所处的环境有密切的关系。它们从周围的阳光、空气、水和土地中汲取能量和各种营养物质，使它们能够发育成长。生物死后，经过微生物的分解作用，又还原成为各种营养要素，重新供给生物繁育生长、利用。生物和它的各种环境因素共同构成了各种生态系统。在生态系统中，物质和能量不停地进行着循环和转换。能够继续维持这种循环和转换，就是保持了生态平衡，生物就能够正常地生长繁育，人们利用这些生物进行生产就能够连续不断地正常进行；破坏了这种循环和转换的平衡状况，生物的生长繁育就受到了阻碍，人们利用这些生物所进行的生产就不能够连续下去。这种情况不但在陆地生物和农、林、牧业生产中普遍存在，而且在海洋生物和海洋渔业生产中也普遍存在。

人们对海洋生态问题的认识经过了一个长期的摸索过程。我国在海洋渔业生产上，由于不认识生态平衡自然规律的作用。在"左"倾错误的影响下，盲目发展海洋渔业生产，就曾经干了许多破坏海洋渔业生态平衡，危害渔业生产的蠢事。我们可以举出一些例子来看：

新中国成立以后，我国大力发展海洋渔船和捕捞工具。很快提高了海洋渔业的捕捞能力，使我国的海洋渔业产量迅速提高。例如，我国主要的渔场——浙江省舟山渔场，渔民群众从事捕捞，20世纪30年代初期是靠少量的木帆船和落后的捕捞工具，生产量很低；1982年已经发展到5926艘机动渔船作业，生产能力大大提高，70年代的平均产量达到了484万担，比1951年的产量提高了6.5倍。但是以后，舟山地区的渔业产量却直线地下降了。这是因为，渔船不断增加，而且主要都用来集中捕捞四大经济鱼（大黄鱼、小黄鱼、带鱼和墨鱼）。同时，由于近些年来我国黄海和渤海的渔业资源破坏得比较严重，已经形不成鱼汛，因此沿海六省一市（辽宁、河北、山东、江苏、浙江、福建、上海）的渔船就大量集中在东海，主要在舟山渔场。此外，国际上，多方争着提高捕捞强度，超过了海洋鱼类的承受能力，就破坏了海洋渔业的生态平衡，因此就使渔业产量下降。70年代平均：大黄鱼的产量为130万担，1980年、1981年只为40万担，1982年只为27万担；小黄鱼的产量，70年代为11万担，1981年、1982年只有一两万担，已经形不成鱼汛。舟山地区海洋渔业发展的这个情况告诉我们，海洋生态平衡的自然规律是不能够任意违反的，不是捕捞工具增加越多，渔业生产量也就越多。与人们的这种主观愿望恰恰相反，捕捞工具的增加，超过了渔业生态系统可能承受的限度，就会使渔业的继续增长成为不可能。这也就是我们常说的，受到了自然规律的惩罚。

发展海洋渔业，也一定要认识各种各样鱼类的生态习性。只有这样，才能不致破坏海洋鱼类的生态平衡，才能保护好资源，供给人们长期利用和永续利用。在这方面，我们应该看到以下两种情况：一种情况是各种鱼类都是有生命的东西，它们在整个生存周期中都有一个从出生到长成到衰老到死亡的过程。由于它们的繁育生长存在着明显的阶段性，因此发展海洋渔业，对它们进行捕捞利用也要有阶段性。这就要求我们明确一下观念。进行海洋渔业生产，捕捞利用的对象应该是成鱼而不是小鱼、幼鱼；应该是产卵后的成鱼而不是产卵前的成鱼。这样的道理是很明白的。大量捕捞小鱼、幼鱼就会大大减低渔业自然资源的利用效果，而大量捕捞产卵前的鱼就会使鱼类"断子绝孙"。但是在实际生产中却常常不顾资源的再生能力，而是一味地追求当年产量，不论大鱼小鱼、产卵前的鱼和产卵后的鱼一股脑都打捞了上来。当年来看产量是有了很大的增加，但是却破坏了渔业的自然资源，使以后的渔业产量降低，这实际上是一种竭泽而渔的错误做法。

另一种情况是我们也应该看到，各种鱼类都有自己不同的生长、洄游规律。什么鱼在什么时间、什么地点索饵（寻找食物）、产卵和越冬（过冬）都是很有规律的。这种特点就决定了，进行海洋捕捞渔业生产也要有明显的季节性和地域性。沿海广大渔民世世代代捕鱼，根据长期的经验，对一些主要经济鱼的这种生态习性是有认识的。他们根据这些鱼的生态习性，多年来已经规定了各种鱼类的"禁渔期"和"禁渔区"。哪一种鱼在什么时间处在洄游成长的小鱼、幼鱼阶段，就把这段时间规定为禁渔期，大家都不要捕捞，把它们保护起来，让它们长成之后再利用。哪一种鱼在什么地方产卵，就把这块地方规定为禁渔区，把产卵的鱼也保护起来。同时他们也明确了各种主要经济鱼的"汛期"，哪一种鱼发育成熟了，什么时间、成群结队地游动到某一地点，就集中地去加以捕捞利用。这些做法都是合乎海洋渔业生态平衡自然规律的，长期以来这样做经济效果也都很好。但是一段时期中，由于盲目追求一时的产量，曾经提出过两个错误的口号：一个是"变淡季为旺季"，打乱了禁渔期，不分鱼类的不同生长阶段，常年进行捕捞，结果把小鱼、幼鱼一起都打捞了上来。另一个是"哪里有鱼哪里捕"，打乱了禁渔区，到产卵、孵育的地方，把产卵前的母亲鱼和正在发育阶段的小鱼、幼鱼也都打捞了上来。这样做也就严重破坏了渔业资源。这些都是造成我们今天吃鱼难的重要原因。

对于已经遭受破坏的渔业生态系统，必须要保护。在一定的时期内要减少捕捞或者要停止捕捞，让这些鱼种休养生息。但是保护渔业生态平衡不应该是消极的。经济建设要发展，人民要吃鱼，沿海渔民的收入也要增加。因此不能只是简单采取减少生产甚至停止生产的办法，而应该采取积极地保护生态平衡的做法。例如以下几种：

一是大力发展海水养殖。我国有漫长的海岸线，有为数众多的、适宜养殖的大大小小的港湾。多年以来，沿海渔民已经有养殖增产各种水产品的经验，例如养殖对虾、紫菜、各种鱼类、贝类，有些已经很有成效。此外还可以发展许多新的养殖项目。发展海洋渔业应该看到，海洋中可以供给人类需要的生态系统是多种多样的。其中，几种经济鱼的生态平衡破坏了，就少捕这几种鱼，让它们恢复资源，而多去开展其他海水养殖。这就是用人工的办法建立起其他各种海洋渔业生态系统来满足人们对水产品的需要。有些人存在着一种思想："辛辛苦苦养一年，不如痛痛快快捕一网。"这种看法是不正确的。为了保护已经破坏的渔业资源，为了充分利用我国的海域发展生产，满足经济建设和人们生活的各种各样的需要，我们都应该大力发展海水养殖。事实已经证明，这样做是大有可为的。

二是积极开发利用新的鱼种，这在保护生态平衡上的道理和上一点是一样的，也是利用一种新的生态系统来减轻对原来生态系统的压力，从而使那些压力过重的海洋渔业资源得到恢复。在这方面有些海区已经做了不少工作，主要遇到了两个方面的问题：一是商业部门在一定期间不如经营原来的鱼种有利；二是人们的消费还不习惯。其实这些都是可以克服的。商业流通要服从生产，保护好了渔业资源，以后就会得到长期的、更大的经营效益。同时，人们的消费鱼种是逐渐增加的，消费习惯也是会改变的。50年代初期，带鱼产量增加了，就曾经在东北等地宣传推销，号召大家食用"爱国带鱼"，今天带鱼已经成为群众喜爱的消费鱼种。我国有广阔的海域，还有许许多多的鱼种至今没有被人们利用。因此在这方面也是具有很大潜力的。

三是积极走向外海。由于历史的原因，到目前为止，我国的海洋捕捞主要还是集中在近岸、近海。新中国成立以来，我国的渔业机械化和其他渔业技术，已经有了比较快的发展。一个时期以来，由于一味地在近海增船增网，超过了近海鱼类的承受能力，就造成了渔业生态平衡的破坏。当前近海的渔业生态平衡需要保护，但这并不是说我国的渔业机械化就不要发展了。在这个问题上，我们同样要看到海洋渔业生态系统具有多样性和存在广泛性的特点。近海的生态系统破坏了，就走向外海区捕捞，有的鱼种在外海也存在，而且外海还有其他的各种鱼种。我国有些地方已经有了一定的资金，也有了一定的技术基础。"打出去"也是世界各国发展海洋渔业的共同方向。我们也要积极准备条件这样做。这对保护近海已经破坏了的渔业生态平衡也是具有积极意义的。

（本文由中央人民广播电台《科学知识》1984年10月6日播出）

实行持续发展的生态经济协调战略

人类经济社会向着什么方向发展,这是一个带根本性的重大问题。最近二十年来世界各国的实践证明,人类社会经济的发展走的是一条不能持续发展的道路。任其发展下去,就会带来生态经济危机,给人类经济社会的发展造成巨大的破坏。严峻的事实警告人们,传统的经济发展战略必须改变,人类要在经济与生态协调的基础上制定新的发展战略,即持续发展的战略,从而把世界经济的发展引向一个正确的道路。

一 持续发展是当代的重大战略问题

发展是人类社会永恒的主题。人类经济社会的发展已经取得了巨大的成就。但是近代以来,特别是最近二十多年的事实使人们越来越明确地认识到,长期以来人类社会经济发展道路是不完全正确的,它的指导思想的基础是人与自然的尖锐对立,它的做法是掠夺自然资源,它的结果是人类自己毁坏了经济发展的自然基础,不利于人类经济社会的持续发展。从20世纪50年代以来,在人类经济社会的发展中,出现了人口猛增、粮食匮乏、能源不足、资源破坏和环境污染五大问题。这些日益加重的事实,使人们不得不重新总结过去的发展战略和指导思想,找出失误教训,并且寻找正确的发展途径,这就为人类经济社会实现持续发展提出了客观要求。

人类经济社会发展道路问题是一个重大的战略问题。它不仅涉及一个国家和世界发展的全局,而且也关系子孙后代的利益,影响世界的长远发展。因此人类经济社会发展的道路问题,受到人们的广泛关注。从20世纪70年代初期开始,针对人类经济社会发展的道路和前途问题,展开了被称为"悲观派"和"乐观派"的大讨论。以罗马俱乐部为代表的"悲观派",提出了《增长的极限》研究报告,这个报告指出人类社会经济发展中出现的人口猛增、粮食匮乏、能源不足、资源破坏和环境污染五大问题和今后一百年地球上将会出现增长极限的可能性。以赫尔曼·卡恩和朱利安·西蒙等人为代表的"乐观派",对悲观派的观点给予了抨击,并且提出了相反的观点,认为人类对未来不能失去勇气,在科学技术不断进步的条件下,人类资源是没有尽头的,生态环境将会日益好转,粮食在未来也不会成为问题,人口也将会自然而然地达到平衡。"悲观派"和"乐观派"的观点,虽然对人类经济社会发展的具体途径和未来的前途看法不相同,但是他们所针对的人类经济社会发展中存在的严重生态经济问题和人类经济社会必须实现持久发展的看法却是共同的。80年代,世界各国对人类经济社会发展道路问题继续进行了广泛深入的探讨。联合国组织了以挪威首相布伦特兰夫人为首,由21名各国著名专家参加的世界环境与发展委员会,专门研究了这个关键性的问题,负责制定全球范围的变革日程,提出持续发展的长期对策,并且在1987年提出了《我们共同的未来》这一重要报告。其中,给持续发展作了明确的定义:持续发展是既满足当代人的需要,又不对后代人满足他们需要的能力构成危害的发展。并且提出,世界各国的经济和社会发展的目标必须根据持续性的原则加以确定,各国要有这方面的共同认识。这就使人们共同接受了持续发展的概念,在这个基础上也统一了行动。

我国长期以来,执行的国民经济发展战略也有一定的片面性。这主要表现在两个方面。一方面听任人口盲目增长,另一方面对人与自然之间的关系还存在着许多不正确的认识。比如说,过去曾有这样一个口号,"人有多大胆,地有多大产",在这种"左"的思想推动下,对自然资源实行了掠夺式地开发利用。加上长期存在着"左"的错误指导思想,认为"社会主义制度下不会出现生态环境问题",这就使我国的自然资源迅速遭到破坏,生态环境日益恶化,从而使持续发展的问题提到了我国国民经济发展的重要议事日程。最近几年来,持续发展作为我国发展国民经济的一个重要战略思想已经被党和政府所肯定,并且积极地贯彻实施。近些年来,我国确定了持续、稳定、协调发展国民经济的方针,特别是在1992年党中央、国务院批准了我国环境与发展的十大对策,进一步提出了实行持续发展的战略。这些新的思想和举措,都把我国经济和社会的发展纳入了持续发展的正确轨道。

二 持续发展战略是经济与生态协调的战略

实行持续发展战略，它的核心问题就是要促进经济与生态的协调发展。新中国成立以来，我国发展经济的实践证明，实现社会经济的持续发展，要从经济与生态的结合上来认识这个问题。这可以从以下几个方面来认识它的主要特点：

1. 从人与自然的关系上注意持续发展的和谐性。在经济社会的发展中，人与人之间关系的不和谐会造成自然资源的破坏，这是大家都知道的。而人与自然之间关系的不协调对自然资源的破坏，目前还没有引起人们足够的重视。人与自然的和谐是现代经济发展的一个基本特征，实践证明，只有在人与自然的关系这个基础上实现了和谐，才能实现经济社会发展的协调。所以，持续发展的和谐性特点，要求人们在经济社会发展中除了要正确处理好人和人之间的关系以外，还要处理好人和自然之间的生态经济关系，从维护生态平衡上考虑经济发展战略和制定各种技术措施，推动经济社会的持续发展。

2. 从人与人的关系上要注意持续发展的公平性。持续和公平是两个密切联系的概念。只有公平才能持续，没有公平就不能持续。在人类利用自然资源发展经济的过程中，公平包括这样两个含义：一是指横向的公平，它表现在当代的国与国之间、地区与地区之间、人与人之间。例如目前经济发达的国家，人口只占世界人口的 1/5，却消耗世界资源的 2/3；而经济不发达的国家，人口占世界人口的 4/5，只消耗世界资源的 1/3。一些发达富裕国家的消费方式与发展中国家的消费方式对比在影响经济社会的持续发展上存在着不公平。二是指纵向的公平。它表现在当代人和下代人之间。例如，当代人普遍采用的大量消耗自然资源的生产方式，造成资源枯竭，影响了经济社会的持续发展，给后代人带来不公平。持续发展的公平性这个特点，要求人们在发展自身经济的过程中注意对别国、别的地区，特别是对后代子孙所产生的不利影响，从而使经济社会能够长期持续地发展。

3. 从目前和长远的关系上要注意持续发展的持久性。自然界的资源是有限的。虽然有的资源是可以再生的，人们消耗和利用了它，还可以再生。但是，这些资源的再生能力也是有限的，因为人们对它们的利用一旦超过了一定的限度，它就不能再生。或者说，再生得很慢。比如，我国的黄土高原从历史上的水草丰美之地变成今天的不毛之地就是一个典型的例子。持久性是持续发展的要求，持续发展的这个特点，又要求人们在发展经济中特别要注意目前利益与长远利益的正确结合，使社会经济的长期持续发展能够成为一种现实的可能。

三　建立持续发展的新经济模式

从世界许多国家的情况来看，他们所实行的传统经济模式，一个共同特点是：国家追求的目标是单纯经济增长，企业追求的目标是单纯的利润，加上科学技术在生产中大规模采用，就给有限的自然资源带来了越来越大的压力，从而加剧了人和自然的矛盾，使生态环境日益恶化，这就是当前这些国家经济社会不能持续发展的重要根源。

新的、持续发展的经济模式，是以人与自然的和谐为基础，并且在自然资源承载能力许可下，实现经济社会持续发展的经济模式。按照它本身的要求，应该是建立在既重视经济规律，又重视自然规律要求基础上的。它的发展经济出发点不是单纯地为了生产而生产，而是为了满足人们的需求而生产；它追求的目标不是单纯的经济增长，而是使人类与社会都得到发展；它强调的不只是商品，而是人的需求的全面满足。人们的这种需求表现应该是：既包括人对基本物质的需求，也包括人对环境的需求，还包括进一步发展的需求；另外，这种需求不仅是一部分人的需求，而且是整个社会发展的需求。

我国当前也同样面临着经济发展模式转型的任务。我国长期以来，在经济发展上形成了以重工业为中心，单纯追求工农业总产值高速度增长的经济发展模式。所以，大量消耗了自然资源，形成了掠夺式的经营，这样就不能够保证我国经济社会的持续发展。党的十一届三中全会以后，我国经济的发展逐步转到以满足人民日益增长的物质文化生活需要为目标的基础上来，它为我国经济社会实现持续发展开辟了道路。但是我们也要看到，由于我国目前经济与生态协调的意识水平还不高，在发展经济上仍然存在着严重的重经济、轻生态的倾向，因此，还需要进一步转到经济与生态协调的基础上来。从当前来说，我国社会经济向持续发展转轨当中，还存在着一定的障碍。要排除这个障碍，还要大力提高对经济与生态协调的思想认识，为了真正做到这一点，当前要特别注意解决这样几个问题：

1. 要把发展经济和保护环境同时纳入我国的长期发展规划。实现持续发展战略是一个需要长期努力才能做到的事情。只有把持续发展的指导思想和重大经济技术措施纳入我国的长期发展规划，才能使各级领导和广大群众明确认识，统一步调，通过长期不懈的努力，保证持续发展战略的实现。

2. 要切实解决好工农业生产方式的转型问题。我国的工业生产在传统经济发展模式下，长期以来实行的是资源消耗型的粗放经营。我国农业具有精耕细作的优良传统，但是许多地方的农业生产也仍然没有脱离粗放经营的做法。这种落后的生产方式，严重破坏自然资源，不利于经济社会的持续发展，必须切实转变到资源节约型的集约经营的轨道上来。

3. 要克服各种短期行为。经济上的短期行为表现在各个方面。例如，在企业的经营承包上，只顾当年和近期的经济效益，拼设备、拼资金，使企业损伤了元气，失去了后劲；在生产上掠夺利用资源，杀鸡取卵，竭泽而渔；在管理上有的干部只考虑自己三年任期内的"政绩"，给资源和环境留下许多严重后患等。所有这些问题都是没有摆正确局部利益和全局利益、眼前利益和长远利益的关系所造成的，也是与经济社会持续发展的要求不相符合的。

（中央人民广播电台"经济与生态协调发展"广播讲座，1993年6月29日播出。原载《生态时代的呼唤——经济与生态协调发展》，中国劳动出版社1993年版）

放眼世界,促进全球的经济与生态协调发展

经济与生态的协调发展,不仅是一个国家内部的问题,同时也是一个全球性的问题。生态经济问题的全球性质提出了这样的要求:只有各个国家都努力保护生态环境,全球的经济与生态协调发展才能得到保持;同时也只有全球的经济与生态协调实现了,各个国家的经济与生态协调发展问题才能够得到彻底的解决。为了做到这一点,我们应当树立全球是一个生态经济大系统的观念,努力做好我们自己的工作,并且积极参与这方面的国际合作。

一 全球是一个大的生态经济系统

人类从远古以来就生活在地球上,但是人们对地球有了正确的认识,还只是最近几百年的事情。古代人对我们生存的星球曾经有过多种猜测,例如古代巴比伦人认为大地像个巨大的圆屋顶,古埃及人设想大地是一个斜躺着的神,古俄罗斯人认为大地像一个圆盾,古印度人认为驮着大地的是三头大象,我国的古代天文学家很早也设想过大地是一个球体,天像个蛋壳,大地是蛋黄等。直到1519年葡萄牙航海学家麦哲伦绕地球一周,才证实了大地确实是一个球体。

对于人们进行活动的地球表层,由于历史上长期社会生产力水平很低,人们分散在各地过着基本是自给自足的生活,他们的社区和其他社区相互隔绝,因此对地球表层这个人类共同的广阔生活空间也知道得很少,直到19世纪初叶,各国的社会生产力提高了,国际交往也迅速扩大,到了帝国主义征服殖民地的时代,世界经济的概念才真正形成。今天,世界

已经越来越成为一个统一的经济整体。

现在人们也越来越明显地看到，全球的经济与生态协调也是一个具有统一联系的过程。例如，现代工业产生的大量二氧化硫等有害气体，随风飘荡，跨越国界，形成了硫酸等有害物，随着雨、雪降落到地面上形成酸雨，就造成了其他国家严重的生态经济危害。在北美，美国密西西比河以东的工业区排放的大量二氧化硫，每年大约有380多万吨落在加拿大东部；加拿大每年也大约有100万吨的二氧化硫飘到美国境内，这就造成了美国和加拿大之间长期的酸雨纠纷。另外，各国发展工业排出的大量二氧化碳气体，导致了全球的气温升高，从而引起冰山溶化，海平面上升，并危及沿海各国城市经济的发展。再有，各国工业使用和扩散的大量氟利昂，破坏了臭氧层，使南极等地上空出现了"空洞"，不能阻挡过量的太阳紫外线照射，造成了全球皮肤癌和白内障等患者的大量增加，造成农作物大量减产和水产资源大量损失，使人体免疫功能减退等。

当代接踵出现的各种严重生态经济问题使人们认识到，全球和各个国家一样，都是一个生态经济系统，它是一个全球的生态经济大系统，其中包括了各个国家的生态经济子系统。同样，它也是由全球的经济系统和全球的生态系统两者相互结合而形成的。前者是整个世界的经济循环运动，后者是整个生物圈的生态循环运动。

二 经济发展的国际化与生态经济危机的国际化

当代国际交往日益频繁，各个国家的经济发展已经越来越走向国际化。在全球经济系统的运行中，一个统一的世界性大市场已经把各国的经济活动紧密联结在一起。例如，1971年冬季，整个东欧地区气温长期偏低，冻坏了苏联1/3的冬小麦，使得苏联政府不得不大量进口粮食。北美的小麦价格也因此翻了一番。

同样，当代生态经济危机的发展也日益表现为国际化。近年来的实践已经证明，生态经济问题是没有边界的。这突出表现在以下两个方面：

一是生态经济危机是各国的共同灾难。由于全球是一个大的生态经济系统，因此，虽然有些严重的生态经济问题是因为某些国家发展经济的做法不当而引起的，但它所带来的生态经济灾难，却常常需要由许多国家或者由全球共同来承担。例如,当代已经出现人口、粮食、资源、能源和环境五大问题,都已经影响到世界各国经济和社会的顺利发展,各国都不得不针对当前的现实,既从本国又从全球的角度,采取各种生态经济政策来认真对待。

二是生态经济危机在国与国之间进行转嫁。由于全球是一个生态经济的大系统,各国作为它的子系统,相互之间是密切联系的。因此,通过国际经济这个统一的世界大市场,就可以很容易地把一个国家的生态经济危机转嫁给另一个国家。明显的例子是土壤侵蚀的转嫁。一些国家的土壤严重侵蚀,造成粮食严重不足,迫使这些国家不得不把眼睛转向国际市场。而通过对粮食这种"全球性商品"的大量进口,就加重了其他国家土壤的压力。随着这种需求的不断发生和数量的不断加大,土壤侵蚀就越来越扩展成为一个全球性的严重生态经济问题。再一个十分明显的例子就是转嫁森林生态经济危机。随着世界经济的发展,各国对木材的需要量以惊人的速度在增加。由于各个国家的经济发展不平衡,发达国家为了保护本国的森林不受破坏,就利用他们雄厚的经济实力,纷纷向国外寻找木材资源。他们以极不合理的低价对这些国家的森林资源进行掠夺性滥伐。这样就把他们的生态经济危机转嫁给这些发展中国家。森林是陆地上最大的生态经济系统,对全球社会经济的发展具有十分重要的生态屏障作用。所以,全球森林生态系统的破坏,必然要给整个世界社会经济的发展带来严重的后果。

当前,生态经济危机的转嫁和全球生态经济问题的发展有日益扩大的趋势。有些发达国家和跨国公司把一些危害生态环境的工厂转移到环境保护较弱的发展中国家;有的国家把大量的"危险垃圾",通过不平等协定甚至是非法偷运倾倒在经济困难和落后的发展中国家,他们还向这些国家倾销有毒的农药。这些做法,人们把它叫作"生态侵略"。大量的事实说明,当前全球的生态经济问题是严重的,这种经济与生态发展不协调的严重状况必须改变。

三 建设我们共同的未来

地球是全世界人民共同生存的星球。保护好这个星球,就是保护了我们人类的生存条件。从现代社会经济的迅速发展对自然资源供给和容纳废弃物的要求来看，我们生存的这个地球实在是太小了。20 世纪 60 年代后期，美国著名的生态经济学家 K. E. 鲍尔丁就曾经说过这样的话：我们人类赖以生存的地球，只不过是茫茫无垠太空中的一个小小太空船，人口、经济不断增长，最终会使这个小飞船内有限的资源开发完，人们生产和消费所排出的废物终将使飞船舱内完全污染。这段话也告诉我们，人类必须爱护和维护好这个有限的地球，这是每个人应尽的义务和责任。现实情况表明，现代经济的发展使全球的经济与生态的矛盾日益尖锐，正是这种全球的生态环境危机险情要求各国人民共同行动起来，保护我们共同生活的地球，使全球这个大的生态经济系统实现经济与生态的协调发展。

随着实践的发展，人们对全球的共同命运和自己对全球的生态经济责任的认识越来越全面、深刻。1987 年联合国组织的世界环境与发展委员会提出的"我们共同的未来"研究报告，向全世界人民指出了我们在经济与生态方面存在的共同问题和面临的共同挑战，也提出要作共同的努力。同时也强调要采取共同的行动，使人们的全球生态经济意识得到空前提高。在实践中，人们保护全球生态经济系统已经越来越广泛地采取了共同的行动。1972 年 6 月，联合国在瑞典首都斯德哥尔摩组织召开了"人类环境会议"，讨论了当代的生态环境问题和保护全球生态环境战略，通过了《人类环境宣言》，提出了指导行动的共同原则，呼吁各国政府和人民为维护和改善人类生态环境，造福人民，造福子孙后代而共同努力。1992 年 6 月，联合国又在巴西的里约热内卢召开了规模更大的"环境与发展大会"，有 183 个国家和 70 个国际组织的代表出席了会议，102 位国家元首或政府首脑亲自到会。会上通过和签署了《里约环境与发展宣言》和《21 世纪议程》等 5 个保护全球生态环境的重要文件，进一步推动了各国在这方面的共同行动。

当前实现全球的经济与生态协调发展已经是各国政府和人民的共同愿望，但是要把这一愿望真正变为现实，还需要世界各国做出更多的工作。具体来说，要切实做好这样两方面工作：

一是要摆正发展经济和保护生态环境的关系。环境与发展是当代的主题。目前，由于生态的破坏越来越严重，因此保护生态环境的呼声越来越高，这是十分必要的。这样做的目的是引起各国领导和人民高度重视保护人类赖以生存的环境。但是，我们也要正确地看到，保护生态环境的目的是为了更好地发展经济，既包括发达国家的经济，也包括发展中国家的经济；既包括当代人的经济，也包括后代人的经济，使人们过上全面富足的生活。而良好的生态环境也是人们全面富足生活的一部分，而且是很重要的一部分。在这里我们应该看到以下两点：

第一，发展经济是主导，保护生态环境是基础。不保护生态环境就不能持续地发展经济，保护生态环境的目的是为了更好地发展经济。第二，当今的大量生态环境问题是由于发展经济的做法不当引起的，因此只有改进发展经济的做法，才能保护好生态环境；同时也只有经济发展了，经济的实力增强了，才能为治理生态环境提供更有利的条件。因此，保护生态环境始终要以发展经济为目的，并且把两者的要求结合起来，不能为了保护生态环境而保护生态环境。生态经济学正是适应了这一要求而产生的一门新兴学科，它体现了生态和经济两个方面的要求，并立足于发展经济，目的就是在生态和经济协调的基础上促进经济的更好发展。

第二是各国要采取一致的行动。保护生态环境既是各国自己的事情，又是各国共同的事情。因此保护全球生态环境首先要求各国搞好自己的生态保护，这本身就是对保护全球生态环境所作的贡献；同时又要求各国都能承担起他们对保护全球生态环境应尽的义务。只有同时做到这两点，全球的生态环境才能切实得到保护。

我国一贯重视经济与生态的协调发展，已经把环境保护作为一项基本国策，并且采取各种积极的政策和措施，做好我国自己的保护工作；同时也积极参与各项国际环境合作，履行自己应尽的国际义务。从1992年6月的联合国环境与发展大会以后，我国已经提出了环境与发展的十大对策，并且率先制定了《中国21世纪议程》初稿文本，争取为全球的经济与生态协调发展作出更大的贡献。

实现全球经济与生态协调是全球共同的事业，从历史和现实来看，经济发达国家理应负更多的责任。因此，这些国家应当采取切实的措施帮助发展中国家恢复和发展经济；同时在率先采取保护生态环境措施的同时，应当向发展中国家提供新的额外的资金，并在非商业性条件下转让环境无害的技术，带动发展中国家治理生态环境。只有在各国一致的行动下，全球的经济与生态协调发展才能实现，各国人民才能共同迎来一个经济发展和良好的生态环境并存的灿烂的明天。

（中央人民广播电台"经济与生态协调发展"广播讲座，1993年9月14日播出。原载《生态时代的呼唤——经济与生态协调发展》，中国劳动出版社1993年版）

中国的生态经济学研究与经济的持久发展

中国的生态环境受到了多方面的破坏,在此情况下出现了生态经济科学。中国在发展经济中对生态环境进行了保护和治理,并且实行了持久发展的生态经济战略。

引言

中国是发展中国家,在人口压力和经济发展下,生态平衡出现了许多破坏,严重威胁着人们的生存环境。近十年来,在中国发展了生态经济学这一边缘性新兴社会科学学科,从生态与经济的结合上研究自然资源的合理利用和农村、城市经济的持久协调发展,特别是把生态农业作为实现中国农业现代化的一个新途径来研究,并提出了用生态经济战略全面改革整个国民经济的研究设想。中国的生态经济学是社会科学家和自然科学家联合建立和发展起来的。实践证明,社会科学家与自然科学家合作,对防止生态破坏,保护全球环境,促进社会经济持久发展,将作出自己的重要贡献。本文是这方面研究的综合概括。各种专门问题的研究情况将另外提供。

一 中国的生态环境破坏与生态经济学的出现

中国是人平均自然资源量很少的国家,与世界人均水平相比,耕地只有27.3%,草原只有46.5%,森林只有11.6%。中华人民共和国建国38年来,社会经济有了很大的发展,但生态环境也受到很多破坏,有限的自然资源不能合理利用,主要表现在以下几个方面:

1. 在农业上用地不养地。中国人口已经超过 10 亿。但耕地很少，而且越来越少，粮食是一个很大的压力。由于人们要求土地生产更多的粮食，超过了生态系统的供给能力，就造成了地力衰退。20 世纪五六十年代就出现过以下两个方面的问题：一是片面扩大种植"高产作物"，北方许多地方单纯连续种植玉米、白薯，丢弃了原来行之有效的轮作倒茬耕作方法，肥料又不足，就大大损耗了土地肥力。二是不顾条件地提高复种指数，盲目地认为两季总比一季产量高，三季总比两季高。结果一方面损害了土地，另一方面产量反而降低。

2. 在林业上，大面积毁林开垦种植粮食，加上林业本身存在着重采伐轻营造等问题，就使中国森林的采伐量大于它的生产量，出现了一个很大的"森林赤字"，目前我国的森林覆盖率只有 12%。

3. 在畜牧业上，大面积开垦草原种植粮食，破坏了植被，造成了大面积土地沙化。由于水肥条件不足，加上超载过牧，大面积草原质量退化，开垦地获得的粮食产量也不高。

4. 在渔业上，围湖开垦，影响了蓄洪排水，同时也填了鱼塘，增加耕地种植粮食，使水资源不能有效地利用。多年来，我国的水产品主要靠近海渔业。随着需要量的日益增加，不顾生态平衡，酷渔滥捕，捕捞量大大超过鱼类的生产量，使我国近海的渔业资源遭到很大的破坏。浙江省舟山地区是我国最大的海水渔场。近些年来，四大主要经济鱼：小黄鱼、大黄鱼、带鱼和墨鱼，资源已经受到严重损害，有的已经形不成鱼汛。

5. 由于历史上和现代土地植被大量破坏，我国的水土流失十分严重。黄河是中华民族的摇篮，黄河流域历史上一直是我国政治、经济和文化的中心。现在的黄土高原已经成为荒原的地区，每年流走泥沙约 16 亿吨，流失的氮、磷、钾和有机肥约 3000 万吨，农田冲失，土层变薄，同时下游河床严重淤积，河南省开封市附近的黄河河床已经高出城墙十米以上。治理黄土高原已经成为中国土地和水资源利用上的一大问题。

6. 在工业上，"三废"的污染日趋严重。一方面大量的资源和能源白白浪费，另一方面又严重污染了环境。近年来，我国也出现了酸雨的危害。值得注意的是，由于农村乡镇企业发展很快，工业对广大农村的污染危害也日益扩大。

此外，对生态环境各种原因造成的污染破坏，通过空气、水源、气候和食物等各种渠道，也直接或间接严重影响着人民的健康，危害我们子孙后代的身体素质。

所有这些问题都是由于社会经济发展与生态系统运动的不协调引起的，它的解决也必须依靠在经济发展中协调两者之间的关系。中国自1980年以来，发展了一门新的社会科学——生态经济学。它由经济学和生态学相结合而形成，用来指导在保持生态系统平衡下促进社会经济的持久发展。这一学科在中国发展很快，受到了国家领导人的重视。万里1984年2月在中国生态经济学会成立大会上讲话时说："生态经济是我国经济建设中的一个战略性问题，中国生态经济学会的成立是我们国家在这方面觉醒的一个表现。要把保持生态平衡作为一项重要原则，来指导我们的经济工作。"中国社会科学院建立了全国第一个生态经济研究机构，全国有中国生态经济学会，十个省、自治区、直辖市也有生态经济学会，各地都有从事生态经济研究的人员。目前有的高等学校已经设置了生态经济学专业，培养人才。同时各方面的实际工作也正在开展。例如生态农业建设、黄土高原的综合开发治理等。

二　在经济发展中进行生态环境的保护和治理

当代科学技术高度发展，人的社会经济影响已经遍及各个角落。因此目前的生物圈已经不是单纯自然的生态系统，而是生态经济系统，上述对生物圈的各种破坏，是由人们不合理的社会经济活动引起的，最终还要靠人们实行正确的社会经济政策和措施加以解决。中国近年来用生态经济学的原理为指导，在发展经济的过程中（不是脱离了社会经济发展过程）对生态环境进行保护和治理。例如：

1. 通过调整农业种植结构，改变单一经济引起的生态系统的破坏

过去中国为了解决沉重的粮食压力，损害了林牧渔各种生态系统。农业主要就是种植业，其中又主要是生产粮食。1978年的农业总产值1458.80亿元中，农作物种植业的比重占67.8%，林业、牧业、渔业和副业的产值都比较少，合计只占32.2%。在农作物种植业产值中，粮食作物的产值又占70%以上，经济作物和其他农作物的产值只占不到30%。这

就是说，20 年来，我国只注意到 15 亿亩左右的耕地，而未充分利用 144 亿亩全部国土资源。自 1978 年后，逐步改变了这种状况。一方面继续发展农作物种植业和粮食生产。另一方面也努力发展林牧渔各种生产。至 1986 年，我国的农业总产值增长为 4293 亿元，其中农作物种植业的比重已经下降为 45.4%。林牧渔副（包括村办工业）的产值比重已经上升为 54.6%；使各种生态系统的破坏停止，并得到合理利用。

2. 采取多种经济措施，保护和利用农业资源

在农田种植业上恢复合理的轮作倒茬种植制度，合理搭配使用化肥和有机肥。既争取高产，又注意培养地力。

在林业上大力加强造林。我国西北、华北和东北的广大地区，森林稀少、气候干旱、风沙和水土流失严重。自 1978 年开始了"三北"防护林体系的造林工程，包括 11 个省（区），342 个县，总面积 52 亿亩，占国土面积的 36%，已经完成的第一期工程，造林 8000 万亩。现第二期工程已经开始，"三北"防护林对改善这一广大地区的生态环境，充分利用土地和水资源将起重大的作用。

在畜牧业上，过去北方草原单纯追求年末牲畜头数，冬春无效饲养，而且严重缺草，加重了草原的压力和破坏，大批牲畜"夏壮、秋肥、冬瘦、春死"，也造成资源的严重浪费。近年来从经济管理上改为争取秋季屠宰获得畜产品高产量，就防止了草地资源的这种破坏。与此同时，也重视了草原建设和草场改良。

在渔业上重点采取了大力发展淡水和海水养殖业，使近海渔业捕捞休养生息的经济政策，既保证了人们吃鱼的需要，又使已遭破坏的近海渔业资源得到恢复。最近几年我国水产品产量增加较快，1987 年已达到 940 万吨，比 1980 年翻了一番多。

3. 在治理黄土高原严重水土流失上，采取经济鼓励措施，作用十分明显。过去治理黄土高原，长时期单纯是国家拨款治理，荒山造林，成效不大。原因是只有长期的生态效益，没有目前的地方政府和民众的经济利益，因此就缺乏经济推动力。现在的做法是把生态治理保护和经济开发利用结合起来；而且既造乔木林又造灌木林，并且种草发展畜牧业，使地方政府和民众近期、中期、长期都有经济收益，就使生态环境的治理成为切

实可行。同时，这些地区从经济政策上采取了以农户家庭为单位，承包治理小流域的做法：把国家拥有的荒山，签订合同包给农户造林种草，发展生产，一定的期间内免税，谁造谁有，50年不变，子孙可以继承。这样做农民治理荒山的积极性很高。1984年，黄河中上游的七个省、自治区就完成初步治理1.18万平方公里，1980—1984年的五年内种树种草4369万亩，生态条件逐步得到改善。

4. 最近几年来，我国积极发展生态农业，把它看作一种新型的现代农业生产方式，是中国实现农业现代化的一个新的途径。我国的生态农业不同于西方的概念，不是不使用化肥、农药和农业机械，而是使用一切新的农业技术，包括这些在内，以保持农业的高产量，同时又把农业看作一个生态系统，按照它的物质循环和能量转换的要求使用各种技术，使之不破坏自然资源，能够保证农业持久发展。

生态农业的生产方式为我国发展农业提供了一种新的潜力：（1）使人们重视向太阳和生态系统的无机环境要效益。既要从外延上扩大土地的利用面积，又要从内涵上通过间作套种等方式，充分利用光、土、水、气等各种条件。（2）使人们重视向生态系统的循环转化要效益。充分运用各种经济条件，有意识地组织各种生态系统"食物链"，促进农业增产增值。（3）使人们重视向生态系统整体要效益。把农业生产看作是一个生态系统整体，从经济上合理安排农业生产的结构和布局，使系统的整体经济效益和生态效益提高。（4）我国实行生态农业不但具有必要性，也具有可能性。中国实行有机农业有悠久的历史，为发展生态农业提供了基础。同时中国历史上就有实行生态农业的初步实践。自公元10世纪左右起，在广东省珠江三角洲一带就已经出现了"桑基鱼塘"的做法：塘边植桑—桑叶养蚕—蚕沙、屎喂鱼—鱼的排泄物肥泥—塘泥肥桑，一直保留到现在，效果很好。这些都为实行生态农业提供了条件。

三 实行生态经济战略，促进经济持久发展

人类社会经济的基本要求是发展，但是人类社会所在的生物圈及其中的自然资源是有限的。过去人们发展社会经济无视生物圈和自然资源的有限性，不惜破坏生物圈来发展经济，结果使资源的利用不能持续，社会经

济的更大发展也成为不可能。为此，中国应该在经济发展的同时，要注意生态环境的保护，把生态与经济，保护与发展两个方面的要求结合起来，实行生态——经济的发展战略，才能保证生物圈运动的长期平衡，保证我们和子孙后代社会经济的持久稳定发展。

近年来，中国已经在一定程度上进行了这方面的工作。例如从战略上对黄土高原这一类地区，进行生态经济开发和治理，逐步绿化中国国土，根治黄河危害。几年来通过采取农户承包治理小流域等经济鼓励措施，已经具有成效。

中国进行的"三北"保护林建设、环绕北京、天津地区的防护林网建设，以及沿海地带防护林建设，是根本改善中国生态环境的具有战略性意义的重要措施。

中国重视运用法律手段保护生态环境。近年来已经逐步制定了保护和利用自然资源的六部法律。这就是森林法、草原法、矿产资源法，渔业法、土地管理法和水法，对保护生态环境有长远的重要作用。

中国也注意了从人事管理制度上来保护生态环境，例如干部实行三年任期制，在组织生产和发展经济上容易出现短期行为。不顾长远利益，损害土地和水等自然资源。我国山西省有的县，把保护和利用土地和水资源的规划纳入立法，使之不因为干部的更换受到影响，效果较好。

此外，从长远更有成效的要求来看，目前中国的整个社会经济管理体制需要用生态—经济的战略思想为指导进行改革。应该把整个社会经济看作一个巨大的生态—经济系统。在发展经济中要重视生态—经济的平衡，要争取最大的生态—经济效益。同时要改革目前的经济核算办法和计划、统计指标体系。过去对经济发展和增长的核算只是看到它的表面现象，而不管它所付出的损害生态平衡的代价。事实上并不是真正的增长。这种核算办法应当改变。与此同时，过去的计划和统计指标也是只反映经济发展，而不反映资源的变化和现状。今后也应当同时设置后一方面的指标，使指标体系完善起来，使领导者和民众都经常对自然资源和环境的变化与现状心中有数，从而在努力发展经济的同时，也更加关心和致力于生态环境的改善。

最后从生态经济战略的角度看，生物圈（即生态经济圈）是一个世界性的巨大生态经济系统,中国是这一巨大系统的一个组成部分,地大、人多,生态系统状况复杂多样,而且受到了许多破坏,对全球的生态经济状况具有较大的影响。因此,中国参与世界生态经济圈的研究,将使这一世界性的研究更有成效。

(本文系作者在中美全球环境变化与人类活动关系研讨会上提交的中、英文论文和发言,1988年7月10日)

中国山区生物多样性与摆脱贫困

中国是一个多山的国家，山地面积占国土总面积的70%。中国也存在着广大的贫困人口，其中大部分住在山区。中国的山区生态环境遭受严重破坏，是这些地区农民贫困的根源。但与此同时，中国山区存在着丰富的生物多样性，为农民摆脱贫困准备了良好的基础和条件。中国的陕西省丹凤县，在生态经济学理论指导下，利用山区生物多样性发展经济，在促进农民脱贫致富上积累了有益的经验。

一　丹凤县的自然经济条件

（一）自然条件

陕西省丹凤县位于中国陕南地区东部，秦岭山脉东段南麓。总面积240601公顷，地理位置在东经110°7′49″—110°49′43″，北纬30°21′33″—33°57′4″之间，地处丹江（长江一级支流汉江水系的支流）的中上游，境内岭谷相间，南北两面都是山，中间为平原，山区占了绝大比重。全县属北亚热带向暖温带过渡的季风性半湿润山地气候区，冬无严寒，夏无酷暑，四季分明，雨量充沛，山区生物多样性丰富，发展林木和多种经济有得天独厚的条件。

（二）社会经济条件

全县有26个乡镇，327个行政村，2415个村民小组，共75995户，总人口292597人。全县耕地面积221034亩，每人平均仅0.76亩。丹凤县工业不发达，以1998年的情况看，全县工农业总产值为55734万元，其中农业总产值为23100万元，占41%。由于干旱减产，粮食总产量为77189吨，每人平均只有264公斤。全县农村经济总收入为54293万元，农民人均全年纯收入只有799.1元。属国家级贫困县。

二 生态环境破坏是丹凤县贫困的基本原因

丹凤县的自然条件适合林木生长，历史上素以山清水秀著称，经济和商业也很发达。但近百年来由于战争不断，人口迅速增长，对粮食和烧柴的需要急剧增加，使大面积森林遭受破坏。至1997年，全县农地37.32万亩中，毁林开垦的"坡耕地"为13.64万亩，占了37%。特别是南北两个山区，耕地中的河沟地很少，大部分是坡耕地。其中，坡度在25度以上的占了76%，有的坡度甚至达到60度。这些耕地没有水浇条件，很少施肥，产量很低。种植两年后地力耗尽，就弃耕，重新砍伐森林开垦新地，轮垦轮荒，形成了生态系统的恶性循环，造成了严重的水土流失，生物多样性也遭受巨大破坏。严重的生态环境破坏导致自然灾害频繁发生，又使丹凤县经济不能可持续发展。1986年，全县没有解决温饱的绝对贫困人口为17.3万人，占当时全县人口总数的64.8%。

三 丹凤县坚持改善生态环境和脱贫相结合

丹凤县自1986年开展有组织的扶贫工作。至1999年，已经有14万多人口（占全部贫困人口的79.4%）解决温饱，脱离了贫困状态。丹凤县的贫困，是由于长期以来人们发展经济，不顾生态系统供给的可能，破坏了自然界的生态平衡，从而使人们失去了生存和发展的自然基础造成的。

丹凤县在保护生态系统和生物多样性的基础上摆脱贫困，主要是从生态与经济的结合上认识了以下三点：

1. 要转变人的经济思想和经济行为。用生态与经济协调的思想为指导，改变过去掠夺利用山区自然资源的错误做法。改善生态环境和解决贫困问题，要发挥全县人民自己的力量来进行。

2. 脱贫要治山。丹凤县生态经济系统的具体特点是山区，"九山半水半分田"。耕地很少。过去长期以来，严重破坏了山区生态环境，造成了贫困。现在必须通过治理和建设山区来脱贫，除此之外没有别的捷径。

3. 致富要造林。森林是山区生态系统的主体，也是生物多样性存在的依托。对于已遭破坏的山区，大力植树造林（包括种草），是保护生态环境，并使农民脱贫致富的必由之路。他们的经验是：使光秃的荒山"绿起来"，其经济才能"活起来"，在此基础上人们的生活才能"富起来"。

丹凤县在这些认识的基础上，形成了依靠农民群众，建设生态环境，利用山区多种生态资源脱贫致富的指导思想。致力于重新建立良性循环的山区人工生态系统，使经济社会的发展走上可持续发展的新阶段。

丹凤县的扶贫历程，大体来说，是经历了三个阶段：

第一阶段。1986—1990年上半年，主要实行"输血"性的"救济式扶贫"。由政府发给农民救济款和物品，维持生活。这种办法不能调动广大贫困农民改善生态环境，脱贫致富的积极性。政府的救济款物用完，农民的贫困状况依旧。

第二阶段。1990年下半年至1993年底。改为实行"开发式扶贫"，目的是变"输血"为"造血"。但是采取的做法不对。主要是实行"项目扶贫"和"择优扶持"，原意是用收入期望值较高的项目带动周围成片农民迅速脱贫致富。但实行的结果却是"扶工不扶农"（设立的都是发展工业的项目，希望获得高收入），"扶川不扶山"（所扶的条件较好的乡镇企业都在平川地区，而非贫困山区），最终的结果则是"扶富不扶贫"（真正的贫困农民没有受益）。

第三阶段。自1994年以后。丹凤县总结了前两个阶段扶贫的经验教训，在"造血"扶贫的具体做法上，明确了扶贫要以贫困乡村为重点，以贫困户为对象，扶贫要扶到户；帮助贫困农户发展经济脱贫，要就地保护和利用生态环境和生物多样性，从发展有条件的多种种养业入手。这样做的实际效果是好的。从1992年以后，至1998年的6年间，丹凤县的贫困农户由25583户迅速减少为9120户，减少了64%；贫困人口由132460人迅速减少为36486人，减少了72%。农民的人均年收入，1993年为420元，至1998年增加为794元，增长了89%。在扶贫资金的使用上，前两个阶段，即1986—1994年，累计共投放4640万元，扶贫资金到户量平均每户只有9.4元，扶贫款的回收率，只有3.8%，绝大部分都中途流失了。1994年以后，扶贫资金都直接到了农户；扶贫款的回收率大幅度提高，确实做到了"真扶贫"和"扶真贫"。

四 丹凤县建设生态环境和减缓贫困的成就

丹凤县自1986年开始扶贫，短短13年，取得的成就是巨大的。1986年春，陕西省秦巴山区确定的贫困县标准是1985年底农村人均纯收入在150元以下，特困户、特困乡在120元以下。以此标准划分，丹凤县整体是贫困县。贫困户40416户，贫困人口177347人，分别占总农户、总农业人口的68.2%和70.2%（其中特困户有6834户，29194人。最穷困的花园乡，农民人均年收入只有64元）。

在短短13年的扶贫过程中，丹凤县帮助农民解脱贫困，最基本的一点是大力植树造林种草，改善生态环境，保护生物的多样性。截至1998年，历年累计共治理水土流失面积914.8平方公里（其中1998年治理面积为85.0平方公里）。投入了1.5亿多个人工日，移动了九千多万个土石方，使全县水土流失的治理率达到37%，一些重点治理区甚至达到了73%。丹凤县的森林覆盖率，由于历年来的破坏，至1975年已经下降为34.09%。至1997年，又迅速恢复提高到65.49%，生物多样化也得到了有效的保护。在生态环境建设取得成绩的基础上，丹凤县在13年中，在引导农民脱贫方面也取得了很大的成就。至1998年底，按逐年已经大大提高了的贫困标准，只余贫困户9120户，36486人；有31296户贫困户和140861贫困人口已经摆脱贫困，分别占1985年原贫困户数和贫困人口数的77.4%和79.4%。1998年丹凤县农民人均纯收入达到799.1元，粮食人均为600斤；虽然尚未达到全国平均883元和700斤粮食的标准，但已经有了极大的接近。

五 丹凤县建设生态环境，依靠生物多样性摆脱贫困的主要做法

（一）推广农户综合开发治理小流域的组织形式

这是丹凤县帮助农民脱贫致富起步所采取的主要措施。其具体做法是由乡镇统一组织农户，以小流域为单元，治理生态环境，保护生物多样化；并给农民以土地的经营权，利用生态资源发展经济，逐步脱贫致富。其核心是生态与经济结合，正确处理了以下四个关键性问题：

1. 以小流域为单元

丹凤县脱贫致富必须首先治理生态环境，保护生物多样性。但以植树造林为主要内容的山区生态环境建设，是一个需要耗费巨大人力、物力和财力，并且需要长时期奋斗才能完成的大工程。为了有计划地落实和逐步即见成效，丹凤县将之分解，选择一个一个的小流域作为治理的突破口。这是因为，从生态上，它是形成水土流失、破坏生态环境，或治理水土流失、保护生态环境最小的生态系统自然单元；而在经济上，中国农村实行以农民家庭为主的经营形式，农户（或联户）是最小的基础经济单元。在中国农村现阶段生产力水平很低的情况下，把治理山区生态环境，推动农民脱贫致富的现实切入点，建立在依靠农户（最小经济单元）和治理小流域（最小自然单元）相结合的生态经济基础上是适宜的。

2. 依靠正确的政策和适当的制度安排

中国政府对山区植树造林一直比较重视，自新中国成立以来年年为此拨出巨大投资，付给农民，改善生态环境。但是由于没有把改善生态环境与农民的脱贫致富直接联系起来，农民植树，只管种，不管活，"年年造林不见林"，对生态环境建设和改变农民贫困面貌的实际作用甚微。丹凤县总结了过去的经验教训，在实施中采取了由农户承包或向农户拍卖山区土地经营权等两种明晰产权的做法。以后一种做法为例：该县的马家坪乡统一组织对七里沟村的水井沟进行生态环境治理，把1000亩山地的经营权拍卖给13个农户，多的300亩，少的30亩，规定30年不变，子孙可以继承，经营权可以出卖转让，农户拥有对经营林草业等产品的完全所有权和处置权。这样就把政府治理生态环境取得生态效益的要求和农民群众治理生态环境发展经济脱贫致富的要求统一起来，使植树造林并且保证成活得到了落实。

3. 保护与利用生态环境相结合

贫困山区的农民为了生存，必须利用土地资源，生产粮食。但已经遭受破坏的山区生态环境也必须保护。因此生态与经济必须结合，而不能对立起来。丹凤县实现这一结合，采取了建设"基本农田"的做法。他们选择一定数量适宜种植粮食的土地修成水平梯田，使之成为保水、保土、保肥的"三保田"。通过采用良种和各种可行的新技术，尽量提高粮食的单位面积产量，保证农民的需求；而把那些多余的坡耕地，即跑水、跑土、跑肥的"三跑田"退耕还林，以避免坡耕地的继续扩大和对生态环境的继续破坏。丹凤县提出每人平均建设1亩"基本粮田"。这样做，能够切实起到保护山区生态环境和山区生物多样性的作用。

4. 综合开发利用山区资源

丹凤县通过开发治理小流域，帮助农民脱贫致富，具体采取了以下做法：

（1）综合开发利用。因为小流域生态经济系统的结构体现了生物多样性的特点，因此对它也应该走综合开发利用之路。据此，丹凤县在治理小流域生态环境之初，就确定了"山水林田路综合治理"的原则；随之在已经治理生态环境的基础上，利用山区生物多样性规划安排农业生产结构和布局时，又采取了因地制宜实行立体种植的做法。一个山区小流域，在不同的土地部位，气候和适宜生存的植物和动物种类不同，因此对农业生产结构和布局也要因地制宜地进行安排。丹凤县采用"山上林木、山腰果园、山底梯田"的立体开发种植模式，获得了比较好的生态和经济效果。

（2）根据优势资源确定主导产业。对于小流域生态经济系统，除需看到它们所拥有的生物多样性，对之进行全面开发利用外；同时还应看到其中所拥有优势资源，对之进行重点开发利用，从而形成脱贫致富的主导产业和产品，以有限的人力、物力和资金，取得最大的生态经济效益。在这方面，丹凤县的具体做法：

一是从种养业起步。该县确定以农村传统的种植业和养殖业作为山区农民发展经济摆脱贫困起步的突破口。这样做，可以就近利用当地资源，适合当地农民素质，又对交通、信息、市场等条件相对要求不高。在突破搞活的基础上，再逐步扩展滚动提高，看来实行的实际效果是好的。

二是建立在生态与经济协调的稳妥基础上。经过调查研究和专家论证，丹凤县利用山区生物多样性发展种养业，确定了利用当地优势生态资源，发展核桃、板栗、肉牛和食用菌，作为农民脱贫的四个主导产业，实践情况良好。其中突出的是发展食用菌，主要是香菇和木耳。丹凤县由于资源和气候等条件适宜，历史上就有栽植木耳的习惯。近年来利用人工菌种，改进技术，木耳和香菇的产量都成倍提高，对扶助贫困农民增加收入和对县的经济增长效果显著。1998年全县食用菌的产量达到了776吨，产值 3735 万元，每个农业人口平均 137.1 元。从 1987 年到 1998 年，食用菌产业总收入占全县农村经济总收入的比重，由 2.5% 上升到 6.8%；人均收入从 10.4 元增加到 127.6 元，有些乡镇靠发展食用菌已经使农民摆脱了贫困。

（二）采用"小额信贷"的做法，投放扶贫资金

丹凤县自 1996 年，在中国社会科学院的帮助下，采用孟加拉"小额信贷"的资金扶贫模式，结合当地具体条件使用。其做法：一是到户。防止资金中途流失。二是小额。规定一次贷款在 1000 元以内，适合贫困农户的生产力水平和还款能力。三是整贷零还。"整钱办事，零钱还账"，规定每隔十天（有的地方半月），用零钱逐步归还贷款。既方便了农户发展经济，又方便了农民还贷。避免了过去整贷整还还款困难，大部分成为呆账的状况。四是方式灵活。农民贷款每五户自愿组成小组，实行联保，不需个人担保和抵押。五是面对妇女。发挥她们的能力和积极性，选择适合家庭经营的种养业和手工业等项目，给予学习技术的机会，提高妇女在家庭和社会中的地位。实行了两年，效果就很明显：贫困农户的脱贫速度加快，扶贫资金的利用效率提高。过去全县的扶贫资金还贷率只有 3.8%，现在提高到了 95% 以上；资金的周转率，原来正常的也只有一年一次，现在则提高到了一年三次。实行这一做法，使过去丹凤县扶贫工作上的"三难题"，即扶贫资金难入户，扶贫项目难落实，扶贫资金难回收，现在已经变成了"三满意"，即政府、银行、贫困户三满意。丹凤县利用山区生物多样性推动农村脱贫的做法，1997 年就已经结合不同地方的具体条件，在中国陕西省的 10 个县，1998 年又扩大到在该省的全部 50 个国家级贫困县中推广。

（本文系作者在"生物多样性与生活质量"学术讨论会上提交的中、英文论文和发言，印度加尔各答，2003 年 12 月）

用生态经济学理论推动"里约"指导思想的实现

一 生态时代指引发展绿色经济的方向

发展绿色经济是新时代的要求。人类社会的发展经过了农业时代和工业时代,从生产的不足到物质的丰富和人们生活水平的大大提高。但是由于没有生态与经济协调的思想作指导,破坏了自然生态系统的正常运行,因此阻碍了经济的继续发展。这一情况在20世纪60年代末已经明显地显现。人们看到,由于生态环境的破坏日益加重,世界范围内的人口、粮食、资源、能源和环境五大生态经济问题已经到处出现。人类社会发展受到阻碍的情况引起了人们的忧虑,纷纷起来寻求解决问题的出路。

历史总是要向前发展的,从工业时代必然要走向新的生态时代。这一变迁是顺应解决人类社会发展的需要进行的。正如工业时代的出现是为了解决农业时代生产不足的需要而产生一样,新的生态时代是为了解决工业时代生态与经济不协调的矛盾而产生。它的目的是建立一个以"生态与经济协调"为特征的社会,使人们发展经济不再以破坏自然生态为代价。这种"生态与经济协调"的经济实际上就是今天人们所说的和共同向往的"绿色经济",虽然长期以来人们并没有使用这个名称。

在中国,"生态经济"与"绿色经济"有同样的含义。我的观点是:"绿色经济"实质就是"生态经济"。在中国,"生态经济"的概念通常具有以下三种内涵:

1. 它是一种新的指导思想,即"生态与经济协调"的指导思想。在它的指导下将实现经济社会的可持续发展。

2. 它是一种新的经济类型，即建立"生态与经济协调型"的经济和企业。

3. 它是一门新的经济学科，即生态经济学。它由生态学与经济学结合形成，因此同时要受生态规律和经济规律两种客观规律的制约。它的产生为"生态经济协调"指导思想和"生态经济协调型"经济的建立提供理论指导。

在中国，生态经济学的研究使人们认识了生态时代的到来和人类社会必然走向可持续发展的方向。在它指导下建立的"生态经济协调"指导思想又将指导人们建设成功大量的"生态经济协调型"企业——"绿色企业"，并推动了整个"绿色经济"的发展。发展"绿色经济"是中国必然要走的道路，同时也是世界各国必然要走的共同道路。

二 "里约"前 20 年：寻找解决问题的途径

20 世纪 70 年代以来，人们纷纷起来寻找解决当代经济社会发展问题的途径，从而引发了持续至今约四十年的世界环境与发展运动。

首先是出现了一场以"罗马俱乐部"为代表的"悲观派"观点和以美国的赫尔曼·卡恩和朱利安·西蒙等为代表的"乐观派"观点，关于人类社会未来发展前途的大讨论。这是世界环境与发展运动的舆论准备阶段。两派的观点互相尖锐对立，激烈争论了 10 年。之后，在世界经济社会能够继续发展的问题上，又有了一定程度的接近。这一争论的历史功绩引起了人们对人类社会发展前途问题的普遍关注和深入思考，从而激励着人们寻找世界经济社会继续发展的新途径。

随之，联合国于 1972 年 6 月在瑞典首都斯德哥尔摩召开了"人类环境会议"，号召人们行动起来保护环境。目的是制止由于环境破坏造成的经济社会不能继续发展的困境。这一举措的历史意义在于把人们寻求解决当代重大问题的意识落实到保护生态环境的实际行动。从而引导世界环境与发展运动进入实际行动的阶段。

20 世纪 70 年代初期，人们寻找世界经济发展新途径的思想和行动都是积极的。但是人们当时对障碍世界经济社会发展的原因和本质的认识还是有限的。他们的认识一般都还只是看到当时生态环境遭受严重破坏的表面现象，而未能深入看到经济发展问题的本质，因此还只是把寻求解决问题的着力点简单地放在保护生态环境上。因此，经过了 20 年保护环境的实践后，世界存在的这一严重问题并没有能够得到解决。

三 "里约"会议：指出发展绿色经济的道路

1972 年联合国斯德哥尔摩"人类环境会议"后，世界环境与发展运动的步伐继续前进。各国政府积极响应联合国大会保护生态环境的号召，各国人民也积极行动起来保护环境。在会后 20 年的长期实践中，各国政府和人民都做了大量保护环境的工作。但是世界范围的生态破坏并没有停止，人类生存的环境还在继续恶化。这就引起人们对 20 年来单纯进行环境保护解决问题的道路重新进行思考。为此，联合国专门组建了"世界环境与发展委员会"（World Commission on Environment and Development），通过深入实际调查研究，提出了一份著名的《我们共同的未来》（Our Common Future）研究报告，强调"发展"与"环境"不能分割，并提出"持续发展"的思路，做了充分准备。并于 1992 年 6 月，即联合国"人类环境大会"后整整 20 年的时候，在巴西的里约热内卢又召开了联合国"环境与发展大会"，对寻求解决人类社会发展道路的问题进行更深入的讨论。

联合国这次大会的一个重要特点和前进是提出，环境保护与人类经济社会的发展密切联系不可分割。20 年的实践也已经证明，脱离经济的发展来保护环境也是保护不住生态环境的。因此大会明确提出把"环境与发展"密切结合起来（实际上也就是把"生态与经济"密切结合起来），从而把大会也定名为"环境与发展"会议，并且提出以"可持续发展"作为世界经济社会发展的共同正确指导思想。由此也就把发展"绿色经济"（即"生态与经济协调"型经济）的正确方向提上世界经济社会发展的议事日程。这也就推动世界环境与发展运动进入"环境与发展行动统一"的新阶段。

对此，人们从世界环境与发展运动近 30 年的实践中看到：从认识到行动，从"保护环境"到"环境与发展结合"着力发展绿色经济，是人们在保护生态环境认识和行动上的一个重大突破。同时"环境与发展"（即"生态与经济"）相结合这一重要指导思想建立的过程，也就是世界生态经济学新兴学科的孕育和形成过程。1992 年联合国里约大会的召开，是人类社会的发展开始进入新的生态时代的重要分界线，也是世界经济发展走向新的可持续发展阶段的重要里程碑。世界环境与发展运动、可持续发展指导思想、生态经济学新学科理论，三者在人类社会的发展进入新的生态时代之际同步出现不是偶然的。它们将从各自的角度为促进发展绿色经济，推动实现世界经济的可持续发展作出重大的贡献。

四 "里约"后 20 年：绿色经济尚未实现

1992 年联合国"环境与发展"会议的召开，纠正了人们认识上"为保护生态环境而保护生态环境"的偏向，明确了"保护环境必须与发展经济相结合"。并且从发展经济出发，建立了"可持续发展"的指导思想，推动发展绿色经济。它所确定的"可持续发展"指导思想是正确的，也是明确的。但是人们的认识跟不上，长期以来还是从保护环境出发，一直停留在"为保护生态环境而保护生态环境"的思路上，从而使大力发展绿色经济的问题至今未能解决。中国的情况也是这样。

中国自 1972 年参加了联合国"人类环境会议"，开始重视环境保护。四十年来迅速扩大机构、增加投入，大力进行保护环境的工作，已经取得了很大的成就。但是至今，中国的环境保护还存在很多困难，绿色经济也未能快速发展。正如国家环境保护部的同志们估计的那样，"地方政府每一次强力推动经济高速度增长都造成环境危机，随之又出现一次又一次的国家环保工作的暴风骤雨式的环境整治行动。如此往复就形成了经济增长与环境整治的恶性循环，经济发展大起大落、百姓健康屡受威胁、环保部门疲于奔命"。[1]

为扭转我国环境保护的这一困难和被动局面，他们已经提出中国的环境保护需要转型。其主要内容是实现"三个转变"：（1）从重经济增长轻环境保护转变为保护环境与经济增长并重；（2）从环境保护滞后于经济发展转变为环境保护和经济发展同步；（3）从主要用行政办法保护环境转变为综合运用法律、经济、技术和必要的行政办法解决环境问题。具体的环境保护工作要实现"三个转型"：①从主要依靠行政力量推动向更多地借助市场力量转型；②从被动应对向主动防控转型；③从"风暴频刮"向制度建设转型。但是在实践中的收效并不明显，中国生态环境严重破坏的趋

---

[1] 转引自《环境政策转型意义重大》，http://www.douban.com 2008-03-01。

势并没有扭转，全国的绿色经济依然没有发展起来。

五 用生态经济学理论指导发展绿色经济

处理好发展经济与保护环境的关系是生态时代的主题。过去长期存在的只顾发展经济，忽视保护环境的倾向是错误的。今天又产生的为保护环境而保护环境，制约发展经济的倾向也是不对的。"里约"会议"可持续发展"指导思想提出后20年，中国的"绿色经济"没有比较快地发展，反而使环境保护陷入困境，根本的原因还在于没有处理好发展经济与保护环境的关系。这个问题需要运用生态经济学的理论指导来解决。

中国生态经济学的理论认为，生态经济学是由生态学和经济学结合形成的交叉科学，是经济学的一个分支。其基本特点是"生态与经济协调"，其目的是促进经济可持续发展。用生态经济学的理论指导当前这一重大实际问题，我认为需要建立以下三个观点：

1. 环境问题的实质是经济问题

在现实经济中，人们见到的环境问题，除火山、地震、海啸等主要是自然原因所引起外，绝大部分都是人们发展经济的原因所引起，因此也需要在发展经济中才能解决。针对当前中国的"环境保护转型"要求来看，他们提出的"三个转变"之一是"从主要用行政办法保护环境转变为综合运用法律、经济、技术和必要的行政办法解决环境问题"。在明确了"环境问题的实质是经济问题"之后，就能够建立起"社会主义市场经济机制"。"以经济手段为主，综合运用经济、技术、法律和必要的行政手段解决环境问题"就必然成为可行。

2. 发展经济和保护环境的任务不能分离

人类社会的主要任务是发展经济，但同时也要重视保护环境。据此我提出要建立"经济是主导，生态是基础"的发展经济总方针。指明发展经济是主要任务，但环境又必须保护，而且两者不能分离。据此在实际工作中，应该规定各个经济部门是发展经济和保护环境共同任务的主体，发展和保护两个任务不能分离。即不能像现在这样：一方面各个经济部门只管发展经济而到处"放火"，破坏环境；另一方面环境保护部门又作为"消防队"，天天被动地到处"救火"来保护环境。其结果是既发展不好经济，又保护不了环境。

再针对当前中国的"环境保护转型"要求来看，他们提出的"三个转变"之二是"从重经济增长轻环境保护转变为保护环境与经济增长并重"。在把发展和保护两者同时都作为各经济部门（"发展者"）的共同任务，而不是把两者分离时，"保护环境与经济增长并重"的要求也就必然能够成为现实。同时环境保护部门的工作，包括规划、组织、引导、监督和重大项目保护的实施等，也就好做了。

3. 把保护环境融入发展经济之中

人们进行环境保护40年走的是一个"先破坏，后治理"的道路，环境问题一直得不到解决，反而越来越严重。以生态经济学的理论为指导，我提出建立"在利用中保护，在保护中利用"的资源利用新的指导思想，把对资源的保护融合在对它的利用之中，使之在利用的同时就得到了保护，从而使人们对生态环境的破坏防患于未然（例如，中国现在所强调的"循环经济"就是这种做法）。我在1989年提出这一观点。之后，被江泽民等领导人在指导工作的重要讲话中采用，在经济发展和环境保护的实践中也已经被广泛地使用。

这里再针对当前中国的"环境保护转型"要求来看，他们提出的"三个转变"之三是"从环境保护滞后于经济发展转变为环境保护和经济发展同步"。如果"把保护环境融入发展经济之中"的做法实现了，"环境保护与经济发展同步"的要求自然也就能够成为现实，长期以来"先破坏，后治理"的严重被动局面也就可以扭转。"里约"会议提出的，在"可持续发展"指导思想下发展绿色经济的要求，无疑也是必然能够做到的。

（本文系作者在国际生态经济学会第12届双年科学讨论会"生态经济学与里约+20：应对绿色经济的挑战与贡献"上提交的中、英文论文与发言，巴西里约热内卢，2012年6月19日）